程世抚年谱

程可行　编著

上海文化出版社

图书在版编目（CIP）数据

程世抚年谱 / 程可行编著. -- 上海 ：上海文化出版社，2024. 6. -- ISBN 978-7-5535-3026-0

Ⅰ. K826. 3

中国国家版本馆 CIP 数据核字第 2024X7M707 号

出 版 人：姜逸青
责任编辑：吴志刚
封面题字：张祖刚
装帧设计：汤　靖

书　　名　**程世抚年谱**
编　　著　程可行
出　　版　上海世纪出版集团　上海文化出版社
地　　址　上海市闵行区号景路 159 弄 A 座 3 楼　　邮　编：201101
发　　行　上海文艺出版社发行中心
　　　　　上海市闵行区号景路 159 弄 A 座 2 楼 206 室　邮编：201101
印　　刷　苏州越洋印刷有限公司
开　　本　710×1000　1/16
印　　张　29. 5
版　　次　2024 年 10 月第一版　2024 年 10 月第一次印刷
书　　号　ISBN 978-7-5535-3026-0/K·334
定　　价　98. 00 元

告 读 者　如发现本书有质量问题请与印刷厂质量科联系
　　　　　T：0512-68180628

目　录

编辑说明

一、主要依据

1. 谱主的日记和自书履历、自传、信札及各种材料的底稿；
2. 谱主家人的回忆和口述；
3. 公开发行的报纸、刊物、书籍上的有关记载；
4. 官方网站如中国建筑学会、上海地方志办公室等的有关记载；
5. 参考其他可信的资料、文献等。

二、编制和整理

1. 年谱分“前篇”“正篇”“尾声”和“附录”四大部分，按谱主所处时代将正篇分段，如“抗日战争前”“抗日战争中”“抗战胜利后”“文化大革命时期”“文化大革命后”等，注明年份跨度和谱主的年龄、主要身份和职务（取任职时间长的）；
2. 每年之首所写的谱主年龄是当年足岁年龄（谱主生日为 1907 年 7 月 12 日，则 1907 年为 0 岁，1908 年为 1 岁，1909 年为 2 岁，以此类推）；
3. 采用公历，个别处标注干支年；
4. 原始记录中时间有矛盾时则采信证据较为确切的，必要时加注释；
5. 对谱主的著作和设计、研究成果，尽量找到出处和其他可信的旁证；
6. 谱主所在单位的名称历经多次变更，按谱主的记录为准，参考文献记载；
7. 原则上只记事件；
8. 为了反映时代背景，将重要历史事件用黑体字列出；
9. 对事件，在正文的行内加注释，用仿体表示；对人物，则加脚注，有些信息来自网络，仅供参考；
10. 谱主手书的部分地名、人名难以辨认，难免有误。

三、编辑方法

1. 谱主在大学任教期间，主要引用各校的校刊、杂志中的信息，按时间顺序编辑；
2. 对照谱主自书的履历、自传，寻找存世的证据，包括各类报刊上的记载等；
3. 谱主在 1954 年 5 月 6 日至 1969 年 5 月 17 日期间有长达十五年日记，虽简但几乎每日必记，年谱的这部分保持谱主的视角，有些部分仍使用第一人称，时间较为集中的活动按专题适当进行了归纳，归纳后不同专题的时间会有些许错位或重叠；
4. 出差情况下，罗列所去的地点，尽量找到出差目的、成果的相关记载；
5. 通过查阅其他学者的研究论文、地方志、年鉴等资料，找到谱主的工作成果。

中国科学技术专家传略——程世抚

（代序）

程绪珂　张祖刚

程世抚（1907—1988），园林专家、城市规划专家。早年担任教学工作时，便开始从事城市规划、风景区、公园规划的实践。中华人民共和国成立后，他负责上海人民公园、人民广场、曹杨新村等工程的绿化规划工作，成绩显著。他提出大环境的绿地系统、以植物造景为主发展园林等学术观点以及探讨把生态学、建筑学、植物学和美学融为一体的新领域方面，作出了重要的贡献。

程世抚，字继高，1907年7月12日，出生在黑龙江省一个官僚家庭里，祖籍四川省云阳县。4岁入私塾，13岁考入上海青年会中学。青少年时代的程世抚受父亲影响很大，要他读垦荒专业，1924年考入金陵大学园艺系，于1929年获学士学位。同年夏天只身漂洋过海，自费进入美国哈佛大学研究院深造，从那时起，他就爱上了造园与城市规划专业。他努力学习，为一生从事园林和城市规划工作奠定了坚实的基础。1930年，他转入康奈尔大学。1932年，在该校毕业，获风景建筑及观赏园艺系硕士学位。1933年1月，回到上海。1933年春，26岁的程世抚受聘为广西大学园艺系教授。1933—1945年，先后在浙江大学、福建省立农学院、金陵大学任教授、教务主任和研究部主任，并受聘为广西建设厅技正、福建省研究院研究员。1945—1949年，任上海市工务局园场管理处处长、总技师，并兼任南京金陵大学农学院教授。中华人民共和国成立到1988年为止，程世抚在上海市人民政府、建工部、国家建委、建设总局任处长、主任、顾问、总工程师等职。

在美国获得硕士学位后，于1932年初夏，赴欧洲考察城市建设和造园史，先后游历了英国、法国、荷兰、比利时、德国、奥地利、意大利、瑞士、捷克斯洛伐克等国。归国途中经埃及、吉布提（当时为法属索马里）、科伦坡、马来西亚、新加坡、马尼拉和中国香港。在几个月的考察中，重点了解欧洲发达国家的城市建设和造园史实例，并购买了大量的图书资料，丰富了教学内容。

程世抚踏上遍体鳞伤的国土，目睹破烂不堪的城市景象，他下决心教书育人，为我中华培育建设祖国的栋梁之材。

早在30年代从事教学工作的同时，他就开始了城市规划、风景区、公园规划的实践。如浙江奉化溪口公园设计、浙江四明山风景区规划、广西大学校园总体规划、成都市规划方案的制定等，并完成了成都少城公园设计。

抗日战争胜利后，他走出校门，到上海从事城市公园、广场的规划设计，编制了上海市、南京市绿地系统规划，为中华人民共和国成立后的上海、南京两大城市的建设打下了基础。

中华人民共和国成立后，他负责上海市公园绿地建设和城市规划工作。完成了上海人民公园和人民广场的设计与施工及曹杨新村、控江新村居住区的规划建设。他精神振奋，默默耕耘。仅在1950年一年的时间里，就完成了天津、长沙两个城市的绿地系统规划和武汉东湖风景区的总体规划。

1954年5月，程世抚调北京以后，几十年来，参加无锡、杭州、温州市的城市规划及广州、海南岛的植物园规划；完成了洛阳涧西工业区规划，苏州、韶山、庐山、九江以及大连市棒锤岛的环境规划等。曾参与制定《全国科学技术十二年规划》。几十年来，他走遍大江南北、黄河上下，到处凝聚着他辛勤劳动的结晶。

1978年冬天，程世抚以高度的工作热情，赶写了长沙市革命纪念点及绿地系统修改意见。1979年，他抱着病弱之躯亲自赶往湖南，主持了岳阳市及南湖风景区规划。1980年，73岁高龄的程世抚还参加了天津市总体规划的制定，并对井岗山革命纪念地、自然保护区及风景区规划提出了书面报告。他没有洋洋大观的著述，没有引人入胜的讲话，他所有的就是这些融进绿色中的默默奉献。

程世抚是第三届全国人大代表，第五、第六届全国政协委员，曾任中国建筑学会理事，被聘为中国建筑学会园林绿化学术委员会副主任委员和中国园林学会顾问。

程世抚早年参加了党领导的进步团体，曾以合法身份掩护并资助我党的地下工作。中华人民共和国成立后，他衷心拥戴中国共产党的领导和社会主义制度，于1956年加入了中国共产党。

程世抚是我国园林规划工作的老前辈，从事城市园林规划的教学与研究工作达50多年，硕果累累。他在园林规划方面有很高的造诣和丰富的实践经验，为创建和发展我国的园林规划科学发挥了重大作用。

城市规划必须从国情出发，走出自己的道路

城市规划是一门政策性很强的综合性科学，包括政治经济与工程技术两方面。中华人民共

和国成立以前，所谓都市规划，只是仿效资本主义国家，作点缀性纸上谈兵的计划。中华人民共和国成立后，又全面学习苏联城市规划经验。在长期实践中，程世抚认为城市规划工作必须贯彻全心全意为人民服务的方针，学习外国经验，有助于我们看清前景，外国经验里有些包含着客观规律，可少走弯路。但外国经验，并不一定完全适合我国的国情。1959 年，苏联专家要把苏州市区一主要干道拓宽、取直，拆除原路旁的所有建筑，大兴土木。他面对这种情况，坚持“经济、实用、保留古城面貌”的观点，主张随形就势，少拆建筑，搞一条曲线干道，在弯曲空地内见缝插针搞绿化。他认为这样可以保持古城风貌，既可节约投资，又可利用空地进行绿化，改善环境，同时形成自然式街景特点。

程世抚在城市建设系统工作的几十年里，依靠党的方针政策，依靠理论与实践相结合，完成了一个又一个城市规划，走出了自己的道路。他的规划思想反映了城市综合性、空间形态和环境效益的观点。风景城市规划要建设具有中国特色的城市，要有地方风貌，避免到处一样，城市建设和管理要贯彻节约精神。

以生态学理论为指导，规划风景名胜区

自古以来，自然环境是人类生存的空间，自然环境具有恢复和自我补偿的能力，人类和一切生物才能和谐地生活在自然环境里。程世抚认为建设风景区切忌“人定胜天”，应充分合理地利用宝贵资源，即对地形、地貌、植被、各类动物、水土保持、积蓄水利资源等要加以保护，不得随意破坏。根据实用性、科学性和经济性，综合开发，充分发挥资源价值，达到以最少投资，发挥最大的经济效益，这就是规划者的任务。

他主张以自然风貌为主，不可大兴土木。保存天然风景的真面目，就是遵守自然发展规划，促进生态平衡。自然环境中的建筑物，是人为作品，应居次要地位，让地形来表现它的粗壮线条。风景名胜区建筑，以服务为主，点缀为辅，绝不可与自然气势争长短。不能搞过多的建筑，要从我国山水画中找经验，要学帝王离宫别苑，使建筑与环境相融合。

他在《岳阳风景城市规划设想——为开放旅游作准备》的一文中，阐述了自己的观点：以生态学理论为指导思想，从综合平衡用地计划入手，要保护自然风景和土地资源，合理安排旅游、城市建设、工农业用地，统筹兼顾，各得其所。他建议风景区建设要结合工农业生产，医疗卫生、体育活动、果树试验场、学术研究等都要密切结合当地生产来开展旅游事业的各项工作，可增加就业机会，安置农业现代化过程中多余的劳动力。如开展多种经营及为旅游服务的各种行业，尽量不打乱原来乡、村生产计划项目。要在原有基础上发展果木、油料植物、用材植物、观赏植物等，并以此作为背景，组成各种不同的植物群落，林下还可种耐荫的中草药。使之既有经济价值，又有观赏价值。把旅游事业与农民经济利益紧密结合起来，相互扶持，并行不悖，在建设中做到少花钱、多办事，这是规划的原则。

提倡大环境的绿地系统

程世抚早在建国初期，就提出了绿地系统的连贯性、普遍性、整体性的问题。他认为老的

公园系统过时了，已不能满足需要，必须把绿地系统范围扩大到远、近郊区，把自然景色组织到城市结构中。城市与周围环境要融为一体，使园中之林和园外之林与四郊成片、成带的林（包括森林、果园、桑园）形成有机的循环系统，把植物种植到每一角落，遍布全市，为人民提供新鲜的空气和优美的环境，为改善城市生态、增进人民身心健康服务。他在1956年主持编制《城市建设十二年科学规划》时，把这些观点写进了文件。

程世抚认为，绿地系统在城市规划中是一个重要的组成部分，是个新课题。绿地系统像人体的血液循环系统，必须合理地分布才能发挥其作用，不能单纯用林荫道一条绿线的办法，来联系大块绿地，好比细血管输送不了大量鲜血一样。绿地的分布原则是：环城林带、大片林业、果园、大型公园、森林公园、防护林带（用作防烟尘、防有害气体的除外）、动植物园都可作储藏新鲜空气之用。林荫道、公园路、森林带楔入城市并分隔居住区，可输送凉风与新鲜空气到达居住区。居住区的小型公园、街坊绿地、公共建筑的绿地都是储备新鲜空气的小仓库，同时可供游览休憩之用。由此可见，绿地系统为的是达到净化空气改善小气候，提高生态效益的总目的。

主张以植物造景为主的园林发展趋向

程世抚十分强调人与植物是鱼水关系，植物直接提供氧气和降低建筑密度，人与植物不可须臾分离。要使城市融化在树木花草中，摆脱混凝土高大建筑和沥青、水泥铺装路面的枯燥郁闭。发展植物造景是人类改善生存环境的最好办法。目前建设公园时常把大部分投资用在土建上，忽视园林植物的设计。今天的城市里，好不容易划出一块空地来作公园绿地，并不是为了再用建筑把它塞满。城市里缺少的是绿色的空间。必须珍惜城市的大大小小的空地，运用乡土植物材料造景，提高设计园林植物材料进行构图的能力，是园林工作者义不容辞的任务。

对于我国园林的发展趋势，从整体看，我国园林必须走以植物材料为主，以自然为主，为广大人民服务，与生态保护相结合的道路。当然建筑物在配景和服务等方面仍起到重要作用，这是不可抹煞的。而建筑物只能作为装饰物，也不能只以古典园林作为园林创作的蓝本，不要搞许多非生命的东西。要发展自然之美，不要形成没有亭、台、楼、阁、石就不成园林的固定观念。

他强调各城市园林要有自己的地方特色，而不是依葫画瓢一味模仿搬用。每个园林的大小、环境、条件各不相同，采用丰富多彩的植物，就提供了多种风格存在的可能性。用植物造景，让园林有连续性的活动画面，显示艺术的节奏和韵律，使之色彩缤纷，季相分明，以多样的变化达到和谐，以组织个别特殊的悦目景色达到统一。

培育园林规划人才

早在半个世纪前，程世抚已是国内学术界著名的教授，抗日战争时期执教于广西大学、金陵大学及福建省农学院，开设花卉学及造园学两门课程。抗日战争期间生活艰难困苦，这两门课程当时被一些人视为“有闲阶级”的享受品，但在他主持讲授下，成为学生们的两门很严肃、很认真的必修课程。他讲授的花卉学内容丰富，涉及到农学、工程学、生物学、美学和艺术领域的多学科内容。如花卉分类不仅立足于植物分类学的基础之上，并研讨各主要花卉种类的特征、特性，提出菊花品种分类体系。他在50年前，就深入探讨温室的工程结构、热能的供应和消耗，强调了设施园艺的计量系统。

程世抚讲授“造园学”第一课时，就对“造园学”“造庭学”“庭园设计”等名词提出了不同的看法，认为这些名词的概念含义偏窄，最大范围不超过城市公园，而绿地系统、风景区、大地景色都很难包括进去。他主张用“风景建筑”（Landscape Architecture）一词，认为风景建筑概念准确，能表达出这个学科在设计规划上与建筑和城市规划有密切的关系，而不再限于花园本身。他在半个世纪前就提出这样的观点，证明了他的远见卓识。对于造园他主张“师法自然”，时常对学生讲要向大自然学习和探求，到大自然中索取园林素材。对风景名胜区的规划设计则主张：风景区设计切忌“人定胜天”。首先必须保护自然景观，保护植被。过分施以人为手法，与天然竞争，必然遭到失败。所以大自然中的建筑，只能起点缀景观的作用。

他主张把郊区的自然景色组织到城市结构中，以改善城市环境质量，为居民提供各种动静游憩场所。他的学生贺善文（原湖南省农科院院长、教授）在《忆世抚老师》一文中写道：“美国园艺学会的荣誉主席在一次国际学术讨论会上，阐述了绿化与城市生态条件改善的问题，就是几十年前世抚老师已阐述过的观点，更认识到世抚老师的治学，实际上是走在时代的前面，在祖国的大地上努力开创一个新的领域，把生态学、建筑学、植物学和美学相互紧密结合起来的新领域。这一项新学科随着祖国现代化事业的发展，愈益显示出它的重要性。数十年过去了，亲爱的老师也完成他的历史使命而去世了，对于这样一位新领域的拓荒者和先驱，令人长久地怀念不已！”

唐天培（原广东肇庆风景区高级工程师）在《忆先辈，念恩师》一文中写道：“在抗日战争期间对离乡背井的流亡学生十分爱护，我身受恩泽。如在湘桂撤退的大动荡中，他在经济拮据、家累沉重的情况下，还带领四个学生一同辗转于桂川道上，直抵成都，且积极帮助我们转金陵大学就读。我们乍到一个新环境，生活难以安排，程先生无条件地收容在他家。这不是一般的恻隐之心，而是出自爱护青年的崇高品德。此恩此情，终生不忘。”

程世抚在工作中精心培养后辈更是不遗余力，晚年在与病魔作斗争的孤寂环境中，始终没有停止笔耕和育人。1980年，他拖着半身不遂的病体，亲自带着北京林学院（现北京林业大学）研究生去天津、上海进行实地调查，使这位研究生成功地完成了硕士论文。他为自己能给国家培养了一个合格人才而感到欣慰。北京林业大学陈俊愉教授说：“程老之所为，令人感动！”

程世抚在抱病卧床期间，有时会突然要纸要笔，托着特制的小木板，颤抖着记下一个个新想法、新课题、新建议。

程世抚的奉献、品德、学识、精神，令人感动，催人上进。老一辈知识分子饱经风雨而矢志不移，为祖国、为人民兢兢业业、埋头苦干、开拓进取的精神，一定能为新一代所继承和发扬。

（选自《中国科学技术专家传略·工程技术编·土木建筑卷》）

前篇

云阳程氏

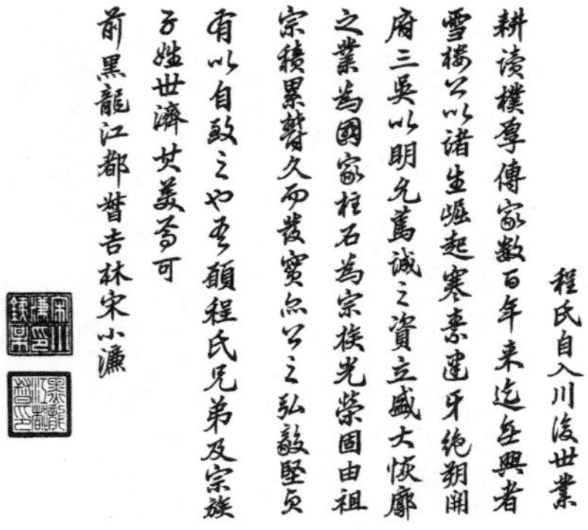

程氏自入川後世業
耕讀樸厚傳家數百年來迄無興者
雪樓公以諸生崛起寒素建牙絕朔開
府三吳以明允篤誠之資立盛大恢廓
之業為國家柱石為宗族光榮固由祖
宗積累鬱久而發實亦公之弘毅堅貞
有以自致之也吾願程氏兄弟及宗族
子姓世濟其美焉可
前黑龍江都督吉林宋小濂

宋小濂题《云阳程氏家乘》序（部分）

一、世业耕读

始迁祖程应良于明洪武二年（1369 年）由湖北麻邑入川，后定居云阳，到谱主之父程德全已绵延二十代，过去五百年了。

程德全的密友宋小濂① 1918 年在《云阳程氏重修家谱》序中寥寥数语概括了程氏入川后的数百年及程德全的崛起："程氏自入川后，世业耕读，朴厚传家，数百年来迄无兴者。雪楼公以诸生，崛起寒素，建牙绝朔，开府三吴，以明允笃诚之资，立盛大恢廓之业，为国家柱石，为宗族光荣。固由祖宗积累郁久而发，实亦公之弘毅坚贞有以自致之也。吾愿程氏兄弟及宗族子姓世济其美，焉可？"

程德全（中华民国陆军上将）戎装照

二、"云阳程德全""云阳程世抚"

程德全，字纯如，号雪楼，晚号素园居士、无智老人，1860 年 7 月 22 日（咸丰十年庚申六月初五）生于四川省（今属重庆市）云阳县长碛甲纱帽嘴老屋。父程大观为附贡生，靠教书为生。程德全原配秦夫人，维甲公女，1860 年（咸丰十年庚申）生于四川省云阳县九堆甲刘家坪，1903 年（光绪二十九年癸卯）卒于吉林省三姓城。同年程德全续娶刘夫人，刘淑仪，声远公女，1879 年（光绪五年己卯）生，原籍江苏仪征，寄居扬州城。

程德全为廪贡生出身，1888 年出川，至北京入国子监肄业。1891 年，程德全入瑷珲黑龙江副都统文全幕。1894 年，中日战起，黑龙江将军依克唐阿电召程德全由京到九连参与军幕。翌年，由依克唐阿奏保，以知县分省补用，旋分发安徽。1898 年，经黑龙江将军恩泽、副都统寿山奏调，于 1899 年年底，到瑷珲入寿山幕。

1900 年 2 月，寿山赴齐齐哈尔署理黑龙江将军。7 月沙俄军队入侵，程德全由寿山任为行营营务处总理，联络前敌各军。8 月俄军在瑷珲发动进攻，清军节节败退。程德全赴前敌，

① 宋小濂（1860—1926），字友梅、铁梅，吉林省吉林市人。1904 年，程德全任齐齐哈尔副都统，调其任文案处总理，共同为捍卫中国主权和黑龙江的治理作出重大贡献。1911 年任黑龙江巡抚，民国后任黑龙江都督。

位于重庆市云阳县盘龙街道的程氏宗祠

程德全题写的“古寒山寺”匾额

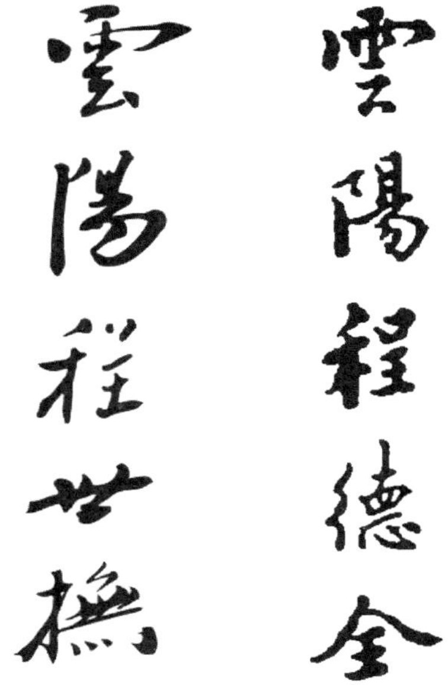

程德全、程世抚父子手书的落款

清军“颓靡不可整顿”，旋奉寿山命，与俄军洽谈议和。8 月 28 日，俄军进抵齐齐哈尔郊外疑程设计诱敌，拟即攻城。程急出城与俄军相见，以身挡炮口，要求俄军停止进攻，俄军遂停止炮击。翌日，俄军大驱入城，寿山自尽。俄军欲强立程德全为黑龙江将军，程坚决拒绝。程德全于 1900 年与俄军斡旋的行动，在朝野赢得了很高的声誉。1903 年 12 月 28 日，慈禧在京召见程德全，垂询江省事，程奏对称旨，被擢道员，又加副都统衔、署理齐齐哈尔副都统。东北实行旗制，用旗人，清廷对程德全的任命，打破了东北歧视汉人的惯例。

1905 年 5 月 15 日，清廷委程德全署理黑龙江将军，程遂全权处理黑龙江军政事务。程上任后，以废除与俄人之铁路展地契约为目标，委派宋小濂等与俄人谈判，至 1907 年 8 月终将伐木地段缩减十分之九，铁路展地减去七万余垧。内政方面，程德全从改革旗制入手，为设立行省作准备。他先后开办了煤矿，设立了广信公司（银行），创设了瑞丰垦务公司等。

1907 年年初，清廷将东北改设行省，以徐世昌为东三省总督，程德全则于 5 月 7 日被任为署理黑龙江巡抚。1908 年 3 月，徐世昌以程“腿疾未痊”，建议军机处“赏假数月，回籍就医”。

1908 年 11 月，光绪、慈禧相继去世。程德全复被起用，于 1909 年 5 月 23 日任为署理奉天巡抚，旋实授。翌年调任江苏巡抚，程德全抚苏，以革新自命。

武昌起义爆发后，程德全镇静如常。1911 年 11 月 5 日，宣布江苏独立，被推为苏军都督。1912 年 1 月 1 日孙中山在南京组织临时政府，任命程德全为内务总长。南京临时政府结束后，袁世凯于 1912 年 4 月 13 日令程德全复任江苏都督。1913 年 7 月 12 日，二次革命爆发，程德全请求辞职。9 月 3 日，袁世凯准许辞职。自此，程德全退出了政界，寓居上海、苏州，闭门诵佛。1926 年，程德全受戒于常州天宁寺，法名寂照。1930 年 4 月 29 日，病逝于上海。

——摘自朱宗震. 程德全［M］//民国人物传　第四卷. 北京：中华书局，1984：82-89

（注：编辑时更正了文中个别时间上的错误）

谱主在自书履历书中这样描述其父：“父亲程德全，贫农家庭出身，自幼苦读而后转入仕途，曾做过候补知县、副都统、将军、巡抚及辛亥革命后都督，1913 年后在家念佛不问家务，1930 年去世。”

旧时，人们喜欢以籍贯加姓名的方式作为自称，以夸耀郡望。程德全一生中留下许多墨迹，凡正式场合的落款都是“云阳程德全”，如著名的苏州寒山寺匾。

谱主从未到过云阳，但是在他中年时期留下的一则“资格证明文件”的封面上书有“云阳程世抚”的落款，彰显其归属感。1947 年谱主在填写履历表中的“永久住址”一栏时记道：“四川云阳盘沱镇沙门寺。”

三、世系

《云阳程氏家乘》中程应良十六世后之行派“地有大德，世绪可传”。

程德全后人世系图（德—世—绪—可—传，与本年谱有关部分）

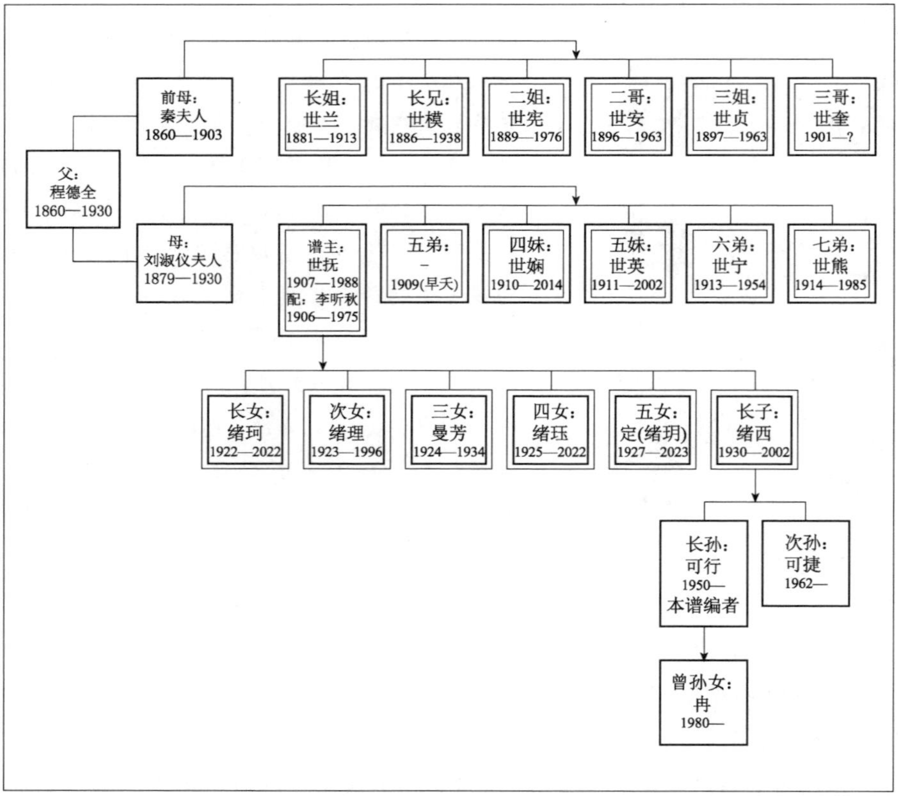

程氏世系图

正篇

程世抚年谱

谱主程世抚（摄于 1960 年）

一、求学之路（1907—1932）

1907 年　　0 岁

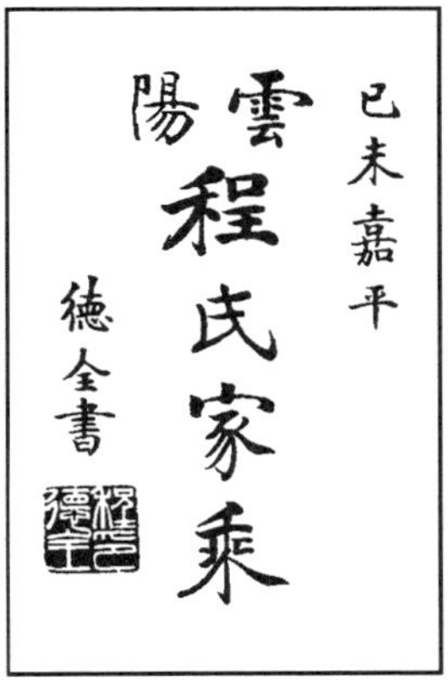

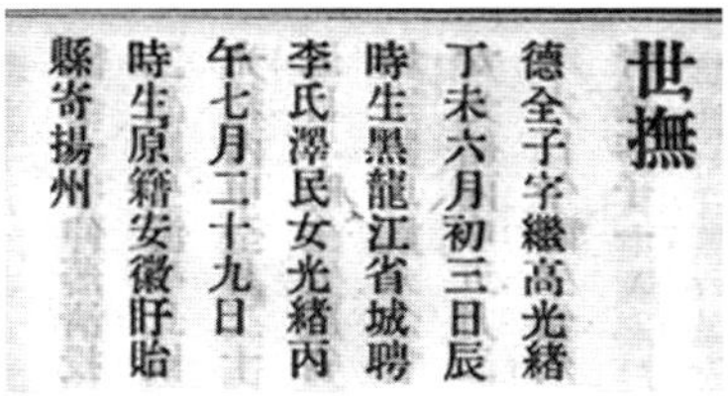

世撫
德全子字繼高光緒
丁未六月初三日辰
時生黑龍江省城聘
李氏澤民女光緒丙
午七月二十九日
時生原籍安徽盱眙
縣寄揚州

1919 年出版的《云阳程氏家乘》封面及有关谱主的条目

右下图是谱主出生之年（光绪三十三年）的“黑龙江将军程　勋章”

7 月 12 日　谱主出生

《云阳程氏家乘》民国八年（1919 年）版对谱主的记载：

世抚，德全子，字继高，光绪丁未六月初三日辰时生黑龙江省城，聘李氏泽民女，光绪丙午七月二十九日生，原籍安徽盱眙县，寄扬州。

谱主生于齐齐哈尔黑龙江将军府①，是黑龙江将军程德全与继配刘淑仪的第一个孩子，在程家男孩中排行第四。恰在两个月前的三月二十五（1907 年 5 月 7 日）清廷撤裁黑龙江将军，程德全被任为署理黑龙江巡抚，故为谱主取名“抚”。

1908 年　　1 岁

6 月下旬

程德全辞去黑龙江巡抚，赴上海治疗腿疾。谱主随父母从黑龙江来上海落户，住新闸路三十三号②。

---

① “生于黑龙江将军府”乃谱主自述，将军府原建筑被政府以“占据道路”于 2000 年拆除。

② 谱主随父母迁居上海时间，据成多禄：《澹堪年谱稿（1864—1911）》及《李超琼日记》所记。

1909年　2岁

6月9日

程德全抵奉天，两日后接印。7月25日（六月初九），实授奉天巡抚。谱主随父母同行。

五弟生于奉天，早夭，没有起名。

1910年　3岁

6月4日

程德全就任江苏巡抚，举家迁上海。

8月27日

四妹世娴生于上海。

1911—1919年　4—12岁　延师在家读书

程家的规矩：不论男孩女孩，一到四岁，过了新年就进书房。家庭教师是陆亦奇①。

少年谱主

光复纪念江苏都督程奖

① 陆亦奇，字秦，江苏高邮人，民国初年起一直在程家做家庭教师。

1911年

7月7日

五妹世英生于苏州。

10月10日

武昌起义爆发

11月5日

程德全顺应时势宣布江苏独立，自任江苏都督，举兴汉安民大旗，拥民主共和大势，实现和平光复。

1912年

1月

程德全被孙中山任命为南京临时政府内务总长。

1913年

母刘淑仪与程德全商议开始置办房产。

1月3日

六弟世宁生于上海。

9月3日

袁世凯免去了程德全的江苏都督职务，由张勋继任。从此，程德全退出了政界，万念俱灰，闭门诵佛。

1914年

4月28日

七弟世熊生于上海。

1915年5月15日在上海南京路宝记照相馆留影

1920—1924 年

13—17 岁　在上海青年会中学及东吴大学第二附属中学读书

在上海青年会中学（中华基督教青年会创办）及东吴大学第二附属中学（美国基督教监理会教士创设）读书，与徐天锡①是上海青年会中学的同班同学，后日多有交集。

湖北义赈会在 1920 年 3 月 25 日《申报》广告页刊登谢辞，有谱主捐款。

1922 年年初

与李听秋（又名李浣琴）结婚。据《遵礼堂·李氏家谱》记载，李听秋之父李泽民号恩官（1874—1916），一品荫生，授朝士大夫，选授云南陆凉州知州，后任北宁铁路（北京至辽宁）巡警督办；母段庆潞（1872—1939）。曾祖父李长乐，曾任直隶提督，卒于光绪十五年，清廷谥勤勇公，祖父及父亲皆赠振威将军。

在上海兆芳照相馆拍摄夫妻合照

10 月 10 日

长女绪珂出生。

---

① 徐天锡（1907—1971），上海人，沈阳农学院教授。1929 年金陵大学农学院学士，1934 年美国明尼苏达大学硕士。

1923年 10月25日

次女绪理出生。

1924年 8月

三女程曼芳出生。

被金陵大学录取。《申报》1924年8月1日、2日、3日连日登载金陵大学第一届录取新生名单，同时被录取的还有日后与谱主多有交集的徐天锡、马保之①、柳支英②、萧辅③等人。

1925年2月—1929年6月

18—22岁 南京金陵大学农业园艺系学士

1925年春 入金陵大学预科。

秋 进金陵大学农学院园艺系，与徐天锡同系。

程德全为四川家乡的弥陀禅院请《永乐北藏》②，在最后一函，谱主偕弟、妹写下题识："家父知财施之不可持久也，甲子秋日与德高老和尚共谋藏经，幸获此宝。而本年乃大荒旱，昧者不察，遂有归咎宏扬佛法者，呜呼，愚矣。然而财施无此力量，嗷嗷者众，其能皈命三宝以消浩劫已乎。三德上人护运藏经书，此以壮其行。程世抚偕弟世宁、世熊薰沐敬题，在室女弟子程世娴世英拜观。"

11月19日

四女绪珏出生。

---

① 马保之（1907—2004）农学家，广西桂林人，马君武之子。1929年南京金陵大学学士，1933年美国康奈尔大学博士。回国后任广西农事试验场场长，1945年升任农林部农业司司长，1949年到台湾。

② 柳支英（1905—1988），江苏苏州人，1929年金陵大学生物系学士，1933年美国明尼苏达大学硕士。1937—1945年，任广西农事实验场技正兼广西大学农学院教授，解放后任军事医学科学院研究员。

③ 萧辅（1905—1968），字匡廷。1929年南京金陵大学农学院学士，1933年明尼苏达州立大学硕士。历任国立浙江大学农学院、广西大学农学院农艺系主任。解放后曾任浙江农业大学副校长，"文革"中被迫害致死。

② 该部《永乐北藏》现藏重庆图书馆。

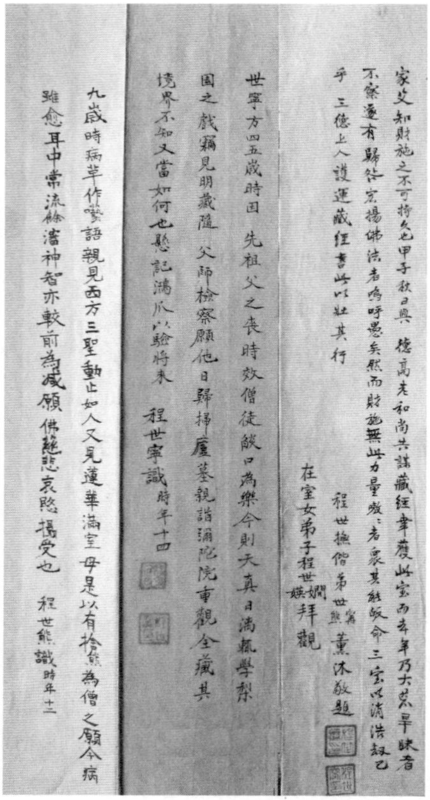
家父知財施之不可恃也甲子秋日與 德高老和尚共謀藏經牽覆此室西去年乃大旱眛者
不察遂有歸咎宏揚佛法者嗚呼愚矣然而財施無此力量救〻者衆其能延命三宝以清浩劫已
乎三德上人護運藏經書此以壯其行
程世撫偕弟世甯 世熊薰沐敬題
在室女弟子程世娴 世瑛拜觀
世甯·方四五歲時因 先祖父之喪時效僧徒啟口為樂今則天真日漓瓠學梨
國之戕竊見明藏隨 父師檢察願他日歸掃廬墓親諳彌陀院重觀全藏其
境界不知又當如何也懸記鴻爪以驗將來
程世甯識時年十四
九歲時病革作囈語親見西方三聖動止如人又見蓮華滿室母是以有捨熊為僧之願今病
雖愈耳中常流膿潰神智亦較前為減願 佛慈悲哀愍攝受也
程世熊識時年十三

谱主及弟妹们在《永乐北藏》上的题识

1926 年

在上海迁善里宅第拍摄全家福，有谱主父母、谱主夫妇、长兄（世模、字伯楷）、六弟（世宁、字葛民）和六弟媳（李葆华）、七弟（世熊、字超凡）、四妹（世娴）、五妹（世英）和五妹夫（吴征铎）及长女绪珂、二女绪理、四女绪珏。

谱主全家福

1927年

5月17日

五女程定（绪玥）出生。

谱主的四个女儿：绪珂、绪理、曼芳、绪珏在迁善里

1928年

上海临时义赈会在1928年8月24日《申报》广告页刊登谢辞，有谱主及各位弟、妹及家庭其他成员捐款。

谱主摄于南京唱经楼照相馆

1929年

在金陵大学研究并作论文《中国造园术对世界各国之影响》，未发表。

谱主的第一篇论文《蔷薇之剪定法 Rose Pruning》发表于金陵大学农林汇刊创刊号（1929年）。同期还登载了萧辅、柳支英、徐天锡、周明牂①等人的论文。

---

① 周明牂（1907—2005），江苏海安人。1929年南京金陵大学农学院学士。1933年康奈尔大学研究院科学硕士和哲学博士。先后在浙江大学农学院、广西大学农学院、福建省农学院任教授，解放后任北京农业大学教授。

農　林　彙　刊　(153)

薔薇之剪定法 Rose Pruning

程　世　撫

剪定之意義　薔薇若任其生長，則細枝叢生，而根部營養力有所不逮•于是影響其形態及花之美觀。故剪定者，即除去病枝，弱枝，枯枝，以遏病源而利花枝之生長。如剪去中央各枝者，以利陽光而通空氣。摘去無用之花，以防其耗費養分。是也。

剪定之目的　在限制枝條之生長而使養料集于數枝當整理其固有之形態（Type）去其中央之枝以通空氣摘去無用之花以致于適時期開美大之花

剪枝法　擇一枝上向外生之芽留二三分而作四十五度之斜度剪去之（如圖甲(一)）。如剪去分枝，則愈近主枝爲佳(如圖甲(二)）。

上法之原理，卽促進其癒合組織(Callus Formation）及免去着雨水而腐爛也。故剪枝必擇天氣良好之時。以能知最近二三日必無雨水者。爲宜焉。

（甲圖）

種植後之剪定　初學者。在春季剪定時。于冬季新植之購入苗木。如不嚴加修剪。則下部之芽。不得儘量向上生長。而成帚狀。非特不美觀。且有損害薔薇之虞。此皆姑息之過也。如春季剪至二三枝。各留二三芽。年加相當之修剪。則三年後。必有美滿之結果焉。如欲花多。則留五六枝。而品質稍遜。如欲注重花之品質。則每年剪至二三枝。各留兩三芽。則花雖不甚多。而品質則超羣矣。

至若蔓性薔薇（Climbing Rose）。則剪去枯弱之枝可矣。不能一概

《薔薇之剪定法 Rose Pruning》发表于金陵大学农林汇刊

1929 年夏　获得南京金陵大学农业园艺系学士学位。见《私立金陵大学农学院毕业同学录（1933 年版）》（14 页，1929 班，同年级还有日后与谱主多有交集的徐天锡、周明㫚、马保之，柳支英等）。

金陵大学农林科全体教职员学生留影

1929 年 9 月—1933 年 1 月

22—26 岁　美国康奈尔大学风景建筑及观赏园艺硕士

1929 年　8 月 16 日

下午五时半乘“林肯号”从上海启碇出发。谱主赴美前，与《生活》周刊

主编邹韬奋约定将途中及留美后的见闻撰文投稿。1929 年、1930 年共有《例外》《排队》及《不愿谈的题目》三篇通讯，摘要如下：

●《例外》

18 日晨入日本内海，下午七时抵神户，两岸景物如画，各岛均工厂林立，树木丛生，从未见荒山芜地。我国号称地大物博，然国人只群聚于长江流域地狭人多之处，边境地区任其荒芜，无实行垦荒之眼光和计划，乃启他人之觊觎。日本之横行于吾国东北，英国之蚕食西藏，其显例也。入境检疫、检验护照后获准上岸游览，此虽各国常例，但较诸外国人之至吾国上海者，可以任意上岸有如本国，则又是例外矣。上岸后略游公园，市政优良，街市繁盛，电车宽大，Taxi 招手即至。（8 月 19 日晚九时寄自横滨）

●《排队》

Line up 为关于西方社会秩序中之一种美谈，我国人之自海外归者每乐道之。依我来美后所见，有时不守规则互相争先者未尝无之，惟不多耳。盖彼等此种守秩序之能力乃自小学校即练习起，长成后便习惯成自然矣。故其国家教育对于初等教育即注意秩序习惯，确有促起吾人注意之处。

●《不愿谈的题目》

我国关于政治方面，似乎使人乐观的事实绝无仅有，使人悲观的事实却纷至沓来，所以在国外最怕和外人谈到本国的政治问题，但是他们却偏喜欢向你问关于中国的政治问题，使你于不愿谈的题目有不得不谈之势。在国内不敢谈政治，在国外却常有不得不对外谈几句的时候，这种苦味大概是躲在国内的人所尝不到的。有次在曾任金陵大学植物学教授、现在在哈佛大学读博士的史德尉 Steward① 家午餐，主人殷殷询问中国的政治近状。因其早在报上知道中国内乱，有何说得？他们的国事是以人民的公意为归，我们的国事是以武人的私意为归，有何说得？后来他提起领事裁判权的撤废问题，称拟“徐徐”交还中国。我说既知不合法，何必又“徐徐”呢？又提到上海租界，一到内战发生时中外人士即趋之若鹜，未尝不无相当保护的功用。我当时还和他辩论一番，但自问已颇感困难，我深觉我国之能否达到自由平等的目的，全靠我们自己所蓄养的实力如何，只须有实力，对外什么都可以不成问题。

---

① 艾伯特·斯图尔特（A bert N. Steward，中文名史德尉），金陵大学植物学教授，后来又来华，对南京大屠杀亦有记述。

9月

经夏威夷在旧金山上岸，赴美国哈佛大学留学。金陵大学是中国教会大学中唯一的 A 类，持有该校学位的毕业生有资格直接进入美国大学的研究生院。

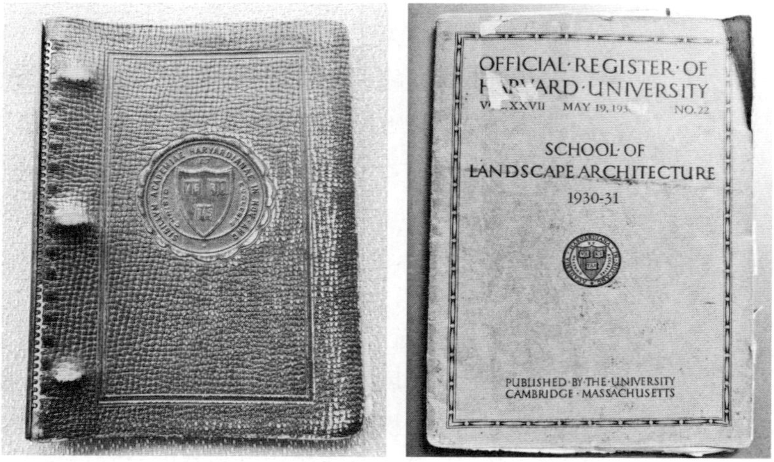

谱主珍藏的哈佛大学的笔记本和 Official Register of Harvard University

在美国加入中国工程师学会。

1930 年

3 月 17 日

长子绪西出生。因为此时谱主已经西赴美国留学了，故取名为“西”。

4 月 18 日

母刘淑仪在上海爱文义路迁善里九十六号去世。

4 月 29 日

父程德全在上海爱文义路迁善里九十六号去世。

家人电告父母丧讯，令谱主回国。谱主认为此时回国，最多在分遗产时有相应发言权，维护自己利益，却使学业半途而废，遂决定不回国，继续学业。

6 月

哈佛大学风景建筑及城市计划研究院肄业。

1930 年 6 月—1932 年 9 月

由于家里提供经济支援受限，无力承担哈佛大学的高额学费，遂转到相对便宜的康奈尔大学。

谱主在美国与友人的合影（摄于 1930 年）

1931 年

蔷薇科铺地蜈蚣属之研究。

作论文《Study of Cotoneaster Group as to their Taxonomic Characteristics and Ornamenta Effects》（《铺地蜈蚣属的分类特征及观赏效果研究》）——Cornell Thesis.

注：谱主在题目之后注明是“Cornell Thesis”，在康奈尔大学应有存档。

1932 年

作论文《Study of Formal and Natural Type of Chinese Landscape Design》（《中国庭园之几何式与天然式设计之比较》）。

获得美国康奈尔大学风景建筑及观赏园艺硕士学位（风景建筑、观赏园艺分别在建筑学院和农学院学习）。论文题目：《A study of Cotoneasters hardy in New England and New York State》（《关于新英格兰和纽约州的栒子属耐寒植物的研究》）

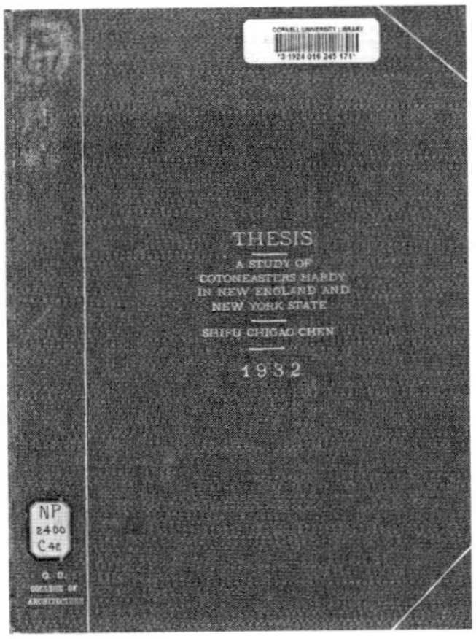

论文封面（华中科技大学赵纪军教授、房宸硕士提供）

谱主 1931 年 3 月 25 日购于纽约州 Ithaca（康奈尔大学所在地）的书籍

1月28日

日军发动对上海闸北区的进攻（即“一二八”事变），淞沪抗战爆发。

在康奈尔大学阿尔法分会加入“帕也·阿尔法·洒也”（Pi Alpha Xi）大学花卉荣誉学会①。

注：谱主保存着会员证（No. 90），1968年12月4日将会员证交给“管理组”。

1932年9月—1933年1月

与李沛文②一起，游历英国、法国、荷兰、比利时、德国、奥地利、瑞士、捷克斯洛伐克、意大利；经苏伊士运河、塞得港（埃及）、苏伊士城（埃及），去吉布提（法属索马里）、科伦坡（斯里兰卡，旧称锡兰）、新加坡、槟榔屿（马来亚）、马尼拉（菲律宾）、香港；最后返回上海。

谱主赴美留学及回国途中游历欧洲的路线

谱主从美国留学归来，带了几十箱行李，几乎都是书。行李运到家时，女儿们围着，以为父亲能从国外带回什么珍贵礼物呢，结果每人只有一支自动铅笔。

---

① Pi Alpha Xi（ΠAΞ）是1923年6月1日在康奈尔大学成立的国家园艺荣誉学会。

② 李沛文（1906—1985），广西苍梧人，李济深的长子。1935年获得康奈尔大学农学院农科硕士学位，曾任私立岭南大学农学院院长。建国后担任过岭南大学农学院院长、华南农学院副院长等职。

二、留学归国至抗日战争全面爆发前（1933—1937）

1933 年 2 月—6 月　26 岁　省立广西大学教授

留学归来的谱主

谱主从美国回国后，经马保之介绍，携妻子李听秋、幼子绪西及其乳母一起到广西梧州，任省立广西大学教授。担任事务：教授花卉、造园。《广西大学周刊》第四卷第一期，民国二十二年二月廿五日，12 页载：本期新聘教员抵校，农科教授程世抚先生。

这是谱主的第一份正式工作，时未满二十六岁。

广西大学校景，校址设在梧州蝴蝶山选自《广西通志·照片志》

3 月 16 日

作为“校景委员”在管理厅会客室参加第一次校景委员会议，主席是副校长盘珠祁。

3 月 18 日

在管理厅会客室参加第二次校景委员会议，主席是校长马君武。

4 月 15 日

在管理厅参加第三次校景委员会议，谱主提议女生宿舍前面拟装喷水池暨种植花，草案照原案通过。

据广西大学“校史展览，校友风采”：程世抚，著名园林专家、城市规划专家，30 年代广西大学校园总体规划设计者。1942 年至 1944 年任广西大学园艺系教授。——摘自广西大学档案馆资料。

4 月

“本学期教职员履历一览”中记有：程世抚，农科教授，四川云阳人，南京金陵大学农学士、美国康奈尔大学硕士。家庭住址：上海爱文义路迁善里一〇〇四弄十五号。

6 月

因胃病辞去广西大学教职，到南京谋事。谱主一生受胃病困扰。

1933 年 8 月—1937 年 12 月

27—30 岁　国立浙江大学农学院副教授、教授、园艺系主任

谱主自书：经李德毅①介绍，到杭州，在浙江大学农学院任副教授、教授、园艺系主任。

在国立浙江大学农学院时的谱主

① 李德毅（1896—1986），林学家、林业教育家，1933 年 7 月至 1936 年 4 月任国立浙江大学农学院院长。

"程世抚，江苏上海，副教授兼组指导，金陵大学农学士，美国哈佛大学庭园建筑研究院肄业，康奈尔大学庭院建筑系及花卉园艺系硕士，杭州龙游路十三号，二十二年八月到院"。摘自《国立浙江大学农学院报告》，"国立浙江大学农学院教职员一览 自二十二年八月至二十五年四月" 第380页。

谱主全家（妻李听秋及女绪珂、绪理、绪珏、绪玥、子绪西，三女曼芳因病留上海就医）在杭州的四年是谱主一家生活最安定的一段时间。据谱主家人回忆，谱主曾多次搬家，看到合适地方就搬。从国立浙江大学的教员登记信息中得知，谱主在杭州至少住过以下三个地方：杭州龙游路十三号；杭州学士路思鑫坊直弄一号；杭州下西大街念六号。

上图：谱主家的孩子们绪珂、绪理、绪珏、绪玥和绪西（最小的男孩是谱主六弟世宁的长子绪苏）

中图：四女绪珏和长女绪珂

右图（左起）：夫人李听秋、五妹世英、四妹世娴及四女绪珏

谱主在本年度做的研究工作：

- 花卉蔬菜促成之最简便方法（与章文才合作）。
- 菊花遮光试验之初步研究（与曾开午合作）。

（摘自中华民国二十五年《国立浙江大学农学院报告》第157页）

11月15日

浙大农学院组织了"迁让委员会"。第一次会议在庆春门外本院新址临时办事处举行，李德毅、周明牂和程世抚等六人出席，主席李德毅。（摘自中华民国二十五年《国立浙江大学农学院报告》第7页）

本大学以建筑事宜，关系重大，特组一"建筑委员会"，聘请李德毅和程世抚等十一人，于民国二十二年十一月成立，至民国二十三年八月二十九日止，共开会五次。（摘自中华民国二十五年《国立浙江大学农学院报告》第12页）

1934 年

三女曼芳因肾病终告不治，年仅十岁。家人说，从未见过谱主如此悲痛。

1 月 6 日

为农社学会民众夜校捐款大洋二元，黄瑞纶①先生亦捐款。《国立浙江大学校刊》一百五十九号载“农社学会民众夜校致谢本校捐募经费”。

关于在浙江大学期间的工作，谱主记道：1933 年杭州华家池浙江大学新址总平面设计，农学院部分 1934 年完工。

- 国立浙江大学新址（杭州华家池）校园设计（附占地七十亩之植物园），民国廿三年完工。《国立浙江大学要览・二十三年度》有“新校舍平面图”。
- 新址方面由程世抚副教授负责种植。《国立浙江大学农学院报告》一四八。
- 在浙江大学农学院农业植物学系园艺组首次开设“都市计划”课程，作为四年级必修课。《国立浙江大学要览・二十三年度》七六。

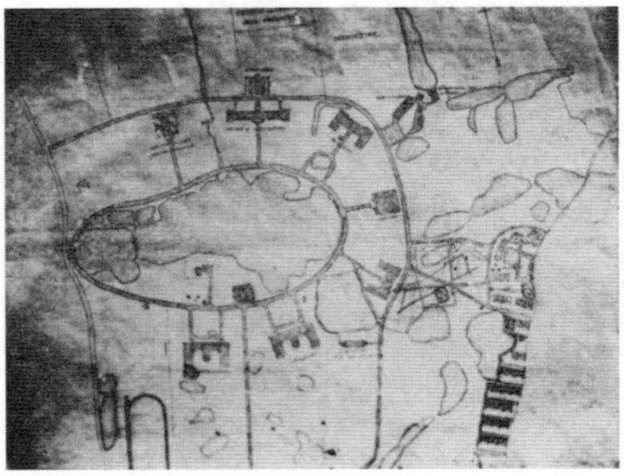

华家池新校区

國立浙江大學要覽

二十三年度

校址：浙江杭州大學路

農學院農業植物學系園藝組

三四年級課程表

學程	學分 上學期	學分 下學期	每週授課或實習時數 上學期	每週授課或實習時數 下學期	附註
蔬菜		3			三年級必修
溫室苗圃學	3				,,
觀賞樹木※	3				,,
果樹各論※	3				,,
高級果樹學		3			,,
果品處理		3			,,
造庭學		4			,,
氣象	2				,,
蔬菜促成栽培	2				四年級必修
都市計劃	2				,,
[illegible]	2				,,
園藝植物生理		3			,,
論文		2			,,
植物病理	3				選修
經濟昆虫		3			,,

國立浙江大學要覽 七六

谱主在农学院开设“都市计划”课程

---

① 黄瑞纶（1903—1975），字子荣，河北任丘人，1928 年金陵大学理学院化学系学士，1933 年美国康奈尔大学理学院化学系博士。回国后先后在浙江大学、广西大学、北京农业大学任教授，和谱主一家都非常熟悉。

2月27日

“迁让委员会”第二次会议在民国二十三年二月二十七日举行，李德毅、黄瑞纶和谱主等五人出席，主席李德毅。摘自中华民国二十五年《国立浙江大学农学院报告》七、八。议决要案：移植工作分配，由章文才、沙凤护、程世抚三人负责；派沙凤护、张东旭和谱主负责计划植物园；准备迁移手续；新植物园之绘图、计划、种植，由程世抚负责。

5月1日

拍摄“国立浙江大学农学院全体教职员学生在笕桥旧院址欢送二、三级毕业同学留影”。摘自《国立浙江大学农学院报告》“插图”首页。

国立浙江大学农学院全体教职员学生在笕桥旧院址欢送二、三级毕业同学留影
前排（坐者）左起第十四人为谱主

谱主在本年度做的研究工作：

- 菊花遮光试验之初步研究。
- 石楠科植物对于试用酸性化学药品之反应。
- 草地育苗收种试验。

  （摘自中华民国二十五年《国立浙江大学农学院报告》158页）
- 论文《菊花遮光促成试验》，发表于浙大农报第一期。注：此为谱主自书，没有找到原文
- 做“兰科及石楠科培养土调制试验”，未发表。

秋季

- 西天目山野生观赏植物分布及生长状况之初步调查及采集（由副教授程世抚、讲师沙凤护及技术员张东旭同往）。摘自《国立浙江大学农学院报告》一六二。
- 国立浙江大学温室设计（占地二亩，有低压蒸汽加温设备及温度湿度自动调节器），民国廿三年完工。
- “建大温室一座，计建筑费三万余元，其中设备颇称完善，在国内农科大中，恐尚无有过之者”。摘自中华民国二十五年《国立浙江大学农学院报告》一四。

上图和右图摘自《国立浙江大学农学院报告》“插图”页，下图为谱主留存

国立浙江大学温室

1935 年

谱主在本年度做的研究工作：

- 菊花遮光试验。
- 花卉加工促成试验。
- 草种育苗试验。
- 中小学校校园布置之研究。
- 大学校园布置之研究。
- 西班牙式私人庭院应用之研究。
- 中式私人庭院之研究。

摘自中华民国二十五年《国立浙江大学农学院报告》一五九页

- 做“球茎及木本花卉用药品促成试验”，未发表（谱主自书）
- 编制了四明山风景区规划（受武岭学校委托，交付图纸，一部已施工）
- 奉化溪口公园设计（完成图纸，交当地施工）

“华家池农村建设实验区工作报告”中的工作人员，在管理委员会常务委

员中有“园艺组教授兼指导 程世抚”。见中华民国二十五年《国立浙江大学农学院报告》。二八三页、二九二页。

3 月

本大学各学院院长、系主任、教授、副教授、讲师，规定接见学生。程世抚先生，时间：每星期二、四各日上午九时至十时；地点：农学院或园艺试验场。摘自《国立浙江大学校刊》二百零四期（民国二十四年三月九日出版）。

6 月 11 日

黄炎培：“夜，共陶遗功德林招餐程雪楼之子伯楷、仲蕃、继高（爱文义路迁善里）。”黄炎培日记 第五卷［M］. 华文出版社，2008：59。

1936 年

4 月 13 日

国立浙江大学农学院全体教职员合影，见中华民国二十五年《国立浙江大学农学院报告》。

国立浙江大学农学院全体教职员合影，右起第十一人是谱主

9 月 20 日

论文《菊花遮光试验之简单报告》发表在《蜀农》1936（02）。

蜀農

戴傳賢敬題

中華民國二十五年九月二十日出版

第二號

蜀農學會杭州分會刊行

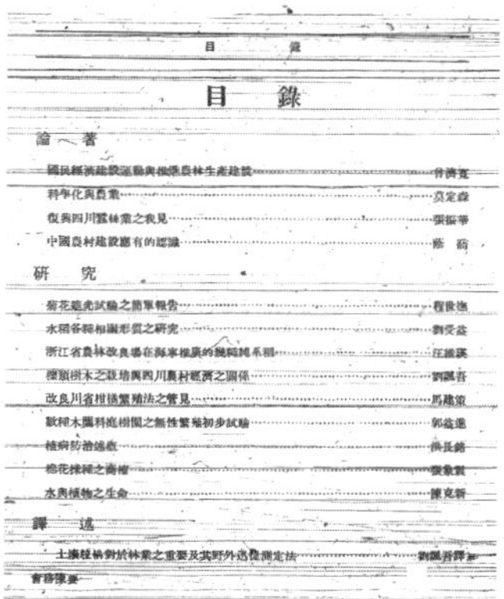

目錄

論著

國民經濟建設運動與推進農林生產建設……[illegible]
科學化與農業……莫定森
復興四川蠶絲業之我見……張振華
中國農村建設應有的認識……[illegible]

研究

菊花遮光試驗之簡單報告……程世撫
水稻各種相關形質之研究……[illegible]
浙江省農林改良場在歷來推廣的幾種純系稻……[illegible]
[illegible]樹木之栽培與四川農村經濟之關係……[illegible]
改良川省柑橘繁殖法之管見……馬建策
[illegible]……[illegible]
植病防治總論……[illegible]
棉花採種之商榷……[illegible]
水與植物之生命……陳克新

譯述

土壤[illegible]對於林業之重要及其野外速[illegible]測定法……[illegible]

會務[illegible]

《蜀农》刊发《菊花遮光试验之简单报告》

9 月 23 日

农学院本学年各学系级指导，业经聘定，园艺系二年级程世抚先生。见《国立浙江大学日刊》第二十号。

1936 年 11 月 15 日—12 月初　绥远抗战

11 月 14 日—22 日

农学院举行菊花展览会。最初地点在农院大礼堂，11 月 20 日至 22 日移至湖滨民众教育馆展览三天，请谱主做顾问，更名为“援绥菊展会”。“会场布置亦甚华丽，承花卉学教授程世抚先生亲临指导一切。又，农学院为援助绥远将士起见，特将大批名贵菊花移往湖滨民众教育馆陈列，以券资与菊花收入，悉数充作绥远接济。征得程教授世抚之同意，将农院热带植物，亦移往展览，俾提高参观者之兴趣。”《国立浙江大学日刊》第五十五、五十六、六十三、六十七、六十八、六十九号都有报道。

《东南日报》《正报》也报道了浙大农学院的援绥菊展。《东南日报》1936 年 11 月 19 日作题为“菊展缤纷”报道：“浙大农院菊展，自上星期六开幕以来，以名种繁多，颇引起社会人士之注目。闻该院同学，已蒙该院院长及园艺系主任之许可，于本月二十日起，扩大范围，前往湖滨民众教育馆展览，加增名种，减低售价，冀以卖金所得，悉数捐助绥边将士，聊表爱国之热忱。”《正报》民国二十五年十一月十九日报道浙大师生援绥运动时，提到“农院并捐大批菊花，卖价作捐”，民国二十五年十一月二十一日报道“浙大农院举行菊展筹款”。

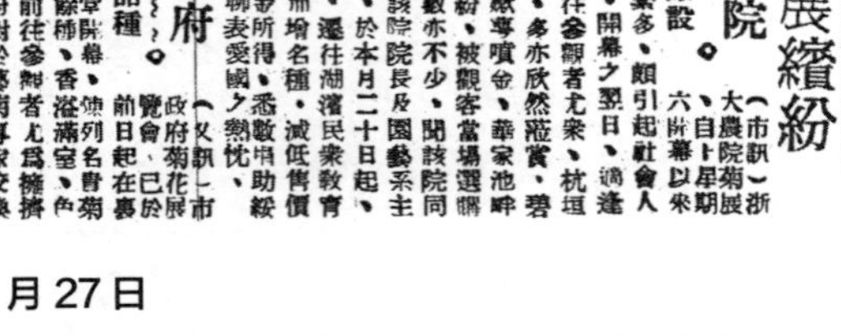
菊展繽紛

◎農院◎

（市訊）浙大農院菊展、自上星期六開幕以來、

改地陳設

、以名種繁多、頗引起社會人士之注目、開幕之翌日、適逢星期、前往參觀者尤衆、杭垣藝菊名家、多亦欣然蒞賞、碧[illegible]、[illegible]噴金、華家池畔、滿眼繽紛、被觀客當場選購之菊花、數亦不少、聞該院同學、已蒙該院院長及園藝系主任之許可、於本月二十日起、擴大範圍、遷往湖濱民衆教育館展覽、加增名種、減低售價、冀以賣金所得、悉數捐助綏邊將士、聊表愛國之熱忱、

◎市府◎

（市訊）市政府菊花展覽會、已於前日起在[illegible]

◎交換品種◎

[illegible]湖大禮堂[illegible]、陳列名貴菊種凡七百餘種、香溢滿室、色尤鮮豔、前往參觀者尤爲擁擠、並悉市府對於藝菊專家交換

1936 年 11 月 19 日
《东南日报》

11 月 27 日

下午 4 时召开第六次校务会议，主席竺可桢，出席者有谱主及周明祥、黄瑞纶、萧辅、陆大京①等农学院教授，议案有援绥问题等。见《国立浙江大学日刊》第七十八号。

① 陆大京（1907—1995），字君房，江苏无锡人。1927 年清华学堂毕业，1929 年美国康奈尔大学农学院学士，1930 年美国路易斯安那州立大学农学院硕士，1933 年美国明尼苏达大学哲学博士。回国后在浙江大学农学院、广西大学任教授，解放后在岭南大学农学院任教授。

三、全面抗战中（1937—1945）

1937 年 7 月 7 日　卢沟桥事变，抗日战争爆发。

8 月 13 日

日本侵略军在上海蓄意制造了“八一三事变”，淞沪会战爆发。

8 月

谱主率众弟妹为抗战将士捐物。

9 月 3 日

《申报》：中国红十字会总会鸣谢。捐献者中有“程世抚、程世熊、程世娴、程世英，药棉十三包、纱布廿一包、金鸡纳霜四瓶”。

1937 年 9 月—1940 年 1 月　浙江大学四次迁移

1937 年 9 月 21 日

一年级新生开始迁至天目山，11 月初全体迁浙江建德，1938 年 1 月经金华、玉山、樟树，转抵江西吉安，1939 年三迁宜山，1940 年四迁遵义。

谱主记道：抗战爆发后，浙江大学分两地迁校，三、四年级迁建德，一、二年级迁天目山。后来战事吃紧，人心惶惶，学校说是逐步内迁，走一步看一步。有一部分教授，大多是农学院的，包含我在内，主张一劳永逸地迁往内地如昆明、成都，以免图书仪器经多次迁移而损失。我们和学校意见不同，学校扬言要疏散农学院教授，当时也无确实保证安全的办法。我看情况不好，和农学院一部分教授黄瑞纶、周明牂、柳之英、陆大京、徐天锡，助教蒋书楠、徐玉芬等携带家属，离建德准备去长沙打听浙大迁校消息。1938 年初，先乘木船到金华，换乘火车到南昌。黄瑞纶找康奈尔和他熟识的邝姓同学（在公路局修车厂工作，可能是厂长），公路局长姓肖（我去哈佛大学时见过几面他就回国了），找到这种的关系包租公路局客车先行去长沙。在长沙我们住小旅馆（有人打地铺），没有找到教育部办事处，可能已经搬走了。

谱主又记道：我们去向未定，正好遇到马保之。他经过长沙，将南京中央农事研究所搬迁一部分图书仪器要到广西设立工作站，他也想在广西设立地方的农业机构，通过他和广西省政府接洽，邀我们全体去广西。

谱主一路上都带着长女绪珂。在逃难路上，谱主要求她学习炒菜，为大家做饭。

1938年1月

因对迁校意见不合从浙江大学辞职（谱主自书）。

谱主和周明牂分配在广西省农林处，副处长马保之。其他浙大来的人都分配到柳州广西农事试验场。

1938年3月—1940年2月

31—32岁　国民政府广西省建设厅技正

1938年

经马保之介绍，任国民政府广西省建设厅技正。（在桂林）担任事务：督导主任。

5月

夫人李听秋携孩子们（女绪理、绪珏、绪玥，子绪西）从上海到香港，谱主在香港迎接，从香港乘船到梧州，再到广西沙塘。

谱主的四妹世娴五妹世英与谱主子女们摄于香港到梧州的船上

据谱主四女绪珏回忆，沙塘是当时生活的基地，黄瑞伦一家和其他浙江大学来的马保之、陆大京、柳支英、周明牂等教授们也在。谱主与黄瑞纶、周明牂住楼上，楼下是卖杂货的公店。黄家与谱主来往最多，两家孩子们的年龄也相仿，常在一起玩耍。黄家是北方人，面食居多，谱主家则吃米饭，孩子们为迎合自己的口味时有串门到另一家吃饭的情况，两代人的友谊延续了几十年。周末，马保之、陆大京、柳支英等谱主的朋友常来谱主家一起打桥牌，谱主只是在一旁看，从来不上桌打牌，反而是围观的孩子们明白了规则，等大人们散去孩子就上桌了，还学着大人们用英文叫牌……后来长女绪珂上了大学，几个小的还有其他孩子们一度就在教授们自己办的学校里上学，老师们都是大学教授，谱主教英文，黄瑞纶教化学，……只从外面请了一位音乐老师，是广东人，教大家唱抗日歌曲“大刀向鬼子们的头上砍去”。

1939 年

1月

1月 11 日、28 日，桂林出版的《扫荡报》“捐款芳名录”中有谱主的名字。

6月

谱主的子女们摄于沙塘农事试验场
左起：绪珏、绪西、绪玥（定）、绪理

9月

国民政府教育部将省立广西大学改为国立广西大学。

1940 年 2 月—1940 年 7 月

33 岁　国立广西大学农学院教授

谱主自书：经马保之介绍，到广西柳州，任国立广西大学农学院教授。担任事务：教授造园、花卉。

3月

广西农事试验场名誉技正。

5月 5日

《国立广西大学周刊》第二卷第八期以“农学院近闻，布置院内园景”为题报道：本学期聘请园艺专家程世抚先生莅校，于任教之余率领园艺组学生布置一切。日来栽植芟培，极为忙碌，不久院内景色定另有一番佳趣。

8月1日

国立广西大学校长马君武在桂林雁山校区任上病逝。谱主完成了桂林良丰马君武墓地及纪念植物园全部规划设计（植物园百亩，总设计约百五十亩。三个月完成图纸，部分施工，因战事停止）。

谱主珍藏的马君武墓照片（可能摄于抗战期间）

1940年8月—1942年7月

33—35岁　福建省立农学院教授、系主任、教务主任

严家显①延聘，任福建省农学院教授、系主任、教务主任兼省研究院研究员。担任事务：教授造园、花卉。谱主全家迁至福建省永安县黄历村。

据谱主四女绪珏回忆，当时谱主一家生活十分拮据，她和五女绪玥、幼子绪西在永安中学读书，住校，只能周末回家一次。学校在吉山，离黄历约二十华里，谱主连三个孩子乘公共汽车的车费都出不起，经过商量后让四女、五女徒步往返，仅幼子一人乘车（这段时间长女绪珂已经上大学了，二女绪理因病休学在家）。谱主本人在《仁社通讯录》第四卷第六期的自传里面也提到了“为节省一一两元车资”让孩子们每个周末步行回家、返校之事（见附录）。

---

① 严家显（1906—1952）江苏吴县人，1931年金陵大学毕业，燕京大学研究院硕士，美国明尼苏达大学昆虫学博士。回国后担任武汉大学、广西大学教授和广西省农业督导专员等职。1940年6月应聘创办福建省立农学院。

1940 年

谱主主持福建省农学院（永安）校园规划，总体布局宿舍、教学楼、教授宿舍（平房）、简易温室（约 400 m^2，1941 年完工）。

福建省立农学院黄历校址一隅（摄于 1940 年）

11 月 22 日

被聘为福建省研究所农业部兼研究员 沈铭训①（签发）。

12 月

参加福建省立农学院农业考察团，分在第一期第二组，“赴沿海诸县考察，步行八百余里为时三个月”（见《仁社通讯录》第四卷第六期的自传）。

12 月 3 日—1941 年 1 月 22 日

参加福建省立农学院农业考察团第一期的第二组。团长包望敏，谱主和李凤荪、余廷献、裘维蕃、胡笃敬、林奎光为团员。谱主负责考察园艺、森林、植物部门，并负责交通、接洽的团务。据《新农季刊》第一卷第四期记载，考察的具体时间、地点如下：12 月 3 日从永安黄历出发，4 日到长汀、10 日到朋口、龙岩，16 日到南靖，19 日到龙溪，21 日到莲塘，22 日到天宝，24 日到角尾，25 日到同安，27 日到安海，28 日 29 日到晋江，30 日到河市，1941 年 1 月 1 日到安南，1 月 4 日到惠安，5 日到枫亭，6 日到莆田，7 日到东阳，9 日到延寿，12 日到涵江，13 日到福清渔溪，14 日到福清县城，15 日到长乐坎田后再福州，17 日到闽侯县，19 日到南屿，20 日到福州，22 日返回到永安。

1941 年

1 月

《新农季刊》创刊，谱主是编委之一。

第一卷第一号“院闻”栏刊“本院教授陆续莅校”，谱主名列首位：“康奈

---

① 沈铭训时任福建省研究所代所长（1940. 9—）

尔大学农学硕士、庭园建筑师、哈佛大学研究院研究员、前国立浙江大学、广西大学教授程世抚”。

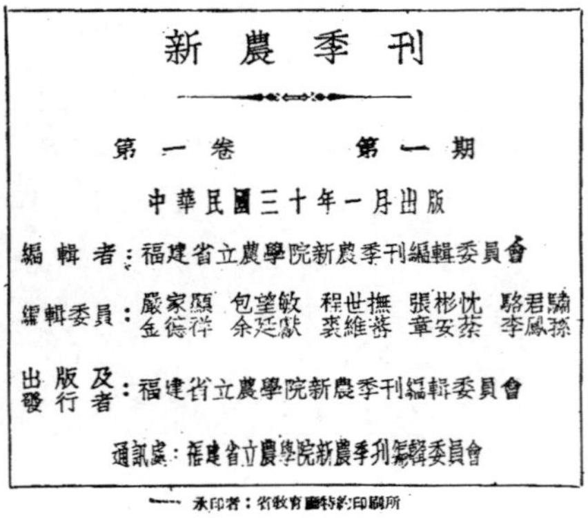

新農季刊

第一卷　　第一期

中華民國三十年一月出版

編輯者：福建省立農學院新農季刊編輯委員會

編輯委員：嚴家顯　包望敏　程世撫　張彬忱　駱君驌
金德祥　余廷猷　裘維蕃　章安蓀　李鳳蓀

出版及發行者：福建省立農學院新農季刊編輯委員會

通訊處：福建省立農學院新農季刊編輯委員會

承印者：省教育廳特約印刷所

《新农季刊》创刊号

- 《新农季刊》第一卷第一期（民国三十年一月出版）以“本院附设农场新猷”为题报道：本院自园艺系程世抚兼农场主任、张彬忱两教授抵院后，对农场开辟整理，不遗余力。现已着手建筑最新式之玻璃温室六七座，广搜各种珍贵花卉及本省著名之兰花、水仙、珠兰、茉莉等，以事繁殖而资研究。农场特建新式鸡舍、猪舍各五六座，繁殖著名品种之猪鸡，以供学生实习观摩之用。此外广莳蔬菜及特用作物，俾求自足自给，更进一步以供院外需要，同时分向各县征集各种农具，以为将来改良之张本，此外正日谋发展大事扩充云。

2月27日

出席福建省立农学院院务会议第一次会议。（福建省立农学院院刊）

2月28日

院聘谱主兼任教务处主任。（福建省立农学院院刊）

3月10日

在学院演讲“科学的研究方法”。（福建省立农学院院刊）

3月4日—22日

适院长严家显公出，谱主代行院务。

3月27日

出席福建省立农学院院务会议第二次会议。（福建省立农学院院刊）

4月1日

在《新农季刊》第一卷第二期发表《研究园艺学之途径与充实大学园艺教育之商榷》。

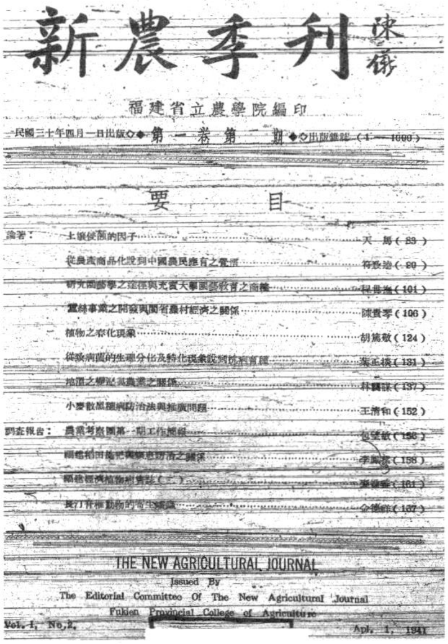

新農季刊

福建省立農學院編印

民國三十年四月一日出版◇◆第一卷第二期◆◇

要目

論著：土壤侵蝕的因子……天馬(83)

從農產商品化說到中國農民應有之覺悟……符致逵(89)

研究園藝學之途徑與充實大學園藝教育之商榷……程世撫(101)

蠶絲事業之開發與閩省農村經濟之關係……陳貴琴(106)

植物之春化現象……胡篤敬(124)

從銹病菌的生理分化及特化現象說到抗病育種……葉正揆(131)

地溫之變遷與農業之關係……[illegible](137)

小麥散黑穗病防治法與推廣問題……王清和(152)

調查報告：農業考察團第一期工作總報……包望敏(156)

[illegible]……[illegible](158)

[illegible]……[illegible](161)

[illegible]……[illegible](167)

THE NEW AGRICULTURAL JOURNAL

Issued By

The Editorial Committee Of The New Agricultural Journal

Fukien Provincial College of Agriculture

Vol. 1, No. 2. Apl. 1, 1941

《新农季刊》第一卷第二期

4月10日

出席福建省立农学院院务会议第三次会议。(福建省立农学院院刊)

4月19日

福建省立农学院聘谱主为招生委员会主席。(福建省立农学院院刊)

4月22日

出席福建省立农学院院务会议第四次会议。(福建省立农学院院刊)

4月23日

出席福建省立农学院招生委员会第一次会议。(福建省立农学院院刊)

研究论文《军事伪装概论》。(未发表)

5月

被聘为福建省研究院农林研究所名誉研究员，汪德耀①签发。

6月3日

福建省立农学院聘谱主为农场管理委员会委员、出版委员会委员。

7月1日

在《新农季刊》第一卷第三期发表《蔷薇属育种之沿革》（与包敦朴合作)、《柑橘运输及贮藏试验初步报告》(与裘维蕃②合作)。

---

① 汪德耀，时任福建省研究院院长（1940—1943）。

② 裘维蕃（1912—2000），江苏无锡人，1935 年毕业于金陵大学，1939—1941 年任教于福建农学院；1947 年美国威斯康星大学博士学位，中国科学院学部委员（院士），中国农业大学教授。

新農季刊

福建省立農學院新農季刊編輯委員會編印

第一卷第三期

要目

論著

研究報告

調查報告

THE NEW AGRICULTURAL JOURNAL

Issued By

The Editorial Committee Of The New Agricultural Journal

Fukien Provincial College of Agriculture

Vol. 1, No. 3.

July, 1, 1941

《新农季刊》第一卷第三期

1942 年

福建省立农学院温室设计（占地半市亩以上）约 400 m^2，民国卅一年完工

研究并作论文《乡村建设与广泛区域之城市计划》（Rural Construction and Regional Planning）。

2 月 27 日

严家显院长召开农场座谈会，谱主报告办理试验农场经过情形。

2 月 28 日

《农报》第 7 卷第 10—15 期刊登周永林《中国柑橘论文摘引》，摘要引用了谱主的《柑橘运输及贮藏试验初步报告》。

4 月 1 日

在《新农季刊》第二卷第二期发表《城市防空与防空城市》。

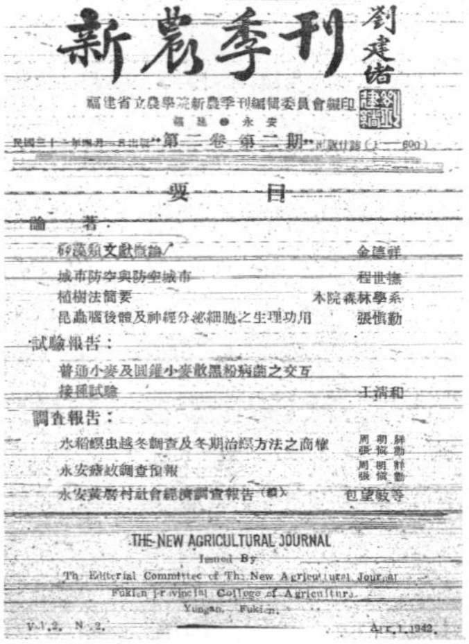
新農季刊

福建省立農學院新農季刊編輯委員會編印

福建 永安

第二卷第二期

要目

論著：

城市防空與防空城市　程世撫

植樹法簡要　本院森林學系

昆蟲腦後體及神經分泌細胞之生理功用　張慎勤

試驗報告：

普通小麥及圓錐小麥散黑粉病菌之交互接種試驗　王清和

調查報告：

水稻螟虫越冬調查及冬期治螟方法之商榷　周明牂 張慎勤

永安瘧蚊調查預報　周明牂 張慎勤

THE NEW AGRICULTURAL JOURNAL

Issued By

《新农季刊》第二卷第二期

4月

离开福建省立农学院。

据谱主1972年笔记：因拒绝福建省立农学院院长严家显通知去（伪）重庆中央训练团受训而辞职。

5月13日

黄炎培在日记中写道："程雪楼故都督之公子世抚（35）托友送来履历一纸，希望由闽回川（金大、哈大庭园建筑研究员，现福建省立农学院教授、教务主任，园艺系主任）。"（黄炎培日记，第七卷［M］. 华文出版社，2008：271）

5月23日

黄炎培在日记中写道："王晋伯（江阴，住成都羊市街，法律，成都西门外望门口四川地政局第二科长）来，其夫人为程雪老之女（名世娴，雪老长子故，次仲蕃，三故，四世抚，五世宁、葛民，六世熊、超凡27），为其兄世抚（号继高）事，不胜念旧之情。"（黄炎培日记，第七卷［M］. 华文出版社，2008：272）

注：原文"起凡"为"超凡"之误，改正之；三子世奎1920年离家出走之后下落不明，并没有明确"身故"，程家与黄炎培谈及此事时有所忌惮。另，五子早夭，没有起名，黄炎培日记中的"五""六"乃"六""七"之误，推测为王晋伯没有细说无关话题。

1942年8月—1944年7月

35—37岁　国立广西大学教授

萧辅介绍，广西柳州，国立广西大学教授。

国立广西大学时的谱主夫妇

担任事务：教授温室、造园、花卉。

谱主记道：1942 年在沙塘广西大学农学院，长女绪珂在广西大学就读，和丘春松、唐天培、马骥、何康①同班，有时到我家来。

谱主送次女绪理、四女绪珏去桂林的汉民中学读高中；五女绪玥喜欢音乐，她自己考取了城里的音乐学校；送幼子绪西到西迁至遵义的浙江大学附中上初中。

7 月 15 日

出版的《西大农讯》复刊第一卷第九期，刊登“教职员一览表，三十一年九月”中列有谱主的名字和经历：程世抚，男，三六，四川云阳，教授，美国哈佛大学庭园建筑学院研究，康奈尔大学硕士，美国 Pi Alpha Xi 荣誉学会会员，省立广西大学农学院教授，国立浙江大学教授兼园艺系主任，广西省府技正兼第一区农学督导主任兼第一区农场场长兼广西省立桂林初级农业学校筹备主任，及福建省立农学院教授兼园艺系主任。

8 月

“现任教职员名录，三十一年八月”中有“农学院 程世抚 教授”。摘自《国立广西大学校刊》第五卷第三期第 58 页。

12 月

在《广西农业》第三卷第六期发表《错觉在造园学上之应用》

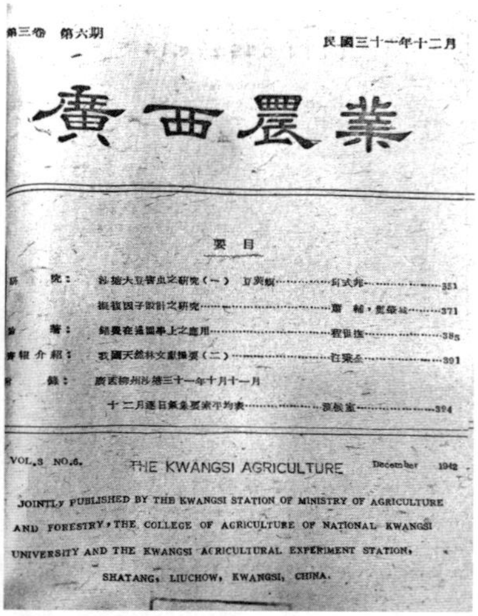
第三卷 第六期 民國三十一年十二月

廣西農業

要目

VOL.3 NO.6. THE KWANGSI AGRICULTURE December 1942

JOINTLY PUBLISHED BY THE KWANGSI STATION OF MINISTRY OF AGRICULTURE AND FORESTRY, THE COLLEGE OF AGRICULTURE OF NATIONAL KWANGSI UNIVERSITY AND THE KWANGSI AGRICULTURAL EXPERIMENT STATION, SHATANG, LIUCHOW, KWANGSI, CHINA.

《广西农业》第三卷第六期

① 何康（1923—2021），生于河北大名，祖籍福建福州。1941 年，进入广西大学就读，先学经济，后改学农艺专业。原华南热带作物科学研究院和华南热带作物学院（“两院”）首任院校长，曾任农业部部长、党组书记。

1943 年

在桂林加入市政工程学会

编著《温室建筑与管理》。

4 月

在《西大农讯》复刊第十四、十五期合刊上发表《中国式庭园及“浪漫式运动”对于现代公园设计之影响》。

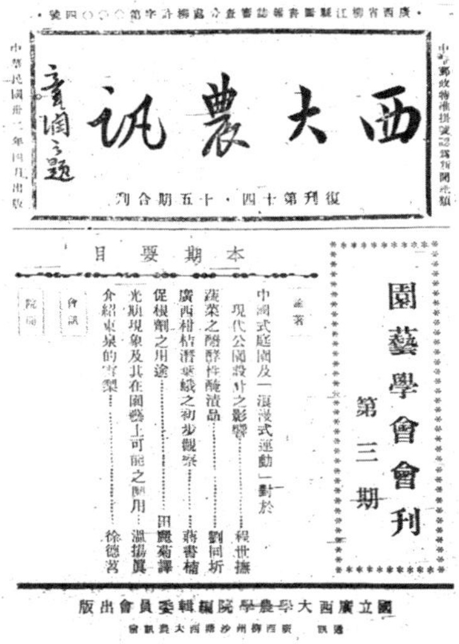

西大農訊

復刊第十四・十五期合刊

本期要目

論著

中國式庭園及「浪漫式運動」對於現代公園設計之影響……程世撫

蔬菜之醱酵性醃漬品……劉同圻

廣西柑桔潛葉蛾之初步觀察……蔣書楠

促根劑之用途……田麗菊譯

光期現象及其在園藝上可能之應用……溫揚真

介紹東泉的雪梨……徐德[illegible]

園藝學會會刊 第三期

國立廣西大學農學院編輯委員會出版

《西大农讯》复刊第十四、十五期合刊

6 月 1 日

获得“教授证书 37 岁　一二四七号　三二、六、一”。

10 月 21—26 日

谱主参加了中国工程师学会在桂林召开的第十二届年会。

1943 年 10 月 21 日，中国工程师学会第十二届年会团体合照

谱主珍藏的中央造币厂桂林分厂赠中国工程师学会第十二届年会纪念章

1944 年

6 月 18 日—8 月 8 日

湘桂大撤退。长沙、衡阳相继失守，日军进攻广西，发起桂柳战役，桂林告急。

谱主在桂林筹设苗圃未成，战事波及广西，投资全部损失。

谱主和广西大学的学生们在一起

9 月

谱主夫妇先安排二女绪理、四女绪珏随广西大学的师生先行撤离到了贵州的独山，请朋友介绍她们暂时就业，自食其力；后携长女绪珂、五女绪玥、幼子绪西从柳州前往成都。

唐天培在《忆先辈　念恩师》的回忆文章中记道：“在抗日战争期间对离乡背井的流亡学生十分爱护，我身受恩泽。如在湘桂撤退的大动荡中，他在经济拮据、家累沉重的情况下，还带领四个学生一同辗转于桂川道上，直抵成都，且积极帮助我们转金陵大学就读。我们乍到一个新环境，生活难以安排，程先生无条件地收容在他家，这不是一般的恻隐之心，而是出自爱护青年的崇高品德。此恩此情，终生不忘。”

注：唐天培所说的“四个学生”，还有马骥、贺善文、丘春松。丘春松和谱主长女绪珂是同学，年龄恰与夭折的谱主三女相仿，遂被认作义女，称谱主夫妇为“爸爸、娘”。

1944年8月—1945年12月

37—38岁　私立金陵大学教授、园艺研究部主任

李景均①、章之汶②介绍，陈离③聘，任私立金陵大学教授、园艺研究部主任，指导印度研究生；兼任成都市政府设计委员。

担任事务：教授造园、花卉学。

谱主记道：1944年和唐天培、马骥、丘春松等结伴去成都，他们也去金陵大学借读，在成都时来往多些。他们有时到我家吃饭，因为我的经济情形也不好，没有能力更多地接济他们。谱主夫妇把流落在四川各地的二女绪理、四女绪珏召回成都。长女绪珂入金陵大学继续学业，次女绪理上了成都的会计学校，四女绪珏在谱主督促下考取了金陵大学，五女绪玥考取了成都音乐学院，幼子绪西在金陵大学附属中学上学。

8月29日

由陈离聘为成都市政府设计委员。

1944年

编著《普通花卉学》，著《庭园建筑实习指南（上、下）》（油印本）。

1945年

参加成都市规划方案及少城公园设计（交付图纸，全部竣工）。

1945年秋

在金陵大学园艺系创立了观赏组。

1945年8月15日　日本裕仁天皇向全日本广播，接受波茨坦公告、无条件投降。

---

① 李景均（1912—2003），天津人。1936年金陵大学农学院学士，美国康奈尔大学博士，1941年回国，先后任广西大学农学院、金陵大学农学院、北京大学农学系教授，1951年赴美。

② 章之汶（1900—1982），字鲁泉，安徽来安人。1937—1948年任金陵大学农学院院长。

③ 陈离（1892—1977），字显焯，四川安岳人。国民革命军中将军衔，1944年任成都市市长。

四、抗日战争胜利后（1946—1949）

1946—1949 年

39—42 岁 国民政府上海市工务局园场管理处处长、正技师，上海市都市计划委员会技术委员会委员

抗战胜利后回到上海的谱主夫妇

抗战胜利后，谱主一家陆续从成都回到上海，住上海长宁路中山公园。

谱主记道：1945 年冬，徐天锡在上海受赵祖康[①]委托筹备园场管理处，徐推荐我任处长。经过书信来往我接受了这个职务，上海寄来派令。我于 1945 年 12 月中，和程绪珂通过成都市市长陈离购买长途汽车票，取道广元去宝鸡，买到四川省陕西省联运的车票。公路和铁路分段行车，拿上海的派职令作为证明，可以优先买票，约于 1946 年 1 月中到达上海。

谱主还记道：在成都金陵大学教书时被特务学生所监视，大概我的罪名是为什么讲书受学生欢迎，这使我厌倦了十几年的教书生活，同时因教书不能联系实际，徒然纸上谈兵没有贡献，因此应约来上海工务局工作。

谱主在这段时间的任职：

- 国民政府上海市工务局园场管理处处长兼总技师兼上海市都市计划委员会技术委员。
- 兼南京市都市计划委员会计划处顾问。
- 兼南京金陵大学教授。
- 兼上海圣约翰大学建筑系教授。

---

① 赵祖康（1900—1995），上海人。1922 年毕业于交通大学唐山学校土木工程系，1930 年赴美国康奈尔大学留学，1931 年回国。历任上海市工务局局长、代理市长。中华人民共和国成立后，历任上海市人民政府委员等职。

谱主和长女绪珂摄于中山公园

- 兼上海两路局（有关铁路沿线造林绿化园林）园艺顾问。

谱主自书在这段时间的主要工作成果

- 上海市公园广场设计、建设（全部竣工）。
- 上海市都市计划三次稿。
- 上海市绿地系统规划（1948 年）。
- 上海市私园数十处（1946—1949）。
- 南京市公园绿地系统规划（1948 年）。
- 南京市盐务总局及宿舍环境设计（1946—1949）。

1946 年

谱主自书：曾去吴兴的菱湖（今属湖州，浙江省辖地级市）参加章荣初①办的乡村事业，因陈立夫阻挠而停顿。

1月

《金陵大学校刊》第三五五期报道：园艺系观赏组主任兼农科研究所果树组主任程世抚先生，应上海市政府工务局之请，协助新上海各公园布置管理事宜，于元月九日首途北上西安转赴上海。

经徐天锡、王之康介绍，接受国民政府上海市工务局局长赵祖康邀请，和长女绪珂从成都回到上海，到园场管理处任职，办公地点在复兴公园

---

① 章荣初（1901—1972），祖籍浙江省湖州荻港，幼时念过小学，青年时贩卖棉布，后去上海开设华丰棉布号，后创建上海纺织印染厂。1946年，章荣初致力家乡建设，提出了建设新菱湖的主张。

侧门。

2月11日

市工务局园场管理处开始在皋兰路二号办公，就任首任处长。（据上海市地方志办公室“上海专业志 上海园林志 大事记”“园林行政管理部门”）

3月

上海市政府成立都市计划小组，黄作燊①、钟耀华②、鲍立克③（Richard. Paulick 德籍）、A. J. Brandt、陆谦受④、金经昌⑤、程世抚、陈占祥⑥等8人制定了都市计划图（一稿）（注：见林广思. 回顾与展望——中国LA学科教育研讨［J］. 中国园林 2005. 9，10）

3月16日

获“资位证明书 10991 一等一级技术人员，三十七、十发”。

与庄茂长⑦等策划在中山公园后半部增建了一个植物园。

6月9日

上海园艺事业改进协会成立。谱主记道：园场管理处造园科发起组织园艺协会，想借此搞商业经营，我拒绝参加，但为协会写过小册子，做过插瓶花艺术的报告。

---

① 黄作燊（1915—1975）1939年毕业于伦敦建筑协会学校，同年进入美国哈佛大学设计研究院，是上海圣约翰大学建筑系创始人。1952年至1966年，任同济大学建筑系副主任、教授，文化大革命受到迫害。

② 钟耀华（1911？—？）本科就读于哈佛文理学院，研究生就读于哈佛工学院。回国后进入上海工务局。中华人民共和国成立后，在上海市政府部门工作。

③ 理查德·鲍立克（1903—？）德累斯顿工业大学建筑系本科，1933—1949年在上海生活了十六年，“大上海都市计划”的主要编制者之一。

④ 陆谦受（1904—1992）广东新会人。1930年毕业于伦敦英国建筑学会建筑学院，回国后，1935年当选为中国建筑师学会副会长。1949年联合留英归来的陈占祥等组成“五联建筑师事务所”。1949年后赴香港。

⑤ 金经昌（1910—2000）江西婺源人。1937年同济大学土木系毕业，1940年德国达姆斯塔特工业大学毕业。回国后任上海市工务局都市计划委员会工程师，同济大学教授。

⑥ 陈占祥（1916—2001），浙江奉化人，生于上海。1944年获英国利物浦大学建筑学院都市计划硕士学位。曾任上海市建设局都市计划委员。中华人民共和国成立后，历任北京市建筑设计院副总建筑师等职。一度与谱主为邻。

⑦ 庄茂长（1916—），浙江平阳人，1935年毕业于武岭农校园艺科。1947年起一直在上海市园林管理处（现上海市园林局）工作，历任助理技师、工程师、高级工程师。

合影照前排（坐者）左起第八人是谱主

8月16日

《申报》以“园艺展览会今日揭幕礼”为题报道：工务局主办之首次园艺展览会，将于今日下午四时，假复兴公园举行揭幕典礼，备有茶点招待本市新闻界。届时工务局局长赵祖康将亲临指导，园场管理处处长程世抚将报告筹办经过。展览会将于二十七日闭幕。展览内容包括盆景、插花、蔬菜、果品、农具、造园、设计、农产加工、病虫防治用具等项。

山林蒼翠 花草爭妍

園藝展覽會·初度現色相

園藝事業改進協會就選中了這個炎暑，舉辦了一次園藝展覽會，而且給了人們優美的印象。

園藝展覽會於昨日下午四時，在復興公園舉行揭幕典禮，雖然熱氣逼人，然而誰都不願意錯過了這個好機會。吳市長夫人，工務局長趙祖康，社會局長吳開先，黃園主人黃來潤，工務局秘書錢瑞霖，各報記者等二十餘人，都紛紛趕到，還有暨南大學長的桑榮興權威中大農學院長鄒樹文，也在五時許趕到了。

展覽會在復興公園動物園中舉行，走進大門，就看見九角式的假山園，是中山公園和樹西首園設計的。假山上綴以具有六十年歷史的鳳凰棕，四周再襯以綠色的山草，的確蒼翠動人，所唯一欠缺的，就是少了顏色的野花，使人覺得過分單調了。假山的左側是小住宅園設計，一宅精緻小洋房的模型，佇立在一塊小草地上。小洋房專供夫婦兩人組織小家庭用的，屋有二層樓，底樓有會客室，閱書室，儲藏室，廚房，衣帽室等，二樓有臥室二間，浴室，休息室等，花園中有涼亭，草房，水池，鶴車場等，設想週到，一切合乎理想，就可惜雜亂不能免亂，在房荒普遍嚴重的今天，恐怕連想一間公寓都不可多得罷！小花園的對過，有許多仙人掌，及三棵六角山草的盆景，還有……

《申报》1946年8月17日的特写

8月17日

当天的《申报》刊登特写“山林苍翠，花草争妍——园艺展览会，初度现色相”，记录了园艺事业改进协会举办园艺展览会的盛况，描述了谱主及谱主长女绪珂等所作的贡献：园艺事业改进协会有这样美好的成绩，原非偶然的。园场管理处处长程世抚，他的女公子程绪珂小姐，总干事王馨小姐等，都曾赶了好几个夜工，他们的辛勤抚植，昨天已得到了人们的赏识。

8月26日

被聘为上海市工务局顾问，赵祖康、王绳善①签署。

1946年9月—1947年8月

谱主被聘为圣约翰大学工学院教员，涂羽卿②签署。

9月2日

因受不了国民党官场习气，谱主坚决辞去行政职务，推荐徐天锡继任处长，谱主任正技师，专门负责技术业务，主要管理造园科。

9月5日　都市计划委员会会议

上海市工务局348号会议室召开秘书处第一次处务会议（主席赵祖康）。姚世濂在会上说，都市计划委员会组织及该会系8月24日成立，同时开第一次会议，讨论提案五项（详见第一次会议议程及记录）。谱主虽然没有出席此次会议，但会议记录中明确“请程世抚参加土地使用组工作”。会议分为“秘书处处务会议”“秘书处联席会议”“区划组会议”“秘书处技术委员会会议”等，出席人员有不同。（大上海都市计划．上海市城市规划设计研究院编．上海，同济大学出版社，2014.）。后面谱主在工务局出席都市委员会的会议均引自此文献，不赘。

9月12日

谱主在上海市工务局348号会议室出席秘书处第二次处务会议（主席赵祖康）。

9月26日

谱主在上海市工务局会议室出席秘书处第一次联席会议（主席赵祖康）。

---

① 王绳善，上海市工务局副局长。

② 涂羽卿（1895—1975），1947年出任圣约翰大学校长；1952年圣约翰大学解散以后，任南京师范学院物理系教授及上海师范学院物理系主任；“文革”时期受到严重折磨。

10 月 3 日

谱主在办公室（工务局 337 号）出席秘书处第四次处务会议（主席赵祖康）。

10 月 29 日

谱主在上海市卫生局会议室出席卫生组第一次会议（主席张维①）。

11 月 1 日

谱主在上海市工务局会议室出席区划组第一次会议（主席赵祖康）。

11 月 7 日

《艺菊丛谭》出版，上海市工务局园场管理处印行，工务局局长赵祖康题写书名。

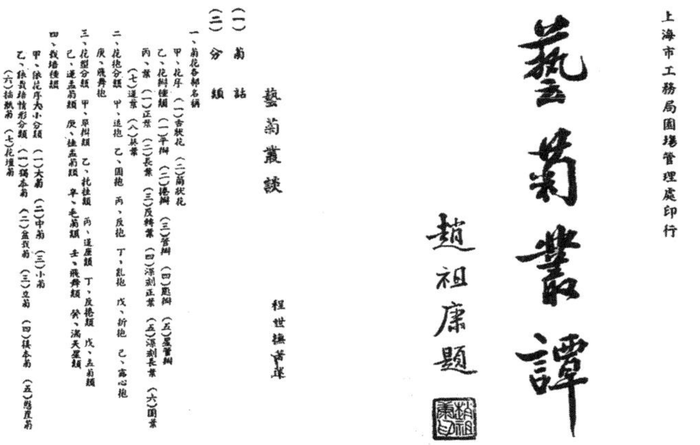

《艺菊丛谭》出版，上海市工务局园场管理处印行，工务局局长赵祖康题写书名

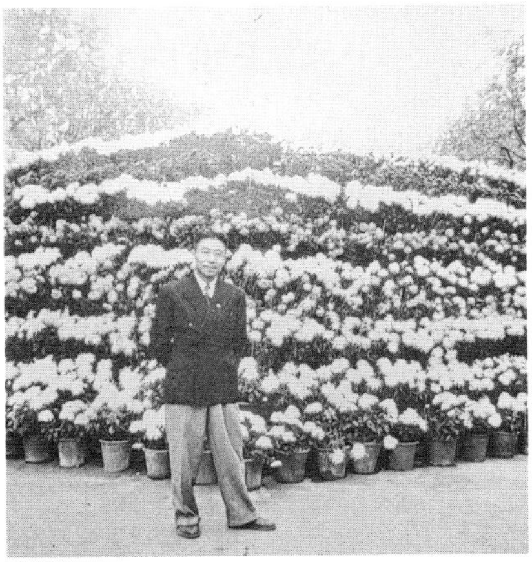

谱主在菊花展览会上留影

陈俊愉在“忆程老（世抚）教诲数事——自 1946 年以来的主要启示和感受”（《中国园林》2004，08）一文中说：“关于观赏植物栽培应用方向，程老一贯主张，作为造园主要素材的观赏植物，其栽培应用，当以露地大规模方式为主，以便供更多群众欣赏。早在 1946 年秋，当本人带着复旦大学园艺系学生前往上海市内参观菊花展览时，程老一面解说为菊展所写的科普小书《艺菊丛谭》，一面着重指出：我国菊花栽培综合而全面，经验丰富，十分精彩，但看来，应进而赶上一步，把菊花从盆栽中解脱出来，在露地大规模栽培，供更多市民观赏评玩。”

---

① 张维（（1898—1975），字楚珩，湖南浏阳人。1927 年后考入北京协和医学院获博士学位，1929 年赴美国哈佛大学进修公共卫生学，获硕士学位。1946 年后任上海市卫生局局长。

11 月 8 日—17 日

主持复兴公园的菊展。

《申报》1946 年 11 月 8 日以“花好月圆 复兴公园今日起举行菊花展览会”为题报道：从华龙路的大门口进去，首先映入眼帘的，是广大的青草坪上，书着“菊展”两个大字。字是立体形的，由雪青色的满天星小菊花堆砌而成。眼光从“菊展”两字转向左面，“青天白日满地红”的国徽，出现在你的面前，这立体形的国徽，也是用满天星小菊花组成的。高达十八尺，最高层圆锥形的顶巅，是用白菊花搭成的“白日”，分布在它周围的是十二个“角”也由小白菊花组成。最底下一层，便是“满地红”了，由数十盆红色菊花分布而成。再以大幅的青草地作陪衬，好一幅青天白日满地红的祖国之徽啊！据说：这些别出心裁的杰作，都是园艺专家程世抚先生所设计的。

徐天锡和谱主对记者说：外人与国人对于菊花喜爱的准绳各异，欧美各国，因喜以菊插瓶及植诸花坛，颇少盆栽，所以仅仅注意它的花朵，直径和色泽，因之他们往往喜欢日本种之满天星小菊。而国人赏菊，取以姿态婀娜，细瓣飞舞，或取其色泽异常，如酱色、绿色、墨紫色等，都认为是名贵的。

11 月 14 日

谱主在上海市卫生局会议室出席卫生组第二次会议（主席张维）。

11 月 15 日

谱主在工务局会议室出席秘书处第六次处务会议（主席赵祖康）。

11 月 17 日 宋公园开放

是日，《申报》以“宋公园开放，地广七十余亩，花草树木繁盛，吴市长等游园连声称好”为题报道：本市闸北共和新路宋公园路交叉点之宋教仁公园，经工务局园场管理处数月之整理，今已焕然一新，成为一可资游憩之古迹名胜地。据负责该公园整理事务之工务局专门委员程世抚氏谈：教仁烈士之墓田，共约一百二十亩左右，今年八月接收后，即计划布置场地之花草。整理工作自九月一日开始，仅耗一月光阴，完成目前之园景。公园包括坟墓四周之整块土地约七十亩。其余因开拓马路，被分裂为数区。园内之花草树木，均由工务局园场管理处之苗圃供给。又坟墓后之空地，拟筑造纪念堂，目下因建筑材料昂贵，碍难兴建。现时如此简单之装修，已耗资一千五百万元。

注：宋公园为纪念民主革命家宋教仁而建，即现在的闸北公园。

11月21日

谱主在工务局会议室出席秘书处第七次处务会议（主席赵祖康）。

11月28日

谱主在上海市工务局会议室出席秘书处第二次联席会议（主席赵祖康）。

12月5日

谱主在上海市工务局会议室出席秘书处第三次联席会议（主席赵祖康）。

抗战胜利之后的全家福
后排左起：定（绪玥）、绪理、朱季林（二女婿）、绪西、绪珏、绪珂

1947年

由徐国懋、赵祖康、钟耀华介绍参加仁社（1970年1月3日谱主的“交待材料”有记载），9月18日、9月25日参加仁社周会（据《仁社通讯录》）。

1947年的谱主

2月1日

被聘为金陵大学园艺系兼任教授，陈裕光①签署。

---

① 陈裕光（1893—1989）号景唐，浙江宁波人。1915年金陵大学化学系毕业，1922年获美国哥伦比亚大学博士学位，1927—1950年被聘为金陵大学校长。

2月13日

谱主在工务局会议室出席秘书处第十一次处务会议（主席赵祖康）。

4月1日

与贺善文合著《苗圃经营》出版。

5月1日

与王璧合著《瓶花艺术》出版。

《苗圃经营》《瓶花艺术》

谱主曾借浦东同乡会会址作过“插瓶花艺术”的报告。

5月10日

在复兴公园与园场管理处处长徐天锡及长女绪珂一起主持莳花展览。

5月11日

《申报》以“群芳谱：复兴公园莳花展览，千红万紫斗艳争妍”为题报道：昨日五时，在复兴公园举行揭幕，参加花店计五十余单位，陈列鲜花不下两千余种。有许多种类花，都是名贵异常，不可多见的。诸如：毛地黄，麒麟角，石榴红，三角花，君子兰，杜鹃花，瓜叶菊，蒲包花，等等。奇花异草，万紫千红，展览会显然曾下过一番布置功夫的。园场管理处处长徐天锡，昨天已经精疲力尽，顾问程世抚也因疲劳过度，发了高热。程小姐也忙哑了嗓子。展览会确实是漂亮的，扎花，扦花，盆景，插瓶……每一类都有它特殊的引诱力，色泽调和，排列美化，无不引人入胜。

5 月 15 日

在民国三十六年五月十五日出版的《工程报导》第廿四期（沪第二十二期）发表《错觉在造园学上之应用》（未完）。

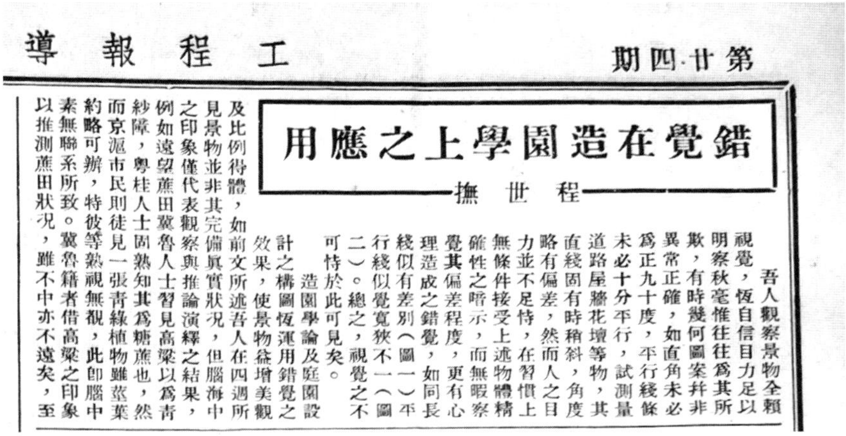

工程導報　第廿四期

錯覺在造園學上之應用

程世撫

吾人觀察景物全賴視覺，恆自信目力足以明察秋毫，惟往往爲其所欺，有時幾何圖案并非異常正確，如直角未必爲正九十度，平行綫條未必十分平行，試測量其道路屋牆花壇等物，角度直綫固有稍斜，而人之目略有偏差，時然在習慣上力並不足恃，上述物體精無條件接受，而無暇察確性之暗示，更有心覺其偏差程度，如同長理造成之錯覺，（圖一）平綫似有差別（圖一）（圖行綫似覺寬狹不一（圖二）。總之，視覺之不可恃於此可見矣。

造園學論及庭園設計之構圖恆運用錯覺之效果，使景物益增美觀及比例得體，如前文所述吾人在四週所見景物並非其完備眞實狀況，但腦海中之印象僅代表觀察與推論演繹之結果，例如遠望蔗田冀魯人士習見高粱以爲青紗障，粵桂人士固熟知其爲糖蔗也，然而京滬市民則徒見一張青綠植物雖莖葉約略可辨，特彼等熟視無覩，此即腦中素無聯系所致。冀魯籍者借高粱之印象以推測蔗田狀況，雖不中亦不遠矣，至

在《工程报导》上发表《错觉在造园学上之应用》

注：此文 1942 年曾在《广西农业》第三卷第六期发表，再次发表仅修订了个别文字。关于“错觉技巧”，谱主在三十多年后的《苏州古典园林艺术古为今用的探讨》一文中也有论述。

5 月 24 日

谱主在上海市工务局会议室出席秘书处第四次联席会议（主席赵祖康，代吴国桢）。

6 月

在民国三十六年六月出版的《工程报导》第廿五期（沪第二十三期）谱主发表《错觉在造园学上之应用》（续），前文续完。

7 月

中共南方局和上海地下党筹备设立中国农业科学研究社

中共南方局和上海地下党设立公开的群众性农业学术团体“中国农业科学研究社”，简称“中农社”。园艺学家程世抚为名誉社长，程绪珂为社长。内有园艺、农机、农业化学、农艺、农业经济、病虫害、农场经营、畜牧兽医等 8 个专业学组。会员 700 余人，各地及上海复旦大学建立了分社，出版了《中华通讯》和《中农月刊》。

7 月 11 日

在上海市工务局会议室参加秘书处第五次联席会议（主席赵祖康），谱主

出席，提议将苏州河绿地带沿河延长，作为休憩之地。

8月1日

被聘为上海市都市计划委员会秘书处技术委员，执行秘书赵祖康签署。

8月

民国三十六年八月出版《工程报导》第廿七期发表《战前上海市公园设施之我见》。

8月5日

在上海市工务局会议室召开秘书处技术委员会第一次会议（主席赵祖康），谱主是技术委员会委员，出席会议。

8月12日

谱主在上海市工务局会议室出席秘书处技术委员会第二次会议（主席赵祖康）。

8月19日

谱主在上海市工务局会议室出席秘书处技术委员会第三次会议（主席赵祖康）。

8月31日

被聘为京沪区铁路管理局总务处园艺委员会委员、常务委员，陈伯庄①签署。

9月

被聘为南京市都委会计划处顾问，沈怡②签署。

9月2日

谱主在上海市工务局会议室出席秘书处技术委员会第四次会议（主席赵祖康）。

9月8日

陆谦受给谱主写文说明“风景建筑学”在建筑学中的位置。陆谦受时任仁社社长。

---

① 陈伯庄（1892—1960），字延寿，广东番禺人。早年赴美国留学入哥伦比亚大学，获学士学位，1946年，全国铁路划区管理后，出任第一任京沪区铁路管理局局长。

② 沈怡（1901—1980），字君怡，浙江嘉兴人。1920年国立同济大学毕业；1925年德国兰斯顿大学工学博士，1926年回国，1946年11月—1948年12月，任南京特别市市长，兼任南京市都市计划委员会主任委员。

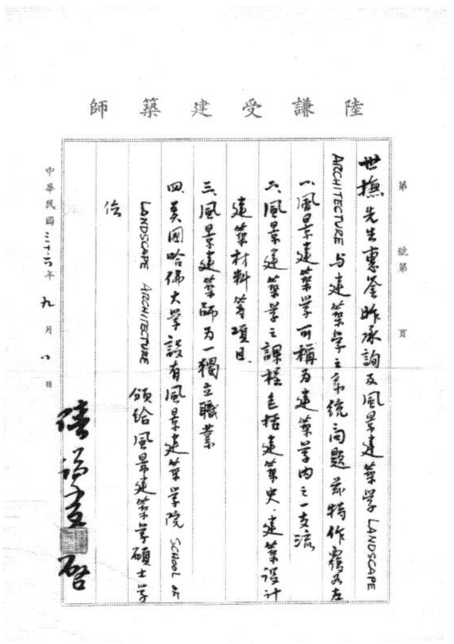

陸謙受建築師

第　號第　頁

世撫先生惠鑒　昨承詢及風景建築學 LANDSCAPE ARCHITECTURE 与建築學之系統問題　茲特作覆如左

一、風景建築學可稱為建築學內之一支流

二、風景建築學之課程包括建築史、建築設計　建築材料等項目、

三、風景建築師為一獨立職業

四、美國哈佛大學設有風景建築學院 SCHOOL OF LANDSCAPE ARCHITECTURE 頒給風景建築學碩士學位

陸謙受啓

中華民國三十六年九月八日

陆谦受定义“风景建筑学”的文字

9月9日

谱主在上海市工务局会议室出席秘书处技术委员会第五次会议（主席赵祖康）。

9月

民国三十六年九月出版的第廿八期《工程报导》，谱主发表《释公园绿地旷地与公园系统》。

工程報導　第四頁

戰前上海市公園設施之我見

程世撫

《工程报导》第廿七期
发表《战前上海市公园设施之我见》

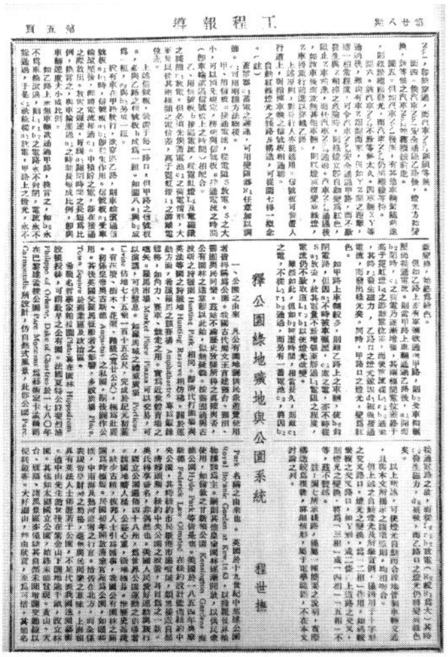

工程報導　第五頁

釋公園綠地曠地與公園系統

程世撫

《工程报导》第廿八期
发表《释公园绿地旷地与公园系统》

9月16日

谱主在上海市工务局第335室出席秘书处第六次联席会议（主席赵祖康）。

9月27日

三十六年九月廿七日　获得“服务证明书　0057”，“赵”签署。

10月10日

设计温室模型，由中国农业科学研究社制作，参加了工业技术协会主办的上海工业模型展览大会。

10月16日

谱主在上海市工务局会议室出席秘书处技术委员会第七次会议（主席赵祖康）。

10月28日

谱主在工务局会议室出席秘书处技术委员会第八次会议（主席赵祖康）。

11月8—16日

在复兴公园举行菊花展览会。

11月6日

《申报》以“稀有名菊斗艳争妍”为题报道：市工务局主办之一年一度菊花展览大会，本月八日起将在复兴公园正式举行。此次展览会分为陈列与比赛两种，该局园场管理处所辖之六个苗圃，届时将出名菊三万盆，包括“白马追风”“金钩捞月”“雪青小凤”等名贵佳品六百余种，连同外界参加之二万余盆，一并陈列。其中最大之盆菊名“大富贵”，直径六尺，有花朵一百二十枝，灿烂夺目。此五万盆之稀有名菊，已由该会饰置为菊山、菊亭、菊桥、菊塔等，并由园艺专家程世抚设计“双龙抢珠”一种，横贯园中。此外尚有二百余单位，将以最优品种参加比赛，争艳斗妍，预料必更精彩。

11月8日

《申报》以“一片千红万紫，菊展今日揭幕”为题对菊展作了专题报道，并配了照片（见下）。报道说，昨天下午四时园场管理处先行招待各界举行预展。吴市长、赵祖康局长夫人、司徒雷登大使和加拿大商务参赞都准时赶往，大家连声赞赏不绝。报道还说，今年菊花展览会有如此美满的成绩，不得不归功于园场管理处处长徐天锡、园艺专家程世抚和他的女儿绪珂小姐，他们曾经默默地下过一番苦功，他们说：“目今世风日下，市民娱乐日趋低级化，借此机会，使养成澹泊高尚的兴趣。倘能移风易俗，多少有裨于社会教化，那更是我们所企望的了。”

1947年11月8日《申报》照片，“菊花展览会入口”

复兴公园菊花展览会

11月12日

农业科学研究社成立，谱主出任名誉社长。

谱主曾在文化大革命中的“交待材料”里记道：“中国农业科学研究社是程绪珂、王璧、贺善文等人筹备组织的，名义上是全国性的，当时只能在上海设立。她要求我担任名誉社长，我对农业已不感兴趣，专心参加都市计划工作，还占用了业余时间。开始时我不同意担任，经程绪珂一再和我商量，只要我担任名义，组成以后不参加社务并约定不参加具体活动。”

11月13日

《申报》以“农业科学研究社，昨召开成立大会”为题报道：约大、金陵、南通及复旦各大学农学院毕业生三百余人所组织之“中国农业科学研究社”，昨日上午十时，在本市陕西南路二三零号中国科学社召开成立大会，到农林部农业司司长马保之、本市工务局局长赵祖康、园场管理处处长徐天锡、顾问程世抚，及社会局代表方谦，暨各界来宾及该社在沪社员共二百余人。首由主席程绪珂致开会词，继由各机关首长分别演说，佥盼该社深入农村，为建国努力。最后修改章则并选举理监事。

在《中国农业科学研究社成立大会特刊》上发表“为社友进一言”，强调实践的重要。

中國農業科學研究社
成立大會特刊
介紹中國農業科學研究社
中農社成立感言
爲社友進一言
(南)

中国农业科学研究社成立大会

1947 年下半年至 1948 年上半年

设计私人花园和布置环境。

其中有酬劳的有：金城银行愚园路宿舍环境布置、虹桥路陈姓花园的坟墓改善设计和施工、虹桥路胡国樑花园约四亩。其他没有酬劳的设计，也愿意去做，因为一则可以锻炼业务技术，再则可以遇到其他机会（据谱主 1970 年 1 月 3 日写的“交待材料”）。

11 月 22 日、23 日、24 日

谱主在上海市工务局会议室出席秘书处业务检讨会议（主席赵祖康）。市区内园林大道，由程世抚、鲍立克两先生会商研究后，提出讨论。

12 月 9 日

谱主在上海市工务局会议室出席秘书处第八次联席会议（主席赵祖康）。

12 月 18 日

谱主在工务局会议室出席秘书处技术委员会第九次会议（主席赵祖康）。

12 月 22 日

秘书处技术委员会第十次会议（谱主没有参会），聘谱主为技术委员会委员。

12 月

在《仁社通讯录》第四卷第六期发表《程世抚同仁自传》，这是能找到的谱主最早的自传。

1948 年

2月

《中国式庭园及“浪漫式运动”对于现代公园设计之影响》，发表于第三十三期《工程报导》。

注：谱主在国立广西大学任教期间，于 1943 年 4 月出版的《西大农讯》复刊，第十四、十五期合刊中曾发表过此文。

1948 年的谱主

《中国式庭园及“浪漫式运动”对于现代公园设计之影响》发表于《工程报导》

4月

在《农业展览会特刊》上发表短文《介绍造园技艺》（亦发表于《建设评论》1948 年第 1 卷第 7 期），特刊上的“龙华风景区设计大要”中多次引用都市计划二稿，文章虽未署名，相信也是谱主所作。这是谱主著作中首次使用“风景区”一词。

在农业展览会特刊上发表文章

4月14日

被聘为上海市工务局顾问，技师。赵祖康签署。

5月

获得“建筑技师考试及格证书，戴传贤①、陈大奇②签发。卅七、五”。

6月19日

谱主在工务局会议室出席秘书处第十四次处务会议（主席赵祖康），决议“龙华风景区由程世抚先生负责”。

7—8月

园场管理处组织南京、上海地区各大学农学院部分学生到上海市公园、苗圃实习，开办并主持所属单位技术人员训练班，这是上海有园林工作系统以来已知的第一个专业知识培训班。

7月3日

谱主在工务局会议室出席秘书处第十五次处务会议（主席赵祖康），工作分配：分区区划图，龙华风景区——程世抚。

7月23日

谱主在上海市工务局会议室出席秘书处第十七次处务会议（主席赵祖康）。

7月30日

谱主在上海市工务局会议室出席秘书处第十八次处务会议（主席赵祖康）。本次会议决定“上海市都市计划委员会全体人员工作分配表 三十七年八月”，谱主的工作是“园场研究”“中区黄浦、长宁区划支区计划”“龙华风景区计划”。

8月6日

谱主在上海市工务局会议室出席秘书处第十九次处务会议（主席赵祖康）。程世抚：“上海建成区内之绿地，少得可怜；加以人民塞填公浜，侵占公地者，不一而足”，然后提出解决方案。决议“下次会议由程世抚先生报告龙华风景区计划”。

8月13日

谱主在上海市工务局会议室出席秘书处第二十次处务会议（主席赵祖康）。

---

① 戴传贤，即戴季陶（1891—1949），原籍浙江吴兴，生于四川广汉。中国国民党元老，国民党理论宣传家。1927年南京国民党政府成立后，长期任考试院院长。

② 陈大齐（1887—1983），字百年，浙江海盐人。1912年东京帝国大学文科哲学门，文学士，时任考试院考选委员会委员长。

程世抚提及菜市场问题和改善办法，在会上报告“上海市绿地系统计划初步研究工作”（另刊）。

8月20日

谱主在上海市工务局会议室出席秘书处第二十一次处务会议（主席赵祖康），提及干道宽度及路边绿地布置。

8月26日

谱主在上海市工务局会议室参加秘书处第二十二次处务会议（主席赵祖康）。

9月2日

谱主在上海市工务局会议室出席秘书处第二十三次处务会议（主席赵祖康）提到“本市难民露宿街头者甚多，大多求生乏术，死亡率甚高，是故处置问题，应作永久之计”。

10月

上海市都市计划委员会秘书处：《上海市区铁路计划、上海港口计划、上海市绿地系统计划初步研究报告》出版，其中《上海市绿地系统计划初步研究报告》为谱主所作。

11月6日—14日　与刘开渠①共同设计，在复兴公园举行菊花展览会，共九日

11月1日

《申报》以“菊展六日起举行，会场饰置精雅，陈四百余品种”为题报道：工务局园场管理处举办之菊花展览会，定自十一月六日起在复兴公园连续举行九日。会期之前一日，并招待各机关首长及新闻界参观。此次陈列之菊花，除该处自管之苗圃所献陈三万盆外，并有本市花树业各会员及两路局等三十余团体选择精品参加展览，总计包括四百余品种。此次菊展会场布置，经吴文华处长与造园专家程世抚、名雕刻家刘开渠共同设计，精雅异常。

注：1946年、1947年和1948年的11月，谱主主持之下连续三年在复兴公园举办菊花展。

---

① 刘开渠（1904—1993），江苏徐州人。早年毕业于北平美术学校，后赴法国，入巴黎国立高等美术学院雕塑系学习。归国后任杭州艺术专科学校（中国美术学院）教授。

11月14日

《京沪周刊》第二卷第四十五期有谱主发表的《菊之新种》一文，并刊登了复兴公园菊花展览会照片。

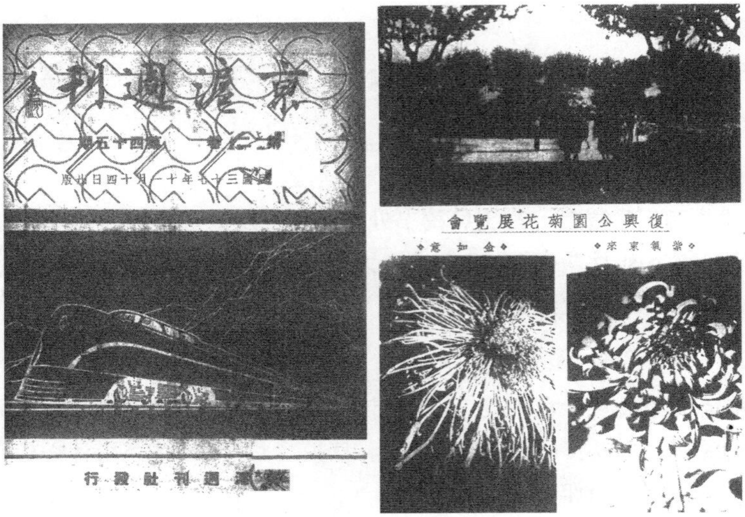

菊之新種

程世撫

原生小菊以種子育苗，繼則分株，再則插蕊，插芽，因播種之花不能得固定之花色花型，遠不若分株插蕊之能保存姿態色澤，吾國何時採用無性繁殖已無從查攷，但用種子育苗可稽聊齋誌異所載某氏兄妹種長藝菊，每年所出良種甚多，而他人索取菊種易地種植時則遠不如之，衆羨其爲狐仙手法，此語雖不科學，然可以解釋爲藝菊者用種子繁殖選取新種，再用分株扦插之方式繁殖保持種型，倘取菊種者用種子育苗宜其與原種不盡相同也。

菊花之構造爲聚生之頭狀花序，換言之每朵包含許多花，俗稱花心者實爲筒狀花冠，每筒爲一花，內有雌雄器官俗稱花瓣者實爲舌狀花冠，雌雄器官已退化，僅發展舌狀花瓣，有時筒狀花冠過分發展亦變爲舌狀花冠（即不露心）如此擁擠之花序不待結種極易腐爛，野生菊之舌狀花冠爲單輪，而筒狀花冠發達故結實飽滿，栽培種之筒狀花冠常發展爲舌狀花，花不露心，但阻礙結實，故栽培種捨種子繁殖不用，專以插蕊，插芽繁殖之，以易保持原種不變，古之藝菊人士常藉播種所獲菊花以求變種新種，今世藝菊者固所栽多屬不露心之舌狀花序，結子不易，若用種子繁殖選種遇偶獲新種則引爲獨得之祕，茲將科學方面育種選種之一般略爲介紹於后：

吾國藝菊以種子求新種與變種爲聽其自然自交或雜交，視機遇多寡無法預料其結果，可謂「瞎貓捉死耗子碰上門的，」不可強求，所以播種的數量須多，而入選者極少，倘按遺傳學細胞學原理去雜交育種，則首須將菊花之譜系，血統分析清楚，所謂譜系就是說菊花之型類，色彩各有遺傳因子所控制，而此種因子之形成又爲其所含染色體對數及其配合方式以決定雜交結果可供選種，如選得良種立即利用扦插法——插蕊，插芽，插葉——以繁殖所選出之品系，歐美各國對於花型之嗜好爲蓮座類，滿天星類，且多用作插瓶花及種於花壇，以費工關係頗少盆栽，與我國及日本所愛好之習慣迥異，歐美人士組織菊花研究社與有關大學試驗場合作研究，分析每種性狀之遺傳因子及每個遺傳因子所含每對染色體所控制生長情狀，根據其遺傳血統之品系，從事雜交雖不能按圖索驥獲得預

在《京沪周刊》上发表的《菊之新种》

徐州贾汪煤矿职工住宅区绿化设计（交付了设计图纸和说明书，没有施工）。

对中农社的花圃，谱主记道：中农社花圃是程绪珂代表中农社和我商借华山路的一小块空地（三角形），搭了简单棚屋，约 1948 年，具体时间记不清了，大概用了一年左右，因我在该地建屋而结束，我不知道后来是否迁址继续办下去。

11月28日

农业科学研究社成立一周年纪念。

11月29日

《申报》以“农业科学研究社成立一周年”为题报道：昨为中国农业科学研究社成立一周年纪念，该社特于昨晨十时假枫林桥中央研究院举行年会，由社长程绪珂主持，到会员二百余人，南京、杭州、台湾等各分社均

有代表出席。工务局园场管理处处长吴文华、农垦处副处长徐天锡、名誉社长程世抚、农业界前辈等均亲临参加，对中国农业科学之研究及该社之期望有深刻讲述。至十二时半，全体摄影留念，聚餐后，继续讨论会章及选举新理事。结果社长程绪珂继任，各理事亦顺利产生，会后并有游艺等余兴节目，极一时之盛。

谱主在《中国农业科学研究社一周年纪念刊》上发表《周年勉社友》一文。

农业科学研究社成立一周年纪念合影。
坐者：程绪珂（左六）、谱主（左八）、徐天锡（右六）、王璧（右一）

1949年

3月23日　编制上海市都市计划总图三稿

上海市都市计划委员会执行秘书赵祖康邀请鲍立克、程世抚、钟耀华、金经昌4人座谈，要求他们从速编制上海市都市计划总图三稿。鲍立克等4人在5月基本完成了《上海市都市计划三稿初期草图》及说明书。

关于“上海市都市计划”，谱主记道：

上海市都市计划委员会的总图负责人是鲍立克，金经昌做过高速干道和立体交叉的设计，钟耀华参加总图设计，我参加总图讨论和设计公园绿地系统。说明书由鲍立克用英文起草，向技术委员会汇报讨论，由陆筱丹组织人翻译并润饰文字定稿，写书面报告。

谱主自称，与金经昌、钟耀华比较谈得来。

谱主与钟耀华、金经昌绘制大上海都市规划三稿

谱主当年的同事柴锡贤回忆：当时国民党淞沪警备司令部一个军官（曾任上海市都市计划委员会委员）全副武装赶到都市计划委员会来，对程世抚他们说，你们"三稿"画好了没有？我要带一份到台湾去。他们四人一看这种情况，非常紧张，商定把"三稿"图纸秘密带到程世抚的家里继续工作，程世抚的女儿是中共地下党员，相对比较安全。

3月底

绪珂为躲避国民党的追捕，退往香港暂避，行前谱主按其要求亲自驾车将行李送往一朋友处。绪珂离沪时四女绪珏及女婿陈学诗前往送行，到香港后化名李衡写信回家报告平安。6月乘香港—上海间的最后一班客轮回沪。

注：作为纪念，绪珂后来为自己侄儿、谱主长孙可行取的小名为"小衡"。

4月16日

《申报》以"两大讲座明第五讲"为题报道：4月17日中国科学社，中国技术协会及中华青年会合办之工业常识及通俗科学两大讲座，第五讲明晨九时半在八仙桥青年会举行。科学组由都市计划委员会设计委员、中国农业科学研究社名誉社长程世抚主讲"上海公园系统与农业计划"。

1949年5月27日　上海解放

五、上海解放后到“文化大革命”前（1949—1966）

1949 年 5 月—1954 年 4 月

42—47 岁　上海市人民政府工务局园场管理处处长兼市政建设委员会规划处处长

5 月 28 日

作为“留用”，仍在园场管理处工作。

6 月 6 日

上海解放后，赵祖康在征得市长陈毅的同意后，继续编制《上海市都市计划总图三稿初期草案说明》，于 6 月 6 日完成《上海市都市计划总图三稿初期草案说明》及总图，鲍立克、谱主、钟耀华、金经昌四人在《上海都市计划三稿》上署名，报送上海市人民政府。钟耀华、金经昌及冯纪忠三人是谱主在解放初填写履历表时特意列出的社会关系中的友人。2019 年上海市委宣传部出品的纪录片《大上海》第五集“生死抗争”中提到谱主对大上海都市计划的贡献，以下是该纪录片的视频截图。

上海市委宣传部出品的纪录片《大上海》

《上海市都市计划三稿》初期草图

在《上海市都市计划三稿初期草图》的设计者签名中，谱主的名字紧随首席德籍专家鲍立克之后，在中国籍规划人员中列于首位。

注：1940 年，中国工程师学会号召全国工程师效法大禹，以服务国家为职志，并将其诞辰（6 月 6 日）作为工程师纪念节日。1943 年，国民政府将工程师节确立为国家法定节日。

1949—1951 年

谱主自己归纳这段时间的工作：上海绿地规划，改建龙华、复兴岛、闸北（教仁）及外滩绿带（江海关至黄浦公园）。

据百度百科：复兴岛公园“1951 年 1 月，市港务局向市人民政府建议改作公园，经市政府批准，市工务局园场管理处略加整理，于当年 5 月 28 日对外开放”。

1949 年

10 月 4 日

被上海市人民政府委任为市工务局园场管理处处长，这是解放后首任处长。见上海市地方志办公室“上海专业志 上海园林志 大事记”。长女程绪珂，1951 年 10 月—1956 年 5 月任上海市工务局园场管理处副处长。参见上海市地方志办公室“上海园林志 第七篇园林管理 第一章园林管理机构 园林行政管理部门”。

10 月

《工程界》发表谱主论文“谈谈城乡计划——面向农村的都市计划”。（这是谱主解放后发表的第一篇论文，杂志封面的五星红旗非常醒目）

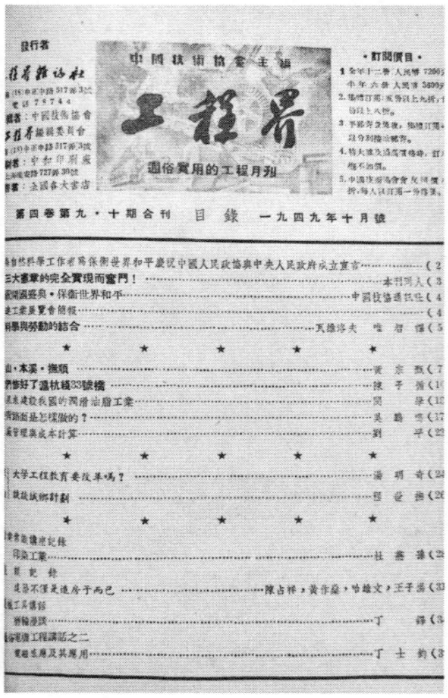

《工程界》发表《谈谈城乡计划——面向农村的都市计划》一文

1950年

年初

填写人民政府发的履历表，这可能是解放后谱主填写的第一份履历书。

1950年的谱主

3月6日

上海市人民政府发文，明确规定跑马厅为绿地范围，不准建造有碍于绿化的任何建筑。（上海园林志［M］. 上海社会科学院出版社，2000：110.）

应天津、北京、武汉、长沙等市的邀请共出差两个月协助工作。

5月31日

上海市人民政府工务局局长赵祖康、副局长汪季琦、徐以枋签署训令，暂代园场管理处处长兼都市计划研究委员会工作。

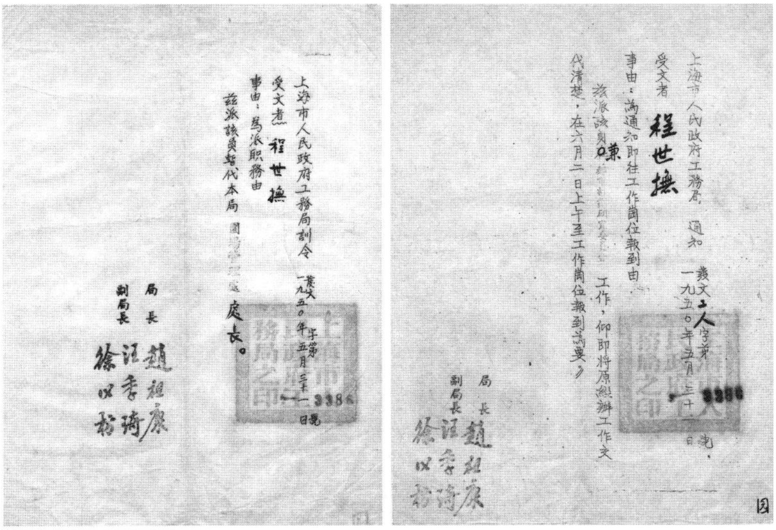

上海市人民政府工务局训令

上海市人民政府工务局训令
受文者 程世撫
事由：爲派職務由
茲派該員暫代本局 處長。
局長 趙祖康
副局長 汪季琦 徐以枋
一九五〇年五月三十一日

上海市人民政府工務局通知
受文者 程世撫
事由：爲通知即往工作崗位報到由
茲派該員兼 工作，仰即將原經辦工作交代清楚，在六月二日上午至工作崗位報到爲要。
局長 趙祖康
副局長 汪季琦 徐以枋
一九五〇年五月三十一日

1950 年夏

解放后初次去长沙，作长沙公园绿地规划。

6 月 29 日

长孙可行在上海中山医院出生。“可”是家族排行，名是谱主取的，因当时谱主受派正好要出行赴长沙出差，故曰“行”。

武昌东湖风景区规划、天津公园绿地规划。

年末前后

谱主与在沪家人的合影。后排左一是谱主，后起第三排左二是谱主之妻李听秋。同框的有谱主二姐世宪、二哥世安和夫人、四妹世娴、五妹世英、六弟世宁和夫人、七弟世熊和夫人以及众晚辈们。

全家福（最后排左一是谱主，后起第三排左二是谱主妻李听秋，后起第二排右二是谱主五女程定）

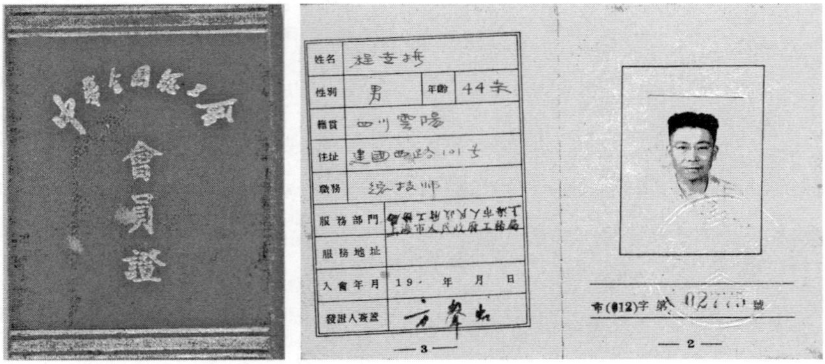

中华全国总工会会员证

1951年

上海市人民公园、人民广场设计（如期完成设计施工向市民开放）。

修改原都市计划三稿。

上海工人居住区规划定点十二处（包括浦东），分布市区外围，避免在杨浦、普陀两工业区内“见缝插针”。

注：避免“见缝插针”是谱主特别强调的贡献之一，见谱主自书的工作成果。

别着“上海市人民政府”徽章的谱主

在都市计划研究委员会，参加总图三稿与说明，会同巴兰尼科夫搜集资料，讨论本市发展方向，负责绿地研究报告、外滩绿化计划、人民广场设计、曹杨新村绿化设计等。

据上海地方志办公室，1950 年 3 月 16 日苏联城市规划专家巴兰尼科夫曾作“关于上海市改建及发展前途的问题”的报告。

1951 年调到市建委计规处后，整理区划，规划控江新村、彭浦工业区等。

上海市人民政府市政建设委员会成立大会全体委员留影后排左二是谱主（1951 年 1 月摄）

1月

与冯纪忠、钟耀华合作，《绿地研究报告》出版。

据吴振千《用回忆拥抱过去，用希望拥抱未来——上海市园林设计院早期的成长历程（1946—1976 年）》：由谱主和冯纪忠、金经昌、钟耀华等专家组成的都市计划委员会专门研究讨论上海市绿化问题，园场管理处造园科派人去旁听并负责记录，会后整理成“绿地研究报告”，作为内部学术研究资料。

春“奉上海市委命令不再搞园林，专心做城市规划工作，以免分散精力”。见谱主自书“业务自传”及 1978 年 12 月 1 日“向全国城市园林工作会议的贺信”。

去南京出差一星期，做设计公园、规划风景区、顾问城市计划等工作。

5月

谱主在履历表的“有何著作”栏中记有以下题目：

《造园建筑学及实习指南》《温室建筑与管理及实习指南》《花卉学及实习指南》《上海绿地研究报告》《上海公园设计计划》及有关都市计划短文，应均为解放前的著作。

注：（在几个报告中）只在上海图书馆找到《上海绿地研究报告》，其余未能找到，有可能是在广西、福建等地任教时写的教材。

5月8日

上海市人民政府通知，被任命为本市市政建设委员会委员。

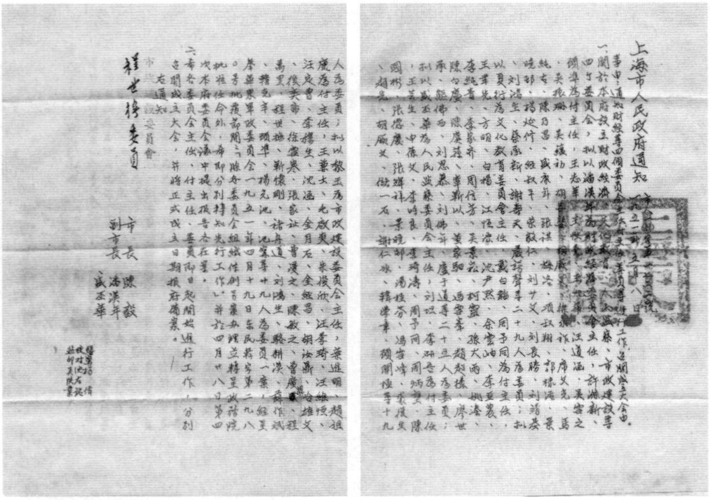
上海市人民政府通知

上海市人民政府通知，被任命为本市市政建设委员会委员

5月30日

市都市计划研究委员会编出《曹杨新村规划》，制成曹杨新村模型。这是上海解放后规划建设的第一个工人住宅新村。

谱主珍藏的照片

注：谱主保存有“曹杨新村地盘布置模型”照片——落款为上海市人民政府工务局都市计划研究委员会制，一九五一年五月三十日，日期与上海地方志办公室的记载吻合。

注：谱主在1956年8月31日对本室谈规划趋势时还提到“曹杨新村的设计过分迁就地形”（李浩. 张友良日记选编［M］. 中国建筑工业出版社：78），似对当时的规划设计留有遗憾。

6月22日

周恩来总理签署中央人民政府政务院任命通知书，谱主被任命为上海市人民政府市政建设委员会委员。

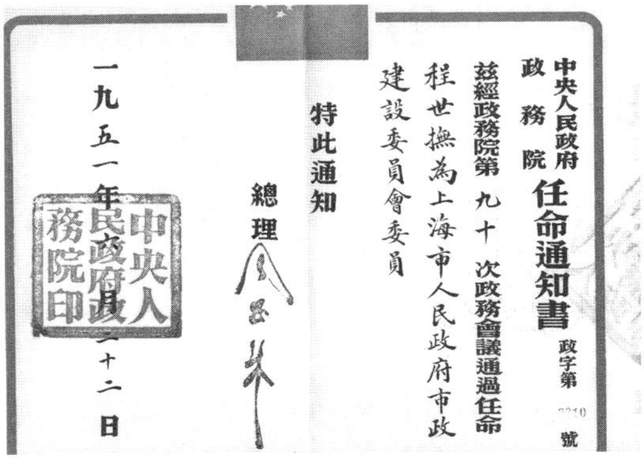

中央人民政府政務院任命通知書 政字第 號

茲經政務院第九十次政務會議通過任命程世撫為上海市人民政府市政建設委員會委員

特此通知

總理 周恩来

一九五一年 十二日

中央人民政府政務院印

周恩来总理签署中央人民政府政务院任命通知书

8月

作为馆长参加上海市土产展览交流大会。

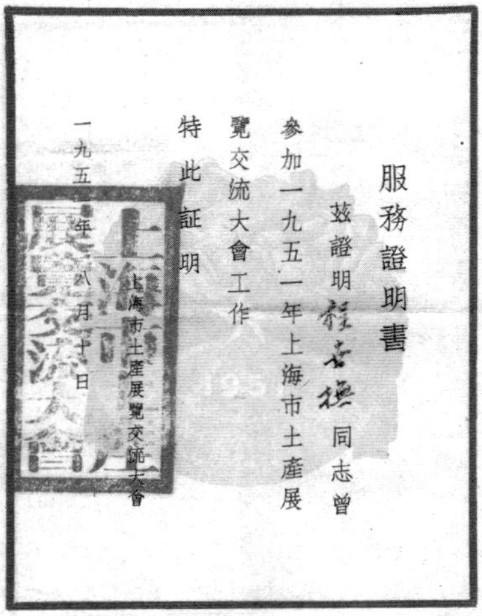

服務證明書

茲證明程世撫同志曾

參加一九五一年上海市土產展

覽交流大會工作

特此証明

一九五一年八月十日

上海市土產展覽交流大會

上海市土产展览交流大会服务证明书

8月27日

上海市军事管制委员会命令收回跑马厅产权。见1951年9月8日《解放日报》“上海人民广场举行开工典礼”，潘汉年副市长的讲话，《上海园林志》亦有记载。

9月7日

“本市军管会发布命令，收回前法租界公产十四处，改建‘跑马厅’场地今日开工”。见1951年9月8日《解放日报》。

9月7日

人民广场开工典礼，副市长潘汉年等讲话。计划“从福州路口其横穿广场中部，直到黄陂北路，修建一条人民大道，两边分别修建一个文化休息公园和一个可容纳十万人的人民广场，以供各界人民休息和社会活动之用”。1951年9月8日《解放日报》“上海人民广场举行开工典礼”记录了前一天发生的新闻。

1952年

1月20日

上海市工务局下达建设人民公园工程计划任务书。建园工程以上海市工务局园场管理处程世抚为主，吴振千协助做总体规划，主要设计人员吕光祺、徐景猷等。见上海园林志［M］. 上海社会科学院出版社，2000：110.

9月

参加上海市建委党校学习党章及党员八大条件，作入党准备。

10月1日　上海人民公园竣工开放

“人民公园”由陈毅题写，公园门口铭牌上记有“由我国著名园林专家程世抚先生设计”。有谱主亲笔手绘上海人民公园平面设计图。

是日，《解放日报》记者张迈发表“上海人民广场今昔”：“在人民广场的北部，更修起一座占地二百八十多亩的公园。”

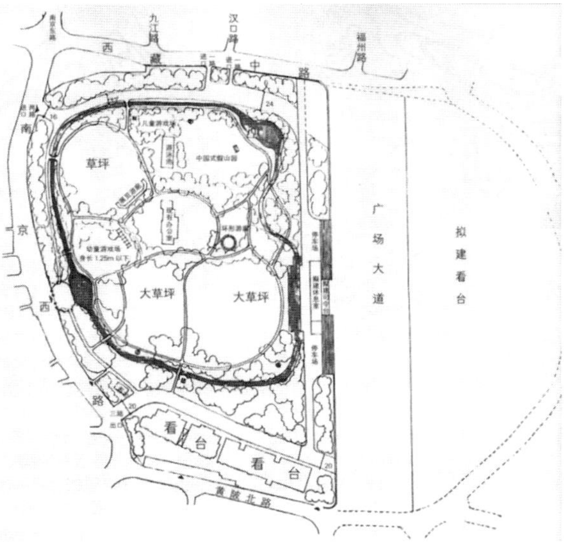

人民公园

摘自何济钦：报学垦荒终不悔——记城市园林规划专家程世抚及作品（《中国园林》2004.06.）

11 月 11 日

被正式任命为上海市工务局园场管理处处长，市长陈毅签署。

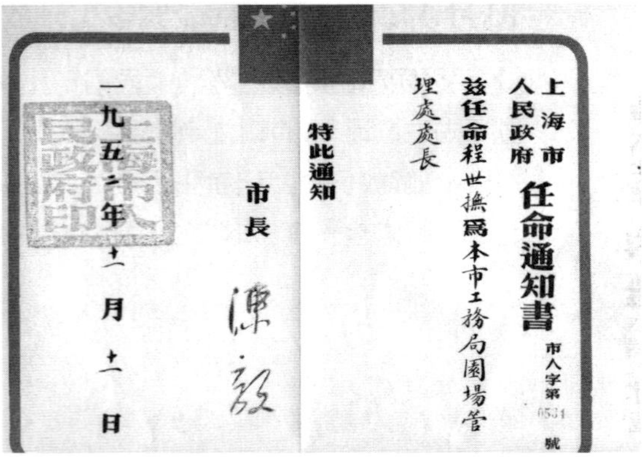

上海市
人民政府 任命通知書 市人字第0531號

茲任命程世撫爲本市工務局園場管理處處長

特此通知

市長 陳毅

一九五二年十一月十一日

陈毅市长签署上海市人民政府任命通知书

12 月 16 日

上海市人民政府指示，被任命为市府保密委员会委员。

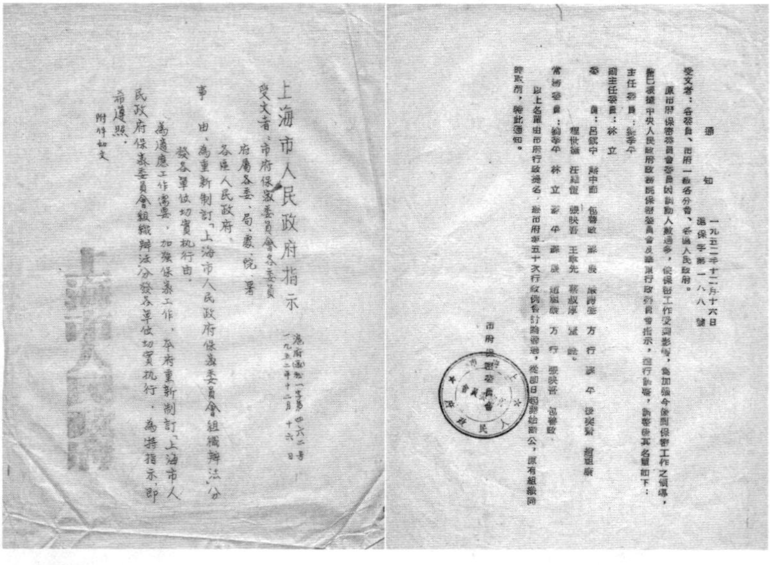

上海市人民政府指示

滬府函秘一字第四六二號
一九五二年十二月十六日

受文者：市府保密委員會各委員
府屬各委、局、處、院、署
各區人民政府

事由：為重新制訂「上海市人民政府保密委員會組織辦法」分發各單位切實執行由。

為適應工作需要，加強保密工作，本府重新制訂「上海市人民政府保密委員會組織辦法」分發各單位切實執行，為特指示，即希遵照。

附件如文

通知

一九五二年十二月十六日
滬保字第一八八號

受文者：各委員、市府一級各分會、各區人民政府。

原市府保密委員會委員因調動人數過多，使保密工作受到影響，為加強今後對保密工作之領導，並已根據中央人民政府政務院保密委員會及華東行政委員會指示，進行調整，調整後其名單如下：

主任委員：[illegible]

副主任委員：[illegible]

委員：[illegible]

常務委員：[illegible]

以上名單由市府行政提名，經市府第五十次行政例會討論通過，從即日起開始辦公，原有組織同時取消，特此通知。

市府保密委員會

上海市人民政府指示，任命为市府保密委员会委员

1952—1953 年，上海“两万户工房”居住区规划，确定十二处地点（经华东财委审定）曹杨新村、控江新村规划建设（陆续竣工交付使用），见谱主自书工作成果。

注：劳动出版社 1953 年出版了速成识字补充读物《曹杨新村好风光》（国图有藏）。

曹杨新村一期（金经昌摄影）

1952 年谱主卖完了自已拥有的全部房地产。1970 年 1 月 3 日的“交待材料”中记道：“我的房地产于 1952 年卖完，当时我虽参加革命工作，对继承家庭遗产没有足够的认识。”

1953 年

年初

谱主曾到北京出差，据董鉴泓说，谱主从北京带回了一本据前苏联学者列甫琴科《城市规划技术经济指标》翻译的手稿，金经昌等人借来抄、印。

7 月 3 日

调任上海市市政建设委员会城市规划处处长。见上海市地方志办公室“上海专业志　上海园林志　大事记”。

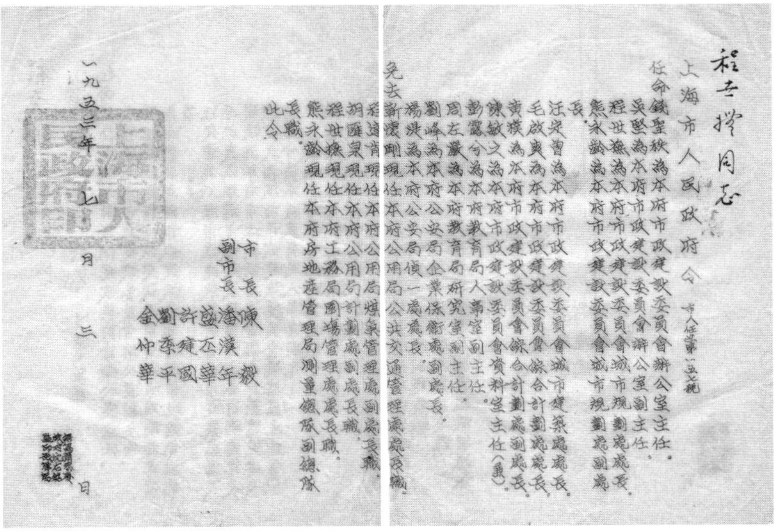

程世撫同志

上海市人民政府令　市人任字第一五七號

任命

錢聖秋為本府市政建設委員會辦公室主任。
吳堅為本府市政建設委員會辦公室副主任。
程世撫為本府市政建設委員會城市規劃處處長。
熊永齡為本府市政建設委員會城市規劃處副處長。
汪定曾為本府市政建設委員會城市建築處處長。
毛啟爽為本府市政建設委員會綜合計劃處處長。
黃樸為本府市政建設委員會綜合計劃處副處長。
陳敏之為本府市政建設委員會資料室主任（兼）。
彭靄令為本府教育局人事室副主任。
周左嚴為本府教育局研究室副主任。
劉峰為本府公安局企業保衛處副處長。
楊洪為本府公安局偵一處處長。

免去

靳懷剛現任本府公用局公共交通管理處處長職。
程道肯現任本府公用局煤氣管理處副處長職。
胡匯泉現任本府公用局計劃處副處長職。
程世撫現任本府工務局園場管理處處長職。
熊永齡現任本府房地產管理局測量總隊副總隊長職。

此令

市長　陳毅
副市長　潘漢年　盛丕華　許建國　劉季平　金仲華

一九五三年七月三日

陈毅市长等签署上海市人民政府令，任命谱主为上海市市政建设委员会委员城市规划处处长被正式任命为上海市市政建设委员会委员城市规划处处长，市长陈毅签署。

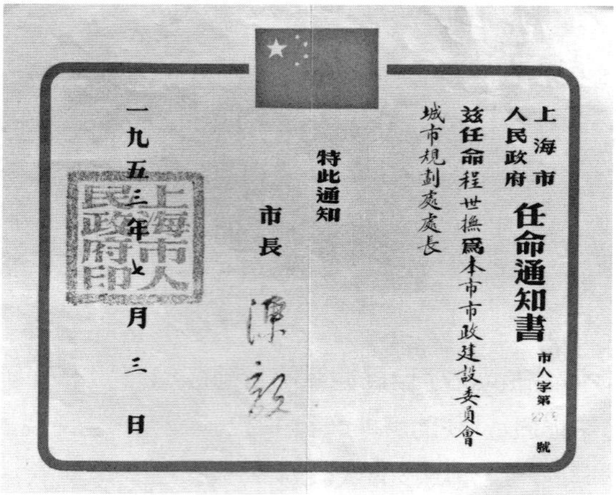

上海市人民政府 任命通知書 市人字第　號

兹任命程世撫爲本市市政建設委員會城市規劃處處長

特此通知

市長 陳毅

一九五三年七月三日

上海市人民政府印

陈毅市长签署上海市人民政府令，任命谱主为上海市市政建设委员会委员城市规划处处长

9 月 25 日

听穆欣报告，谈到上海的建筑和规划，谱主有长篇笔记（首页见下）。

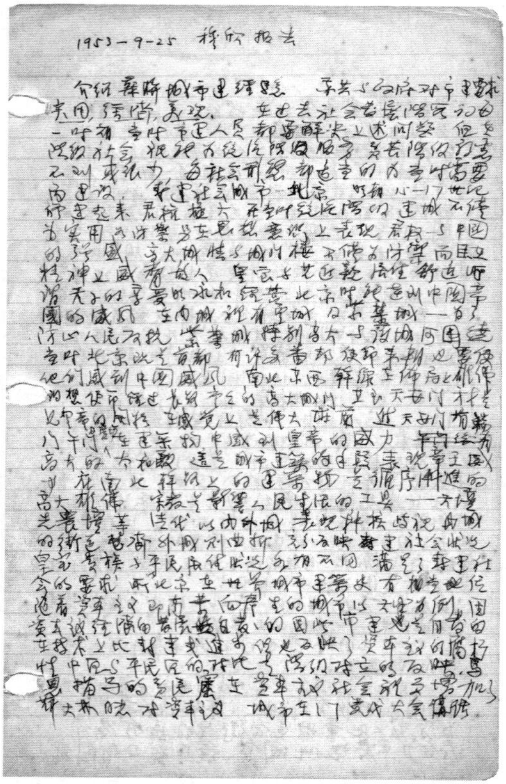

1953-9-25 穆欣报告

穆欣报告笔记（首页）

1954 年

年初

在上海申请入党。1971 年 4 月 5 日，谱主在“五七干校”的笔记中记道：“1954 年初在上海申请入党时把我的家庭、财产、社会关系、思想转变过程等情况交代清楚。”

3 月 15 日

谱主记道：“支部大会通过，6:30—11:00”，“来京后等待上海市委批示”。1971 年 4 月 5 日，谱主笔记中提到“1954 年在上海，1956 年在北京，两次入党的支部大会上领导同志都说，经过调查我的历史清楚”。

1954 年 5 月—1965 年 4 月

47—58 岁　调往北京，任建筑工程部洛阳规划组组长，城市设计院（该院先后隶属城建部、建工部、建委、计委、经委）工程室、技术室、研究室主任

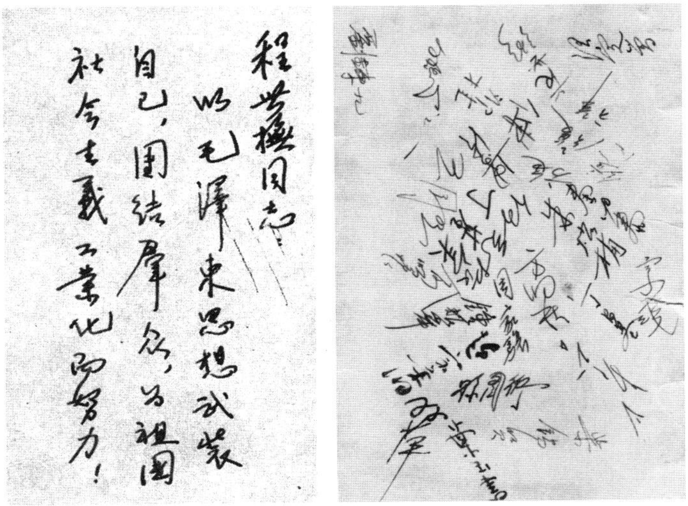

谱主离开上海之前同事们的临别赠言和签字

1954 年 5 月 6 日

谱主日记从这天开始。

大雨如注，早送行李到车站托运，到苗圃取物回家整理行装。二时许去建委及工务局道别并取车票，接洽车辆，晚七时三刻去车站。“丁、孙、柴、傅、王（旦）、吕、刘、顾仁祥”到车站送别。

5 月 8 日至年末　谱主全力投入洛阳规划，占用了几乎所有时间，甚至包括周末。

5月8日

早八时廿六分到京，王筱平来接，直赴土儿胡同，随即至城市建设局见贾震①局长、孙敬文②局长，嘱星期一来。注：城建局在土儿胡同，谱主工作的城市设计院在菊儿胡同，均在东城区，分别位于交道口南大街的东西两侧。

谱主从这天开始到去世，一直在中央国家机关的城市建设系统中工作，单位名称和所属有多次变更。下表根据谱主本人归纳的几份任职经历和日记、笔记的记载整理，对照《住房和城乡建设部历史沿革及大事记》《中国共产党历史系列词典》《中华人民共和国职官志》等进行了确认，已发现这些资料多有矛盾，甚至还有明显错误，只能作为参考。

谱主所在单位变动情况

开始时间	单位	职务	备注
1954年5月	建筑工程部城市建设局	洛阳组组长	5月从上海调京
1954年10月	建筑工程部城市设计院 城市建设总局城市设计院	工程室主任	
1956年1月	城市建设部城市设计院	技术室主任	
1958年2月	建筑工程部城市设计院	技术室主任	
1960年8月	国家建委城市设计院	技术室主任	1960年8月31日的日记，“杨春茂部长宣布‘九一’起院归建委领导”
1961年2月	国家计委城市设计院	技术室主任、园林室主任	1961年1月28日的日记，“建委并入计委”
1962年5月	国家计委城市规划研究院	研究室主任	1962年5月5日的日记，院更名
1964年3月	国家经委城市规划研究院 国家经委城市规划局	研究室主任、华东西北室主任	1964年3月4日的日记，“局、院宣布归经委领导”
1965年4月	建筑工程部城市建设局	副总工程师	1965年4月23日的日记，谱主和15人同时调动
1969年5月	河南修武建委五七干校		
1972年7月	国家建委建筑科学研究院	顾问、总工程师	
1979年7月	城市建设总局城市规划设计研究所（院）	顾问、总工程师	

---

① 贾震（1909—1993）1932年入党，在私塾及高级小学读书11年。1950年秋任国务院人事部办公厅主任、机关党委书记，后任建筑工程部城市建设总局副局长、城市建设部部长助理。

② 孙敬文（1916—1998）1935年入党，先后担任建筑工程部城市建设局局长、国家城市建设总局副局长，察哈尔省副主席，城市建设部、石油工业部副部长，国家建委副主任。

5月10日

去城建局谈工作，初期在局做，把草案做好；立即参加洛阳小组，与刘学海、许保春、刘茂楚、魏士衡同在一组，任组长；着手修订规划图，因不熟悉情况，尚未能放手去做，仍以原来方案为基础。

注：谱主到达洛阳规划组前，洛阳规划工作已经开展。

1953年5月，由国家计委牵头组织，以第一机械工业部为主，在建筑工程部城建总局的配合及上海市市政建设委员会的支援下，开始在洛阳地区进行联合选厂。联合选厂工作组先后提出西工、白马寺、洛河南及涧河西4个厂址方案，最后选在涧河西地区。

1953年12月16日，国家计委主任李富春率领联合选厂有关部门负责人及专家，再次对洛阳地区进行实地勘察，经反复讨论后提出厂址意见。

1954年1月8日，国家计委讨论通过洛阳地区联合选厂方案，经毛泽东主席批准后，决定在洛阳同时兴建第一拖拉机厂（谱主简称“拖”）、矿山机械厂（谱主简称“矿”）、轴承厂（谱主简称“轴”）、热电厂和铜加工厂（谱主简称“铜”）。（参见李浩《八大重点城市规划》）

关于洛阳组的成员，《当代洛阳城市建设》中记道：“1953年9月，建工部城市建设局成立了洛阳城市规划组，成员7人。1954年4月，规划组又得到充实增至13人”。根据谱主日记的记载，谱主加入时有五人：谱主（组长）及刘学海（副组长）、许保春、刘茂楚、魏士衡。之后的5月20日、21日又有广州、中南、上海的人加入，有的可能是临时性的，如“上海小组”的顾康乐、王叶俊、周某。参考各方面资料及谱主日记，先后参加洛阳城市规划组的成员还有：谭璟、雷佑康、陈达文、张伟民。另有朱贤芬、沈远翔、赵某（与谭璟同来自天津）、陆时协、柴桐凤（副组长，后任城市设计院工程设计室副主任，10月21日到）、潘、陈、任（谱主只记录了姓氏）等。

5月11日

汽车局，西新斯基同意示意图的上下水规划及污水厂位置，当晚赶图。

注：这是谱主来北京后第一次接触苏联专家。和苏联专家及甲方的会议常在汽车局召开，汽车局在木樨地附近，现在大部已被拆除。

5月12日

整日研究规划图，取行李，再回局聚餐，晚继续工作。

5月13日

见巴拉金，听他对示意图指点意见：建筑分区不要千篇一律，要锯齿交差，使之有变化；层数比例可以参考苏联标准，但须考虑中国情形。谱主记道：巴拉金鼓励我等担任起艰巨工作，同时对我所提的意见认为当有道理，如街坊的大小及河东、西不联系等，对我是一种鼓励的力量，更使我要钻研业务，力图加速向专家学习。

注：这是谱主来北京后首次与巴拉金共事。

5月14日

谱主记道：在汽车局开会，大家提了许多好的意见，但临时宿舍我坚决反对。回局核对资料：设计依据（计划任务书，定额指标，人口密度，建筑密度，层数分区，地形图1/1000）。

注：谱主在日记中很少有明确表明自己的反对意见，也许是在上海建工人新村的经验使其认为建临时宿舍不妥。

5月15日

洛阳定额，按远景考虑，依巴拉金意见（居住面积：9 m^2/人）。规划处开会，我们三人（注：“我们三人”，除了谱主外另外两人是谁不明，应为刘学海、许保春、刘茂楚、魏士衡四人中的两个）讨论指标与工作步骤，希望搬回菊儿胡同，分三组。洛阳人研究远景，城建局修订规划图。假使五月底完成，向拖拉机厂要资料。

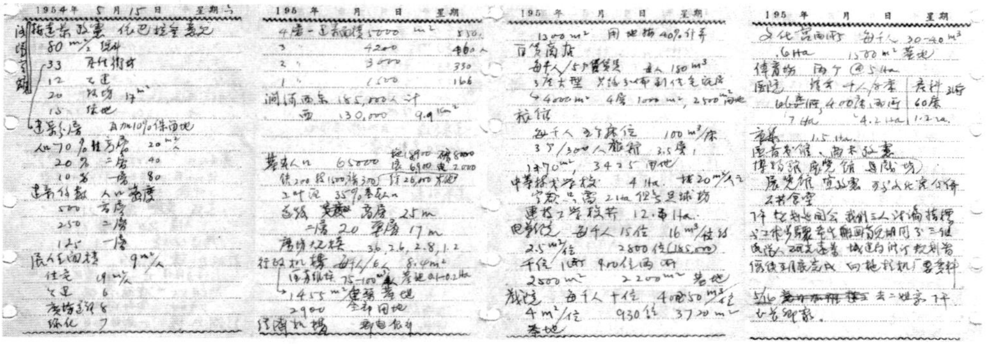

洛阳定额（按远景考虑，依巴拉金意见）

5月16日

去二姐（注：程世宪又名李程宪，时居北京）家，长卿（注：连襟许元方，字长卿，妻姐李蓉秋之夫，时在纺织部任职）家。

5月17日

洛阳已提出的两个方案希城建局审核。涧河西的规划配合来做，初步规划先定下，总体设计在京做。

5月18日

开始在菊儿胡同工作。洛阳小组继续修订总图。高、王做第一期修建工程。

5月19日

与刘去设计院，联系索取标准图（宿舍）。见顾启源，他要立体布置，包括街坊道路宽度、红标高、黑标高、坡度、土方（填方和挖方）平衡；上下水管线口径、标高、坡度，1/10000地形图。听报告，党史十章。晚写报告，做工作计划。

5月20日

广州调来雷佑康3，陈达文3，何润辉员3，周绳禧员4，张伟民助1，陈鉴民助2，彭子伊。

注："与雷谈工作"的记录仅在1954年的日记中就达十五次之多，应该是这位留美建筑师雷佑康，三级工程师，参看下文的1954年10月18日调城市设计院人员名单。

5月21日

李朴臣，一级工程师、土木建筑；施鼎臣，施工出身、绿化；中南（陈工程师，广州规划；娄科长，谭）；再加技术员一二人。顾、王、周到，交换工作上的意见。

注："中南"可能指中南建筑设计院，始建于1952年，是国家最早组建的六个大区综合性建筑设计院之一，在武汉。"顾、王、周"，应为上海工作组的人员。

5月22日

赶总图，定额讨论。甲方看图同意新方案。

5月23日

加班。

5月24日

巴拉金对总图表示同意，建筑部总顾问包金已同意。谱主记道：对我个人也加鼓励，我应更加努力。参观鞍钢，约广州调京的土建人员明日参加工作。

注：来北京的半个月中，分别于5月11日、5月13日和5月24日，几位苏联专家都对谱主主持的工作给予了肯定。

5月25日

顾、王来。洛阳中南游处长来接洽工作。向广州来人介绍总图。继续布置工作。广州：交通干道立面图及rendering（渲染），许参加研究建筑分层；刘、魏：郊区平面图；高、王：第一期修建区域图。

5月26日

与广东来人谈工作，业务学习。

5月27日

巴拉金谈“苏联城市规划一般原则及中国城建问题”。（有详细记录，略）

5月28日

高处长来谈。交甲方图。展览会。计划图。

学习：政治与业务、检讨会，定期反映思想情况。6/3业务学习报告，总结介绍（保密）；清华实习，吴良镛、程应铨6/15来；六月计划：城建会议、展览会，分头负责。甲方与设计院提出关于进行设计的要求，王叶俊、顾康乐（注：详细数据略）。

5月29日

与顾、王谈工作，继与刘研究工作计划。由刘参加甲方会议，谱主留下分配工作。参加处务会议，贾局也来。

绿地集中在中心区布置，洛阳步骤精细，日程精密按计划工作，按期总结，创造典型。按如期完成计划，总结经验，每次小结，请专家指点，以求提高。提出问题，发现缺点，如何克服。实行工作日记制度，及专家意见如何体会、如何贯彻到图上。

甲桥位标高，甲155，地159；4层35%，3层35%，2层20%，1层10%。去招待所找顾、王，托转达道路人先来。水厂、污水厂初1/500，技1/200或1/100。

5月30日

竟日工作。为总平面赶做层数分区、干道立面、定额指标等。

5月31日

看长春图，讨论定额，看干道断面图，准备报告。何瑞华来搞公共建筑群布置。

6月1日

席主任①来谈上下水设计院与我们的工作关系，按规划程序把各项图纸准备接近完成；晚汪菊渊来约6月13日去农大演讲，继续写报告。

6月2日

等图，高处长来。十时许召开全体会议，谈五月份工作及六月份计划。

6月3日

孙局长见上海工作组全体人员。统一在菊儿胡同工作。五月份总结、六月份计划。四、五月份，西安、洛阳、成都、石家庄完成总体设计，武汉、

---

① 即席光平，时被“一拖筹备处”调往北京，担任筹备处驻京办主任。

包头、太原、兰州的方案已定。株洲、郑州。由洛阳组报告规划情况（谱主担任洛阳组组长后在这天日记中留下报告提纲，这是最早的一次），强调城市规划程序。

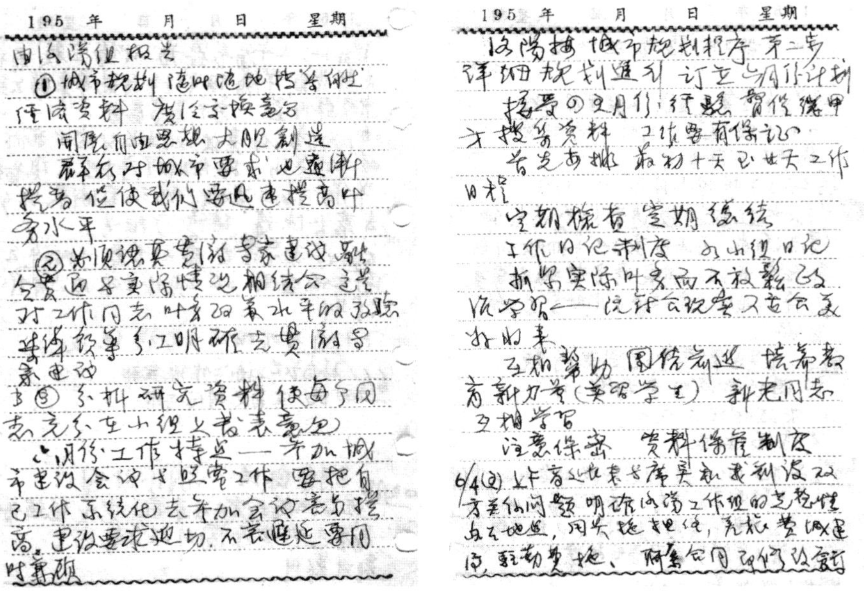

谱主 1954 年 6 月 3 日日记中洛阳组报告的提纲

6 月 4 日

高处长来，与席光平、吴保益和谱主、刘谈双方关系问题，明确洛阳工作组的完整性，办公地点、用具由“拖”（负责），差旅费由城建局（负责），驻勤费由“拖”（负责），联系合同即修改签订。安排工作，复制规划图。

6 月 5 日

清华朱自煊①来谈实习问题，谈总结及六月份二作计划。张伟民不辞而别。

6 月 7 日

整理六月份工作计划，与巴拉金谈总体规划图，他认为满意。高处长意把详细规划提前做完，谱主说六月底仅是粗糙初步意见，俟七月底与初步设计同时交出正式图纸。

---

① 朱自煊（1926—2021），清华 1951 年毕业后留校任教，曾任中国建筑学会城市规划学术委员会委员（1978—1993）、中国城市规划学会常务理事（1993—1999）。

6月8日

与刘茂楚谈思想问题。阅总图说明书，安排工作。与雷谈张伟民问题。金经昌来京。

6月9日

把1954年设计院所提出要求的资料，路高、干道立面等交给甲方。计委把审查洛阳图的任务交中建部，贾局长来主持会议，报委备案。学习，与朱贤芬看赵祖康局长、熊、柴。上海市现状图20 cm（注：上海来人应是参加全国第一次城市建设会议）。

6月10日

与雷、陈谈详细规划工作，修改总平面图（洛阳市意见），中南娄、洛阳李谈干部。业务学习，传达报告，参加工作问题。

1954年6月10日—28日　全国第一次城市建设会议在北京举行。

会议提出，第一个五年计划期间，城市建设必须把力量集中在“141”项工程所在地的重点工业城市，确保这些重要工业建设的顺利完成。在重点工业城市，市政建设也应把力量集中在工业区以及配合工业建设的主要工程项目上面。除北京应积极建设外，包头、太原、兰州、西安、武汉、洛阳、成都等都是“一五”计划的重点工业城市，必须采取积极步骤，使城市建设工作能赶上工业建设的需要。

（摘自梁德主编的《共和国成就大辞典》）

谱主要求全组“参加城市建设会议与照常工作，要把自己工作系统化，去参加会议，容易提高。建设要求迫切，不容迟延要同时兼顾”。

6月11日

拖拉机厂来谈桥位及干部参加工作问题。

6月12日

安排详细规划工作，清华朱自煊来谈如何参加工作。

6月13日

应汪菊渊之约去农大演讲。

6月14日

参加城市建设会议，孙局长报告，去汽车局开会谈任务书。

6月15日

巴拉金报告，与高处谈工作。回菊研究修改总图，与金谦谈详细规划的公用事业配合总图。

6 月 16 日

大会发言。贾震局长谈四个文件。西安李局长谈规划经验，北京王栋岑报告建筑管理，晚洛市李科长谈人事。

6 月 17 日

顾、王等到此，共同研究工作。

6 月 18 日

在汽车局开会，与上海来人谈工作。

6 月 19 日

听克拉夫秋克报告。处务会议。城市基本特点，规划如何进行，问题要点，当地意见，风向玫瑰图。领旅 600 万。

注：谱主在 1954 年的 7 月 24 日、9 月 25 日、10 月 15 日与 29 日、11 月 19 日、12 月 10 日均去听了克拉夫秋克报告，地点都在清华，每次半天时间。1954 年内，谱主参加的苏联专家的报告还有很多，如 6 月 15 日听巴拉金报告、12 月 14 日听萨波托夫艺术报告、形象问题等。

6 月 20 日

晚开会讨论踏勘日程。

6 月 21 日

两部联席会议，延至明晨八时，送顾、王等上车。接洽矿山厂宿舍位置，王取 300 万，交 200 万予王端兰。

6 月 22 日

两部联席会议又延期明日。在高处长室看汉江大桥，去国家计划委员会参加审核洛阳涧西计划任务书。曹洪涛①局长对绿化定额颇有意见。

6 月 23 日

召开两部（注：建工部与一机部）联席会议；周荣鑫部长主持，湛张局长报告；指定城建局召集城建小组；在菊儿胡同座谈，由洛阳市委李（浩）副书记主持，晚在土儿胡同谈铁路专用线问题至十时。

6 月 24 日

到中建部，由李书记汇报；看展览会，晚高言洁来电话要桥位坐标计算书及千分之一地形图。

---

① 曹洪涛（1916—2012），河北省深泽县人，1937 年入党。历任国家计委、经委、建委城市规划局局长。1973 年任国家建委城市建设局副局长，国家城建总局副局长、党组成员。曾住在谱主楼上，与谱主交集甚多。

6月25日

与高处长谈要星期日去洛阳，又被召出席联席会议；公路桥经费市出，工作矿厂负责；水源勘察费用计划，本局提出送计委核批，洛阳有建厂委员会；准备总结及工作计划。

6月26日

见贾局长，谈协议书与联系合同，指示去洛阳弄清水源、桥位及投资多寡等问题；回菊与刘学海做总结和计划。

6月27日—7月4日　首次赴洛阳，主要为踏勘现场

6月28日

听工作组汇报。去谷水西，保留地，原纺织基地及原周王城保留地踏勘，看钻探古墓；谷水西地形狭长，保留地很好。

6月29日

晨去秦岭看绿地系统，从区中心到山坡防洪沟，洛河边回至七里河，看涧河岸高坎，看洛河南、龙门及东关一带；晚汇报与市及厂开会的准备。

6月30日

清华人到；魏、朱先去。

7月1日

去城见王书记、白市长，在新建校。

7月2日

孔主任、李科长来访，同去建委。矿山厂来谈房屋，晚白市长请看戏。

7月3日

上火车，4日到京。

7月5日

向贾局长汇报，嘱写书面报告；再至菊儿胡同与席、吴会谈；感觉不适五时回旅馆，有热度、水泻。

7月6日

陪上海人员见孙局长而后去保健室，再回菊儿胡同，而后回旅馆服止泻药。

7月7日

休息；病号增多超出半数。

7月8日—10日

写报告并综合上下水、道路的报告；去有色金属局设计处陆处长谈铜加工

厂位置问题；讨论详细规划、建筑设计及布置下一阶段工作；谈道路，提前设计问题兼及管线位置。

7月11日

长子绪西到京。

7月12日

去局汇报工作，与刘回拟局稿；交涉铜加工厂位置、性质及产量，与吴保益研究上下水工作范围。

7月13日

研究街坊，街坊人口密度计算；研究道路断面，厂前区广场。

7月15日

讨论厂前区广场设计，选出三个类型再继续做下去；讨论分组及本季度工作（刘）；再讨论明日会议的准备内容，四时讨论定额与街坊。

注：拖拉机厂厂前广场4.85公顷，轴承厂为2.05公顷，矿山机器厂为1.5公顷。

7月16日

总甲召集设计会议。崔、吴报告。吴介绍合同内容。

注：一机部汽车局担任洛阳涧西工业区建设的总甲方。

7月17日

地下管线由小组讨论，设计联系问题暂缓讨论；设计综合复合问题。

7月18日

去明十三陵（注：国家考古队主动发掘定陵是1956年5月，谱主去时尚未发掘）。

7月19日

去局请示，回到会场各组交换意见与讨论设计深度；管线小组无结果。约定明日再交换意见。

7月20日

局约王、顾和谱主前往，阻于雨。王去回称要顾去包头；各组交换意见，管线讨论很快结束。

7月21日

会议总结，讨论初步设计工作如何进行；许保春谈七里河桥位，洛阳李新义科长谈工作，决定桥位。

7月22日

去一机设计局，听拖厂报告经验。与吴良镛谈总图修订及艺术干道（注：

西苑路为艺术干道)。

7月23日

总甲接洽公路，承包单位也来；成都介绍经验。

7月24日

清晨去清华参加克拉夫丘克评清华总体设计，从整体出发原则考虑问题并提出民族形式问题，希提高发扬而不是抄袭放大；回参加土儿胡同座谈铜加工厂问题，对规划有所责难，还是本位思想作祟，又因急于建厂不择手段；长女绪珂及贺善文来。

7月25日

竟日讨论上海西郊动物园。

注：这是谱主1954年日记关于工作的记载中唯一没有提洛阳规划的一天，这天还是星期日。《上海园林志》294页记载，1954年7月，市工务局园场管理处程绪珂副处长率吴振千、陈克立、虞颂华、顾正、徐景猷赴北京动物园学习。

7月26日

汇报工作，贾局长作指示；许保春调东北组；雷：报告宿舍，审核5 m^2/人，与计委指示不符；厕所渗坑及明沟排水问题；与吴良镛谈总图修正及主要建筑群问题；去拖厂与席、吴谈工作，主要为规划进行及双方联系方法；晚与朱自煊谈今后工作进度，及与朱钧珍谈绿地系统初步设计，托刘向局请示可否先以规划观点考虑。

7月27日

吴交阅代电内容，刘复可以；讨论街坊干道，讨论合同，研究初步设计绘图人员。

7月28日

吴来联系道路，上下水资料及规划所需的地形图；政治学习，晚与朱、刘作规划；中型厂在谷水镇西勉强安置一个，两个是不可能。

7月29日

补写总甲方会议经过（设计会议），刘茂楚来，嘱其本周在局整理思想；写规划总结，吴来谈中型厂事；与上下水谈规划。晚与朱讨论总图。

7月30日

讨论定额及与雷谈工作计划；见高处长汇报规划情况，与向计委请示获得同意，刘接洽回写总结。

7月31日

与刘安排工作及进度，规划内容；讨论干道艺术与街坊布置。请示计委。

8月2日

联席会议讨论规划范围，以谷水东为限，进行初步设计并补充材料；讨论送专家图的说明及填单。

8月3日

补记与计委联系规划问题及与总甲方会谈结果，吴保益来谈涧河桥；学习城市（参考资料13辑）道路，整理送专家图。

注：此处“涧河桥”即为涧河上的中州桥。1954年12月15日开工，1955年12月25日竣工通车。

8月4日

摘录城市建设资料13辑，讨论八月份工作，看水厂布置。

8月5日

阅读俄文参考资料，十一时吴约去公路总局谈涧河桥问题，总甲方座谈综合复核组工作及审查电力网方案。

8月9日

吴保益来谈桥，讨论1960年以前所余七个街坊布置，顾、王约谈工作。

8月10日

赴局，向克、巴两专家汇报工作，贾、史两局长及柳处长出席；准备专家所要材料，晚看民族歌舞。

8月11日

补充说明规划状况，先由巴拉金发表意见，克拉夫秋克发表意见，指出程序中的要求。

8月12日

传达专家对规划的意见，赶做总图修订工作，晚继续。

8月13日

研究总图修正工作，高协助绘制，魏计算人口。晚去局开会，规划院开张筹备。

8月14日

继续研究总图，绘制正式图；安排上下水对道路的要求，赴局接受任务，本组详细规划要在十月底前完成，具体日期要根据总甲要求。

8月16日

研究工作内容与进度，写工作经过；贺雨①来电话，可能周三讨论标准设

---

① 贺雨（1927—2018），北京大学历史系毕业，是城市设计院成立时的43人名单中之一，谱主多年的老同事和邻居，住东四楼。

计，嘱通知设计院。

8月17日

去清华与吴良镛谈桥；去土儿胡同谈工作进度情形；晚发现层数分区与人口密度问题，魏、高、刘赶并校对，决定暂不更动。

8月18日

先回菊与总甲谈合同，顾提技术设计不能完成及规划延误事；听宪法大课。晚研究工作，分配人力，尚未得解决；洛阳长途，谈道路及来北京问题。

8月19日

高仪偕计划处丁处长、顾科长、严等来了解本组情况，为万（里）部长①、孙（敬文）局长去现场检查工作，接见新来学生谈工作；史处长召赴局汇报本组情况，未完，约明日再去。

8月20日

讨论定额，发现许多问题，备用地在街坊内留地的错误，公共建筑定额过分死板，不留余地等都影响人口数字；继续向史处长汇报，他指示详细规划以八月底为奋斗目标，除竖向布置；见孙局长谈人事。

8月21日

与雷谈工作，总甲来谈合同及设计施工配合问题，起草报告计委，5 m^2 每人居住面积及托房地局缩图；刘学海、朱贤芬来讨论定额。

8月23日

接洽签订合同事；顾要技术设计四个月施工图一个，总甲方希维持原议，往返磋商；吴来谈宿舍标准图；一机人防杜之懋接洽工作；吴与顾、王谈妥技术设计深度，仍照原定计划进行；与雷谈工作，并将见专家表格填送。

8月24日

与雷谈工作，与张宇谈，催缩 1/2000 图，晚赶工做绿化布置，刘茂楚作上下水、电车路线图。

8月25日

见贾局长谈本组人事，嘱将结果告林风处长；回联系缩图，加派人协助拼图；与吴保益谈煤气，去给水排水设计院见林处长，途经园林处看李嘉

---

① 万里（1916—2015）生于山东省东平县。1936 年入党，师范毕业。中华人民共和国成立后，先后担任建筑工程部副部长，城市建设总局局长，城市建设部部长。1977 年 6 月任中共安徽省委第一书记，1980 年 4 月，担任国务院副总理。

乐，晚上海组聚餐。

8月26日

讨论街坊布置，做绿化，督促刘茂楚作管线图，接洽向专家汇报；晚工作至12时。

8月27日

向巴拉金汇报工作，准备下一阶段工作及补作第一期修建区域分布图的内容。

8月28日

向贾局长请示人事及工作；设计院开会，汪季琦①；洛阳再增7.2万，明年27万（注：具体数据略）。

崔：要求9月上旬确定总体规划，分期范围，每厂宿舍范围及公共建筑（不属街坊内的）。九月一日前'55工程范围，道路宽度，街坊尺寸，那几个街坊，儿童机构的分布。7/14已送出范围图及坐标。

汪院长：城建局街坊深度、规划方面结合起来做，'55增加的宿舍，等去洛阳人回来后商量决定，总方案早日定案，设计院同意。三阶段4.5，6，9。三厂宿舍划分对进行钻探有关。标准设计针对洛阳情形来作适应预制建筑线，下午决定。定额问题4.5与5.0 m^2/人。

8月30日

高仪自洛阳回京，传达万部长、孙局长指示及洛市意见（注：具体要求略）。史处长来菊儿胡同谈工作。

贾局长对上海干部谈话摘录：

缺点

（1）资料不足影响初步设计；

（2）规划力量配合不上，组织力量做得不够，交代任务不具体不明确。多考虑下一步怎样做任务，工作正在开始。总结初步设计经验，建议今后工作程序包含必要资料、人力、工作量、时间及技术设计等必要的条件。

8月31日

布置工作交代任务，签盖合同。

汽车局。街坊搬家与填满，采用后者。矿可加19792 m^2，拖、滚可加5707 m^2，新建30000 m^2，街坊加2100 m^2，九月底可交一部分施工图，十月

---

① 汪季琦（1909—1984），江苏吴县人。1931年入党，1933年毕业于南京中央大学土木工程系。解放后先后任国家建筑工程部中央设计院、城市及工业建筑设计院、建筑科学研究院副院长，技术情报局副局长等职。

十五日全部出图。再加 4 万多 m^2，再研究本年内可定完成多少，因运输要求，添筑一条公路，今年 16 万 T 材料仅运了 3 万 T，洛市修临时公路九月廿五日交工。' 55，27 万 m^2 九月底初步设计，十月半技术设计，一月半施工图。

加工厂、拖滚之间靠南便于宿舍施工，明年二月完成。木 5000 m^2，水泥预制 5500 m^2，钢筋 1000 m^2，渣板 1600 m^2，办 1000 m^2，共 14100 m^2。青红兼用，红 30%，#75/115×240×53。市对红色多用未免单调，厂外设计，市加派干部，准备接手。周五专职人员办公，周一有关单位集会，周四交问题。晚与拖厂席、张研究' 55 宿舍范围。

9月1日—4日　二赴洛阳。

9月1日

上车去洛。

9月2日

到洛，见李书记、孔简涛主任等谈，与顾准局长①谈。

9月3日

在洛市委开座谈会。

9月4日

上车回京。

9月6日

向贾局长汇报，回菊儿胡同与雷谈工作，吴来谈拖厂大门西移百余米（注：拖厂大门的位置几经修改，后面还有），再研究工作。万烈风②来谈计划。

9月7日

向史处长汇报，回菊开综合会议，供热管道报告，史、万来讨论布置工作。

9月8日

开会，去局阅顾准电报，接洽住屋，继续报告及小组讨论。

---

① 顾准（1915—1974），1935 年入党，中国当代学者，历史学家，提出中国社会主义市场经济理论的第一人，时任建筑工程部洛阳工程局副局长。“文革”中受到迫害。

② 万烈风（1924—2022），山西晋城人。1943 年入党，1950 年至 1952 年在中央团校学习。先后在原建工部城建局、原建工部城市设计院工作，任科长、规划设计室副主任等。是谱主多年同事，住东四楼。

9月9日

把道路、绿化小组结束，房配到；去社会文化事业管理局见四处张珩①处长，谈周王城建造事，回菊与雷谈详细规划工作。

注：1951年10月1日，文化部文物局与科学普及局合并，成立文化部社会文化事业管理局。

9月10日

在设计院，研究单身宿舍比例，食堂分配在厂内或街坊，托儿所、幼儿园比例，郊区布置；去局谈工作催人。

9月11日

去文化部社会文化事业管理局四处，与科学院考古研究所安志敏②谈王城。与洛阳市委办公室侯国栋主任谈造屋，催总甲拖厂大门坐标。

9月12日

赶工作，写绿化说明，在灯草胡同24号安家。

9月13日

写绿化说明，交总甲打印；王叶俊等预计15日左右回沪。

9月14日

整理总图说明，一、二两章讨论定额与公共建筑。长婿徐鸣到，约定15日来。

9月15日

去郑州组看图，与程王、叶、周诸工程师讨论；贾局长找谱主谈总结。

9月16日

总甲技术设计准备会议，谈'55宿舍工程。邸在会上表示对本局不满并指明贾局长。

9月17日

去局找史处长汇报工作，见贾局长说昨日会议情况；去山老胡同看房子。看总图报告；侯国栋来电，托他带图及说明书到市讨论。

---

① 张珩（1915—1963），古书画鉴定专家。字葱玉，别署希逸，上海市人。1950年任上海市文物管理委员会顾问。同年调任文化部文物局文物处副处长兼文物出版社副总编辑。

② 安志敏（1924—2005），生于山东省烟台市，1948年毕业于北京大学。1950年到中国科学院考古研究所工作。1952年为北京大学史学研究部考古研究生，师从裴文中、梁思永、夏鼐等著名考古学家。

9 月 18 日

去局，见贾局长谈总图修改后呈报问题，洛阳市如何接手，都写报告。

9 月 20 日

与雷、沈谈详细规划工作，写报告；至设计院与朱洽，回参加建筑组会，贺雨带太原沈局长来谈详细规划内容，晚写报告。

9 月 21 日

顾准约去机械局袁局长处开会；打井需廿余天，位置、材料。建筑设计，多用预型，适用机械施工；波兰考察团座谈会。晚谈总图说明。

9 月 22 日

写对部关于修订总图的报告；雷、沈谈工作，李新义来谈交接事；预定明日搬山老胡同，晚谈总图说明。

9 月 23 日

本日迁往山老胡同，竟日写报告，未去；刘做郊区，雷等做街坊布置。

9 月 24 日

写报告至夜，刘等迁回山老胡同。

9 月 25 日

晨报告交卷，很粗糙；学习；史处长找去开会，万烈风、贺雨和谱主三人拟详细规划内容。

9 月 27 日

去一机部出席审查上下水初步设计，道路，谈完即回；听广播毛主席当选。

9 月 28 日

矿山厂召集审查涧河桥初步设计；建筑艺术，加排 800 公里水管为纺织厂，涧河改道问题需 18 亿；拟文稿。史嘱明晨汇报涧东路。

9 月 29 日

晨见贾局长报告涧东干道情况，又奉命去计委曹洪涛局长处会，再与葛起明至会场找省财委部文杰副主任谈道路；研究工作与各组交谈，史说朱、刘参加我组，再加若干建筑师。

是日

刘秀峰正式任建筑工程部部长（8 月任建筑工程部副部长并代理部长）

9 月 30 日

布置工程组工作，谈绿化组工作，整理信件，提前结束工作。

10月1日

五时去部集合，六时遇柳南，六时半进餐，八时乘车出发，从劳动人民文化宫走到天安门观礼台，散会时见到毛主席向群众亲切挥手摇帽，可惜看不真；晚去天安门挤散，陪绪敏去二姐家已十二时。

10月2日

晨睡不着，与徐鸣到石金吃饭，选购学习参考文件。

10月3日

收拾屋子，看学习材料。

10月4日

奉孙局长召至部，参加关于洛阳工业区施工问题的部长会议，标准设计室七人来组报到。

10月5日

陈达文到，安排到工程组为组长。派沈远翔去设计院抄摘拖、滚两厂资料。

10月6日

搬上二楼，检查建筑组、工程组工作，布置绿化工作。

10月7日

催促建筑组工作及补绘绿化，四时半挂图请史处长看；总甲方催修正总图。

10月8日

晨见巴拉金，有中央设计院萨瓦斯基专家在座，对详细规划进展一步；业务学习，由谱主报告规划经过及程序。

10月9日

魏士衡帮谱主提行李，整理灯草胡同住宅家具。

10月10日

妻李听秋携长孙可行到京，在灯草胡同24号安家。

10月11日

史处长报告局务会议及第四季度工作，请假送行李。

10月12日

应高处长召，向规划处及各市介绍详细规划经验，督促工作计划；拖厂大门又变位。

10月13日

接洽去计委基建局请示锅炉房投资问题，矿山厂要求确定技工学校，送资料来作参考；学习。

10 月 14 日

研究建筑、工程两组工作；建筑设计院来谈标准设计，园林处来谈崇文小游园。

10 月 15 日

院务会议谈四季度工作。

10 月 16 日

讨论街坊布置及公共建筑物分布，矿山厂来谈厂前布置，史处长来谈工作，着重工程组，培养骨干与展开工作问题。

10 月 18 日

讨论工程组工作，去总甲方谈坐标及大门位置，讨论街坊。

“中央人民政府建筑工程部城市建设总局城市设计院”成立，谱主任工程室主任。

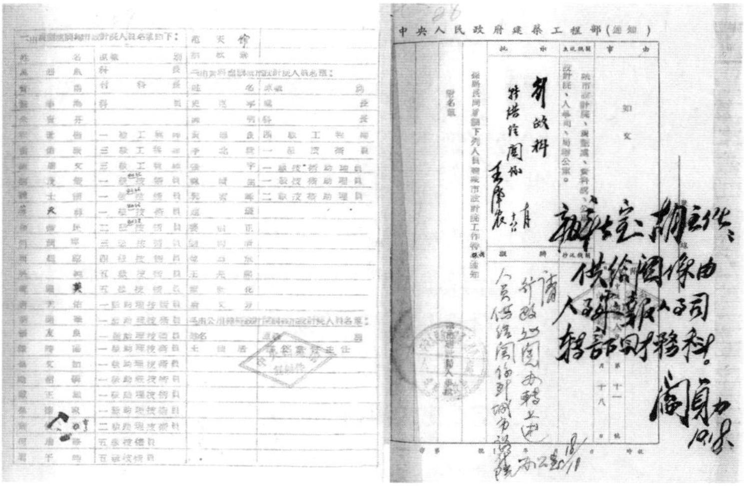
中央人民政府建築工程部(通知)

1954 年 10 月调城市设计院人员名单

10 月 19 日

去总甲方谈矿山厂问题。总甲来谈坐标。讨论工程组工作。一机部要各设计单位领导机构做技术审定。扩大局务会议。

10 月 20 日

讨论总图与绿化系统，公共建筑，天津市谭（注：应为谭璟①）、赵两工程

---

① 谭璟，在谱主来京后不久从天津调到北京，任职于城市设计院，住东三楼，没有找到他的简历。

师参加工程组；讨论街坊。钟耀华来，学习，听宋部长报告。

10月21日

讨论工程组工作，来了新组长柴桐凤，再作修建原则，讨论建筑及详细规划图。

10月22日

参观苏联展览馆，座谈详细规划。

10月23日

研究工程组与建筑组工作，总甲郭组长来谈拖厂布置，史处长通知准备参加向万部长汇报洛阳工作，万部长决定详细规划交设计总局进行，下周见专家照常。

10月25日

了解工作进展状况，而后与汪院长去中央设计院见阎子祥①院长，谈及如何会同工作并介绍情况；参加重点城市会议并看建筑组工作。

《洛阳市涧西区总体规划说明书》（署名为“洛阳市人民政府城市建设委员会”）中最终“根据计委的指示”确定居住面积为4.5 m^2/人。

注：谱主到京后不断与各方讨论、请示，之前曾做过一个定额为5 m^2/人的方案。

10月26日

向巴拉金汇报，设计总局方案也提出，巴提意见。

10月27日

布置工作，去设计总局谈工作；标准室刘、白、丁、李、沈、包等与陈登鳌②等谈工作计划；回院布置，晚参加工程组座谈会。

10月28日

与孔简涛、刘学海去设总（注：“设计总局”之略，后面还有）看公共建筑分布，回院布置工作看说明书。

10月29日

安排工作，与焦也顾去设总。

---

① 阎子祥（1911—2000），1927年入党，1953年调入国家机关工作，先后任建筑工程部中央设计院院长、建筑工程部设计总局局长、建筑工程部设计局局长、建筑工程总局党组副书记、副局长。

② 陈登鳌，生于上海。1937年毕业于上海沪江大学。在上海、南京、新乡和北京从事建筑设计工作和技术管理工作，历任工程师、设计组长、副主任工程师、副总工程师、援外工程专家组总建筑师。

10 月 30 日

洛阳市召集各甲方谈公共建筑投资问题，各甲方去设总看公建及街坊布置。

10 月 31 日

去设总共同改街坊布置。

11 月 1 日

结束工程组工作，安排绿化及呈报修正总图的任务；去设总看街坊布置，回参加欢宴波兰城建专家。

11 月 2 日

向巴拉金和萨波托夫汇报详细规划，王文克①局长主持，进行顺利；与沙等晤谈西安、洛阳。

11 月 3 日

商量派人去设计总局修订详细规划，回院复制；向西安、太原（组）介绍街坊布置；与潘、陈研究总图着色。

11 月 4 日

研究总图着色；去设计总局看修改图，与雷讨论至 9 时许。

11 月 5 日

看做总图，史副局长派谱主去洛阳；去设计总局，回家去北京饭店。

11 月 6 日

看绿化设计，修改图样。去中山公园看音乐堂。

11 月 8 日

安排工作，去设计院看设计。

11 月 9 日

扩大院务会议，陪专家去展览馆，晚学习。

11 月 10 日

推动工作，做适当安排。学习，晚做专家发言报告。

11 月 11 日

总甲与中南电业局来接洽资料；刘学海把计委审查洛阳总图的克拉夫秋克意见给谱主摘录；魏等去洛阳。

---

① 王文克（1918—2006），1938 年入党，历任中央建工部城市建设总局副局长，国务院城市建设总局副局长，建筑工程部城市规划局副局长，是中国城市规划学会的创始人之一，之后与谱主的交集很多。

11月12日

雷把设计院座谈会结果作了摘录。请示李、史院长关于如何交市问题。史局长召去与孔简涛、席光平、郭勇等谈如何结束详细规划问题。约定明日交图。业务学习，太原谈详细规划图，谱主介绍洛阳规划图过程。完成了“洛阳市涧西区详细规划厂前干道立面图”和“洛阳市涧西区详细规划第一期街坊平面图”。次日晒图，交总甲。

注：谱主日记中“李院长”共计出现八十余次，基本没有使用全名，今日是首次。城市设计院有两位“李院长”，一位是李正冠，于 1954 年 10 月 18 日被任命为城市设计院副院长，1956 年 12 月 18 日后任民用建筑设计院院长；另一位李蕴华（女）也是副院长。年谱中的“李院长”，在 1956 年 12 月 18 日之后应该是李蕴华。

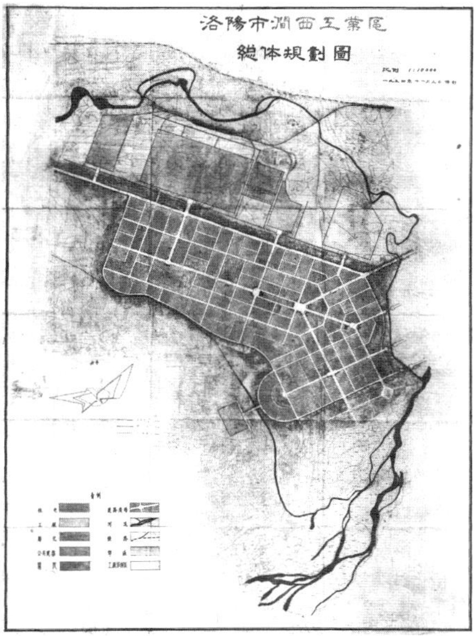

图上标注的日期是 1954 年 11 月 3 日

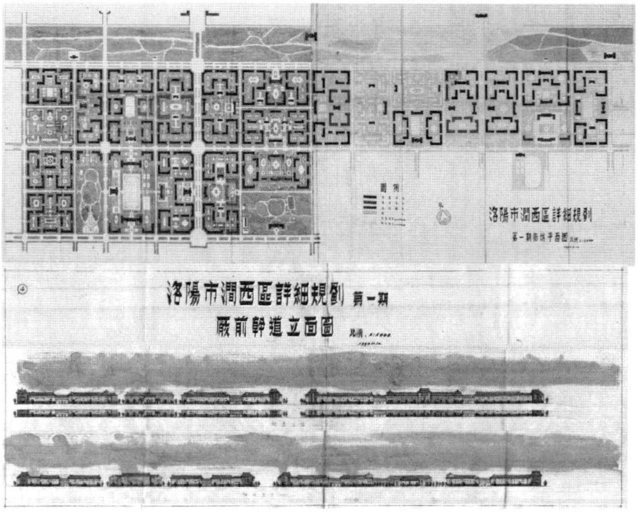

洛阳市涧西区详细规划（1954 年 11 月 12 日），自西向东整整齐齐规划了 70 多个大小不同的街坊，形成了洛阳独特的风格

11月13日

周、陈两人通宵赶制规划图，总甲来催图，直至中午以后结束。因天气不好，只能晒一份。办理交市手续再由总甲专人送洛。至此，《涧西工业区初步规划》完成。

注：1954 年 11 月 13 日，国家建委召开了洛阳市涧西工业区（以下简称涧西区）初步规划的审查会议。出席会议的有河南省基本建设局局长齐文川、中共洛阳市委副书记李浩、洛阳市城市建设委员会副主任孔简涛和卫生部、公安部、

铁道部、水利部、一机部、重工业部、燃料工业部以及国家计委的负责人。

11月15日

请示史院长如何与市接洽后，史召集安排工作，写总结。

11月16日

洛阳孔主任、李工程师来谈工作交接问题；写总结，晚与史、孔谈工作，随后史交代摸底任务，对规划在施工中的考验，广泛征求意见。

11月17日

写总结，讨论涧西区人口的比例：基33，服22，被抚45。学习。

11月18日，19日

写总结，刘做新总图人口计算。

11月20日

参观北京市设计院展览会，整理图纸，交洛市及刘学海带往洛阳。

11月22日

作总结，与雷谈工作并催他作总结。

11月23日

雷报告街坊布置，经过及优缺点，检查身体。

11月24日

迁屋，学习。

11月25日

魏士衡回谈工作，研究绿化组工作。

11月26日

去园林处了解情况，业务学习，西安组报告详细规划。

11月27日

研究绿化组工作，修改图纸，派人去中山音乐堂少年之家了解情况。

11月29日

整理总结，去园林处了解工作，向李、史院长谈绿化工作。

11月30日

孙局长找谱主，为矿山厂要资料事，派人去市，与魏去总甲联系核对资料。

12月1日

与魏去矿山厂，回写公函，学习，听报告。

12月2日

看上色，写总结，十时去武汉组介绍详细规划，结束总结，交史院长；看音乐堂，园门及少先宫园地设计。

12月3日

订绿化组计划，修改图纸，业务学习暂停。

12月4日

等车去一机部未到，回院写工作计划，听刘部长总结报告。

12月6日

整理工作计划交办公室，联系朱贤芬，看设计图加以修改。

12月7日

修改四号公园，电魏勿回，结果票已购。

12月8日

修改公园图样、园门，讨论一号公园、四号及街心花园，学习（晨院务会议）。

12月9日

魏回，说市委要修改第一期范围，先形成区中心，向李、史院长汇报；学海来，未见到院长，决定退票。

12月10日

再向院长汇报，刘同去，要向局汇报，找王副局长不在。

12月11日

修改图样，对花坛图案提意见。

12月13日

早与刘见李院长，决定将绿化工作照常进行，定十五日去洛修改园门、花坛及音乐台图样；晚党支部会，何瑞华转正。

12月14日

整理文件交祁婉云，改图。听萨波托夫作艺术报告，形象问题。

12月15日—23日　第三次赴洛阳。

12月15日

上车去洛阳。

12月16日

到洛阳先去城建会见孔简涛，搬到交际处。

12月17日

与学海看孔，而后去市委见李浩谈绿化与规划，乘市委车去工地，建工局。

12月18日

十时应顾准局长约去谈施工组织设计，再去参观工地。

12月20日

李浩来谈规划，赶图，向市委报告绿化及规划。

12月21日

与孔谈总图及详细规划的总结，去工程局晤顾准局长。

12月22日

等车票，因误点，一时始到。

12月23日

十二时到京。

12月24日

向院长汇报，回家。

12月25日

参加详细规划总结讨论，与刘茂楚谈去洛的问题，贾局长召去口头汇报。

12月27日

与学海、茂楚谈洛阳报告，刘秀峰部长作政治报告。

12月28日

洛阳孔简涛来院谈详细规划扩大到区中心问题，写报告。

12月29日

院务会议，宣布与公用建筑设计院合并。赶写报告，晚补学习。

12月30日

到富拉尔基组介绍详细规划，讨论及全院干部大会。

12月31日

李院长召开座谈会，关于本院机构及对领导意见。

1955年

48岁　建筑工程部/城市建设总局城市设计院工程室主任

1月3日

总体规划总结组约谱主准备参加讨论，着手预备。

1月4日

准备发言提纲，晚学习。

1月5日

院务会议，一月份作总结与个人鉴定，学习时事；洛阳驻京办事处来院谈何时开始工作及管线综合问题。

1月6日

准备总结发言，孙局长作总结及鉴定动员报告；洛阳又催管线问题。

1月7日

看《Civic art》（城市艺术），请示院关于管线综合，指示不接受任务。

1月8日

作鉴定准备，参加总图总结座谈：干道系统与艺术布局。

1月10日

作鉴定；李院长告谱主，洛阳人下周来，嘱准备着手工作。

注：院里一开始表示不接受管线综合的任务，几天后又指示准备着手工作。

1月11日

讨论总图与工程配合，绿化系统及郊区规划等问题。

1月12日、13日

预备鉴定材料，讨论时事；武汉市园林科万副科长来接洽绿化。

1月14日

清华来接洽规划资料作教材；任震英报告兰州详细规划。

1月15日

李院长作鉴定动员报告，展开讨论。

1月16日

与高奎、席光平、吴保益谈管线综合。

1月17日

去中央设计院谈垂直设计问题；去公用设计院开会，贾局长宣布两院合并及各室负责人。

1月18日

去西四洛阳办事处座谈管线综合问题。贾局长指定上海设计院担任；去中央设计院谈垂直设计。

1月19日

谈潘、任鉴定，大家准备，写鉴定（后日刘玉丽、魏士衡、刘学海、朱贤芬等人鉴定）。

1月21日

参加详细规划总结会谈。

1月22日

春节假的前一天，大家早退。谱主记道：李正冠院长通知上海市委的决定，我尚须提高，可以入党，予以极大鼓励。

注：乔之水撰写的《李干成：值得历史铭记的共产党人》记载："李干成同志心里始终装着人才、想着下属。按照中央要求，上海市委部署各单位发展知识分子入党工作。他建议发展市政规划处的老专家程世抚，一些党员认为程出身不好，不能入党。李干成同志开导他们'程世抚出身官僚家庭，但技术上是老专家；政治上，解放后坚决跟党走，党有什么号召，他总是积极响应；工作上，他勤勤恳恳'。最后，程世抚被发展入党，为上海市政规划发挥了重要作用。"

1月28日

赶上水、污水厂绿化图；向院汇报工作。

1月29日

整理总结，洛阳人员到京。

1月30日

去农大参加《园林建设》（注：可能是筹办中杂志名称）讨论。

1月31日

汇报，洛阳人员来此工作；至北京市建委讨论公园设计。

2月1日

与杨鹤林谈工作，索资料；柴桐凤告谱主昨日在西直门宣布名单，讨论人员。

2月2日

清华民用建筑专业教研组来谈毕业设计题目，宣布工程设计室成立，谱主任主任，据"城市设计院组织系统现状表（1955年）"。

注：城市设计院城市工程设计室，下属54人，谱主为主任，副主任柴桐凤。分四个组，一组组长叶甫阁；二组组长谭璟；三组组长胡志昌；四组组长刘用凯。

2月3日

清华民用建筑教研组来谈资料；安排洛阳组工作，朱贤芬接刘学海；大同市向索洛诺维奇（谱主日记简称"索"）专家汇报水源防洪，决定去武汉。

2月5日

结束鉴定讨论，西直门第一次院务会——人员分配。

2月6日—14日　赴武汉，出席武汉长江大桥（桥头堡）设计评审

1954年9月25日，收到中央人民政府铁道部（部长滕代远签署）聘谱主为武汉长江大桥美术设计评选委员会委员。

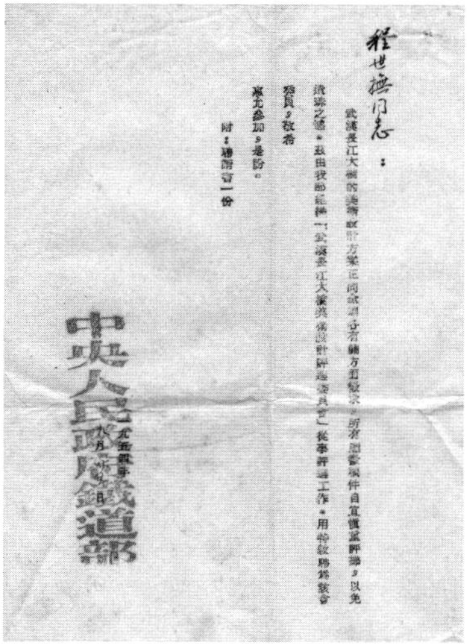
程世抚同志：

武汉长江大桥的美术设计方案正向全国各方面征求，所有应征稿件自宜慎重评选，以免遗漏之憾。兹由我部延聘「武汉长江大桥美术设计评选委员会」委员，从事评选工作。用特敬聘为该会委员，敬希惠允参加，是盼。

附：聘请书一份

中央人民政府铁道部

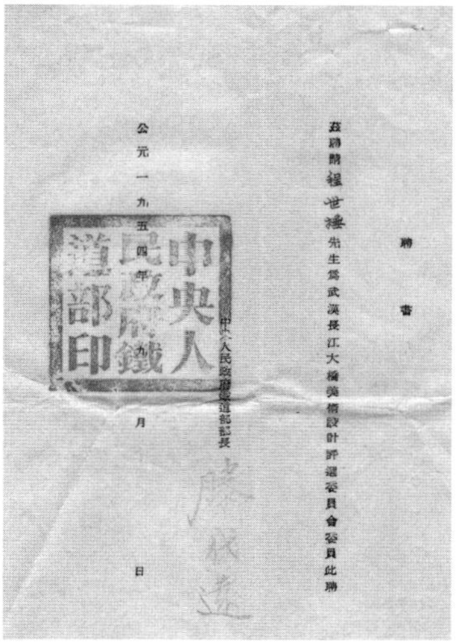
聘书

兹聘请程世抚先生为武汉长江大桥美术设计评选委员会委员此聘

中央人民政府铁道部部长 滕代远

公元一九五四年九月 日

中央人民政府铁道部印

铁道部聘谱主为武汉长江大桥美术设计评选委员会委员

2月6日

夜车去汉，遇赵深①、刘开渠。

2月8日

到汉，遇汪菊潜（武汉长江大桥工程局总工程师）、梅暘春（副总）等，看汉阳龟山、武昌蛇山两端引桥地形，看图。

2月9日

先讨论评选原则，与技术顾问委员会合并座谈，杨廷宝②到。

2月10日

广泛逐一讨论各方案。

---

① 赵深（1898—1978），字渊如，江苏无锡人。1919年毕业于清华学校，1923年毕业于美国宾夕法尼亚大学建筑系。1952年起任中央建筑工程部设计院总工程师、华东工业建筑设计院副院长兼总工程师等职。

② 杨廷宝（1901—1982），字仁辉，1921年毕业于清华学校高等科，同年赴美国宾夕法尼亚大学建筑系深造。1926年毕业后赴欧洲考察建筑。1952年，杨廷宝出任南京工学院建筑系教授兼系主任。1955年当选中国科学院技术科学部委员（院士）。1959年任南京工学院副院长。

2月11日

评选开始，经讨论争辩，分甲、乙、丙三等，余为纪念奖。

2月12日

起草评选报告，综合意见，综合方案草图，杨廷宝执笔，至11时始散。

2月13日

上车。

2月14日

四时廿一分到京。

注：《长江日报》记载：1955年2月，武汉大桥技术顾问委员会主持评选会，在汉口滨江饭店对25个方案进行评审。唐寰澄的25号方案被评为三等奖。随后，所有方案在中南海怀仁堂展出，周恩来总理选中了唐寰澄的方案。3月11日，周总理批示："采用第25号方案。"

2月15日

到院即去西直门开院务会议（三次）谈工作及人员，搬绿化组房间。

2月16日

万部长报告设计问题，周部长报告施工问题——建筑部设计及施工问题会议；谱主二女婿朱季林到京。

2月17日

全室组长工程师会议，绿化组会议及接洽洛阳垂直设计，与上海通电话，与柴研究工作。

2月18日

洛阳工程局陈副局长来谈引水渠，及红线标高问题，孙局长召去汇报，谱主提与中央设计院接洽经过；参观金属结构厂。

2月19日

全室会议，与柴桐凤研究本室工作轮廓。

2月21日

写1955年本室工作要点，听币制改革报告；吴保益、田霈、王敏之来谈道路护坡。

2月22日

与史院长谈工作，听刘部长总结报告。

2月23日

听报告至一时，史院长谈学习赫鲁晓夫报告。

2月24日

参加部的洛阳会议，与柴谈工作，召集组长工程师谈工作精神。

2月25日

派人支援湛江垂直设计，四次院务会议。

2月26日

设总汪院召集洛阳标高问题座谈会兼及规划，回向丁处长汇报。

2月28日

向史院长汇报，又去局向贾局长汇报。贾局长主持会议，吴保益建议审查红线。

3月1日

安排工作，回家迁户口（注：谱主携妻李听秋、孙可行落户北京），见吴、田谈标高。

3月2日

晨送妻李听秋及孙可行离京赴沪。包头报告，谈洛阳，去西直门听花院长报告。晚万部长召开洛阳会议。

3月3日

第五次院长会议，布置我室工作。

3月4日

计划统计会议，学习。

3月5日

室务会议，工程处召开洛阳标高问题，丁处长主持，经协商后获得解决。

3月7日

洛阳上水技术设计报告（审查会议），排水报告。

3月8日

道路报告，参加绿化组总结座谈。

3月9日

管线综合报告，学习。

3月10日、11日

道路组讨论，学习。

3月12日

株洲谈任务，安排工作；与大同谈任务，在室安排工作；洛阳规划组下周一回洛；洛阳有绿化、土方调配及交通量计算。

3月14日

谈洛阳及绿化工作，回室与柴研究大同工作，看大同绿化系统，谈株洲。

3月15日

去给排水设计院，开洛阳审查会，参加规划检查会。

3月16日

洛阳审查会，万部长主持，外单位参加；参观协和煤气发电设备。

3月17日

向李院长汇报本室工作，讨论洛阳工作问题（与规划室）。

3月18日

看株洲道路系统，柴说要去石家庄，乃研究下周工作与组织机构人员分配；与株洲组交换意见可以统一；余时学习。

3月19日

柴出发石家庄；与大同市谈桥位问题，本室工作汇报，安排专家时间。

3月21日

大同桥向巴、索汇报，结果资料不全，仍待研究；院长会议，谈检查规划问题，规划室汇报工作。

3月22日

向索汇报垂直设计工作，院长会议讨论检查问题，本室汇报工作。

3月23日

与规划室讨论洛阳检查问题，向史院长汇报，嘱向李院长汇报。学习，探刘用凯病。

3月24日

向李、史院长汇报本室组织。九时史院长鉴定；柴回谈工作。听赵永清讲人流、客流计算（大同市）。

3月25日

向索汇报本室组织分工，许英年报告波兰城市规划（注：谱主有记录）。

3月26日

听株洲与兰州的汇报，谈洛阳工作，看绿化的林荫道。

3月27日

至二姐家运书。

3月28日

听湛江汇报，到绿化组看图。听徐鸣报告波兰公用事业（注：谱主有记录）。

3月29日

大同、洛阳谈问题，安排大同工作，看绿化图。

3月30日

索讲垂直设计，学习，大组讨论；包头组三人去谈体会。

3月31日

兰州西固区寺沟防洪，向索汇报；与柴研究工作，室务会议。

4月1日

李院长要谱主准备本室新组织的建议给他参考。向花怡庚①、李院长汇报洛阳。写新组织报告，与万、沈、高谈明早会议，关于规划报告，准备工程报告（洛阳）。注：此处对“李院长”，谱主用了“他”，推测为李正冠。

4月2日

王局长、花院长主持洛阳检查座谈会，四时散，与柴研究工作。

4月4日

安排绿化组工作，布置做标准设计，请示需否去洛，尚未确定。在院考虑洛阳检查工作，他们去开全体干部大会。

4月5日

洛阳检查会议；史院长召谈规划方针；决定去洛；向东北工学院谈绿化。

4月6日

归向索专家汇报株洲防洪问题，与陆时协、谭璟分别谈去洛工作；谭报告人流、客流简略计算方法。

4月7日

向史院长汇报去洛工作，李院长指示研究本室工作，向院长会议（9次）报告；参加院长会议。

4月8日

石家庄向索汇报防洪工程，与谭研究去洛准备工作。

---

① 花怡庚（1908—2004），1938年入党，1952年后任华北建筑规划设计院院长，城市建设部规划设计局副局长，建筑工程部设计总局副局长兼中国建筑学会副理事长、秘书长。曾住设计院宿舍谱主楼上。

4月9日

安排去洛工作，向李、史院长汇报准备情况，召集工程师座谈传达任务；史院长学习赫鲁晓夫报告（注：谱主有报告的记录）。

4月10日—21日（第四次）赴洛阳，部分时间与史克宁、谭璟等一起

谈垂直设计、防洪沟、绿化、广场设计等。向市委汇报，与一机部及各厂协调。

4月11日

到洛，至建委会与孔简涛略谈，在明星与洛都旅舍等，解决住宿问题，遇到奚、孙奇、孙和平，五时半到交际处。

4月12日

安排今日工作，谭、奚、谢谈垂直设计，陆去建委接洽绿化，谱主去拖厂找崔主任谈检查规划，希提意见；又至工程局见蒋以德，希转告顾、陈两局，周部长在局开会。

4月13日

史院长等到洛。向他汇报工作，与谭安排工作计划。终日未解决住宿问题。

4月14日

去涧西，在市委接洽交换意见，晚史院长召集座谈本组工作计划。

4月15日

在城建委听取各方意见（市），工程组订计划与介绍垂直设计。

4月16日

核对道路标高，去工程局接洽隔离带临时房屋图。讨论明沟，核对标高，城建委座谈规划工程内容，准备向市委汇报。

4月17日

十一时在市委听城建委汇报，晚听一机及建筑管理组汇报。

4月18日

去城建委听各厂意见座谈会，在城建委接洽绿化及明日去涧西。

4月19日

踏勘纬一路南明沟位置，见原有深沟填土量很多，再去看临时交通路线。

4月20日

至建委，去防洪沟。

4月21日

在建委，接洽。

4月22日

去建委接洽，来人做广场事，十一时上车返京。

4月23日—5月4日　在北京

4月23日

十时到院，向李院长报告；嘱向洛阳组谈工作情况，王局长也来。

4月25日

与柴谈定级及本室工作，与赵（国章）谈成都厂外工程，仲坚到。

注：这是谱主日记中首次提到“厂外工程”，后来有四十余处提到“厂外工程”（不仅是洛阳，还包括西安、太原等地）。

4月26日

听李院长汇报厂外工程材料，万、贾局长听取汇报。

4月27日

李院长叫谱主和柴准备综合设计、五月下半月的工作意见，讨论。

4月28日

听索讲水源问题，召集工程师及骨干分子交换工作意见，而后开全体会。四时半谱主与赵国章谈洛阳厂外工程。

4月29日

包头汇报水源防洪问题，中午李院长向大家谈厂外工程工作计划。

4月30日

李院长告谱主去济南，与林业部经营司牟宜之司长联系约定五月五日去；与柴、刘研究本室定级与思想情况，史院长回，谈洛阳情况。

5月3日

请示工作，听史院长向万、孙、贾局长汇报洛阳二作，与朱贤芬、赵永清谈成都，再去绿化组改图，布置工作。

5月4日

与朱贤芬、赵永清商谈去成都的准备工作，安排日程；与柴、刘、谭安排五月上半月工作，绿化及厂外工程

5月5日—12日　济南出差。

5月5日

中午与牟宜之司长、陆潘、汪菊渊乘车去济，0时4分到。

5月6日

看大明湖、趵突泉，千佛山。

5月7日

市介绍规划与公园设计材料，北马鞍山、遥堤（注：清末时山东河务局将官堤、民埝调整为官堤、民埝、遥堤等三类堤防）、洛口、无影山、气象台（注：大致为济南市西北方向的几个点）。

5月8日

研究大明湖范围。

5月9日

五柳闸、黄台桥、华不注山、黑虎泉、小清河、大明湖、珍珠泉（省招待所）、南湖。

5月10日

谈大明湖设计，谈规划意见及绿地系统。

5月11日

金牛山、四里山、大明湖、图书馆、正谊中学、李公祠、金线泉、乌龙潭、博物馆，交换意见，晚作报告。

5月12日

五时三刻乘车回京。

注：1955年5月13日，《人民日报》发表《关于胡风反党集团的一些材料》。5月18日，经全国人大常委会批准，将胡风逮捕，胡风夫人梅志也同时被捕。

5月13日

与绿化组谈工作，听取刘茂楚报告，绿化组谈话，准备搬往桦皮厂（注：桦皮厂胡同，在西直门附近）。

5月14日

搬办公室。

5月16日

在桦皮厂办公。李院长召开会议，谈万、孙两局长分头出发，嘱准备组织人员先走。与工程师、组长谈厂外工程。

5月17日

与绿化组谈工作，向李院长汇报厂外工程、绿化等。

5月18日

向洛阳组介绍情况并进行办法，学习。

5月19日

武汉汇报排渍问题，包头李红主任来谈防洪，要我室做，已请准建委、水利部派工程师一人。

5月20日

请示李院长包头事，同去工程局谈厂外工程，史院长谈葫芦岛派人事——陈广涛去。

5月21日

请示李院长关于包头防洪事，与史院长至规划室听包头工作组汇报；万局长报告。

5月23日

在局参加本院组织机构会议，包头李主任在院召开防洪座谈会。

5月24日

院务会议，宣布组织机构，总局尚未决定，仍按原样工作。在局听万烈风汇报上海设计院关于洛阳上下水道路的设计状况；再研究机构问题，贾局长主持。

5月25日

汇报包头防洪方案，与包头订协议并考虑工作组。大同需陈达文、王凡前往看桥，拟明晚去。

5月26日

座谈厂外工程综合设计草案，李院长参加；欢迎印尼总理，安排水利组工作，看绿化株洲图。

5月27日

洛阳给排水道路设计进度问题及管线综合，总局领导并派人参加。成都厂外工程，朱贤芬、赵永清汇报。

5月28日

安排绿化兰州、株洲及太原、兰州出差事，复建委关于包头防洪，传达，业务学习，李院长去绿化组谈话。

5月30日

安排包头防洪，复计委电及转告万、沈，听洛阳水源汇报，与绿化组谈话，听株洲防洪汇（报），与谭研究一、三组业务学习；下班前司机室火警，李院长召集会议，深夜始散。

5月31日

工程局徐工程师谈包头防洪，复建委文，与人事处谈调天津水利工程师，谈保密制度，本室学习，作六月份计划。

6月1日

作六月份工作计划，学习报告。

6月2日

节约座谈会，院务会议。即与谭研究六月份工作计划，加以补充，晚送郑。

6月3日

改包头街坊、绿化，谈电组六月工作，派迟文南、胡泰叶至规划室开会，成都、湘潭，看规划文献，准备讲稿。

6月4日

代李院长至科学院参加园艺学会常委（筹备）会，安排学习及听取洛阳组汇报，向李请示厂外工程进行方针（等待）。

6月5日

应汪菊渊约，谈造园组论文题材。

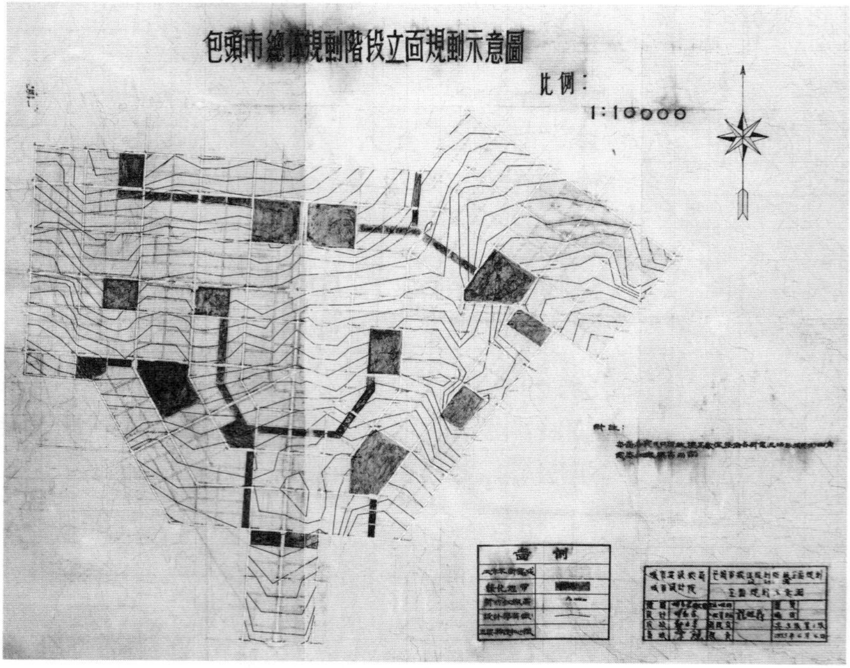

包头市总体规划阶段立面规划示意图（有谱主亲笔签名）

6月6日

奉李院指示，派赵、陶去工程局听洛阳、成都给排水汇报；听清华规划题目，朱自煊介绍。

6月7日

去规划室看清华规划图，提意见；改包头、大同街坊绿化图。

6月8日

扩大院务会议，传达节约精神，学习讨论胡风集团反革命性质，柴回。

6月9日

座谈节约精神，研究支援太原名单，贾局长报告“胡风反革命集团”的问题，各组接着讨论。谱主与柴、刘研究工作。

6月10日

工程局陈润、马海云来谈路桥交通定额工作问题，与柴研究六月份计划修订案；先召集工程师座谈六月工作，再与湛江谈总图阶段工程项目，与兰州联系道路工作。

6月11日

与任局长谈支援兰州垂直设计工作，回报告李院长，与归工程师谈包头防洪，建委陆大明谈绿化定额；写信给兰州，发电给株洲，整理文件。

6月13日

参加工程局向索汇报定额计划，听西安厂外工程汇报。

6月14日

包头防洪方案专家汇报，二部、水利、铁道、燃料等部来座谈包头防洪方案。

6月15日

与柴研究工作，孙栋家来谈太原厂外工程，胡志昌谈桥，学习。

6月16日

王副局长传达陈毅副总理时事报告，赵砚州今晚去大同，李院长传达节约精神。

6月17日

防洪（包头）方案向专家汇报，全室会议，结合节约精神谈六月份工作计划。

6月18日

陈润来讨论定额草案，谈绿化定额，陶出席一机部公用事业节约会议。

6月20日

听太原汇报，李院长要我们派人配合修改规划；到给排水设计院谈定额，回来看绿化定额。

6月21日

院务会议，到工程局与许、丁局长①、李院长谈厂外工程。

6月22日

株洲绿化汇报，与柴安排出差名单，学习。

6月23日

向李院长请示出差人员名单及去东北搜集定额资料的城市，给排水设计院参加洛阳上下水问题座谈会，回柴谈绿化组思想问题至九时。

6月24日

向专家汇报，全室室务会议布置包头防洪初步设计工作。

6月25日

听太原汇报，李院长告谱主暂不出差，要集中学习；生活检讨会，包头工程局宁波局长来谈防洪初步设计地质水文资料。

6月27日

研究第三季度计划要点，工作总结，在绿化组谈定级标准。

6月28日

向索汇报株洲防洪，万局长作政治报告“胡风反革命集团”，晚漫谈。

6月29日

听史院长谈包头修改规划，学习，晚继续讨论。

6月30日

史院长布置二季度总结及三季度工作计划要点，学习，晚继续。

7月1日

中共中央发出《关于展开斗争肃清暗藏的反革命分子的指示》，与谭谈三季度工作计划要点，与预算室谈施工组织设计，学习。

7月2日

联系总结及三季计划，参加包头上下水座谈，防洪来不及谈。

---

① 此处“丁局长”应为丁秀（1911—1992），1935年在北平师范大学投身于“一二九”学生抗日救亡运动。全国解放后，任国家建委城市建设局局长等职。与谱主交集甚多。

7月4日

与迟文南、周福绵谈工程规划，与谭谈厂外工程工作计划，学习。

7月5日

包头山沟流速会沙量方法汇报，李院长报告，晚学习。

7月6日

召集厂外工程组谈工作计划，李院长召去汇报及总结，学习。

7月7日

去规划室谈工程与规划配合问题，与姚、陶、赵谈厂外工程工作计划。

7月8日

包头宁局长来谈防洪方面，二部、铁道部、水利部意见，讨论，陆时协大组。

7月9日

讨论厂外工程计划，参加赵、姚、陶谈厂外工程。

7月11日

包头防洪座谈会，学习至晚。

7月12日

院务会议谈规划、工程两室工作，写报告，葫芦岛汇报——陈广涛。

7月13日

讨论厂外工程计划及进度；学习孙局长报告，晚讨论。

7月14日

去工程局张局长处接洽厂外工程工作计划；参加侯马、株洲汇报。

7月15日

听湘潭汇报，安排洛阳组工作；准备明晨出发，谭等谈定额，学习。

7月16日

听葫芦岛小组汇报，史院长指示要下现场，要用新的工作方法来完成任务。研究厂外工作计划，游院长传达部节约指示。

7月18日

与赵怀义研究写报告，回室布置姚、赵，学习至晚。

7月19日

学习讨论会；史院长召开布置工作会议，规划室一同参加，组织人力周内出发，晚值班研究工作。

7月20日

在局，王局长介绍太原修改规划经验，学习。

7月21日

谈定额与厂外工程计划，成都选厂汇报，李院长指示厂外工程不能放松，随时请示工程局。

7月22日

参加规划、工程两局、给排水院、本院座谈工作，学习，谱主暂不出差。

7月23日

与柴、刘谈工作，与姚谈厂外工程，兰州、西安组暂缓出发。

7月25日

参加出差人员座谈会，史院长主持，作厂外工程计划，晚看赵局长。

7月26日

在工程局谈定额，侯马鉴定，晚学习。

7月27日

姚、赵、刘汇报厂外工程，写厂外工程报告，晚学习。

7月28日

讨论厂外工程报告，讨论定额，向建委汇报的内容。

7月29日

随史院长赴建委参加重点城市给排水问题会议，晚学习。

7月30日

向院长们汇报厂外工程，看定额发言提纲及洛阳规划，综合图（注：至此，洛阳的厂外工程似告一段落）。

8月1日

整理厂外工程报告，学习。

8月2日

整抄厂外工程报告，看定额发言提纲。

8月3日

阅参考资料，学习。

8月4日

写周报，看定额报告；安排大同桥工作，郝局长来，同见陈院长。

8月5日

偕谭、王凡、王天任赴建委汇报定额，曹局长主持，张忍之、陈润等在场。学习。

8月6日

至工程局许、张，规划局贾，给排水林，城院李商谈厂外工程如何进行，以洛阳管线综合办公室为蓝本，林谈规划配合，草拟电报。

8月8日

与姚、赵谈厂外工程，柴锡贤来谈定额，向李院长汇报，经同意再向许局长①请示，预定明晨往见；学习。

8月9日

向许局长请示厂外工程，回院安排工作。向李院长汇报，同意谱主与陶去上海，组织管线综合，陶径由洛去沪；安排厂外工程各组工作。

8月10日

到局，联系厂外工程，由陈瑞民负责办理，预备介绍信；去派出所介绍保姆，与上海通话，请丁局长稍留，约吴保益12日谈综合，陶回京乃同行。

8月11日

往见许局长，与陈瑞民谈厂外工程，取介绍信；洛阳、西安回院向李院长汇报，总务科错买明早车票；听洛阳组汇报。

8月12日—24日　上海出差，向有关方面索要综合资料、给水排水资料。

8月12日、13日

乘车去沪。

8月14日

晨见丁局长，请示；明日参加中审会议，再谈综合工作。

8月15日

去市七办及规划局，见李、叶、赵、熊等，中审末次会议。

8月16日

去市工程局，见郭增星、张佐国等，与陶研究；管线会议；往见丁局长，开会。

---

① 此处“许局长”，应为许世平（1916—1978）1932年加入中国共产党，任建筑工程部局长、部长助理、副部长。还有一位“许局长”，许英年，后面出现。

8 月 17 日

丁局长召集管线组谈话，汇报工作计划，开展工作，晚见丁局长。

8 月 18 日

去给排水院与陶研究断面，至区划处找胡汇泉①要综合资料，回院。

8 月 19 日

到给排水院讨论断面，去七办取介绍信，回院与钟等讨论。

8 月 20 日

在院写小结，陶、浦、陆讨论断面，钟召集给排水道路部分讨论管线位置。

8 月 22 日

与钟商讨小结，复核断面图，向方、顾院长汇报，交打印。

8 月 23 日

去院取文件图纸，次日回京。

8 月 26 日

见李院长略谈数语，嘱向工程局汇报，与陶见许局长汇报，料理行李。

8 月 27 日

向史院长汇报，大扫除。

8 月 29 日

株洲防洪向索汇报，学习。

8 月 30 日

与柴、刘谈工作，参加新乡汇报，看株洲公园图。

8 月 31 日

工程局王工程师来谈管线综合的问题，商研如何修正及先同意四条路问题；学习，看株洲公园图。

9 月 1 日

与上海分院通话，核对管线及询问保证以后施工与综合不发生矛盾，再写报告给工程局；分配包头 617 厂垂直设计任务约 1 km^2，赵永清、迟文南、欧蕴丰约定明日二时来院接洽。

---

① 胡汇泉（1913—1968），1934 年上海交通大学土木系结构专业毕业。1935 年，美国密执安大学毕业，获硕士学位，同年回国。1955 年，任上海市规划建筑管理局区划管理处副处长。1956 年调任城市规划处副处长。

9月2日

拍X光片，与柴研究工作；处理617问题，派赵、迟前往。学习至晚。

9月3日

听张含英①作黄河规划报告，听取617垂直设计汇报，谈洛阳管线综合。

9月5日

与姚可均去找高奎谈电线综合，史院长召两室主任谈工程规划，学习。

9月6日

接洽洛阳管线综合审批事，拟稿发往上海；大同市来索图做桥的预算；写工程规划及厂外工程工作意见的报告，准备迎接新来的学生。

9月7日

去朝外农民招待所，看新到学生，谈话，回院；史院长召谈工作计划，晚参加运动，规划、工程合组。

9月8日

史院长召谈工作计划，由贺与谱主拟新名单，与贺商谈；史院长与朱贤芬看房子，去东、西郊。

9月9日

看新来学生材料，学习，晚看材料。

9月10日

去洛阳驻京办事处，讨论邮电部电讯线路在综合中的位置问题；因照明图纸不在，无法研究，决定按图具体研究；史院长召谈搬朝外事；湘潭汇报；沈阳来人了解徐天锡；去洛总甲决定综合问题，借照明图纸，回院研究。

9月12日

在局听新乡汇报，准备搬家，归谈防洪方案报建委。晚学习。

9月13日

去朝外看房，规划室搬迁；回院讨论学习总结，李琬长报告，晚讨论。

9月14日

参加洛阳总甲设计施工总进度座谈会，水源及管线综合，学习报告。

---

① 张含英（1900—2002）水利专家，我国近代水利事业的开拓者之一。1924年毕业于美国伊利诺伊大学土木工程系，获土木工程学士学位。1925年获美国康奈尔大学土木工程硕士学位。

9月15日

向专家请教包头水文公式，到朝外，随后去桦皮厂开院务会议。

9月16日

传达院务会议布置粮食计划，姚汇报西安工作，布置洛阳工作，谈厂外工程，学习。

9月17日

赶粮食计划，与姚谈；姚、安向史院长汇报西安工作。

9月19日

建委通知综合专家即将来到，嘱作准备；洛总甲来要求派人帮作现状图，与姚、安谈工作，史院长来，顺便汇报；晚运动。

9月20日

工程局王宪忱来谈管线综合计划进度，与陶谈洛阳工作，去工程局准备向新到专家汇报工作，后又改期，仍准备书面材料；史院长在新址听株洲汇报。

9月21日

向马霍夫、巴拉金、索洛诺维奇汇报管线综合，向许局长请示后，与史院长、李玉华见许。（注：马霍夫第一次在日记中出现，1956年6月15日马霍夫回国）

9月22日

准备洛阳规划与管线综合的汇报，与许局长、史院长见马霍夫专家谈组织；汇报，向许局长请示小组人员。

9月23日

去建委工程处召开管线综合座谈会，史院长到院讨论工作部署，谱主去局搞综合，贺、朱搞城市小组。

9月24日

去局，安排办公室，遇高殿珠，说马要谈洛阳，向朝外打不通电话，乃骑车去找；陶、李来局，高奎也到，讨论小组人选，再去局看布置办公室。

9月26日

去朝外，后至总局安排办公室，再回朝外与万、贺、柴谈人事与工作，株洲防洪向索汇报。

9月27日

二部汇报成都厂外工程，马霍夫谈准备工作，再去朝外谈综合工作。

9月28日

在工程局研究厂外工程四季度工作，与李玉华谈工作，史院长召开全体干部会，贺谈两室四季度工作。

9月29日

在朝外研究人员名单，后到工程局向许局长请示汇报内容，作修改，送去。

9月30日

八时半向总局汇报管线综合，奉总局命去青年会李主任处，帮助拟市政管理问题大纲。

10月4日

去山老胡同及朝外，开会介绍洛阳管线综合情况，并布置各小组出发准备工作。

10月5日

株洲防洪向索汇报，大体解决；去西直门开会，谈波兰建筑师协会代表团来院参观事。

10月6日

去朝外，安排株洲防洪工作及洛阳现状图；而后去山老胡同，与马霍夫专家谈厂外工程工作如何进行。

10月7日

包头水文计算结果向索汇报，得到结论；史院长与马谈厂外工程。

10月8日

史院长对出发各小组关于厂外工程准备工作作指示，在山老胡同布置工作，而后去看黄河展览。

10月10日

史院长召开两室全体会议谈工作，贾震副局长作全局肃反报告，在桦皮厂举行。

10月11日

去朝外再到总局，与马霍夫专家谈工作，看波兰建筑展览。

10月12日

在朝外安排出发各组工作，在山老胡同整理专家发言，史院长来谈洛阳综合工作如何进行，晚拟工作计划。

10月13日

与陶谈计划，再去总甲方与高主任交换意见，在山老胡同开全组会谈计划。

10月14日

去总甲方办公室，与郭勇接洽资料及与各单位接关系，在朝外及山老整理计划。

10月15日

与郭勇去一机设计一分局，晤罗总工程师①，谈各厂出口管线位置的资料；与马霍夫谈现状图的精确度，再去朝外等史院长。

10月17日

准备汇报及开资料单，拟要资料函稿，看广场设计，与陶谈工作计划及分工。

10月18日

写介绍信稿，铁道部、建筑部，去朝外处理文件，讨论广场设计。

10月19日

向马霍夫汇报洛阳第一次综合及工作范围两问题，与马霍夫看具体问题。

10月20日

听太原管线综合向马汇报，去朝外处理公文，张清波回水利部事，看广场设计。

10月21日

讨论广场设计及全组生活检讨会，去朝外，而后回山老向二部新到同志介绍洛阳情况。

10月22日

去西直门接洽搬家，再去朝外联系水利组，去铁道部索资料，未取到。

10月24日

马霍夫来指点综合方面的问题，谈至三时许；与刘茂楚谈去洛工作，到朝外解决包头617土方平衡及株洲防洪协议问题。

10月25日

在朝外讨论617厂土方碾压事，在山老胡同讨论工作计划。

---

① 罗士瑜，1940年毕业于清华大学机械系。1945年赴美国实习，1947年回国。时任洛阳第一拖拉机制造厂总工程师、副厂长。

10月26日

包头防洪水工程设计向索汇报。找方休谈污水管，回山老与曹宏炤研究综合。

10月27日

至朝外安排搬家，株洲澭（?）河路设计、包头防洪，去阜成门看屋；回山老，陶告史院长检查工作，认为缺乏计划性（注：受到批评后，谱主在后面许多地方都意识到了“计划”“步骤”，与陶一起）。

10月28日

与陶、胡研究计划；十一时去朝外，洛阳汇报涧东规划、研究计划及断面图。

10月29日

去朝外，转山老与陶讨论计划，全组讨论，张贺①参加。

10月31日

写计划说明及奉史院长命写洛阳污水管埋设深度报告，拟稿要资料及去书店找参考书。

11月1日

去朝外，而后至山老与陶准备下一步工作的步骤；专家来谈我们拟的综合办法及看大明沟下水电讯设计。

11月2日

去朝外，九时与张贺研究计划及对设计单位提问题；研究广场，与西安组介绍经验。

11月3日

修改广场设计，考虑综合问题；去总甲与高奎谈电委托、综合、阶段规划、资料等；去阜外看办公室，回山老布置工作。

11月4日

与张贺、陶研究工作，检查广场设计，去阜外看搬迁情况。

11月5日

专家来室，谈问题，解答了综合步骤；史院长召集全体干部会，而后参加庆祝十月革命38周年纪念会。

---

① 张贺，谱主的同事，没有查到履历，曾是谱主的邻居，日记中多次出现。

11 月 7 日

先去阜外，再回山老，全组讨论本周工作计划，草拟开会文件及研究资料。

11 月 8 日

在规划局讨论详细规划编制试行细则。

11 月 9 日

向成都组介绍综合经验，包头来问综合问题，专家来谈坐标计算法，去阜外。

11 月 10 日

接洽电业组任务，去工程局谈株洲防洪审批问题。许保春来谈详细规划条例，研究工作进度。去桦皮厂及阜外，安排桥水利组工作，向史院长汇报请示。

11 月 11 日

与李蕴华谈院、局交下综合进度任务，与张贺研究向总甲了解设计情况，与姚可均谈供电设计进度，介绍综合情况，订计划。

11 月 12 日

答复洛阳信，安排热矿、热滚线走向，电业进度，对规划编制办法提意见；听孙局长作城建局长会议总结报告。

11 月 14 日

全组工作及生活会；专家来谈工作，仍需修改计划，主要是资料。

11 月 15 日

修改计划，去阜外谈洛阳资料，回山老谈工作，姚可均明晨去洛。

11 月 16 日

在展览馆欢迎新从学校来的干部，游院长作合作化传达报告。

11 月 17 日

起草文件，致上海分院谈综合问题；拟作业计划，布置工作，开’56 预算。

11 月 18 日

整理工作计划，学习报告。

11 月 19 日

安排工作准备下周工作；讨论工作计划。

11月21日

拟稿向上海分院要设计出图进度，研究工作；规划处要谱主谈综合。

11月22日

去阜外，成都组参与研究工作计划，早与上海通话谈进度。

11月23日

参加成都组，向史院长汇报商定计划，学习。

11月24日

专家来检查工作听取汇报，同意我们所作。

11月25日

研究布置工作，与专家会见谈规范及成都工作计划。

11月26日

与田霈谈道路排水进度，全组工作会议，由刘茂楚报告在洛工作，布置综合与规划工作。

11月28日

准备总结，刘茂楚汇报洛阳情况；去阜外向史院长报告洛阳情况，预算会议。

11月29日

做总结，去阜外与史安排绿化组工作，向全组宣布。

11月30日

柴找谱主去看英文材料，学习展开农业合作化的讨论。

12月1日

修改本组向院领导的报告，向史院长报告并指示工作。

12月2日

与张、陶研究计划及去沪、洛搜集资料工作，全组工作会议。

12月3日

姚鸿达、姚可均来谈工作，托陶，张清海回水利部事，准备去上海找资料，整理材料，车票送到明晚离京。

12月4日—12月11日　赴上海，去上海分院索要资料。

注：“建工部城市建设局组织结构方案”中，中央城市设计院、给水排水设计院、城市工程设计院都有“上海分院”。

12 月 4 日—5 日

夜车出发，张贺同行。

12 月 6 日

至上海分院，与顾、钟、龚等谈索取资料情形，他们都答应帮助；与钟谈具体准备资料步骤与内容。

12 月 7 日

找钟、钱谈道路资料；北京来信要张去洛，急准备当天票买不到；与龚谈大明沟大孔性土问题，陪张购得 8 日票。

12 月 8 日

与方院长谈工作，与钟谈道路，配合管道设计及综合程序问题；座谈，看给水资料。

12 月 9 日

在人民公园，到规划局取资料；晚吴振千、田丽菊来，九时三刻上车。

12 月 11 日

晨到京。

12 月 12 日

至阜外，马霍夫及洛阳组已搬去，见史院长交资料，听花局长谈访苏情况；晚谈综合工作；上周六传达毛主席 17 条指示。

12 月 13 日

安排电的设计、株洲防洪等，分配全组工作。

12 月 14 日

张贺、刘茂楚自洛阳回京，学习。

12 月 15 日

向马霍夫汇报，综合小组经验交流座谈，晚学习。

12 月 16 日

西固总甲来谈综合，安排规划工作，讨论综合经验，晚学习。

12 月 17 日

在高教部开城市规划与建筑艺术科学研究座谈会。

12 月 19 日

研究十二月底以前的工作计划，召集全组交代工作，晚谈组织机构。

12 月 20 日

起草阶段规划的报告，安排工作，讨论图例；与姚可均至规划局汇报一机会稿事。

12月21日

写总结报告，学习测验。

12月22日

包头防洪向索汇报，洛阳综合向马霍夫汇报，晚学习建委综合的文件。

12月23日

株洲防洪汇报第二期方案，分配说明书任务。

12月24日

参加包头综合汇报，安排株洲防洪下一步工作及明日加班的项目。

12月26日

去桦皮厂游院长传达总局指示，发动群众讨论工作计划与机构，及对领导提意见，讨论开始。

12月27日

向马霍夫专家汇报洛阳管道综合工作，结束阶段。

12月28日

马霍夫来看全部综合图，参加全院向院长汇报讨论工作情况。

12月29日

安排本组工作，修改绿化图（大同公园），谈绿化组工作；综合经验交流座谈会。（注：至此，洛阳的管线综合告一段落）

12月30日

在建委，上海柴、丁，沈阳来谈管道综合过程及工作方法；研究工作及借调兰州组协助，决定管道横断比例水平垂直都用1/100，接上海资料。

12月31日

史院长召开全体行政干部会议，布置明年工作及宣布谱主负责单项设计，与万烈风共同草拟训练干部教材大纲；与西安组谈综合，再与史院长谈单项设计。

1956年　49岁　城市建设部城市设计院技术室主任

1月3日

去西直门听李院长传达万局长报告，讨论。

1月4日

全面讨论万局报告，结合技术力量摸底，检查工作及本单位计划。（兰州的）西固、七里河及郑州来院要求介绍综合经验。

1月5日

向马霍夫专家汇报，讨论计划及安排洛阳组工作。

1月6日

向西固、七里河及郑州介绍综合工作做法，讨论本院工作任务。

1月7日

草拟工种分组名单，张贺说，贺、张、谱主三人负责训练班教学大纲

注：“干部训练班”持续时间不长，谱主日记在2月27日—29日、3月2日、3月5日、3月6日之后就没有再提此事。

1月9日

与贺、万、张等谈训练干部内容，在桦皮厂开科长工程师会议，谈检查及两院分开决议。

1月10日

与万、贺谈组织机构，人力支配，综合组座谈会。

1月11日

谈说明书、座谈规划与绿化问题，王局长作学习报告，晚自学。

1月12日

看办公大楼，整理说明书，督促出图及整理说明书。

1月13日

向马霍夫汇报综合说明书，介绍经验，修改补充说明书。

1月14日

交出说明书，打字，与许保春谈科学研究项目；综合汇报，安排结束工作，定1/16审批。与西安组研究工作。

1月16日

与西安组谈工作，参加第一次院务会议；向规划局汇报审批，晚继续院务会议。

1月17日

研究训练班教学问题，修改说明书做鉴定文件，拟科学研究题目，讨论训练班计划。

1月18日

参加总局召开的科学研究会议，听政治经济学报告，晚讨论。

1月19日

讨论科学研究，参加总局计划处讨论十二年规划（注：谱主日记第一次提及“十二年规划”）。

1月20日

布置绿化组工作，研究科学研究题目。

1月21日

去建委，克拉夫秋克谈科学研究机构及研究题目，布置绿化组讨论施工规范；史院长召集讨论各室计划，科学研究题目。

1月23日

参加绿化施工规划座谈，回院处理研究题目，布置各组工作，送题目及十二年绿化规划。

1月24日

向河南省李局长洛阳市及建委仇工程师谈综合；见高局长接洽鉴定盖印。回院讨论综合程序草案。

1月25日

史院长报告本院组织机构、第一季度工作计划、知识分子政策、购买公债；学习报告。

1月26日

讨论工作计划，去建委汇报厂外工程、综合。

1月27日

在科学院招待所讨论土木建筑十二年远景规划及赶上世界水平问题。

1月28日

参加简化规划程序讨论，安排包头防洪施工设计；株洲电报，洛阳综合总结。

1月30日

讨论工作计划。

1月31日

听陈毅、李富春两副总理报告12年科学规划，讨论研究计划与石家庄综合。

注：1956年1月31日，在周恩来的领导下，由当时中共中央主管科学工作的陈毅、国务院副总理兼国家计划委员会主任李富春具体领导，召开了包括中央各部门、各高等院校和中国科学院的科学技术工作人员大会，动员制定十二年科

学发展远景规划。李富春作了《关于制定12年科学发展远景规划问题的报告》，陈毅发表了重要讲话。会上宣布了国务院的决定，由范长江、张劲夫、刘杰、周光春、张国坚、李登瀛、薛暮桥、刘皑风、于光远、武衡负责主持规划的制定。

2月1日

讨论专家工作制度，学习，自学。

2月2日

与朱贤芬谈洛阳规划工作经过，去科学院开会讨论科学12年规划，晚与赵师愈评卷。

2月3日—2月7日

含周末，在清华评阅论文，参加毕业答辩委员会。

2月8日

去规划局谈科学研究规划，作综合总结；柳处长嘱明日勿去清华。

2月9日

与何瑞华、许保春讨论科学规划及组织机构，赴总局汇报科学规划。

2月10日

讨论综合总结及科学研究规划，看大同绿化图。

2月11日

讨论科学规划，大扫除。

2月16日—18日

在总局讨论科学规划。

2月20日—21日

整理综合总结，修改大同公园草图。

2月22日

搬入（阜外大街）大楼，听学习报告。

2月23日

看绿化材料，看街坊（426厂）绿化。

2月24日

整理书籍，院务会议。

2月25日

草拟技术合作考察计划，送局。

2月27日

准备训练班教材，洛阳规划经验介绍，取图；晚参加德阳、绵阳规划讨论。

2月28日—29日

准备教材，听学习报告。

3月1日

看（兰州）西固、七里河综合。

3月2日

预备教材，中午讨论综合人选，商谈人选，看大同图。

3月3日

接洽综合，人事与保卫科谈，谈大同公园。

3月5日

在训练班介绍洛阳规划至三时半，修改大同公园图。

3月6日

写绿化问题，座谈业务学习与训练干部计划。

3月7日

写绿化稿，拟治安委员会制度，改大同公园图，学习。

3月8日

写稿，看图。

3月9日

看大同图，听城建局长会议总结报告，万局长。

3月10日

搬家，去西郊宾馆报到。

3月12日

看大同图，去西郊宾馆接洽听报告——改期。

3月13日

组织综合组；看绿化稿，看大同公园设计。

3月14日

陈毅、李富春副总理在科学规划委员会成立大会上讲话，范长江①副秘书长介绍拟定任务表经过。

---

① 范长江，时任国务院第二办公室副主任、国务院科学规划委员会秘书长。

3 月 15 日

计委杨副主任十五年远景报告，阅读文件；去文化部与吴振千看鲁迅公园设计；家迁到阜外大街城市设计院宿舍东一楼 102 室；谱主一直在此居住到 1979 年末，计二十余年。

2021 年年末拍摄的东一楼 102 室的两个南向窗户

3 月 14 日—6 月 14 日　参加制定十二年（1956—1967 年）科学规划，共计三个月之久，主要工作地点在西郊宾馆。

根据谱主日记，推测谱主与杨廷宝、程应铨等同为相关章节主要执笔人，撰稿过程中多次回部、局及院里，向领导汇报情况并听取指示，与各相关单位如清华大学、北京市建筑设计院、工业设计院的梁思成、吴良镛、华揽洪、陈占祥、许照、胡允成、陶葆楷、李肇祥等人交换意见，在各机构任职的苏联专家克拉夫秋克、巴拉金、马霍夫、阿凡钦柯、鲍迭雷夫、兹迈夫斯基、阿西也夫等人以不同形式参与了意见。

3 月 16 日—20 日

解释任务表，学习不少新知识；半导体收音机体积很小。

3 月 21 日

技术科学部讨论总的五十项增删合并和分列问题，谱主在二组。

3 月 22 日

逐项讨论。

3月23日

土建组讨论，混合组。

3月24日

讨论到50项，去清华谈合作研究问题。

3月25日

去周口店。

3月26日

讨论补充题目，中午回院与万及朱自煊谈研究题目及协作问题。

3月27日

结束讨论，与建委吴克文局长、杨廷宝谈规划题目，嘱邀人往谈，回院约人，汪菊渊来。

3月28日

座谈规划内容，各自准备。

3月29日

土建组座谈，听范长江传达李副总理指示、钱学森报告，综合组工作改为54项。

3月30日

听克拉夫秋克谈对“建筑科学研究工作十二年远景规划草稿”的意见（注：谱主有记录），混合组讨论。

3月31日

试点小组（石油）报告经验，土建分工、规划与建筑定型化、施工工业化。

4月2日

赴总局见阎主任汇报，回西郊与吴局长联系，在局谈规划，回看文件；晚见孙局长，未遇。

4月3日

见孙、万两局长，与阎主任同时汇报；再向王文克局长汇报，回西郊阅读文件；参加科协十周年纪念，晚有晚会。

4月4日

准备具体要求并阅读文件。

4月5日

讨论规划的具体要求。

4月6日

全组讨论规划与建筑定型化两问题。

4月7日

去民用及本院接洽邀请，讨论规划的具体要求及科学问题；讨论规划题目，程应铨参加。

4月8日

作具体要求。

4月9日

建委民用及本院讨论两题内容，苏联院士讲森林生物环境学（注：谱主有报告记录），晚配合电影。

4月10日

修改整理具体要求与科学问题，连续至四时，晚看电影。

4月11日

讨论下一步工作计划，谢尔纳教授讲天体物理学。

4月12日

讨论具体要求，邀请外单位参加，谱主向总局规划组谈40题内容。

4月13日

讨论具体要求及科学问题，先与吴局长找阎主任谈，新建筑材料报告（注：谱主有报告的记录，报告者是波德尼可夫院士）。

4月14日

讨论科学问题兼及研究问题，反复校核，后及建筑艺术、农村规划。

4月16日

讨论本周工作，去总局、北京设计院、工业设计院，接洽华揽洪、陈占祥、许照诸人。

4月17日

讨论工作，联系花局长，联系史院长谈谭璟，四时半花报告下阶段工作。

4月18日

邀请李肇祥、许照讨论中心问题，晚脱稿，送译。晚见花局长、史院长。

4月19日

与花局长见贾、傅两局长，接上关系，与花受命组织科学研究所，草拟名单，邀请建筑师理事会全体来西郊宾馆对中心问题提意见。克拉夫秋克约专家十人研究中心问题，准备下周一见面，赶写说明书。

4月20日

与程应铨讨论如何写说明书，与花局长接洽，写城市经营问题。

4月21日

与程应铨讨论，与梁、胡允成讨论农业规划，写说明书。

4月22日

写说明。

4月23日

讨论中心问题，与克拉夫秋克、巴拉金等谈40项的中心问题。

4月24日

讨论中心问题。

4月25日

修改说明书。

4月26日

与李肇祥谈工程综合及经营两题。

4月27日

讨论组织机构及说明书，改说明书，次日继续。

4月29日

安排下周讨论日程，写说明书。

4月30日

讨论组织措施，由各产业部门参加。

5月1日—2日

补充中心问题说明书。

5月3日

讨论中心问题，酌量归并。

5月4日

讨论城市规划结构的内容、措施。

5月5日

张劲夫副院长报告，布置工作，讨论工作计划，修改中心问题及说明书。

5月7日

讨论中心问题，有担任说明书的同志参加准备修订意见。

5月8日

与吴良镛、程应铨讨论城市规划、居住区规划、旧城市等问题，谈进度。

5月9日

与陶葆楷、李肇祥讨论工程综合题，与梁思成去市委接洽专家，见花局长送请专家信。

5月10日

接洽市委专家电话联系未得确讯，写工程综合，与阿凡钦柯、吴良镛、程应铨、李嘉乐等去八宝山、钓鱼台。

5月11日

接洽清华专家谈区域规划，写③题，与刘珍甫通话联系市政经营题，市委专家有回音，总局专家马霍夫已同意，阿列尼依阔夫待进一步联系。

5月12日

写③题，与梁思成去建筑学会讨论去波兰展览事，未听总理录音报告。

5月14日

整理③题，开始写⑤题。去城院约定周三见马霍夫，送③题稿。三时全组汇报，布置工作，讨论组织措施。

5月15日

程应铨来，讨论国际合作及第二题内容。谱主写第九题，五时讨论，晚写第九题。

5月16日

讨论⑨，写①⑤，见马霍夫未成。晚阅④写②。

5月17日

讨论④，接洽马霍夫，尚未定约谈时间，写⑤。

5月18日

程应铨约谱主去清华参加六年制城市规划专业教学大纲讨论，与阿凡钦柯谈区域规划，程应铨、张振和在场。

5月19日

与马霍夫谈③题，与俞德浚[①]谈北京植物园。

---

① 俞德浚（1908—1986），出生于北京，祖籍浙江绍兴。1931 年北京师范大学生物系毕业，园艺学家，中国科学院学部委员（院士），北京植物园主任。

注：谱主参与了北京植物园设计，之后的日记还多有提及，大部分是利用周末去现场，看似没有被设计院列为正式工作。

5月21日

讨论区域规划及城市规划①＋②，讨论居住区规划及大城市改建④＋⑨。

5月22日

讨论工程综合，与杨廷宝去清华为大城改建见阿凡钦柯，程应铨在座。

5月23日

写任务说明书及参加讨论定型设计，全组讨论组织措施。

5月24日

在总局讨论研究机构，与程应铨去市规划委员会与鲍迭雷夫、兹迈夫斯基、阿西也夫谈②题，城市规划，晚全组讨论组织机构。

5月25日

写任务说明书。

5月26日

写任务说明书，下午陆定一报告百花齐放，周总理招待。

参加拟制全国长期科学规划的部分建筑界科学家（前排右二是谱主）

《人民日报》1956年5月27日以“周恩来总理举行盛大酒会，招待参加全国科学规划工作的科学家”为题报道：周恩来同来自全国各地的著名自然科学家和社会科学家们一一亲切握手，并勉励科学家们要努力开展科学研究工作。“周恩来总理同许多曾留学西方国家的科学家们谈了话，他说，我们反对资本主义的政治和社会制度，但对资本主义国家的先进科学技术，则应该虚心学习。”

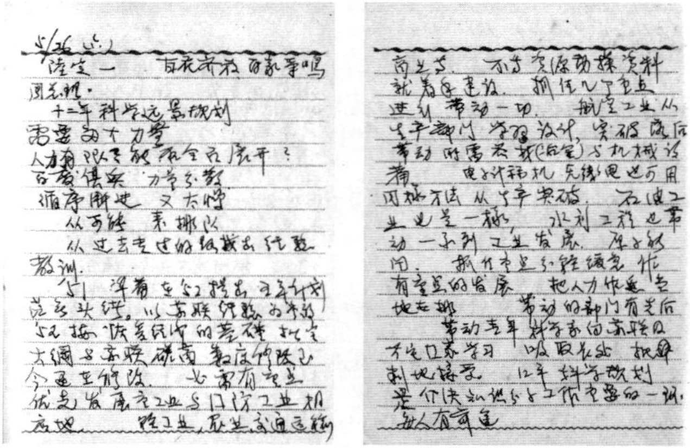

谱主的会议记录

周恩來总理举行盛大酒会

招待参加全國科学規划工作的科学家

新華社26日訊　周恩來总理今晚在中南海怀仁堂举行了一个盛大的酒会，招待参加全國科学規划工作的科学家們。

今天出席酒会的三百多位参加編制全國長期科学規划工作的科学家們，經过五个多月來的辛勤劳动，已經初步提出了五十多項自然科学技術方面的重要任务，其中包括世界科学中最新的部門，例如計算技術的研究，半導体的研究，电子学和無綫电技術的研究，以及自动控制和远距离操縱等。

周恩來总理在酒会上，走遍每一張餐桌，同來自全國各地的著名自然科学家和社会科学家們一一親切握手，并且和許多科学家作了談話。周恩來总理勉励科学家們，要努力开展科学研究工作，向苏联和其他一切國家的先進科学技術学習，爭取在十二年內使我國重要和急需的科学技術部門接近和赶上世界先進水平。

周恩來总理同許多曾留学西方國家的科学家們談了話，他說，我們反对資本主义的政治和社会制度，但对資本主义國家的先進科学技術，則应該虛心的学習。

酒会一直在欢乐和愉快的空气中進行。聚集一堂的科学家，不断的为祖國給科学研究工作开辟的廣闊的發展前景，为科学家們的团結合作而干杯。

酒会上，李富春副总理、郭沫若院長、聶荣臻元帅和國家机关各部門的負責人，都同参加酒会的科学家們热烈的交談，祝賀科学家們在今后的科学研究工作中取得更大的成就。

1956 年 5 月 27 日《人民日报》

5 月 27 日

写任务说明书，晚讨论组织措施。

5 月 28 日

与程应铨、杨廷宝去市委谈④题，修改①题及讨论任务说明书。

5 月 29 日

参加组织措施讨论，填表报告，与张振和谈第一题。

5 月 30 日

填②④⑦题，表格。

5 月 31 日

与程应铨填表，得建筑学会通知，领款做衣服，准备去波兰。

6 月 1 日

见马霍夫谈③题，填表兼整理③题。

6 月 2 日

整理③题，填表。

6 月 3 日

小组会。

6 月 4 日

讨论 36 项任务说明书，准备 36 项说明书六、七节。

6月5日

写任务第六节，讨论36项、37项，中心问题修订词句，晚补充36项四节。

6月6日

写四节，补五节及填表。

6月7日

去建筑学会填表，后去前门购物，校阅⑥题说明书，晚试衣样。

6月8日

讨论组织措施55—57。熊明来谈八宝山公园。

6月9日

讨论组织措施修改说明书，交文件。

6月10日

俞德浚来，同去植物园，在卧佛寺遍游水源周家花园。晚叶子刚来。

注：“周家花园”即北京植物园樱桃沟，原名“退谷”，植物园的水源地。

取自“印象60年大美植物园”北京植物园园史展的展板

1957年1月，北京植物园规划设计委员会由下列人员组成：秦仁昌、俞德浚、陈俊愉、汪菊渊、程世抚、李嘉乐、吴征镒、陈封怀、刘仲华

6月11日

讨论37项说明书。

6月12日

讨论37的组织措施，讨论36项。

6月13日

讨论36，晚周部长在西苑召集谈话。

6月14日

与梁去建工部看展览画片，规划人员全体去怀仁堂与毛主席合影，大家非常兴奋。徐鸣到京。

注：十二年科学规划是谱主在1956年的重要工作之一，1977年9月19日，谱主给当时建研院领导的信中说："我曾参加制定十二年科学规划，其中城市规划部分的旧城改建研题由我负责。"

◆《一九五六——一九六七年科学技术发展远景规划纲要（修正草案）》中"附件二"共计57项，"六、建筑"，有第30项：区域规划、城市建设和建筑创作问题的综合研究等；第31项：建筑工业化问题的综合研究；第32项：大型水工建筑和水利枢纽的建设问题；第33项：中国地震活动性及其灾害防御的研究。谱主参与规划起草是在1956年上半年，与上述正式发文相差半年多时间，中间想必经过多次归纳和整理，故项目编号和谱主日记中的记载不同，难以一一对应。从内容上看谱主的工作应该与30项和31项有关。

6月15日

参观原子能和平利用展览会，讨论36，去建筑学会取箱，汪说全体批准。

6月16日

回院看绿化组图，去东城波纬（注："波纬"1956年与造寸、蓝天、雷蒙、鸿霞、万国、金泰七家服装店一起由上海迁京）服装公司取衣，在院。

6月18日

去西郊宾馆晤梁，遇汪季琦，回院见史，写入党申请。

6月19日

去西郊转西苑，与冯局长去种牛痘，回送行李，送箱至二姐家。

6月20日—8月1日　出访波兰，谱主解放后唯一的一次出国

参加以周荣鑫理事长为团长、梁思成为副团长的中国建筑学会代表团，一行12人出访波兰，归途顺访莫斯科，历时一个多月。从谱主日后记录的总结分组推测，访问波兰的代表团至少有"规划""民用""教育""结构""工业"等组，谱主在"规划"组。据刘亦师《梁思成与新中国早期的国际建筑交流（1953—1965）》，成员还包括刘敦桢、华揽洪、林乐义、吴景祥、戴念慈、徐中；另据梁思成《波兰人民共和国的建筑事业》，成员还有何广乾、殷海云；还有一名随周荣鑫去列宁格勒稍晚回国的何殷。代表团在莫斯科遇叶谋方、钱端升（应该不是代表团成员）。

访问波兰时的留影（左图左 4、右图左 1 为谱主）

6 月 20 日

花局长与谱主妻李听秋、长孙可行至机场送别。7:20 起飞，经乌兰巴托（11:20 | 12:10）到伊尔库茨克（2:00 | 20:40）、克拉斯诺亚尔斯克（0:10 | 0:45）、新西比利亚（4:10 | 5:05）、沃姆斯克（7:30 | 8:10）、斯维尔德洛夫斯克（现名叶卡捷琳堡）（10:50 | 12:00）、喀山（2:45 | 3:20）、莫斯科（1:00）。游城，莫斯科大学，红广场，地下车站。

6 月 22 日

飞机因天气迟到，一时半到华沙 Hotel Orbis。三时半午膳，十时晚膳。

6 月 23 日

肖邦故居 Warshawick，Neiborg 宫殿，去大使馆。

6 月 24 日

无名英雄广场，marianstat 住宅区，在立体交叉处，音乐会。

6 月 25 日

看华沙被毁的电影，听华沙总图及中心区规划 Yonkouski 报告，看 Wiaka 公园，大运动场（在 Praga 区十一个月建成），Murarnow 犹太区的重建纪念碑，golle borg 居住区，见建造部长。

6 月 26 日

到华沙规划院看统计调查、地质、道路、交通及北区规划室，回答问题，国家规划委员会主席接见，谈该委组织，午后小组研究如何进行工作，晚看天鹅湖。

6 月 27 日

飞波兹南看展览会，晚 SARP（波兰建筑师协会）酒会，夜车离开。

6 月 28 日

晨到华沙，看预制场，展览图片尚未就绪；看博物馆法国画展，Ganowski 教授来陪看规划，sletin。

6月29日

乘 Orbis 火车过 Ciehocinck（chi ho chin ck），午饭，参观制盐墙，温泉游泳池、动物园，七时到 Toruń（托伦），市长招待；波兰古教，哥白尼故乡。

6月30日

一组看预制场，一组看古建筑的修缮工作及哥白尼大学，听 Toruń 规划报告，午后看大街，六时车游全城及 Wiska 河岸绿化，岛景绝佳，晚纪念七一卅五周年。

7月1日

离 Toruń，经 CHELMNO（翁布热伊诺）（Heomno），仅一万人有七个教堂，Grudzanz 附近 Leisty 滑翔学校有中国学员八人，翻译二人，进入 Gdansk（格但斯克）County，总建筑师与学会会长来接（离 Gdansk 百余千米），陪同看 Malbork 的古堡，到 Gdansk 去 Gdynia（格丁尼亚），乘汽艇游港口。

7月2日

听 Gdansk（格但斯克）、Sopot（索波特）、Gdynia（格丁尼亚）三城规划报告，去城市设计局，听中心区（大城）重建规划及去工地看预制构件的运用，再周游古城及教堂，复古思想浓厚。

7月3日

Gdansk 工业大学看学生作业，造船厂，5000 吨约 6 个月造成（设计、放样除外）；午后看教堂，有英法两式花园，再以车游 Sopot，Gdynia，回旅馆。

7月4日

晨到 Szczecin（什切青）（夜车 0:40—6:30），萨伦巴教授①来接，送至 Orbis，十时早饭，乘车周游市区绿化、高速干道、立体交叉，船游港口，看规划图，在市政府交谈，晚宴。

7月5日

晨候机，八时半后到波兹南至旅馆休息；午膳后看规划，游城，绿地、运动场、摩托车赛、圆形百货公司；七时半乘慢车，十二时到 Wroclaw（弗罗茨瓦夫），Hotel Monopol。

---

① 波兰科学院院士彼得·萨伦巴教授（Prof. Piotr Zaremba），1957 年来华访问，谱主主持接待，后来一段时间还有联系。

7月6日

十时去看城市规划，而后游城，看老城三岛，现仅教士居住，世界运动会场，圆形廊为大门，工业大学看学生作业；饭后看制片厂，为老博览会原址，有圆广场可容2500座，25000人站着，1906—1913，已有结构主义雏形。

7月7日

晨九时半乘火车前往Stalinogrod（斯大林诺格鲁德，原名卡托维兹Katowice，现又改回此名），与萨伦巴告别，二时许到站（Hotel Polonia），取行李后去文化休息公园午膳，看天象台、运动场，SARP欢迎会，谈参观日程。

7月8日

休息，全城自由活动，谱主与吴冒大雨看城，看青年文化宫。

7月9日

听G. O. P. 规划报告，Slaska西利西亚，这是城镇丛的区域规划，而后略谈Stalinogrod城及中心区规划；午后乘车看附近一连串工业镇，晚看工业区夜景，烟雾弥漫到处煤灰，高炉火光映天红。

7月10日

晨离Stalinogrod至Nora Tychy与Weichert遇，另女介绍规划，看新建城市，看水源地，到Bielsko-Biata（别尔斯克 比亚瓦），先去附近山，修车十一时十分，离城一时半后到Krakow（克拉科夫），Hote Orbir。

7月11日

十一时早饭以后看广场的市场，像东安市场，比较宽畅，三时午膳，四时半去SARP报告规划，步行旧城看教堂，环Warel一周，经绿地回城晚膳7:30，8:40在古堡圆形看戏。

7月12日

晨到克拉科夫设计院看N. Huta规划，去Lenin钢铁规划企业参观，再到新建区看住宅，在读书俱乐部饮咖啡，回城午膳。

7月13日

看Wawel宫及堡垒、盐矿，午后与Sinbolski（晨在旅馆见面）谈去华沙日程，晚SARP告别宴。

7月14日

十一时离Krakow（克拉科夫），乘Chasson大汽车去Zakopane（扎克帕内），二时到，在山顶吃饭，以后休息。

7 月 15 日

上午到 Tatra 山顶，换两次登山吊车达 2900 米山巅，波、捷两国分界线，随时来往只需签证，山上积雪未融，气候凉爽，云雾没径，灌木矮生，山中林木茂盛，为冬季滑雪场，建筑师们喜欢冬季前往休假；小组讨论工作。

7 月 16 日

上 Tatra “海眼” 湖处，沿路有瀑布，虽有小雨不减游兴；Shimbolski 讲标准设计，回旅馆午膳，准备出发，五时半离旅馆，七时十八分开车。

7 月 17 日

八时许到华沙，误两小时，十时去华沙规划院，看我们展览材料及文化宫。

7 月 18 日

城市规划与建筑研究院，去 Silkus 工作室，华沙工大。

7 月 19 日

乘车去 Kashmir 建筑师之家。

7 月 20 日

居住建筑研究院 Gorinski 院长。

7 月 21 日

华沙工大要修业 5 年半，最后学期毕业设计。

7 月 22 日

去文化宫广场观礼，看见西伦凯维兹、布尔加宁、朱可夫，军事检阅军容很盛；晚部长大厦国宴，即在 Orbis 旁。

7 月 23 日

看波兰大使馆，中国大使馆设计提意见，SARP 座谈，四时午宴。

7 月 24 日

在旅舍等候出发，十一时半去机场，一时半起飞，三时许到 Vilnius（维尔纽斯）——立陶宛首都；午膳后四时半起飞，七时到莫斯科，拨快二小时，交涉飞机票，十一时在北京饭店吃饭，十二时到北京旅馆，Маяковский（马雅可夫斯基）广场。

7 月 25 日

睡到九时，十一时后散步，走高尔基大街，一时半回，午饭后去莫斯科建筑学院参观，晚饭后回旅馆。

7月26日

全团休息，午饭后去百货商店购袜，六时宣布日程、分组，晚看电视。

7月27日

参观东南郊工地及莫斯科大学，阿布拉西莫夫（建筑师学会主席）亲自陪往，看画廊。

7月28日

Kamenski（建会）陪往参观克里姆林宫、苏维埃会议场（大克宫），宫庭装饰陈列馆等，谒列宁、斯大林墓，而后参观标准设计竞赛展览，晚去穆欣家。

7月29日

先看建筑技术展览会，后看农业展览会，午膳后回旅馆，周部长等去列宁格勒。

7月30日

看立体电影，参观放映室与银幕，回旅馆休息，谱主与叶谋方整理行李，二时在北京饭店午膳回去休息，谱主付小账洗澡，钱端升来与梁谈话；九时半车出发到机场，办理托运行李手续，夜里 1:30 起飞。

7月31日，8月1日

归国途中。

8月1日

晚住二姐家。

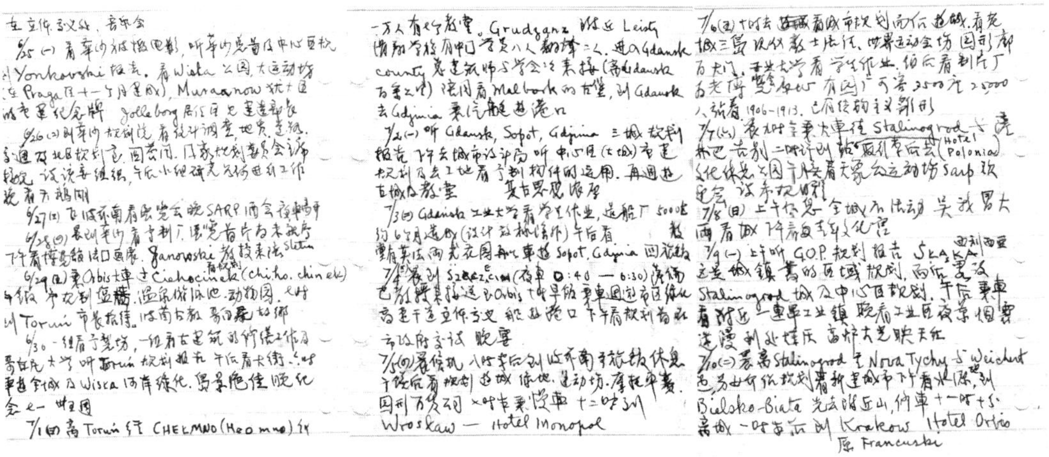

访问波兰时的日记（部分）

谱主记录的访问波兰的日程表：

日期	地点	备注
6月20日7:20	北京	出发
11:20 | 12:10	乌兰巴托	路过
2:00 | 20:40	伊尔库茨克	路过
0:10 | 0:45	克拉斯诺亚尔斯克	路过
4:10 | 5:05	新西比利亚	路过
7:30 | 8:10	沃姆斯克	路过
10:50 | 12:00	斯维尔德洛夫斯克	路过，现名叶卡捷琳堡
12:45 | 3:20	喀山	路过
1:00	莫斯科	到达
6月21日	莫斯科	逗留
6月22日	华沙	到达
6月23日—26日	华沙	访问
6月27日	波兹南	访问
6月28日	华沙	访问
6月29日—30日	过 Ciehocinck 到 Toruń（托伦）	访问
7月1日	经 CHELMNO（Heomno）（翁布热伊诺）进入 Gdansk（格但斯克）	访问
7月2日—3日	Gdansk（格但斯克）	访问
7月4日	Szczecin（什切青）	访问
7月5日	到波兹南，晚去 Wroslaw（弗罗茨瓦夫）	访问
7月6日	Wroslaw（弗罗茨瓦夫）	访问
7月7日—9日	Stalinogrod（斯大林诺格鲁德，原名卡托维兹 Katowice，现又改回此名）	访问
7月10日	Tychy（蒂黑）、Krakow（克拉科夫）	访问
7月11日—14日	Krakow（克拉科夫）	访问
7月15日—16日	Zakopane（扎克帕内），Tatra 山	访问
7月17日—23日	华沙	访问
7月24日	离开华沙，经立陶宛首都 Vilnius（维尔纽斯）到莫斯科	逗留
7月24日—30日	在莫斯科	逗留，顺访
7月31日1:30	莫斯科（俄语：Москва）	返程
3:55 | 4:35	喀山（俄语：Казань）	路过
6:55 | 7:55	斯维尔德洛夫斯克（俄语：Свердловск）	路过，现名叶卡捷琳堡
10:45 | 11:25	鄂木斯克（俄语 омск）	路过
13:25 | 14:45	新西伯利亚（俄语：Новосибирск）	路过
16:55 | 17:45（2:00）	克拉斯诺亚尔斯克（俄语：Красноярск）	路过
8月1日	伊尔库茨克（俄语：Иркутское）	路过
4:25（8:25） | 5:10（9:05）	乌兰巴托（俄语：Улан-Батор）	路过
8月1日8:50（5:50）	北京	到达

8月4日—9月4日　访问波兰总结。

8月4日

到北海庆霄楼座谈总结，中午梁思成请吃北京烤鸭，六时回，看姜永宁表演乒乓。

8月6日—11日

“规划”“民用”“教育”“结构”“工业”各组总结。

8月13日

晨至清华，梁思成传达周荣鑫部长对日程的安排，16日、17日讨论总结。

8月14日—17日

按大纲写规划总结，从组织机构、工作方法开始到体会建议；摘录 Malisz 去年的报告；讨论民用建筑、建筑教育。

8月22日

在建工部列席建筑学会理事会，通过访波报告。

9月4日

写访波观感，去建筑学会结账（注：至此，访波活动结束）。

注：谱主在1980年填写“科学技术干部业务考绩档案”中对于此次访问波兰表达以下感想：1956年6月—1956年7月，参加建筑学会访问波兰，曾在莫斯科作短暂逗留，接触到二次大战后恢复建设情况。比较苏联专家在我国的工作，感觉他们也是理论脱离实际，正在开始学习西方的邻里单位，另外又把复古主义、形式主义、唯美思想输出到波，但遭暗中反对，不肯接受。波建筑师们私下谈话赞扬法国风格和技术。

8月28日

参加绵阳汇报，分配无锡、杭州、北戴河规划的工作，与史院长谈谱主的工作，并谈思想转变过程（注：谱主职业生涯首次与“无锡、杭州、北戴河规划”关联）。

8月29日

写报告，中午往机场接苏建筑代表团，晚苏代表宴。

8月30日

写报告，鹿渠清①院长召开临时会。

① 鹿渠清（1914—1985），江苏沛县人。1935年参加革命，1936年入党。中华人民共和国成立后，任华北行政委员会建工局副局长、建工部城市设计院院长、安徽省阜阳地委书记等职。曾住设计院宿舍东二楼，谱主的隔壁。

8月31日

对本室谈规划趋势。

9月1日

与魏、张去植物园谈设计，有俞德浚、王今维、程式君。

9月5日

辽宁城建局王局长座谈该省建设情况及存在问题，政治学习解答题。

9月6日

院务会议，谈九月份工作计划，洛阳杨仲报告建设情况。

9月7日

讨论侯马规划，与张贺、孙栋家、张孝纪谈北戴河，鹿院长传达万部长指示。

9月8日

中国建筑学会北京分会成立，谱主和谭璟前往参加。

9月9日

谈园林建设编辑问题，陪苏建筑师代表团去中山公园、紫竹院参观。

9月10日

看株洲图，去规划局与程应铨看波兰规划图，讨论万部长发言，朱钧珍来谈绿化教学大纲。

9月11日

与谭、周谈科学规划。

1956年

9月11日　入党（有关时间节点的回溯和归纳）。

1955年1月22日李正冠院长通知谱主上海市委的决定："尚须提高，可以入党"。

6月18日

回院见史，写入党申请。

8月12日

晚与张国印谈入党问题。

8月20日

晚与史院长谈入党问题。

8月21日

晚贾震局长问起谱主的党籍问题。

8月24日、25日

写入党申请材料。

9月1日

写入党报告。

9月2日

晚写思想转变。

9月4日

李院长召谈入党问题。

9月11日

讨论谱主的入党问题直延至晚。入党介绍人：史克宁，李蕴华。①

10月5日

收到瞿雪贞的信，通知批准入党，预备期一年。

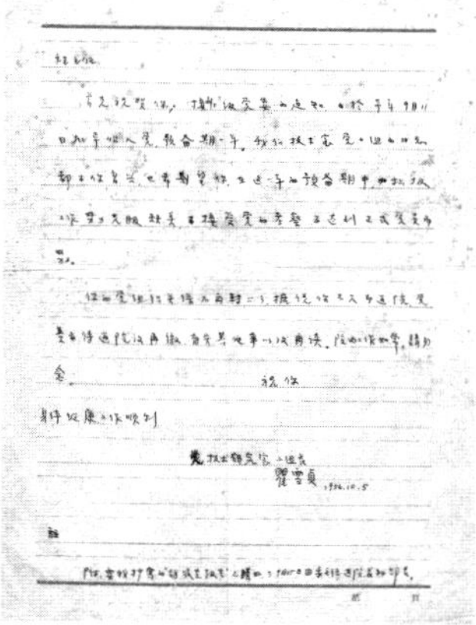

瞿雪贞

谱主在出差时收到瞿雪贞信

9月17日开始做无锡、杭州、北戴河规划（以下分地区归纳，时间上略有重叠和交错）。

见王文克局长，请示无锡、杭州、北戴河规划意图

注：谱主自书：任北戴河风景区规划组组长（向秦皇岛市交付图纸）。

无锡

9月17日

与魏（士衡）谈无锡工作。

---

① 史克宁、李蕴华都是城市设计院副院长，和谱主多有交集，因没有找到两人可信的履历资料，故缺。

9月18日

与叶、董谈杭州、无锡工作，明确行政关系。

9月19日

与李院长谈对院建议，参加综合组座谈会并提意见；北京建筑学会理事会，晚离京去宁。

南京

9月20日

夜一时半到，等天明。

9月21日

去四女绪珏家，与伍开山至省城建局；与规划处周淑予处长、无锡周国宝局长谈无锡工作如何安排，约定23日到锡，至南工看到刘敦桢①教授谈合作研究。

9月22日

见杨廷宝、刘光华谈无锡规划及科学研究，休息。

无锡

9月23日

去无锡，张养生副局长与马振新同志来接，在建设局与张、周两局长谈工作（注：这是谱主解放后因规划工作首次到无锡）。

9月24日

在建设局谈工作计划及搜集资料内容，晚与季②、张、周商谈工作。

9月25日

在建设局看测量图，缺标高，仅有道路水准点及局部1/500图；又看车站广场图，到上海规划局看钟耀华、陈植、后奕斋等。

杭州

注：根据谱主日记，参与杭州规划的至少还有华揽洪、金经昌、吴良镛、余森文和苏联专家玛诺霍娃等。读《张友良日记选编》，李蕴华副院长携苏联专家库维尔金、马霍夫及叶甫阁、魏士衡及张友良等一起于10月29日—11月8日去上海、

---

① 刘敦桢（1897—1968），字士能，湖南新宁人。中国建筑教育及中国古建筑研究的开拓者之一，中国科学院院士（学部委员）。1921年毕业于日本东京高等工业学校（现东京工业大学）建筑科，南京工学院教授。

② 季恺（1903—1976），20世纪20年代进入北京平民大学攻读法律。解放后，出任无锡市建设局长、无锡市人民政府委员。“文革”期间，被迫害入狱，经陈毅元帅力保，幸免一死。在谱主日记中多次出现。

11月9日去苏州、11月10日—12日去无锡、11月13日—18日去杭州出差。

9月26日

到杭去市规划委员会见余森文，谈工作计划，拟先赶做总图，晚研究现状与道路系统。

9月27日

与俞、杜、毛等工程师谈道路系统，俞、毛提出个人方案意见，并口头搜集各方面所提供现状及道路走向意见，余主任谈杭市附近经济资料，运河方案明日来谈，晚小组。

9月28日

研究工业、干道、运河等问题，画出草图做至九时半，夏素英晨到杭谈综合，先做现状并听取绿化组汇报，与余主任布置风景区踏勘工作。

9月29日

讨论草图及拟定工作计划与进度，修正及描图，晚车去沪。

上海

9月30日

与吴振千看虹口、海伦、人民、静安、中山、西郊等公园（注：与吴振千看上海公园的活动，应该不是本次出差的正式任务）；魏、江到。

10月2日

与魏去上海大厦，与余森文、冯纪忠、黄作燊、吴景祥谈杭州规划，园林处夏雨处长谈工作。

10月3日

与余森文往晤陈植、汪定曾，谈支援杭州事，魏、江接洽房屋调查，与余、冯、黄谈杭州规划，晚在规划局报告访波。

10月4日

晤徐以枋谈科学研究，建工局屠达都允复文技术司，去园林处改图，上车去津。

北戴河

注：据《秦皇岛市志》：“1956年，根据中央领导的指示，编制北戴河休养区建设规划。1959年12月至1960年7月对北戴河休养区规划进行了修改。”

10月5日

在济南站遇白云生，共进午膳；到津徐鸣来接，看劝业场。

10月6日

中午到北戴河，孙栋家与王永清及武学文局长来迎，驱车至招待所，孙、王谈工作，有武市长、省张专员、李区长在场。

10月7日

去孟姜女庙、山海关、秦皇岛码头、白塔岭、南大市、沙丘附近的海滨等处。

10月8日

研究1/30000图，考虑休养区分布，去骆驼石、丁庄、河东寨、福饮泉、桃源涧、观音寺、莲花石等处。

10月9日

去鸽子窝、大小东山、怪楼、金山嘴、大薄荷寨、海宁路、崔各庄、草场，回招待所；改图，晚王局长谈市委开会意见。

10月10日

研究1/5000及1/30000图，与孙去看赤土山、大薄荷寨、人民医院、狼窝、区人民委会、草厂。

10月11日

做1/25000秦皇岛、北戴河发展规划，武市长来谈，同意提出这样方案。

10月12日

晨搭九时○一分沈京直达车回院，即往规划局约时间。

10月13日—11月21日在北京协调北戴河、杭州、无锡规划工作。

10月13日

晨与张贺、黄广德向王文克局长汇报，遇无锡周可宝副局长汇报无锡工作，王局长指示进行方针。

10月15日

清华给排水来谈，贵阳谈资料。

10月16日

北戴河向修委汇报。

10月17日

讨论，确定区域划分原则，学习，晚党组会。

10月18日

北戴河规划向专家汇报。

10月19日

与董兴茂、赵光谦、魏士衡谈杭州、无锡工作，朱钧珍来谈造园讲稿等。

朝鲜建筑代表团参观规划，看讲稿，晚鲍鼎①来访。

10月20日

万部长讲八大观感及学习，看造园讲稿，周青龙来谈贵阳绿化。

10月22日

与魏士衡谈无锡工作，听史院长关于规划程序的报告。

10月23日

向王文克局长汇报杭州、无锡；与魏士衡谈无锡工作。

10月24日

参观日本商品展览会；学习讨论社会主义改造（刘少奇政治报告）。

10月25日

向部、院六个专家汇报杭州、无锡。

10月26日

专家发言，李蕴华院长谈去杭、沪计划；王文克局长通知，杭州图提早在十二月初交卷，谱主决定不出发。

10月29日

出席欢迎易锋②副院长。

10月30日

徐美琪、陆大明到，即进行工作。鹿院长报告工资改革，与杭州通话。

10月31日

易锋院长来谈杭州出国展览图，赵师愈来；参观北京市规划图。

11月1日

华揽洪来看图例；金经昌来，小组研究如何做图例与修改规划。

11月2日

顾咸康到，向易峰院长谈本室情况；去找金经昌未遇，徐鸣来。

11月3日

定绿化详细规划，如何做法，看图例、看总图。

---

① 鲍鼎（1899—1979），字祝遐，湖北蒲圻人，九三学社中央委员。我国著名建筑教育家，建筑学家。1932年获美国伊利诺伊大学建筑工程系硕士学位。1950年年初，任武汉市人民政府建设局第一任局长。

② 易锋（1913—1962），江苏省江阴县人。1938年入党，1954年赴苏联学习，1956年回国，任城市设计院副院长。与谱主同住城院宿舍东一楼，和谱主一家都很熟悉。

11月5日

华揽洪来研究图例，姚同珍来协助工作，研究总图及风景区，中午参加工资改革小组。

11月6日

万部长报告时事，金经昌来谈工作，约本周五来。

11月7日

华揽洪提规划意见，与赵光谦订计划，与徐美琪谈绿化计划，开调级会议，晚党总支传达波匈时事报告。大娃（程绪珂）、徐（鸣）回沪，准备明日招待专家夫人。

11月8日

与华、易研究杭市中心及总图，招待专家夫人，晚陪波兰建筑师。

11月9日

华、金、吴良镛、余森文来谈规划，参加鹿院长会，为万部长报告提意见，写意见，看杭州规划。

11月10日

与玛诺霍娃谈杭州规划，看规划图，吴良镛、华揽洪来，与鹿院长至规划局参加会议，讨论万部长发言。

11月12日

玛诺霍娃来画图，谱主陪蒙古建筑师二人（贸易代表团），吴良镛来，与玛娃共同研究总图及市中心，晚加班。

11月13日

玛娃画图，谱主安排工作后参加院总结会议，吴良镛研究总图及市中心。

11月14日

组织详细规划图，新华社十七日供照片（应为规划图的照片），集中学习。

11月15日

华揽洪来，谱主看总图、详细规划，无锡组李钰年回京，看太湖五万分之一图，布置工作，写信给魏士衡；过祖源来电谈规划科学研究计划，请示鹿院长；吴良镛来。

11月16日

华揽洪来谈图例、现状图，画正式图，总图上底。详细规划做完底图，取到照片。

11月17日

在部参加研究所筹备会议，向王文克局长汇报杭州、无锡规划，周一托涅夫①来院参观访问。

11月18日

参加九三学社城建部小组成立会；去北京植物园。

11月19日

托涅夫来院看规划图及杭州图，至建委听托涅夫谈保国科学院研究组织机构及工作方法。

11月20日

参加托涅夫向部提规划意见的座谈会，与沈、瞿谈改进工作，晚去林学院谈绿化问题。

11月21日

去找过祖源，适科研所筹委开会，参加讨论；回院与周干峙②谈工作意见，谭参加。交代杭州组工作，函魏、叶。

华南植物园

10月4日

中国科学院（郭沫若署名）聘谱主为华南植物研究所华南植物园筹备委员会委员

注：9月25日中国科学院第25次院务常务会议决定，成立华南植物园（即谱主自书履历上的“广州龙眼洞华南植物园”）筹备委员会。

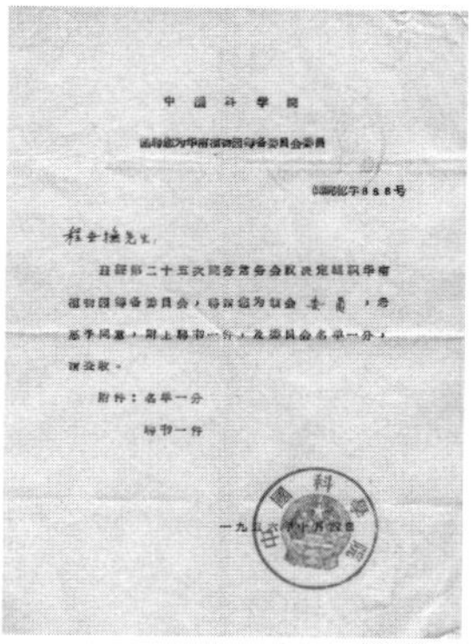
中國科學院

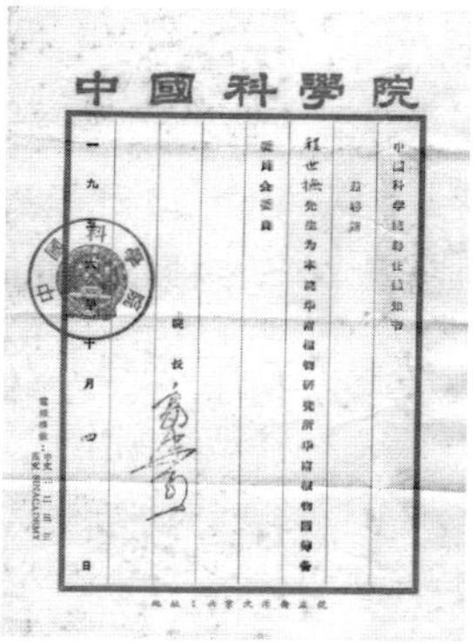
中國科學院

程世抚先生为本院华南植物研究所华南植物园筹备委员会委员

院长

一九五六年十月四日

谱主被聘为华南植物研究所华南植物园筹备委员会委员

---

① 托涅夫（Tonef、тонеф），保加利亚代表团团长，保加利亚城市建设与建筑研究所所长。

② 周干峙（1930—2014），江苏苏州人。1951年毕业于清华大学建筑系，1953年至1958年担任建工部城市建设规划处技术员、城市设计院工程师。住东四楼与谱主是近邻，也是谱主家常客。

11月22日—12月2日　在广州，参加华南植物园规划会议。

谱主（右二）与陈焕镛（左前排三）、张肇骞（右一）、陈封怀（前排一）、俞德浚（左前排二）等在华南植物园建园现场

11月22日

晨登车遇俞德浚、匡可任同行。

11月23日

到汉，余树勋来接，上粤汉车幸补到卧铺票。

11月24日

到穗，张肇骞、何椿年、郭俊彦来接，住爱群大厦。

11月25日

去东山，遇二女婿朱季林，而后去河南华南植研所，见陈焕镛老；下午与季林看出口展览会。

11月26日

华南植物园筹备委员会主任杜国庠主持召开华南植物园规划会议。

11月26日，27日

参观鼎湖山。

11月28日—12月1日

会议、讨论，其间会李沛文。

12月2日

闭幕式，“华南植物研究所华南植物园”正式成立。

12月3日—4日

利用去广州参加中国科学院华南植物园规划的机会，去城建会见李主任、利、姚工程师，姚介绍规划，考察广州规划。

12月6日—29日　因规划工作先到上海，之后去无锡、南京、常州。12月29日回上海。

上海

12月6日—7日

见易院长。

无锡

12月8日

与沈百新同车去锡，即与张、周两局长谈工作，与魏、任交谈，看锡山，寄畅园。

12月10日

召集各组负责人研究工作，订计划分组，而后召集全组谈话。

12月11日

等季局长谈，准备测量的工作。

南京

12月12日—13日

到宁，见林厅长，王、李两处长（规划处）谈测量问题，乞调人；在南京园林处看雨花台、研究雨花台图，玄武湖、植物园，看地形与布置图。

12月14日

晚在南工建筑系，谈对于规划工作的体会。

12月15日

找朱偰①未遇，往看陈裕华②、刘敦桢。

常州

12月16日

见沈百新，葛行之副局长来迎，看天宁寺、文华塔、红梅阁，遇建设局钱锡鸿局长，看东郊公园、人民公园，回招待所看规划地形图，做天宁园林设计，晚副市长段辉鹏来。

---

① 朱偰（1907—1968），字伯商，浙江海盐人。毕业于北京大学，1929年赴德国柏林大学获经济学博士，曾任中央大学、南京大学教授，江苏省文化厅副厅长等，对南京明城墙的保护作出重要贡献。1968年受迫害而死。

② 陈裕华（1901—1962），籍贯浙江鄞县（今浙江宁波）。金陵大学理科毕业，伊利诺伊大学建筑系学士，1928年6月康奈尔大学土木工程系硕士。

无锡

12 月 17 日

晨去锡，林科长来接，休息，工作组听季局长传达万部长报告，晚顾在诞约晚膳，与魏、伍、潘等研究工作；南工黄纬康同来。

12 月 18 日

晨宣布分组名单及工作性质，与季局长研究向市长宣传内容，再与张局长谈如何进行工作。林科长介绍市对规划意图后去南长街踏勘，看工人住宅及工厂分布。

12 月 19 日

与林、黄纬康去看东西干道，拆屋很多，北塔、北郊及运河沿岸；去西门西南郊至机床厂，回看货运码头、工人住宅等。

12 月 20 日

季局长约谱主 23 日看市长，今日与杭州张毅副局长往看太湖，先到蠡园、鼋头渚，从后山看省委休养所，渡湖看梅园，回局周局长告省测量工程师到。

12 月 21 日

与林科长、黄纬康往看缫丝一厂，十一时杨廷宝、刘光华、李善余副处长来，周局长介绍规划，去南门外看干道，回看北塘，到图书馆，钟楼俯视城厢。

12 月 22 日

看工人住宅，扬名新村（平房），井亭新村（楼房），小贩、运输工人居住区，南门外庆丰纱厂工人宿舍。

12 月 23 日

见无锡市市长江坚，十一时去鼋头渚与杨、刘、张等会面，同去太湖饭店，“火车头”华东疗养院（大箕山）、小箕山、梅园、血吸虫病防治所。

12 月 24 日

座谈规划工作，在西南城及东西干道踏勘，晚讨论所提问题。

12 月 25 日

与杨、刘分别座谈五里湖问题，与张局长、李善余副处长研究工作。

12 月 26 日

与林科长去省干疗养院找贾主任设法住处，我们踏勘郑家花园、陈家花园等处，去北塘山，三时半回头，摸黑到家。

12月27日

等船，十时出发，十一时到军嶂山，沿山边（西面）看景物，遇雨在许寨（二时许）进膳，四时到石塘，乘车回城。

12月28日

写报告提纲，与市委农村工作部龚部长（前建设局局长）谈郊区规划，江良栋参加。赶写提纲，卫生站张站长来谈工厂卫生、大气污染，与张讨论提纲，再研究协议，晚见季局长。

12月29日

写无锡规划部分，钱钟汉副市长来访；在公园作完报告以后去车站，回沪。

1957年　50岁　城市建设部城市设计院技术室主任

长婿徐鸣（左二）发自列宁格勒的新年问候

1957年年初，继续无锡、杭州、北戴河规划工作，以下是三地规划活动的归纳（日期有些许重叠）。

杭州

1月4日、5日、6日

在昭庆寺与徐美琪、朱成珞改图，与徐、朱、陆、胡绪渭踏勘西山区，看北山、城隍山。

1月6日

接到北京通知要求谱主和工作组回京。

1月7日

与余主任、朱科长等研究工作，如何修正总图、道路宽度、市中心建筑布局、西山休养区等；向上海规划局、同济要求改图，看工程管线、休养区图，晚与顾咸康去沪。

1月8日

汪同意协助，去同济找金与李德华交换意见。

1月9日

与汪改总图，与汪找钟，请顾忠涛、徐景猷协助公共建筑并改西山区，晚去无锡。

1月18日

易院长交代，今后杭州、无锡、北戴河由技术室领导，先接，前两者人员不动。

1月19日

向高局长汇报杭州通用厂址问题，又见王局长与冯处长谈接洽经过。

2月5日

向规划局高局长汇报杭州通用机厂厂址问题。

2月11日

讨论杭州道路。

3月19日

吴良镛、程应铨、朱自煊、朱钧珍来座谈杭州规划。

4月6日

研究杭州、无锡工作，与陆时协、徐美琪谈。

无锡（顺访常州）

1月10日

小组研究工作计划，面洽与建设局长们研究决定派张养生去京与省李处长谈测量问题，晚大家交换意见，时间很成问题。与建局联系，派林科长来共同讨论，决定暂以三月底为限期，季局长去上海请协助支持。

1月11日

晨去常州，与张副市长、钱局长等谈天宁园林规划草图及堆山意见，开关河取土结合起，并以经济投资为前提。

1月19日

（在北京）晚与金受玉谈无锡工作。

北戴河

3月27日

看北戴河公园设计，28日看北戴河图。

3月29日

审查北戴河初步规划。

1月12日

晚回京。

14日、15日、16日

分别向鹿院长、王文克局长、高峰局长、易院长等人汇报工作。

1月19日、20日

遇汪菊渊谈园林通讯，写园林通讯稿。

1月23日

四川设计院牟工程师学习绿化，齐绍棠联系园林通讯，与库维尔金谈研究题目，听侯马汇报，学习。

1月28日

改绿地规划程序，看西宁规划，研究杭州出国图工作，晚技术讨论会。

1月30日

北京植物园王今维、程式君来谈北京植物园规划设计。

被中国科学院（郭沫若署名）、北京市人民委员会（彭真署名）联名聘为北京植物园规划设计委员会委员。

中国科学院
北京市人民委员会

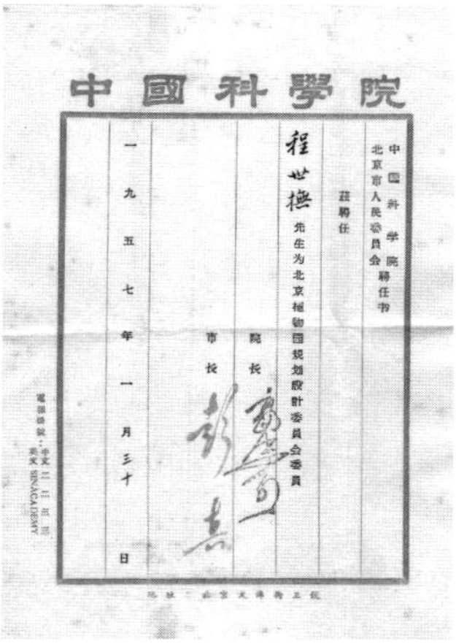

中國科學院

中国科学院
北京市人民委员会
聘任书

兹聘任
程世抚先生为北京植物园规划設計委员会委员

院长
市长

一九五七年一月三十日

谱主被聘为北京植物园规划设计委员会委员

2月13日、14日

写城市绿化问题讲稿，看苏联建筑法规绿化部分，看清华研究生熊明论文，李、易院长报告增产节约。

2月27日

看宝鸡规划，刘光华来访；万部长传达总理访问十一国的报告，晚学习中共中央关于精简节约的指示。

2月28日

看宝鸡规划；田霈、吴良镛来，在易院长处讨论城市规划研究题目。

3月1日

审查宝鸡规划，讨论技术会议规章。

3月2日

孙部长传达毛主席指示，之后3月18日听毛主席在宣传会议讲话录音。

3月5日

参观农业展览会，参加讨论湘潭、杭州计划。

3月11日

在清华参加熊明等研究生论文答辩。

3月12日

与周干峙讨论人事，与叶、谭交换意见，技术管理留室，填表。

3月28日

鹿院长召集报告我们的节约建议，史院长指示，讨论如何深入，研究节约问题（注：《张友良日记选编》记录了当天谱主报告的内容）

4月8日

研究旧城改建（注：谱主首次在日记中提“旧城改建”）、风景区计划，写绿地定额。

4月9日

院务会议，谈二季工作要点，看侯马图，讨论工作计划与出差预算。

4月10日

参加标准组讨论工作计划，学习。

4月11日、12日

研究工作计划及预算，研究绿地定额。研究所筹备会议，看绿化资料。

4月13日

研究工作计划与预算，宣化点问题，党内传达报告，布置欢迎伏罗希洛夫。

4月15日

李院长传达中苏友好报告，研究沙井子规划，胡汇泉、周家骧来访。

4月16日

讨论节约精神与“四过”学习（注：这是谱主日记中首次提及“四过”，1957年共提到10次）。

4月17日

作研究预算，过元熙①联系合作问题，学习。

4月18日

传达节约学习指示，易院长座谈研究工作，余森文来。

4月19日

沙井子规划座谈会，科研所讨论第二个五年计划的经费，1000万，二分所。

4月20日

阅文件，报告“四过”措施建议（注：《张友良日记选编》记录了当天谱主报告的内容）。

4月22日

去建筑部科学院听刘敦桢报告苏州园林，万部长对中央节约视察作报告（注：有谱主当日的笔记）。

4月23日

听赵正之②教授讲北京元大都规划考据，王文克局长谈学习万部长报告，周干峙去西安改图。

5月6日

贾震部长助理召集座谈，准备建委全国设计会议的发言，王文克局长座谈。

5月9日

研究学习。绪珂乘TY104（注：苏制喷气式客机）赴英访问。

---

① 过元熙（1905—1966），江苏无锡人。1930年清华土木工程系毕业，麻省理工学院建筑硕士，费城美术学院肄业。1957年任北京市城市管理局设计院总建筑师，中国建筑学会第二届理事会理事，1958年申请回港。

② 赵正之，辽宁梨树人，清华大学建筑系教授，北平文物整理委员会技正，古建筑修整所总工程师。

5月27日

去建工部参加德建筑代表团座谈参观后的感想和建议。

1957年春，易锋副院长和谱主等陪同苏联专家游览香山公园。谱主长孙程可行、外孙女周文松同行

5月31日—6月7日　国家计委、国家建委、国家经委联合召开全国设计工作会议。

5月31日

李副总理报告。

6月1日

在部举行全国设计工作会议小组座谈，赴建委礼堂大组讨论。

6月2日、3日、4日

小组讨论。

6月5日

薄副总理报告，小组讨论，晚修改发言。

6月6日

谱主发言，休会。

6月7日

建委王鹤寿主任解答问题，孙部长作报告。

6月10日

讨论本院工作方向问题，第一组晚宴马霍夫。

6月11日

参加政协座谈科学研究、城市规划，茅以升主持，未谈完。

6月12日

传达李副总理报告，向规划局汇报政协座谈经过，辩论会。

6月13日

史院长召集工程师座谈今后工作，讨论组织机构，晚马霍夫约晚餐。

6月14日

讨论组织机构，十时部党委召集处长以上干部座谈，辩论会，晚院宴马霍夫。

6月15日

讨论机构，辩论会，晚马霍夫回国。

城市设计院欢送苏联专家马霍夫回国留影前排右起第四人是谱主

6月17日

讨论机构，去政协参加座谈。

6月18日

去政协。

6月19日

第一组接见经济组讨论组织机构，学习毛主席十二条，晚党小组会。

6月20日

乘车去小汤山参观军委、卫生部、全总疗养院，五时四十分回院。

6月21日

讨论本室工作，讨论机构。

6月22日

汇报工作，参加本室讨论大字报。

6月24日

向华南工学院实习同学谈反“四过”的体会。

6月25日

无锡汇报，绪珂回国，学习，送扎夫人。

6月26日

北戴河汇报，万部长报告。

6月27日

传达彭真报告，讨论万部长报告。

6月28日、29日

谭、叶、谱主向史院长汇报本室工作，看业务资料，学习。

7月1日

看福利设施调查，与叶谈工作计划，学习文件。

7月2日

在清华参加研究生论文答辩。

7月3日

与叶研究工作，第一组汇报。

7月4日

与谭、叶、周讨论本室工作，学习。

7月5日

玛诺霍娃谈呼和浩特规划，学习，看易院长病；晚党小组讨论。

7月6日

研究无锡工作，《光明日报》记者来访。晚宴玛诺霍娃、阿凡钦柯（注：此后，两人就没有再出现，可能是回国了）。

7月8日

讨论人防，腹泻回家休息。

7月9日

与魏、李谈五里湖规划。二室找谱主谈无锡工作，学习，讨论王某言论。

7月10日

看英利物浦大学主编的规划季刊，学习。

7月11日

无锡组汇报，领导小组布置工作。

7月12日

与李钰年谈工作，与本室党员研究整风步骤，传达万部长、鹿院长报告，召集工程师座谈。

7月13日

与金及无锡组研究汇报，学习。

7月15日

支部会议讨论，工程室王某问题；孙敬文部长作报告。

7月16日

呼和浩特汇报，工程师座谈。

7月17日、18日

无锡汇报，支部扩大会议讨论批判计划，学习文件。

7月19日

科研所九次筹委会讨论三季度工作，高教部派人来谈绿化专业，院召集工程师座谈。

7月20日

讨论无锡组工作，继（续）听呼和浩特汇报，学习。长子绪西回；晚看梅兰芳、韩世昌、白云生的《游园惊梦》。

7月22日

在呼和浩特组座谈，学习，叶等去锡，看华侨新村地点。

7月23日

与高星鸿谈无锡经济资料，学习。

7月24日

准备辩论会的发言，开会。

7月25日

建委王工程师来洽宣化工作，学习。

7月26日

呼和浩特组座谈，学习。

7月27日

机构小组汇报，向天津大学学生讲反“四过”。

7月29日

看无锡资料，机构小组讨论。

7月30日

讨论无锡组总结，辩论会。

7月31日

去规划局与国务院干部局同志谈绿化专业在1958—1962所需人数及培养方向。《关于绿地系统的三个问题》发表于《建筑学报》，此文收入《程世抚、程绪珂论文集》。

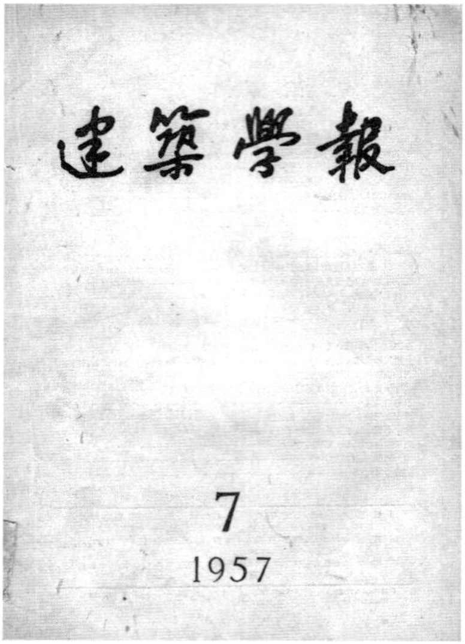

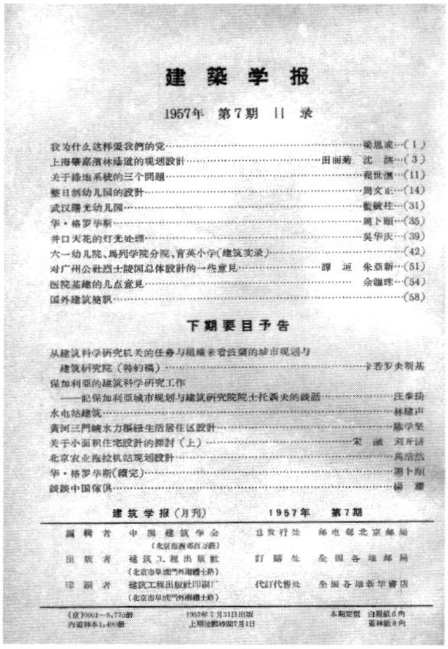

建築学报

1957年 第7期 目录

下期要目予告

建筑学报(月刊) 1957年 第7期
編輯者 中国建筑学会（北京市西郊百万莊） 总发行处 邮电部北京邮局
出版者 建筑工程出版社（北京市阜成門外南禮士路） 訂購处 全国各地邮局
印刷者 建筑工程出版社印刷厂（北京市阜成門外南禮士路） 代訂代售处 全国各地新华書店
1957年7月31日出版
本期定價 白報紙6角 道林紙8角

《建筑学报》1957（7）

8月1日

史院长谈第三季度工作。

8月2日

向史院长汇报本室下半年工作，去高教部讨论林院居民区绿化专业。

8月3日

研究本室工作，讨论组织机构。

8月5日

无锡组研究工作，参加支委研究，讨论刘某某观点。

8月6日

西宁组介绍规划定额探索方法，老工程师室全体由柴召集座谈。

8月7日

杭州组绿化综合汇报，机构小组讨论，晚党小组。

8月8日

院三季度工作计划座谈会，吴良镛、程应铨、朱畅中来谈实习题材。

8月9日

去北京都市规划委员会、北京建筑学会分会，领导小组座谈。

8月10日

研究本室工作，无锡组总结，看陈占祥、华揽洪材料，与张友良、车维元谈话。

8月12日

西宁座谈，京建学会讨论陈、华的文章，朱钧珍来谈研究工作。

8月13日

研究无锡工作总结，边整边改座谈会。

8月14日

机构小组讨论会，在北海庆霄楼座谈陈、华两文，党总支传达毛主席报告。

8月15日

孙副部长解释毛主席'57夏季形势报告。

8月16日

与柴谈技术管理，研究无锡组总结，机构小组讨论。

8月17日

科研所讨论第二个五年计划方针任务，在北海反陈、华斗争会。

8月19日

与谭、叶研究本室二季总结与下半年工作，去看易院长，晨向鹿、史院长汇报科研。

8月20日

去规划局找高局长谈本室与科研所领导关系，看郑，与谭、叶研究本室工作，学习。

8月21日

加强室领导座谈会，机构小组。

8月22日

反击建筑界“右派”陈、华联盟大会。

注：次日，《人民日报》报道，题目为“城市建设必须有领导有计划，首都建筑界批驳陈华联盟的恶毒阴谋”。

8月23日

听贵阳规划汇报，写机构小组报告。

城市建設必須有領导有計划

首都建筑界批駁陈华联盟的惡毒陰謀

新华社22日訊　首都建筑界三千多人今天举行大会，揭露和批判北京市城市規划管理局設計院总工程师陈占䄵、华攬洪的右派反共联盟。

北京市設計院副院長佟平揭露陈、华联盟一貫仇視党对北京市城市建設和总体規划的領导。他們誣蔑中共北京市委加强对总体規划的領导是“宗派主义”，要党退出規划設計机構，組織由他們参加的“审查委員会”来审查总体規划。陈占䄵到处誣蔑北京的規划总圖方案是一本“形式主义、脫离实际、脫离群众”，“引起多少凡人苦惱”的“天書”，誣蔑中共北京市委会負責領导規划工作的同志是“站在云層深处，看不到人間疾苦”，揚言要“打破社会主义的框子”，主張設計室有更多的“自决权”，“盲目自發地进行城市建設”，企圖走私人建筑事务所的資本主义道路。华攬洪在他的“万言書”中，提出“新陈代謝、循环建設”的方針，反对中央提出的“适用、經济，在可能条件下注意美观”、“百年大計、質量第一”的方針。

为了达到他們的反党目的，陈占䄵和华攬洪在大鳴大放期間結成反党联盟，訂出了“陈攻規划，华攻建設”的計划。自称是煽火的“小扇子”的陈占䄵，除了污蔑党把建筑师当成“描圖机器”，来挑撥党和建筑师的关系外，还利用到上海去参观的机会，采取“私訪”“开座談会”等方法，企圖煽动上海的建筑师們来反对北京的总体規划。

中国建筑学会北京分会理事長梁思成說，建筑界的右派分子陈占䄵、华攬洪之流，不仅否定全国人民八年来在党的領导下所取得的巨大成績，而且惡意地顚倒黑白，造謠、誣蔑。他們結成反党联盟，他們的共同目标是妄想推翻党在建筑領域中的領导，是要把我們的城市建設和建筑事業拖回到資本主义的無政府狀态中去，讓他們在建筑界称王作霸。这是絕对办不到的。

北京市都市規划委員会工程师鍾国生当場列举許多事实，駁斥陈占䄵和华攬洪抹煞首都八年来的建設成就，說共产党“缺乏当年填平龙鬚溝那末一股勁”、“城市建設与群众利益不像从前那样密切”的謊話。他說，八年来北京新建的住宅面积就等于解放前十八年中所有的新建筑面积的三倍。党和政府繼填平龙鬚溝之后，又消灭了十条“龙鬚溝”，現在正把城区最大的“龙鬚溝”——护城河变成清水，把龙潭、陶然亭等臭水溝改变成美丽的公园。在劳动人民居住地区和郊区农村安裝的公共水站比解放初期增加了近十倍。鍾国生責問陈占䄵和华攬洪說，这些事实証明党和政府时时刻刻在关心着群众利益，你們为什么要睜着眼睛說瞎話，必須老实交代。

陈占䄵和华攬洪在清华大学建筑系师生中散布的許多反动言行，产生了很惡劣的影响。清华大学建筑系副主任吳良鏞在今天会上揭發說，陈占䄵在师生中否定北京的建設成就和总体規划，而要去研究洗澡堂、茶館、天桥和清朝的营房，要到六必居醬园店去在醬菜缸上欣賞美、吸取設計灵感。北京同仁堂藥店为了滿足营業需要改裝了門面，陈占䄵就大罵“破坏”了气氛。华攬洪在清华大学炫耀他是“大建筑师”，現在他的“創造性”受到所謂“压制”，因此有些受了他的欺騙的学生說，在“党的領导下不能搞建筑”，要在畢業以后到沒有党領导的地方去“發揮創造”。吳良鏞还揭發了陈占䄵、华攬洪惡意污蔑苏联和帮助我国建設的苏联專家的言行。

这个自封为“城市規划專家”的陈占䄵，在大家揭發下露出了眞面目。陈占䄵原来是康澤一手提拔起来的反共專家，十足的洋奴才。他在英国学建筑时，就在国民党駐英大使館支領津貼进行反共活动。康澤在1945年初还派他作为“中国青年代表团团長”，出席倫敦举行的世界青年代表会。1946年，陈占䄵在回国途中，陈誠又打电报要他去廬山参加三靑团的代表大会。回国以后，还得到蔣介石和宋美齡的召見。

陈占䄵、华攬洪在大会上作了交代。但是这兩个右派分子極不老实，交代中东拉西扯，空洞無物，企圖蒙混过关。大会要这兩个右派分子必須老实地徹底地交代。大会还將繼續举行。

1957年8月23日《人民日报》

8月24日

郑孝燮①来谈反陈、华发言，在科联讨论。

8月26日

见王文克局长商量大会发言，回院准备。

8月27日

与无锡张局、凌科长谈工作，准备发言稿，建筑学会在中山公园音乐堂大会。

8月28日

讨论无锡工作，准备反“四过”发言。

8月29日

向史院长汇报无锡工作，与张局长、凌科长谈省规划会议；史：三季计划修改意见。

8月30日

全体技术干部反“四过”典型发言。

8月31日

去北海建筑学会理事会讨论“右派”周卜颐、陈定外言行，与张局长谈工作。

---

① 郑孝燮（1916—2017），生于沈阳，1942年在中央大学建筑系获工学学士学位。1943—1949年在重庆、兰州和武汉等地从事建筑设计、城市规划；1949—1952年任清华大学建筑系讲师、副教授；1952—1957年任重工业部基本建设局设计处副处长；1957年之后在城市建设部、建筑工程部、国家建委、国家计委工作任建筑师。

9月2日

无锡运河方案座谈会，傅书记报告。

9月3日

孙副部长整风报告，讨论孙部长报告。

9月4日

晨张局长来找，座谈规划程序，讨论孙副部长报告，晚党小组。

9月5日

史院长召谈第四季度工作，支部领导小组开会，讨论工作计划。

9月6日

机构小组汇报，补充修改机构报告。

9月7日

杭州组谈性质与规模，讨论福利小组报告。

9月9日

讨论修订机构报告，工程、技术两室工程师座谈，领导小组谈九月份计划。

9月10日

支部研究计划，机构小组讨论，室内休整检查思想的讨论。

9月11日

送机构小组报告。

9月12日

史院长通知，江苏城建厅齐厅长，接洽去人作报告。

9月13日

科研所讨论三季度总结与四季计划，讨论业务与政治的矛盾问题。

9月14日

准备发言，建筑学会。

9月16日

讨论罗马尼亚建筑代表团座谈会问题，复苏城建厅函，布置北戴河工作。

9月17日

准备补充罗建代表团问题。

9月18日

准备论点发言稿。

9月19日

罗马尼亚建筑代表团参观。

9月19日—30日　为访苏代表团准备材料。

规划局召谱主去建筑部报到，准备科学规划代表团资料

注：中华人民共和国访苏科学技术代表团的团长为国务院科学规划委员会副主任、中国科学院院长郭沫若，团员有周荣鑫（建筑工程部副部长）等政府部门负责人十五人。聘请六十位科学家、工程师和专家组成顾问组——科学通报，1957年22期。

9月23日

参加准备国务院访苏科学代表团规划组材料，史院长同往参加。

9月24日

讨论修改30项的四个题目。项目的编号似与"一九五六—一九六七年科学技术发展远景规划纲要"相同（第30项：区域规划、城市建设和建筑创作问题的综合研究，涉及3002，3，4，8等）。

9月26日、27日、28日、30日

讨论规划研究题、讨论区域规划与建筑艺术、作任务说明草稿。

9月10日起至年底　接待萨伦巴。

9月10日

史院长通知，准备萨伦巴的杭州规划小组。

注：谱主1956年参加中国建筑学会代表团访问波兰时，萨伦巴参与了接待，与之有过交往。建工部对萨伦巴寄予厚望，成立了杭州规划小组，下面分了至少七个组，除了谱主全程陪同，建工部派了人之外，还有各地领导、专家和清华大学的朱钧珍等参与，萨伦巴在浙江时间最长，还去了秦皇岛、天津、南京、无锡、苏州、上海、广州、武汉等地。

9月19日

萨伦巴到京。

9月20日

与李院长去和平宾馆看望萨伦巴，谈日程；萨伦巴来院听北戴河组汇报。

9月21日

萨伦巴听杭州汇报并解释小区域规划。

9月25日

萨伦巴安排杭州工作组工作，听取各中心问题汇报，参加规划组讨论。

9月29日

杭州组座谈，写萨伦巴稿译文。

萨伦巴一行在访问途中

9月30日

向李院长、王局长汇报萨伦巴书提纲。

10月1日

在家复写萨伦巴书提纲。

10月2日—7日

秦皇岛（北戴河海滨、渔港、老龙头、大石河口公园）。

10月8日

天津（水上公园）。

10月9日—11日

南京（天文台、宁国寺、中山陵、明孝陵、燕子矶、玄武湖、南面市容、夫子庙、城南光华门、雨花台，南工建筑系）。

10月12日—15日

无锡（善卷洞、丁蜀镇，宜兴陶瓷产地，南方泉、吴塘门、蠡园，第二泉）。

10月16日—18日

苏州（怡园、拙政园、狮子林、观前，洞庭西山，木渎、天平、石湖，虎丘、留园、宝带桥（53孔）、沧浪亭）。

10月19日—23日

上海（西郊公园、虹桥俱乐部、人民公园、普陀工业区、药水弄、曹杨新村、龙华、肇嘉浜林荫路、南市旧城区、沪东工业区控江新村，张华浜、吴淞镇、蕴藻浜桥、鲁迅公园、黄浦，研究地下铁道分布与市内铁道关系，苏州河各桥）。谭（璟）、周（干峙）到。

10 月 24 日—11 月 14 日

在浙江，去了杭州、萧山、绍兴、嘉兴、莫干山、湖州、富春江等地，大部时间在杭州。10 月 24 日宋云鹤汇报，25 日萨伦巴看图，认为满意；根据谱主的日记，在杭州至少有一、二、三、四、五、六、七，七个组，谱主日记直接记录的有二、三、四、六、七，五个组的编号，具体分工不明。

11 月 14 日

被建筑学会聘为编辑委员会委员。

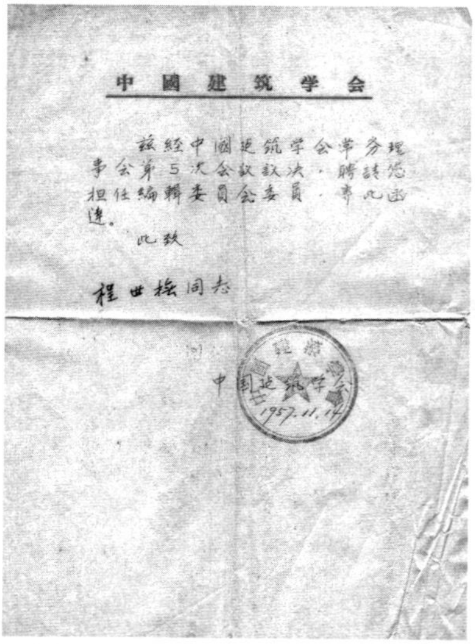
中國建筑学会

兹经中國建筑学会常务理事会第5次会议议决，聘請您担任编辑委員会委員，專此函達。

此致

程世撫同志

中國建筑学会

1957.11.14

建筑学会聘书

11 月 16 日—19 日

广州（越秀公园、中山纪念堂、游泳池、码头、珠江二沙头、荔湾、农民讲习所、黄花岗、华侨新村、黄埔码头、华南工学院、罗岗洞风景区）。

11 月 20 日—24 日

武汉（江堤、汉口铁路交叉点、大桥、汉水桥，龟山、蛇山联系及跨境路线、青山工人镇，沿江堤到徐家棚、珞珈山、长天楼、行吟阁、东湖、解放公园、中山公园），24 日晚送萨伦巴至北京饭店。

11 月 25 日

谈日程及讲课内容，26 日，去规划局谈汇报事。

11月28日

王文克局长谈萨伦巴事，29日准备汇报。

11月30日

向局、院汇报萨伦巴工作至一时廿分。

12月10日

晚萨伦巴到（注：以上一段时间萨伦巴没有和谱主一起）。

12月11日

萨伦巴来看图。

12月13日

萨伦巴讲区域规划。

与萨伦巴合影，前排右起第七人是谱主

12月16日、18日、19日、21日、23日、24日

萨伦巴报告。

12月26日

午宴萨伦巴。

12月27日

早送萨伦巴回国，接待工作结束。

12月29日

写入党转正报告（注：是年谱主没能转正）。

12月31日

中午陪苏联专家午宴，谭接也门王子。

1958年　51岁　建筑工程部城市设计院技术室主任

1月2日

与叶、谭研究宣化工作，讨论万部长报告。

1月3日

讨论万部长报告，领导组决定名单。

1月4日—8日

领导小组最后确定名单，鹿院长报告；史院长召谈第一季度工作，为下放同志赠言；座谈柳州任务，动员购公债、节粮、除“四害”；欢送下放干部。

1月9日　萨伦巴来访后续工作。

李院长召集，限三日作出萨伦巴工作总结——接待波兰规划师萨伦巴工作的后续，以下是谱主对有关萨伦巴的记载。

1月10日—13日

讨论萨伦巴工作，向万部长汇报；写萨伦巴总结。

1月30日

修改萨伦巴总结。

2月17日—20日

春节假期，代学会拟萨伦巴信稿。

4月6日

与徐美琪翻译萨伦巴手稿。

8月24日

获萨伦巴6/19函。

2月13日

万部长报告三部合并，昨日人民代表大会通过，张家口张科长谈宣化规划。谱主任建筑工程部城市设计院技术室主任。

2月14日

向斯基别里曼、库维尔金两专家谈宣化，院务会议。

2月15日

向哈尔滨工大电机系实习生谈规划政策，传达张闻天副部长国际形势报告。

2月21日

与叶研究宣化工作，并与车、李谈工作，去局谈绿化会议筹备工作。

2月22日—27日　第一次全国城市园林绿化工作会议。

建筑工程部在北京召开中华人民共和国成立以来的第一次全国城市园林绿化工作会议。

2月22日

去园林局参加绿化会议，与易院长谈宣化。

2月24日

绪珂到，赴局开筹备会，晚预备会，宣化明日出发。

2月25日

大会，王文克报告，上海、北京发言。

2月26日

大会发言，掀起挑战竞赛，晚领导小组。

2月27日

讨论总结，挑战及总结，晚无锡韩云汉局长、凌建中科长来谈无锡规划。

2月28日、3月1日

湘潭规划检查报告（金广之），看湘潭公园图。

3月3日—13日　大字报

谱主的日记中天天都有“大字报”，谱主连续数日写大字报到深夜乃至次日凌晨。

3月7日

领导小组传达部党委指示，苦战三日，突破20万张。

3月14日—16日

植树。

3月17日—4月18日　宣化，全国工业展览会，整风。

3月17日

研究宣化下一步工作，讨论机构人员，定机构人员，晚易院长召谈今后办法。

3月18日

叶为宣化向什、库汇报，宣布机构人员。

3月19日

科学院王硕克、吴贻康来谈工作，领导小组安排日程，朱钧珍来谈研究，搬屋，叶出发。

3月20日

全国工业展览会筹备，与易、王天任去规划局座谈，王凡济南汇报，宣化小组不服叶工。

3月21日

谱主谈工程师发挥作用、干部培养，谭讲工种配合，布置林星汉工作，张家口陈博文局长来谈。

3月22日

典型发言，参加建筑组讨论研究题。

3月23日

准备整理宣化工作经验。

3月24日

大会典型发言，研究本室工作，林、李济宪去宣。

3月25日

王天任、易锋发言，领导小组传达部整风步骤，晚归汇报抚顺工作。

3月26日

召各组谈抱西瓜问题，全室酝酿，与易院长谈本室工作，晚党组。

3月27日

与本室工程师谈如何发挥作用，思想见面，科学院谈研题；彭真市长讲红专问题。

3月28日

孙、陈云涛副部长讲地方建筑、建筑材料，吴世鹤、何广乾讲英国建筑情况。

3月29日

领导小组，谈工程师发挥作用。

3月31日

工程师座谈如何把心交出来，讨论工程师发挥作用、思想见面，布置宣化组，研究工作。

4月1日

布置小组酝酿发言，听刘部长报告——全国设计会议。

4月2日

刘部长报告，讨论工程师发挥作用，察对谭思想不易接受，晚谈院工作计划。

4月3日

绿化组谈工作；领导小组开会未谈成；电业组汇报研究工作；陶决去包头审查综合；看杭州出国图，谈工程师发挥作用问题。

4月4日

布置宣化及绿化研究工作，讨论。

4月5日

领导小组，刘部长谈设计会议总结报告。

4月6日

与徐美琪翻译萨手稿；看绪西、绪理；晚与谭谈，对青年提意见颇有顾虑，恐怕惹起风波，群众对自己提意见。

4月7日

与工程师座谈，分组讨论，动员工程师对技术员提意见，病假与出差人多，谭、王尚不能提出心里话，易院长要本室研究题目与工程准备，建筑组谈。

4月8日

去林学院开会，谈红与专及课程问题；酝酿工程师发言。

4月9日

秦皇岛汇报，宣化张科长来；李院长：本院跃进规划，4月10日下午各室交跃进规划，目的、要求、指标、保证；鹿对史提意见：思想领导，老少都要；任务，交待不明确；学习业务，吸取老工程师经验，总结提高，不仅单干就够了，晚谈室的、组的跃进规划。

4月10日

听许部长传达毛主席成都会议报告，讨论本室跃进规划。

4月11日

去局汇报宣化工作，张科长来谈展览及规划，要求派人去宣。

4月12日

张科长来谈宣化去人一事，与绿化组谈研究题，团结会及选举动员；魏对谱主提意见。

4月14日

水电设计院廖工程师来讲京津运河，与同济城建赵华教授谈教学问题。

4月15日

安排沈、车去宣化，陈、沈振智谈宣烟线立体交叉，对史院长提意见；考虑本室研究题目，易院长召集全室讨论研题，道、电、绿、经、水

（12 人）准备，缺建。

4 月 16 日

对外贸易部技术合作局亚洲处李存，陆与外贸部联系外蒙公园事；讨论本室研究题目，易院长来室讨论，晚继续。

4 月 17 日

规划局召集小组长以上谈工作，因史局长去局谈话改期，与绿化组谈研究题目，贺约谈如何写规章制度的报告，史院长去抚顺。

4 月 18 日

领导小组，规划局高局长谈规划跃进纲领 19 条，责成本室提出现状调查与搜集必要资料的参考提纲，发至各省市。

4 月 19 日—21 日

打麻雀，大字报。

4 月 22 日

李院长传达许世平副部长整风部署，讨论成都、南宁会议精神，张科长来。

4 月 26 日

鹿院长召谈出发人员，谱主去江浙，29 日出发。

4 月 29 日—6 月 9 日　去江苏、上海、浙江出差。

谱主受命去江苏（南京、苏州、徐州、无锡、扬州、连云港）、上海、浙江（杭州、金华、温州、兰溪）多地出差，其中在江苏的活动与王文克局长及苏联专家萨里舍夫、什基别里曼、库维尔金一起。

4 月 29 日

鹿院长对小组作指示，周叔瑜电告江苏任务：徐州、新海连、苏州、石湖、灵岩山风景区设计、南京卫星城镇。四时四十分去宁，向董克强（浙）、龚长贵（皖）、金受玉（苏）传达。

南京

4 月 30 日—5 月 1 日

城建厅见朱厅长、方处长，李善余处长（现在苏州）谈问题、日程，市金超局长谈市要求。

5 月 2 日

王文克局长等（注：苏联专家同行）到，谈日程，去玄武湖，陈副市长、庄局长（市）来。

5月3日

乘艇去大厂，看永利及新区地形，在太子山上俯视，上元门、雨花台、鸡鸣寺，晚安排工作。

5月4日

在小组谈徐州工作，与陆见朱厅长，写报告寄院，晚周叔瑜谈，王局长对省把工作组放在徐州未加可否，嘱须再请示。

苏州

5月5日

张、俞局长来接，去沧浪亭、孔庙、怡园、狮子林、留园、阊门，苏州机关团体让出房屋筹建小型工厂需7000人，为新工业，按平衡可调整，想以手工业、商业调拨、技术革新、劳动组织都可节省人力，增加的人不多，“二五”计划，17—23亿产值。晚李芸华市长、王副市长便宴招待。

5月6日

洞庭东山，灵岩看古物、天平、石湖、虎丘，晚市汇报规划，王化兴，苏规划委员会。

5月7日

宝带桥、枫桥、工业区、寒山寺、运河码头、盘门水关、民居，座谈，萨里舍夫（城市建设部苏联专家顾问组长）、什基别里曼、王文克局长发表意见（谱主有萨、什、王意见的记录），晚谱主与俞局长、王科长谈石湖规划问题。

无锡

5月8日

遇季恺、周国宝、韩云汉等局长，看南门大街、西工业区、化工区、运河起点、惠山、锡山、小箕山、梅园、太湖饭店；晚张养生来，谱主和方、库维尔金准备明晚去镇江转扬州。

5月9日

乘汽艇去吴塘门、南方泉、石塘、蠡园、鼋头渚，回太湖饭店，乘车到镇江，晤扬州市吴科长安排日程。

扬州

5月10日

晨介绍扬州情况，登渡轮，到六圩，乘车至塔上看扬州现况，工业区分布、运河方案，再向西看仓库、工业、万福桥，回程至招待所，看民居、玉器合作社、个园、漆器合作社、瘦西湖、劳动公园、五亭桥、小金山、平山堂，回所，再介绍材料。

5月11日

九时与陆副市长、市委工业部王部长座谈规划，库维尔金谈方案，十二时结束，一时许去六圩，二时渡江乘车回宁，向王局长汇报。

南京

5月12日

在城建厅，什基别里曼、萨里舍夫发表意见，王局长谈区域规划，六时在市人委，萨里舍夫谈大厂镇规划后，谈上元门、燕子矶，十时回交际处，省尹瑞阳去京，把中小企业资料80份带院交贺雨。

徐州

5月13日

乘早车去徐州，张局长，穆书记，市长座谈，王工程师介绍情况，看工业区、旧市区，晚看方案及做新方案（谱主有情况介绍的笔记）。

5月14日

看工业区，登青山头及子房山，萨里舍夫等研究规划方案；尚克东副市长，牟子敬书记，建设局徐融副局长。

连云港

5月15日

十时向市委、市人委谈规划，萨里舍夫、什基别里曼、库维尔金、王局长发言，三时进膳，乘五时车去新海连，十时半到新浦，周市长、樊贵珍科长来接，连云港—须沟—猴嘴—新浦（工业区）—海州。

5月16日

先到猴嘴看盐堆及有关工业，须沟滨海风景颇佳，距连云港近便，连港余地极少，码头仓库局促，港专家建议拆除非生产性建筑。住宅已上山，还须继续在山上发展，看新海工业区。

5月17日

萨里舍夫等作规划，与周市长、书记、李局长（港）、樊科长（建设）、王主任（计委）等谈规划，乘车回徐州，夜到。

徐州

5月18日

送王文克局长等（注：苏联专家应同时离去）走后，和张局长、王工程师等看人民公园、余窑公园，座谈。晚全组座谈工作心得并布置下一阶段工作，张局长来；王佐卿、胡华珍、张、徐融。

南京

5月19日

乘车去宁，见朱厅长汇报，约月底后再来，写报告，购明日票。

上海

5月20日

乘车去沪，买车票，去绪珂家二时到。规划设计院与孙萍谈工业区规划，晚与四妹世娴、六弟妹李葆华、七弟世熊谈。

杭州

5月21日

早西站至杭，见宋云鹤谈工作，与崔、应两局长谈决定去温州、金华、兰溪回杭，看临平、半山、温化工厂，庄强士工程师来约同去，建设局胡显钦局长，胡景芳科长（规划）。

5月22日

写信给鹿院长、朱厅长、陆时协，与庄强士工程师同路去金华，寓浙东旅舍，准备明晨去温州。

温州

5月23日

清晨去汽车站，开车经永康、缙云、丽水（午饭）、青田到温州，去建设局，遇胡开华、董克强、冯家彦及沈宝鼎（省），介绍市张炳德书记，负责筹备化工厂及邢书记、郭厂长，与胡等谈工作，寓华侨饭店；胡显钦，胡景芳。

5月24日

会见胡局长与金恕子工程师（厂），去郑桥看两厂址及居住区用地，与胡开华谈温州规划，踏勘沿江码头；晚参加选厂组汇报，约明晨谈规划及向市委汇报，与筹备处研究规划。

5月25日

在建设局与胡局长、胡科长等研究化工厂址与规划关系，而后向郑书记汇报；与建厂组谈规划中的问题，晚与胡科长及小组研讨厂方所提意见及新方案、铁路走向等问题，谈小组下一步如何进行工作，郑嘉顺书记兼市长。

5月26日

省卫生厅卫广评同志来谈水源及排水问题，与沈宝华踏勘西山及南郊工业区，研究方案；晚与胡局长、胡科长及小组商谈如何提出，思考过程意见还不能当作方案，因未知因素太多，商由胡开华去京找铁道部，由胡局长向市委汇报。

兰溪、金华

5月27日

清晨起身乘五时半车去金华，二时到，等四时半汽车去兰溪，停南站过渡，经沙滩到县人委见顾立三、顾咸康；后与林川找旅馆，无着，回县人委看图，借住胡科长室，拟明日看兰溪；后日与顾立三去金华，29日晚回杭；胡开华要工作证与图章。

5月28日

晨去西岸横山附近县布置的大型工业区，以地形图不准，很难放得下支线，也不易接；回看旧城东沿铁路的工业区也限于地形，与小组讨论如何分布工业，县领导尚不明规划是什么一回事。与顾乘火车至金华，寓西峰旅馆，胡恒山科长。

5月29日

金华县基建办公室何孙畊同志来，乘公共汽车去山咀头看铝厂用地，丘陵起伏不大，耐压力好，而后去西工业区，近城面平地块小，乘车回杭，见刘国印、洪警石谈义乌、永康规划，要求总结出县镇规划须知，交换对工作意见。

杭州

5月30日

与宋云鹤谈温州、金华、兰溪工作，去市建局看朱丹、黄宏煦，介绍半山、临平新工业区发展情况，向应局长简单汇报工作经过及建议，决定晚车去沪，转宁，赶六月四日回杭参加浙现场会议。胡开华去京接洽金温铁路走向及温区高压线走向，应局长要求考虑省城设院方案。

南京

5月31日

中午到宁，到苏城建厅参加各工作组会议，见齐康、王科长（苏州）、臧庆生、省郑工程师、李处长、金受玉、郑纯池等，已进行到第三天，讨论清江发展可能，徐选厂组卅晚到，陆留参加。

6月1日

写报告，看任端阳等及杨廷宝、刘敦桢两先生。

6月2日

见朱厅长，谈工作方法及组织领导，会上讨论南通，寄出报告；谱主发言，按和朱厅长所谈展开讨论，谈对工作的具体建议，晚继续。

6月3日

找朱厅长未遇，回玉泉路休息；听取大运河介绍，讨论工作方法、组织领导至晚十时。

上海

6月4日

乘早车去沪，中午到，问第四设计院不到，至宛平路，购明晨快车票去杭。

杭州

6月5日

在车上写工作体会，十时半到城建局，看宋云鹤，略谈几句，往见应局长，谈会议如何进行，同意总结经验与安排下一步工作；与林川、宋交换意见，与小组谈明晨如何谈，晚作准备。

6月6日

省建工局由温州、金华、兰溪、绍兴各组汇报，重工业厅陆处长、卫生厅卫广平参加。出席温州化工厂预备会，郭厂长、张书记都在，由重工厅何副厅长主持，晚与小组谈，指定冯家彦代胡，董克强负责整风。

6月7日

谱主发言，提今后工作方案，各组继续谈工作体会，讨论下一步工作，五时半结束，乘傍晚车回沪。

上海

6月9日

与熊永龄、钱圣秩①会见，旁听他们研究规划，牛副市长主持会议，限日定案施工，跃进形势启发推动力量很大；上海准备踏勘苏浙邻近城市放工业的可能性，谱主建议与两省挂钩并从旁协助；与园林处梁综炎同车返京。

---

① 钱圣秩（1907—1968），时任上海市城市规划勘测设计院副院长。

6月11日—17日　在北京，各地归来者汇报。

6月11日

听张贺汇报贵州，谱主准备汇报材料，与胡开华联系。

6月12日

听归善继汇报抚顺，李镇传汇报厦门，准备汇报材料，与安谈华东选厂，晚务虚座谈会。

6月13日

谱主和王有智（秦皇岛）汇报，赖副部长报告务虚，落实与精简机构、干部下放下周完成；晚全室谈红专交心步骤，贺雨报告。

6月14日

王凡报告济南及山东情况，写汇报书面报告，晚张汝梅汇报柳州、南宁、桂林，龚长贵谈安徽，未完。

6月15日

写县镇规划须知，陆来信徐州选厂十二日结束，现进入功能分区阶段。

6月16日

龚汇报，讨论。

6月17日

向什、库汇报，务虚；冯家彦来信，省局安排小组工作分片包干，两月一期，八时五十分离院，九时五十五分开车。

6月18日—7月8日　去青岛参加“全国城市规划座谈会”，回程顺访济南。

青岛

6月18日

三时到青岛，住韶关路；分组，每晚交五百字书面汇报主要思想动向。

6月19日

万烈风召开座谈会，分配任务；搬到金口一路。

6月20日

随代表参观市容。

6月21日

刘部长对大会讲话。

6月22日

准备发言稿。

6月23日

大会正式开始，晚高局长召集党员座谈注意保密，上海建议把书面发言稿交小组讨论而后综合发言免重复，如’56城建会一样。

6月24日

大会发言，分专题小组：区域规划、县镇规划、农村规划、规章程序、新建工业城市、旧城改建。

6月25日

大会，中午讨论谱主的发言稿，指定李桓帮写，在金口一路写稿，晚继续讨论，开夜车。

6月26日

继续写，参加大会，与易院长研究发言稿，晚继续补充。

6月27日

参加区域规划讨论，山西郭定功厅长、湖南米谷生局长主持，晚在韶关路，易院长召谈修改发言稿，十一时回金口，改写补充至二时半。

6月28日

晨送稿，再补写交李桓转鹿院长，等鹿院长约明晨谈。

6月29日

专家发言，罗曼诺夫顾问阐明居住建筑自由式布置，减少道路面积，大会发言，晚鹿院长召开各省市情况汇报会，鹿院长说不发言。

注：谱主会同各方人士花费很长时间准备的发言不知为何被取消。

6月30日

梁思成作青岛市规划报告，讨论城市规划卅条纲要，谱主应李宇超副省长约去迎宾馆，王副市长、董主任（公园）、王凤亭、石局长在座；晚金经昌介绍青市幻灯片，分析道路与房屋建筑，李省长提出增添疗养建筑。

在青岛期间，7月1日—6日谱主应邀修改中山公园道路，日记有如下记载：

7月1日

大组，谱主去中山公园听取全市绿化情况介绍，看中山公园图，比较凌乱，直路纵横，初步考虑如何利用现状加以整理。

7月2日

去中山公园改图。

7月4日

晨去中山公园安排住处，在公园饭店楼上，去韶关路取款见易院长问明不需开会，回中山公园，见李驹、王申正等，去园修改路线，至迎宾馆（信号山上）看环境布置，提了意见，去台西栈桥，外国公墓。

7月5日

与王凤亭核对修正路线，动物园、儿童场、月季园、敌表忠塔址、绕至新动物园园址看地形，绘图，手不应心，目酸痛；晚写说明。

7月6日

与董润生主任谈绿地建设，王凤亭来看植物品种，看建筑群再研究新方案；去疗养区。

济南

7月7日

六时半到济，住山东宾馆，见省机关事务管理局许剑波、吴祝存两副局长，与城建局张华副局长、许衍梁副市长，去羊头峪看高干招待所地形与房屋位置，趵突泉公园，提了具体意见（注："省高干招待所"后来改换到新址）。

7月8日

去趵突泉，许衍梁副市长也去，等联系与李宇超副省长会晤时间，四时去黑虎泉，五时见李宇超省长谈羊头峪布置事，准备十幢甲乙住宅，夜12:30离济回京。

7月9日—9月2日　在北京，跃进规划、研究计划。

7月9日

晨到京，鹿召集扩大院务会议，布置我院订跃进规划的任务，晚易院长召集本室主任、工程师谈研究计划。

7月10日、11日

叶甫阁整理的研究计划交易院长，易院长谈研究大纲。

7月11日

向院汇报青岛、济南工作。

7月12日

与安永瑜①、谭璟、贺雨、叶甫阁商讨研究计划，报账；晚陪宴库维尔金夫妇。

---

① 安永瑜（1919—2007），生于辽宁开原，1944年毕业于哈尔滨工业大学，1948年参加革命，1955年入党。在城市规划设计院、城市规划研究院历任设计室副主任、研究室副主任，是谱主多年的同事和近邻。

7 月 14 日

草拟本室研究计划方案，找徐州、义乌、永康图纸无着，送库维尔金回国；全室与资室合开座谈会，谈红专辩论。

7 月 15 日

讨论青岛会议提出的 30 条纲要，写本室研究计划。

7 月 16 日

全室工程师、室主任讨论本室工作计划方案，易院长来提点意见，怕混合了完不成研究任务，嘱方法多样化。

7 月 17 日

答复大字报，草拟复张家口市函意见，与易、贺、沈远翔讨论易院长研究题目；大扫除，整理室工作报告稿。英军侵入约旦。

7 月 18 日

去清华谈江浙工作体会，研读 60 条，晚讨论。

7 月 19 日

6:30 开会谈游行，九时半通知暂停，讨论中东局势。

7 月 20 日

讨论，整风展览，业务部分。英军侵入利比亚。

7 月 21 日

审查资本主义国家技术杂志订购单；整风办公室要谱主草拟规划思想与方法的破与立、革新内容等，晚写报告。

7 月 22 日

与贺、安、叶、谭讨论本室跃进规划，推谱主执笔，找李济宪看报告，资料室座谈会，李院长主持；晚邵岐传达邓拓中东形势，写报告。

7 月 23 日

全院室主任、工程师看整风展览，提意见；看文件。

7 月 24 日

陆时协回京，江苏组；于佳琦回京，沧县组；陆汇报，姚谈资料室事，研究本室规划。

7 月 25 日

研究本室计划，与董、金交换关于两室混合编组进行工作的意见，准备明晨向院汇报，谈室指标。

7月26日

本室向院长汇报工作及方案，规、资参加，未定下来，大扫除。

8月2日

讨论室跃进计划，先谱主执笔，后安接手。

8月3日

毛主席、赫鲁晓夫会谈公报，三时，赫在7/31来京，今二时半离京。

8月4日

对徐州工作情况提意见，工间操后讨论本室跃进规划，安执笔；看沧州图，讨论提意见，向鹿院长汇报。

8月5日

向室谈本室跃进规划，分三组展开讨论，室主任与全室平行讨论；研究室规划、配合生产人数、规划室提出的工作要点，晚三组汇报。

8月6日

研究本室规划指标，如何结合院的规划，六个题目分先后，今年以搜集资料和总结为主，定配合生产的名单，十一时去展览馆看规划展品提意见；鹿院长召谈技、规两室研究出差名单。

8月7日

讨论十七条城市规划纲要（注：“十七条纲要”，下面出现多次，看似为建工部或城市设计院主持起草并修改的文件），本室主任讨论室规划指标，打破国办函授学校；讨论，准备后日全院跃进大会。

8月8日

与吴洛山讨论国家研究任务，据说可以按目前形势修改；讨论规划指标及十一献礼，下一步工作安排；院同意提函授学校。

8月9日

准备本室跃进规划，接谈山西关于测量缩制图纸问题；全院技革誓师大会。

8月10日

大扫除。

8月11日

讨论本室八月份出差计划，与魏谈绿化研究，选择一个北京卫星镇来做试点；去部参加刘部长接见南美建筑代表团，哥伦比亚、委内瑞拉。

8月12日

浙江组汇报，金华、江山、硖石、义乌、永康、衢县、温州，鹿院长指定我室研究金华、硖石、江山。

8月13日

在院讨论十七条纲要，随鹿院长去局，傅助理主持讨论并责成本院修改全文。

8月14日

参加浙江组讨论，研究本室八、九两月工作计划，讨论如何修改十七条纲要。

8月15日

写十七条纲要，领导小组临时会，鹿院长传达习仲勋整风结束的指示，写纲要。

8月16日

部党委宣传部孙部长传达熊复同志关于中苏会议与中东形势的报告，派刘达容随张贺明晨去江西参加省规划会议；讨论纲要，由谱主汇总。

1958年8月17日　中共中央在北戴河召开政治局扩大会议，通过《全党全民为生产1070万吨钢而奋斗》的决议，从此掀起大炼钢铁运动。

8月17日

整理规划纲要。

8月18日

鹿院长召集讨论十年建设成就。

注：关于“十年建设成就”，谱主日记在后面数日都有记载，如讨论“十年建设的绿化部分”等。

8月19日

去市设计院晤山东李副省长谈济南高干休养区设计。

注：之前谱主在7月13日日记中记录了张开济的电话号码，推测与济南南郊宾馆设计有关。

8月20日

山东组王凡汇报，与王凡研究我研究组工作，以淄博市附近为区域规划对象，再与孙栋家研究安徽以巢湖专区、马鞍山工矿区为据点，两省都要配合我院及省工作组进行。

8月21日

安排安徽组研究内容，安谈十年建设里绿化，交陆写；国家任务请院考虑，山西绿化会议由魏士衡出席，安徽汇报，晚郭增荣谈黄骅歧口渔港。

8月22日

参加鹿院长对出差人员指示，中途老龚叫出搞总支布置的献计总结；对山东、安徽两组谈任务与工作范围，魏士衡谈山西工作。

8月23日

与陆时协讨论十年建设的绿化部分；听有关人民公社的报告，部党委书记；讨论本室下半年工作。

8月24日

获萨伦巴 6/19 函，休息。

8月25日

讨论绿化十年建设，院布置四个月工作总结，凌振家参加；大扫除，挂图准备南美建筑师来访。

8月26日

接待委内瑞拉建筑师及讨论绿化十年成就；听贵州组汇报，工间操后夏院长作共产主义公社动员报告。

8月27日

检查卫生，写十一献礼题目的技术措施；讨论共产主义公社动员报告；晚继续讨论红专大学。

8月28日

讨论函授大学；基础知识，当地问题结合，面向省区保送学员，逐步下放，逐步提高，保证处理本地规划问题为目标；李院长作报告，晚临时党组讨论，谱主参加浙江组。

8月29日

去纺织部基建局，听全国统战会议关于资产阶级知识分子改造的报告，晚小组长会议。

8月30日

小组务虚，清洁运动，院召开献礼座谈并检查进度，指定刘达容为联系人，督促检查献礼进度及筹备函授和红专大学。

9月1日

鹿院长召集座谈技术革命，规划与措施；透视，李院长召集座谈红专大学的部分。

9月2日

鹿院长召开座谈规划须知，由林、沈执笔周四交卷；李院长报人民公社筹备经过，宣布红专大学成立及开学。交叶、王讨论研究城市规划教学，陈、林、徐跃进小组，贺、刘明晨去开封，谱主晚去济南。

9月3日—5日　去济南。

9月3日

六时到济，去市城建局介绍至园林所，他们忙小高炉，陈其恕九时半后由水库回趵突泉，同看环境及李省长所提问题，去动物园新址踏勘，许市长同行，再去大明湖至交际处，晚李省长与交际处孔处长来谈工作，建局局长也来。

9月4日

与陈其恕、市建设局游工程师看闵子墓辟公园1500亩与农业展览馆位置（也是1500亩），共青团路广场约四公顷以上，需拆房屋约千户；许市长来，谱主表示与政策是否符合，孔处长、高处长谈交际处园地布置。

9月5日

与李副省长去千佛山商业干校附近踏勘省高干招待所（注：即日后的南郊宾馆）新址后去趵突泉；与陈其恕研究趵突泉及交际处园子，晚晤顾康乐及水文专家，同赴省宴，晚离济。

9月6日—10月14日　在北京，“献礼”“交心”。

9月6日

九时到永定门，十时半参加红专大学城建学部筹备讨论。

9月7日

参加300万人大游行，反对美帝侵略活动。

9月8日

鹿院长召开本院’59年度预算讨论及听取测量室修改规范意见。

9月9日

布置检查督促献礼工作，红专大学筹备会；修改城市规划学部计划；晚支部会议，讨论献礼计划（注：之后到29日都是“献礼”）。

9月10日

刘部长传达政治局北戴河会议，夜写献礼文章。

9月11日

沈阳市为附郊煤铁企业来研究如何搞协作区规划，写信给陈其恕问公园的使用情况；看跃进展览，许多平凡劳动人民创造了奇迹。

9月12日

院务会议，董、柴汇报规划工作献礼，红专大学，什基别里曼参加；写献礼，易召集，指定几个人写今后工作深度，王凡、谢文慧、林星汉、董、谱主五人；鹿向陈云副总理汇报城市规划，晚与王凡讨论“深度”提纲，夜写规划步骤。

9月15日

鹿院长召集座谈批判大城市思想问题，布置评比献礼。

9月19日

写青济公园设计文稿案，①听什基别里曼讲话，②参观工业交通展览会及听学会传达莫斯科城市规划会议。

9月20日

李院长作交心动员报告，随即讨论；把准备交心的问题说出来。

9月21日

写交心；院召集献礼座谈，遇李济宪，山东组回京。

9月22日

山东组研究怎样写献礼；准备十一后集体去南口劳动，十日、廿日出发，各地为解决具体问题及元旦献礼，九月底前拟订四季度工作计划，彻夜写交心之二。

9月23日

与张贺研究交心之二稿件，再补充，十时前交出；看山东组献礼礼品，给谭送西瓜；讨论如何进行，工操酝酿；晚易院长讨论技室献礼。

9月24日

酝酿给谭提意见，夜写对谭意见挖掘思想根源至三时，贺与刘达容回京。

9月25日

检查体格，血压150/104，低压高些，外痔，沙眼；酝酿小组长会议，四时谭发言；夜写对大字报提意见的答复，对谭说总工程师室无争夺领导，及业务学习几门课与多面手驳斥；阅文件，挖思想至二时。

9月26日

谱主谈自己并反驳谭的话，与谭继续交心，十时后与贺研究谱主的思想小结，布置大扫除，王德政、郭维舜回京。

9 月 27 日

大扫除，大雨。

9 月 28 日

扫除环境，十时鹿院长召集献礼讨论会，休息。

9 月 29 日

准备思想小结，与贺谈支委会，座谈王文克；部献礼大会，向部党委。

9 月 30 日

听山东小组王德政汇报；讨论本室四季度工作。

10 月 3 日

作大会讨论，准备工作，小组长开会，大会。

10 月 4 日

大会讨论，易、贺出席国务院科规会建筑组，部、科学院、科工局召开’59研题讨论会。

10 月 5 日

大会讨论，谱主发言。

10 月 6 日

写思想小结，与沈远翔、沈振智谈思想小结。

10 月 7 日、8 日

写小结，与沈远翔谈小结，与贺雨谈小结。

10 月 9 日

在局听王文克检查，晚写小结至十二时。

10 月 10 日

局/院发言批判揭发，二时起写小结。

10 月 11 日

谱主发言，批判，汪定曾来。

10 月 12 日

写小结，夜十二时完毕。

10 月 13 日、14 日

大会，室讨论，元旦献礼、技革方向、四季工作、红专大学、函授班；国庆献礼总结。

10月15日

扩大院务会议，四季度工作，元旦献礼，技革方向，技、规、测汇报；学习，整补小组讨论谱主的思想小结。

10月16日—27日　大炼钢铁。

10月16日、17日、18日

捡铁。

10月24日

去阜成门捡城砖。

10月25日

全市为钢铁突击，12时至12时起一昼夜，白天先做准备工作，检查仓库，工操后拆城砖，十一时集合，出发甘家口铁炉工地，运送砖料。

10月26日

十二时到达，先整理炉基后砸砑子石，五时回院砸碎铁片至八时，白天休息。

10月27日

上班前后头晕，去医务室查血压，220/110，医嘱休息，服药后卧床；再睡仍不适。

10月28日—11月14日　在北京，人民公社，延长预备期一年终于转正。

10月28日

晨仍头昏，上班讨论“大城市思想”，与贺、叶安排本室工作，休息。

10月29日

安排绿化组工作，讨论人民公社，叶主持；李院长召集党团员动员讨论人民公社。

10月30日

全室谈人民公社大字报，与沈远翔去北京设计院听汇报，东城西城崇文小王庄的共产主义街坊规划，易院长来室谈工作（血压160/90）。

10月31日

写大字报，谈人民公社，讨论人民公社供给制，南口劳动同志回院，张肇骞、郭俊彦、何椿年；市建局姚，何公侠、林西、李超白。

11月1日

参观国家机关事务管理局展览，座谈人民公社运动，工间操后大扫除，倦极，七时上床。

11月2日
抄思想小结，得一份。

与贺雨等同事合影

11月3日
酝酿，阅读文件，讨论人民公社，参加绿、电、经济组（血压130/90）。

11月4日
讨论人民公社，党委许书记传达毛主席在最高国务会议上的讲话。

11月5日
讨论人民公社，总结全室，着重供给制的认识；晚党员室主任谈人民公社。

11月6日
贺雨总结发言，谱主参加讨论，红专大学、定规划学部委员；柴、姚召集座谈评定，国庆献礼分工，晚宴萨里舍夫、什基别里曼两专家。

以下谱主记录的转正流程摘要：

2月17日—20日
春节假期，写（入党）转正材料。

6月11日
与贺雨谈转正的准备，他提要找思想重点，如不虚心、立场与党性问题。

7月16日
晚党小组会，对我转正提意见。

7月21日、22日、23日、8月3日、10日

准备转正报告。

11月8日

贺通知我下周一开支部大会讨论我转正（血压156/100）。

11月9日

准备转正报告补充材料。

11月11日

晚支部大会讨论我的转正问题，决议：同意延长预备期一年转正（血压148/100）。

11月12日

填转正申请意见（血压140/98）。

11月14日

安排李济宪工作，讨论“大城市思想”文件；鹿、李两院长对易院长交心发言；总支通过我转正，延长预备期一年（血压140/98）。

注：至此，谱主正式加入中国共产党。1961年，谱主曾担任党内职务“城市设计院园林室支部副书记”。

11月15日

十二时十五分离院，赴广州。沿途炼铁炼钢火光冲天，人民群众干劲十足（血压120/96）。

11月16日—12月13日　谱主去广州、湛江、南宁、桂林、上海、济南出差。

11月16日

在车上休息，陈老（指陈焕镛）函谱主去桂林。

广州

11月17日

中午到广州，三时开会，谱主提了几个问题；陈老也来了，郭秘书招呼大家在北园吃饭，建筑带华南风格，住爱群。

11月18日

去市建局看金泽宣，遇丁、方局长，安排见林西秘书长，看王处长，给谱主准备资料，再去省城建局接洽湛江及明日去设计院看材料；与郑晗信工程师、邵胜埙科长看动物园、东湖、公社烈士陵园、金液池、越秀公园，晚膳后回爱群。

11月19日

晨去植研所，看大楼，而后去植物园看地形，等图纸到十一时，谱主与何椿年、郑麟看地形，建议大楼向山坡上移，改变严肃气氛；晚膳后匆匆与陈老话别，箱托张碧玉带桂林，八时半回爱群；省何竺局长来访，未遇。

11月20日

去园林处看资料，与何竺局长通话，留言致谢，去城建委看王处长看资料，见姚集珩工程师；座谈园林系统及规划，周作恒工程师介绍，邰腾娟科长、余植民参加，六时乘新兴利（注：是内河客货平底木驳船，广东最大花尾渡）离穗，七时许即睡，铺位太窄。

湛江

11月21日

三时许到江门，吵得不能睡；四时半起来五时四十分开车，十时阳江午膳，修车，三时半赶到水东（电白），又坏再修，留水东晚膳，七时三刻抵东营等渡，到站八时半，寓湛江旅店。

11月22日

晨去城建局，遇钟晋祥副局长，约谈；谱主和陆以留图去火车站，乘公共汽车回西营，看旧市区树木茂盛；接洽资料，对规划交换意见。吴继华（绿化）、刘俊德工程师、罗晋亭科长、李隆兴资料员。

11月23日

钟局长陪谱主等去港区湖光岩风景区及赤坎，叫三轮送行李到车站，准备明晨步行；夜不能寐。

南宁

11月24日

四时一刻起，四时五十分离湛江旅店，五时半到火车站，摸黑行路，有餐车，吃两顿，准点六时廿一分到，无人接，雇挑担去交际处明园饭店拒不接，电话转告去南华饭店，费了许多口舌住下；遇马维元、王秀球、钟沃家、孙东生。

11月25日

晨赴城委见郭开平主任，接洽任务，交由黎裕光（规划科长），园林处黄宪中主任也来，十时乘车去人民公园、旧炮台、动物园后，至人民英雄纪念碑，去河北工业区、学校区，访孙仲逸未遇回看苗圃、南湖、展览馆。

11月26日

去西园工地，交换设计方面意见；去区建工局晤王局长，在市城建局城委索资料，晚黎、黄来谈，并看和平桥。

桂林

11月27日

三时起身，四时卅六分开车即睡；一时半到桂林，遇莫一凡、钟济新两所长，即去七星岩南植物园，地址沙洲（注：可能是“紫洲”之误），园林处；晚崔学荣、张孝纪汇报工作。

注：“七星岩南植物园”当为现在的“桂林植物园”，据百度百科，始建于1958年，是中国科学院早期建立的十大植物园之一，由著名植物学家陈焕镛和钟济新先生创立。

11月28日

谈植物园问题，与陈书记同去七星岩，留我们多住一天；晚研究向书记汇报内容。

11月29日

去瓦窑钢铁基地，南溪山（将军桥）、甲山、伏波山、风洞山及穿山南，一时回；研究如何提意见；晚与莫、张两所长谈植物园问题。

11月30日

向阮、陈书记汇报，各单位都发言；乘凭祥北京特快去衡阳转车，寄存行李后接洽车票，未得桂林电话，找交际科设法住处及车票都很顺利，十一时寝。

上海

12月1日

九时十三分上车即睡。

12月2日

车误点十时半到，十一时抵寓，电话告绪珂；同去园林处见夏处长谈搜集资料事，再去规划设计院与钱、熊安排日程，见吕、杨诺等，返看闸北区群众办花园；晚座谈西郊动物园新规划（血压136/84）。

12月3日

去普陀共青果园，一年葡萄结实，曹杨新村碧罗公园工地；看长宁区天山邨群众果园，十四号浜、法华浜群众绿化更好，人工湖工地与碧罗的土方都大，后去西郊公园。

12月4日

在市委，李广（公用事业办公室）主任谈佘山植物园，在规划设计院听各地规划，王宸庆——闸北、沈家智——宝山（红旗公社）规划、陈传玉——闵行工业区、吕光祺谈全市人民公社规划，材料很好。

12月5日

与刘经理、吴振千去佘山，先往东佘山看凤凰山、库见山，后看佘山，勘察地形考虑规划；去造纸设计院看烈士纪念公园综合设计图，经漕河泾看黄家花园、曹氏墓园，回寓与吴谈规划；发信给济南市、陈其恕。

12月6日

去闵行吴泾，见建设规模与速度；在市人委公用事业管理室李广主任处谈绿地规划。

12月8日

在园林处与吴振千做佘山植物园规划。

12月9日

参加植物园座谈会，李广主持，有对立面，保守与革新两种不同看法，与陈植谈烈士公园意见；去规划局设计院看人民公园建筑群、北站广场、十六铺、海运广场等；见汪定曾、吴景祥、戴弘、周镜江、柴锡贤、汪晔、徐景猷等，上车去济南。

济南

12月10日

八时三刻到济南，陈其恕来接；去交际处遇孔、葛正副处长，十时许衍梁副市长，市城建局王、常两副局长，园所李钟余来晤商日程，游工程师介绍规划情况；省机关局钟局长，孔处长去看交际处及附近几个宅院，后去青岛路公园、八一礼堂集会广场。

12月11日

与许市长、常局长看环湖公园环境，先到趵突泉附近后去大明湖；与游工程师、陈其恕谈绿地规划；突觉头昏去医院，检查血压后看车站广场及立体交叉；晚李宇超副省长来（血压150/100）。

12月12日

去四里山看烈士陵园，回交际处与陈其恕谈书面报告直至下午。

12月13日

六时陈其恕送至车站，三时四十五分到京。

12月13日—年底　北京

12月14日、15日

遇易院长、周干峙由孝感回京；见郝院长、安工、李济宪汇报工作，见本室同志，讨论小册子，晚党小组。

12月16日

到城建局讨论十年建设成就提纲，晚建筑学会北京分会看八大建筑模型。

12月17日

魏士衡回，汇报公园设计，宝鸡；九时向院长及小组谈十年建设成就的新提纲；学习。

12月18日

与魏研究公园设计，因安病，去十年建设成就组讨论提纲及分工。

12月19日

抓十年建设成就工作，学习两小时，而后听黄骅、孝感、阳泉汇报人民公社，晚易召集周干峙、马熙成、谢文慧座谈如何汇报。

12月20日

准备汇报材料，安来谈本室工作安排，总结与献礼，去局座谈人民公社，搜集材料问题。

12月22日

汇报上周六在局讨论人民公社整理材料座谈情况，并讨论本院参加的人；局边主任、赵师愈来院研究如何进行工作；晚组织生活。

12月23日

看赵师愈、周干峙、沈远翔所草拟的发往各省电报稿；汇报上海人民公社工作，同时贵州、安徽也分别汇报城市公社；晚部党委传达六中全会文件。

1958年11月28日—12月10日，中国共产党第八届中央委员会第六次全体会议在湖北武昌举行。全会通过了由毛泽东主持起草的《关于人民公社若干问题的决议》等。

12月24日

郑州组带回公社文章内容丰富，讨论献礼文章，姚、谭参加，学习；晚易院长召集座谈会讨论如何向许部长汇报人民公社问题。

12月25日

安排周干峙、沈远翔去天津开会，阅读郑州小组有关公社文件，去部向许副部长汇报，张震球——贵州惠水，谱主——上海的公社规划；晚学习（血压 128/85）。

12月26日

讨论本室献礼审查小组及献礼展览，由谱主为主，陈工、济宪具体负责成立小组，分头审阅；去建研院吴洛山处听公社汇报，有四川、吉林、黑龙江等处。

12月27日

许局长主持研究城市人民公社材料如何整理，草拟文件。

12月29日

室主任安排工作分工：谱主——审献礼与总结兼公社；贺——公社；叶——单献礼；安——十年建设；谭——小册子；王——总结；看献礼文件，大连马梓南来谈人民公社。

12月30日、31日

建研院人民公社报告，在部座谈建研院人民公社报告。

1959年

52岁　建筑工程部城市设计院技术室主任

1月1日

绪珂到京。

1月2日—7日

支部、总支、本室会议，院务会议，讨论献礼工作、献礼审查、人民公社等

1月5日—2月3日　桂林规划设计、植物园规划设计

1月5日

李院长指示与同济黄作燊通话，去桂林协助设计（分配工作）。

注：1946年3月，谱主曾与黄作燊等8人一起制定了“上海都市计划图”。

1月8日

讨论桂林任务，室及李院长讨论本室工作计划，与魏（士衡）、张（孝纪）谈桂林工作。

1月9日

李院长召谈桂林任务，并向易院长汇报。

1月10日

桂林组谈工作计划。

1月13日

出发去桂林，谱主妻李听秋高血压200/100。

1月15日

下午五时到桂林，误点两小时，市人委刘主任来接，晚谈计划。

1月16日

建委田野主任、规划科韦科长、园林处张主任谈工作，张孝纪介绍情况。

1月17日—22日

与植物所（植物园）朱国兴、莫一帆、钟继新、陈立乡等谈植物园规划问题，去植物所与钟继新看雁山公园，踏勘滨江道（桃花江）、七星山、龙岗岭地形及桃花江。

1月23日—24日

讨论总图，与魏去桃花江看风景区的发展。23日晚榕湖招待，阮、魏、陈书记参加。再去机械厂，回市委解决旧城改造及园林化所遇问题，与魏士衡讨论风景区规划提纲，与规划科朱洪春谈规划具体问题。妻李听秋好转。

1月25日

讨论训练班讲课事，准备园林化讲稿。

1月26日

全体汇报工作，总图、七星山、园林化、桃花江，去桃花江，阮、陈书记看地形，晚学习讨论，与魏、张、夏谈工作计划。

1月27日

定工作计划与分工，与朱洪春谈旧城改建，写园林化问题。

1月28日

与钟继新等讨论植物园规划，做桃花江总平面，晚向魏凌风市长、陈书记汇报。

1月29日

与魏谈工作，与杨看滨江道，中午杨芸走，看植物园、七星岩图，晚组织生活讨论思想工作，与魏谈。

1月30日

与夏宗玕谈小区规划，去七星山看风景点布置，听选厂汇报，谈改建规划，看伏波山风景点，晚学习。

1月31日

去瓦窑看小区，与植研所谈植物园规划，看滨江路设计，与韦科长谈。

2月1日

汇报园林化、风景区、旧城改建问题，讨论如何向市委汇报。

2月2日

讲园林化，园林设计，晚向市委汇报至十一时半。

2月3日

看植物园及七星山设计，乘车离桂林。

2月6日

看室各组，贺去开会，量血压170/120。

2月12日—3月27日　在北京，'58工作总结，'59工作计划，参加无锡、苏州向专家的汇报，安排人员下放劳动。

2月12日、13日

室主任讨论'59工作，周、李参加，南宁园林处催设计图。

2月14日

鹿院长召开布置一个月工作：2/25开厅局长会议，3/15劳动回来出差（本室20人去天安门劳动），刘部长传达李富春副总理报告。

2月16日

鹿院长召开讨论本院总结，讨论本室工作计划及审查小册子，晚组织生活，支委扩大会谈学习。

2月17日

出席北京规划局园林化座谈会，去阜外医院，血压150/100，与李济宪、周干峙谈本室工作计划。

2月18日

讨论'59工作计划，院长、室主任集中学习。

2月19日

向郑州市建委程壬及叶工程师介绍经济联系图，讨论本室总结。

2月20日

讨论审查小册子，十时丁秀局长谈规划问题（厅局长会议报告），晚学习。

2月21日

讨论丁局长报告，看广州、上海送来的准备送英展览的图。

2月22日

讨论丁局长报告，看送英规划展览，体力不支。

2月23日

参加支部会，看成都详细规划。

2月25日

党内传达关于接待外宾高傲浮夸问题的报告，学习六中全会文件。

2月26日

听许世平副部长作城市建设问题的报告，遇侯仁民、季恺、张百超（苏州），明日参加小组讨论，丁局长主持。

2月27日—3月1日

讨论农村人民公社规划有关问题，山东、吉林、广东、广西介绍情况，专题讨论公社与区规关系及组织领导，如何体现五结合问题。

3月2日

学习陈云副总理当前基建几个重大问题，总支讨论下放锻炼。

3月3日

安排下放劳动人员名单，与安、龚、李商谈，交王玉修，参加讨论；预备园林化，晚讨论，草拟提纲，明天交卷，鹿院长报告。

3月4日

讨论园林化材料，听无锡、苏州向专家汇报。

3月5日

研究下放锻炼名单，王天任，先与易谈，询李济宪，说已谈好，讨论园林化。

3月6日

讨论园林化二稿，由赵金堂执笔，下周一讨论，去局讨论朝鲜绿化考察团日程。

3月7日—18日

身体不适，作呕，一度高烧至39度，辗转北京医院及私人中医伊既明大夫（跨车胡同6号）就诊。

3月19日

恢复工作，布置保密检查运动，易院长催'59工作计划。

3月20日

鹿院长召集座谈'59任务，在室讨论本室全年任务，易院长参加。

3月21日

与周干峙草拟本室'59任务，11时搜集讨论刘部长报告情况，汇报。

3月23日、24日

讨论院'58总结，向全室谈'59任务，贺谈院研究'59任务情况，各组汇报讨论情形。

3月25日

与安研究本室工作，高局长宣布组成上海及苏州组；与易、贺谈工作。

3月26日

整理本室工作计划，去部听传达中央外事工作文件。

3月27日

陈副部长传达李富春副总理在物资分配会议谈话，乘15次车离京。

3月28日—8月27日　任苏州市及风景区规划组组长，兼顾上海、无锡、济南，在上海出席建筑学会的会议。

根据谱主自书的1959年的工作经历，谱主任苏州市及风景区规划组组长（已按图进行建设），参加上海市绿地系统规划（参加中央工作组，交付图纸）。在此期间，谱主辗转于苏州、上海及无锡、济南之间，大部分时间在苏州。与谱主同时在苏州出差的同事至少有魏士衡、黄世珂、陆时协、付林华、黄素芳、马等人。

苏州

3月28日

遇胡允畅、吴征铠、杨承渊；到达苏州，遇李斌局长、张百超局长、王化兴科长。

3月29日—4月2日

与李、张两局长、王科长谈苏州情况，看干道广场、娄门外、南门外宝带桥两化工区，王科长介绍情况及资料，与李斌、张百超、李农三局长谈如何向专家汇报，商定下月3日到沪汇报请示。

上海

4月3日—8日

去城建局见后奕斋局长、熊永龄院长，同至上海大厦向易锋副院长汇报苏州工作，至规院与吕光祺、田丽菊谈如何进行工作；与夏雨处长谈园林规划。星期日加班做市区园林系统。听郊区十一县情况，典型街坊改建也做出，向易汇报。作上海地区研究书面报告，向设计院园林处谈工作，修订补充。8日向萨里舍夫汇报园林系统后回苏州。

苏州

4月9日—13日

与王科长谈规划准备工作，即进行工业绿地现状修改干道系统，加班赶图；随建局李斌、张百超、李农三局长、王科长向市委汇报，高局长和专家到，王汇报；看怡园、狮子林、拙政园、人民路、西山；12日晚易及杨丞萱等到；13日易看专家，晤李、张局长，下午与高、李局长谈工作，专家发言。

上海

4月14日

晨车去沪，至城建局看吕光祺，晚局宴。

4月15日

两专家发言。

4月16日

送专家去福州，向王局长汇报苏州工作，晚党小组会。

4月17日

与易院长谈苏、沪工作，关于谱主的工作，易院长说以苏为主，兼顾上海。

苏州

4月18日—29日

研究车站广场、人民路、北寺塔，修改设计。与魏士衡谈园林项目，踏勘光福、邓尉、天平；去东山紫金庵，看路线，去雨花禅院，登天平，折回石湖；踏勘瑞光寺、城南公园、水关、沧浪亭、孔庙。讨论风景区、人民路，与李、张局长、王科长讨论近两年修建项目，讨论公建分布工作，去网师园。

上海

4月30日

与魏、马谈如何准备上海汇报，抵沪，易院长说向部党组汇报，始明确对象。

5月1日

在上海大厦工作。

5月2日

向易院长汇报并作修改，晚向王局长汇报，宿上海大厦。

苏州

5月3日

乘6：20车回苏，马整理报告，魏、谱主准备图纸。

5月4日

抄写并修改报告，整理附图，明日付寄，晚写信给王局长、安和妻李听秋。

5月5日

看景德路、观前街交叉口处理，选择典型街坊结合人民路拓宽考虑，去砂皮巷（丙为主）、穷熙巷（棚户）、察院场踏勘。

5月6日

研究人民路桥头布置，景德路、观前街与人民路交叉，街坊旧屋，踏勘街坊。

5月7日

张局长去市委汇报，两年修建项目，谱主同去，向山东李子超处长介绍苏州工作情况及园林化。

5月8日

市委吴新民书记报告人民公社问题，江良栋来接洽省绿化现场会议，去看苏州仪表厂及精密仪器工业区，晚学习。

5月9日

研究车站广场远景设计，用二千分之一地形图；吴书记与王科长去沪接洽园林投资。

5月10日

天下雨，做车站广场设计（远景）。

5月11日

讨论及汇报上阶段工作，谱主谈园林化概念，张局长传达毛主席工作方法15条，晚向两局长汇报工作。

5月12日

整理车站广场小结，布置描绘总图，研究街坊改建，晚讨论工作，张局长电告，王部长助理奉刘①、杨部长②指示来苏看园林，如何整理。

5月13日

准备汇报资料，王科长由沪归。

5月14日

向王大钧部长助理汇报工作，与李、张局长研究向市委汇报、请示工作。晚全组研究工作保证计划，突击改建街坊与总图，具体设计俟请示再订计划。

5月15日

等候向市委汇报，时间未排上，晚全组讨论工作，突击典型地区。

5月16日

得悉市委日期排在明晨，与王科长、马、魏、付研究工作计划，去沪，王文克局长去京。

上海

5月17日

与谭谈研究工作，上海题目、住宅设计及建筑造型，与郑约同去座谈会。

5月18日—6月4日　建筑学会和建筑工程部在上海召开“住宅建筑标准及建筑艺术座谈会”。

5月18日

去会场，延期；至规设院写院的报告，在规设院谈粪便处理，找汪定曾要标准设计。

5月19日

小组，谱主在华东组，听上海组有关几个工人镇，向规院汇报。

5月20日

大会八时开始，杨春茂副部长交代杭州任务一周；刘达容到，王局长迟数日来苏州，李局长到，为吴迪人书记约见刘部长，请示王大钧助理，往来锦江、和平，未见到王助理。

---

① 建筑工程部部长刘秀峰（1909—1971），1954年之后任建工部部长。

② 建筑工程部副部长杨春茂（1914—2009），1956年6月至1966年5月任建工部副部长。

5月21日

李局长来会场找王助理，约见刘部长，定三时；吴书记赶来，由谱主汇报规划，王科长谈修建项目，得刘部长指示。

5月22日

赴座谈会，见刘敦桢谈苏州园林化，请示王助理写院报告，赴锦江与李局长、王科长同回苏。

苏州

5月23日

在局研究刘部长指示，而后向小组传达并讨论工作，和王科长、付林华研究而后向全组宣布，晚与马、杨、魏谈。

5月24日

与马谈献礼题目（七一），回沪，晚陆时协来谈筹备园林会议及厦门、抚顺、宁夏任务。

上海

5月25日

去锦江，冯纪忠、金瓯卜、汪坦、吴良镛报告，见王局长略谈工作，晚晤陈嵘处长，谈园林会议。

5月26日—28日

大会发言，在体协；晤陈嵘，安排苏州的筹备工作，去上海大厦，张达初来；腹泻。

5月29日、30日

小组讨论，仍泻三次，寄信妻李听秋、长子绪西、苏州；下周三结束，周一大组。

5月31日

写座谈会报告，谈苏州计划。

6月1日

大会发言，罗曼诺夫、李正冠、余森文、方山寿、刘敦桢。

6月2日、3日

汪胜文、杨廷宝、梁思成发言，讨论上海革命历史馆，闵行一条街等五处，兼及工房九型，罗白桦发言，参观渔阳里及兴业路。

6月4日

刘部长报告。

苏州

6月5日

早车回苏州。陪同（上海会议出席者）汪胜文、李正冠、游光辉等到苏州，见马、魏，去光福、灵岩、天平。晚晤陈嵘，次日去东、西山和留园、西园，晚21次送他们去沪。

6月7日—11日

与陈嵘等谈苏州园林，谱主建议试做拙东园设计，便于总结。分工：王、付等总图，谱主负责人民路，马小区，魏风景区，黄、李搞人民路采弯路方案，少拆房屋。陪鹿院长去局，汇报并安排人民路工作，同去拙政园、狮子林、动物园。

注：谱主对苏州人民路的规划投入了大量心血，在苏州期间的日记里，“人民路”被提及二十余次。1973年1月，谱主作“回顾我国城市规划的经验教训，迎接新的任务”一文，提到“我在苏州规划工作中参加人民路改线和火车站广场设计，曾在工作组中有过不同意做的意见”，还说“我参加苏州市规划，控制了城市规模——人口和用地，尽量利用现状，在拓宽人民路工程中争取少拆旧屋”。

关于“人民路采弯路方案”，陈俊愉先生有评论：“苏联专家要拓宽并取直干道，大兴土木。程老不以为然，主张随形就势，搞成一条弯曲的路，并在空地上实现园林绿化。事实证明，程老是正确的。”

2023年3月，编者采访谱主当年的同事张祖刚先生。关于苏州规划，他这样说谱主的工作：“苏州人民路的规划设计，他做得很好。他是挨家挨户去调查，问每一户应当怎么改怎么弄，你能怎么弄，你的房子怎么来调整，能保持原貌，而且又有改进，而不是说这人民路就是一拆然后盖高楼”“市里还是愿意要直的，没有完全采纳他意思，后来又盖了一些高层，就和原来保持基本原貌的思路不同了”。

1959年，人民路拓宽工程工地（远处为北寺塔）

1960年，人民路乐桥北，公共汽车行驶在石子路上

苏州人民路拓宽工程

6月12日—14日

杨副部长、梁思成、汪季琦、殷海云同来苏州，秘书朱一，吴书记宴杨部长；向杨部长汇报工作，汪、梁、殷都提些意见。向鹿院长汇报，工作小组都来。与沈杏衢工程师研究平江图。

6月15日

与梁思成谈旧城古为今用，参加市委讨论人民路车站广场，晚党小组成立，鹿、李宝英参加。

6月16日—23日

党小组会，晚向团员布置工作。马报告小区工作计划与内容，高谈经济，付谈规划。去人民路踏勘，晤房地局黄工程师，研究人民路路线及公建。市委刘书记作增产节约报告，草拟风景城市规划总结大纲。向局党委汇报务虚情况，与魏、杨研究风景区工作，去人民路北段，报告整改及讨论开关厂。李研究总图交通，刘云鹤局长、夏行时总工程师处谈风景城市规划（其间，上海易院长要去闵行，谱主申请稍迟数日亲自去）。

6月24日

谱主去信给易院长，研究人民路与市委汇报，讨论工业布局，晚写务虚报告及总图报告大纲。

6月25日

讨论工业布局，园林系统、市中心，马谈工业，与王、李谈干道码头，写务虚报告。

6月26日

与魏研究规划总纲，园林系统提要，和马谈工业；刘部长来电，召赴无锡汇报，与马、魏研究汇报及对高思想工作，晚在计委汇报，陈晖主任基本上同意我们的设想，务虚报告寄出。

无锡

6月27日

与张百超去锡，张养生接往留园，向刘部长汇报工作，去万顷堂为建筑工作者之家看基地，决定向锡市申请；刘部长指示工作，晚见朱昌鲁厅长，对苏州工作有所指示。

6月28日

季恺局长约去锡山公园新辟部分，把第二泉与祠堂合并；11时半抵苏。

苏州

6月29日

传达刘部长指示，与魏、马研究工作，分配任务，写规划经验、风景区汇报。

6月30日

与付研究总图，去北寺塔，回遇余茂勋，返裕社准备汇报材料。

注："裕社"原系苏纶纱厂招待所，在西美巷19号，后为市政府西美巷招待所，谱主到苏州出差多次下榻于此。

7月1日

汪星伯来介绍苏州住宅，看付林华画总图，写汇报材料。

1959年

7月2日至8月1日，中央政治局扩大会议在江西庐山召开（此次会议与8月2日至16日召开的八届八中全会统称为庐山会议）。

7月2日

刘部长到苏，写材料总结规划方法，研究总图，与马、魏士衡、付林华讨论汇报内容，由魏整理，晚与沈光范谈总结规划方法。

7月3日

与张局长陪刘部长看网师园、怡园、环秀山庄，李基华赶绘总图底图。

7月4日

与马、魏、高讨论总图，付介绍，讨论小区，陈嵘来电说黄、陆、金6日来。

7月5日

与魏去拙政园，研究手法为黄等准备，写汇报材料。

7月6日

修改汇报材料，晚党小组。

7月7日

与黄、陆、金谈如何参照苏州园林手法，参加讨论虎丘路，与吴书记、陈晖、张局长踏勘虎丘路线，晚整理汇报材料。

7月8日

交汇报材料，回写思想小结，压缩汇报文字，考虑思想小结。

7月9日

整理小结，去局看总图，接长途，王文克局长明晨到，与马谈改建步骤。

7月10日

向市委汇报工作，谱主、魏、马、李向王局长汇报工作。

7月11日

去局布置人民路工作，黄近期、付远景；汇报，杨、黄、沈水河；谱主人民路街坊改建。

7月12日

看网师、周瘦鹃，文管、留园，晚谈工作。

7月13日

去局，与付林华、黄谈工作，回裕社参加小组讨论，王局长发言，再去局，与付谈人民路远景，吴迪人书记、李芸华市长来。

上海

7月14日

与沈、黄、李谈分期规划，金、黄、陆汇报拙政园分析，中午去沪见易，同去华东设计院见杨副部长后去民院找李曄谈工作，晚研究小区。

7月15日

电夏雨处长求援，沈洪来，谱主写党小组报告，画街道与前院绿化，易召开总图讨论。

7月16日

易、孙萍等讨论总图，沈世民来，决定层数、分区，研究市中心、车站广场、公园绿地等问题，晚研道路断面，王局长谈我组思想。

苏州

7月17日

回苏赴局，规划报告延期，与付、黄谈街景及公建。

7月18日

听分区规划、小区、风景区汇报，传达刘秀峰部长在“住宅建筑标准及建筑艺术座谈会”上的报告。

7月19日

全组去留园、拙政，晚应清华苏、朝、越留学生约谈苏州规划。

7月20日

与付林华谈 1/5000 公建分布及建艺形式，对拙政东园设计提意见，浒关现状资料汇报，晚组织生活，团结、民主、集中问题。

7月21日

看黄素芳工作，回裕社拟总结提要，安排工作：小区、工人镇，准备24/25去济南，写小街坊改建步骤，电张绍梁订票。

7月22日

写街坊改建小结，复电到，写信给济南，写东站广场小结。

7月23日

去局看街景，回听小区及拙政东园汇报，再看街景，听浒关分期计划汇报。

7月24日

街景汇报，十一时半去沪取票，三时半乘14次离沪。

济南

7月25日

中午到济，彭局长、孔处长、游工程师、陈其恕等来迎，看南山现场，见李副省长、邓书记，晚考虑方案，看王凡、王硕克。

7月26日

画方案，看大明湖、趵突泉，遇雨，晚赶制方案，与陈其恕工作至深夜。

7月27日

向李省长、刘市长汇报，与王明善（市局）、刘子斌（省）交换规划经验，六时离济。

无锡

7月28日

中午到锡，下午三时见季、周两局长，沈光范说朱贤芬到沪、锡摸任务，傍晚回苏。

苏州

7月29日

看人民路，与付、黄谈，回看小区，与魏排街坊，晚党小组，派魏去锡。

7月30日

与付谈工作，与马、金谈居住建筑群与集体园林关系，晚魏与朱贤芬来。

7月31日

与朱贤芬交换意见，再与魏、马谈组内结束工作，与无锡任务分开考虑，因在8、9两月要做资料准备工作，开党团员会，对8月15日至20日完成任务都同意，晚在行政会上宣布。

8月1日

看人民路街景，与金做小区，与魏讨论总结，与李谈道路，朱去锡。

8月2日

考虑总结及说明书，晚与魏、马、金讨论，看小区规划。

8月3日

看人民路，回裕社看石湖规划，马、金去沪；南工邓、沈国尧来谈园林规划，看近期工业调整。

8月4日

与魏士衡踏勘虎丘路，考虑种植规划，看石湖规划，小区二期。

8月5日

看浒关规划及改建二期，中午马、金回，汇报推至下周二后，见张局长约市委汇报时间，看小区四期，头不适。

8月6日

李斌局长传达毛主席庐山会议指示，全组讨论石湖、近期、小区一二期，看小区四期，写规划总结。

8月7日

看人民路，遇甘肃城建局阎总工程师，回写规划总结，王化兴、付林华晚去宁。

8月8日—12日

写总结，催约市委汇报。与沈工谈虎丘路土墩（注：三国时期古墓群），与黄素芳谈人民路，踏勘鹤园、娄园，汇报工人镇。与黄谈学习苏州园林手法。12日向市委吴书记及城规委汇报至晚。

8月13日

看马改小区，打长途给王局长未通，金去沪捎信。

上海

8月14日

与黄世珂谈苏州园林文，午去沪见王局长，看闵行总图，略谈在苏州工作。

8月15日

等王局长回大厦谈一小时，汇报。

8月16日

准备明日谈话内容，看徐鸣，伤势好转。

8月17日

谈总图街景、小区，冯、金、钟、汪等略谈意见，预备周四再谈，与张局长、王科长研究工作，派马回苏，看二哥世安。

8月18日

交张局长、王科长文件带苏，接洽同济参加周四会事，写人民路总结。

8月19日

杨部长电话召王局长回京，与易谈如何结束工作，易再谈闵行如何结束，马到。

8月20日

座谈，市建工、房地、园林单位都来，王局长把未了工作交建筑学会，由陈植、赵深主持。

苏州

8月21日

回苏，写工作报告，马整理会议记录，晚吴迪人书记招待计划司李科长、玻陶局王科长等（去阳山选厂）人，谱主作陪。

8月22日

听李市长传达八届八中全会决议，安排工作，讨论总图、小区如何修改，得院电召谱主、魏、杨即回，另行安排工作。

8月23日

写总图说明，晚讨论。

8月24日

写规划意图，讨论，晚市宴别，有计委姚主任、建局李、张局长、王、毛科长。

8月25日

与王科长谈工作，张绍良来电话，始发票买到两张，谱主与魏去沪，去华东找方鉴泉，回家。

上海

8月26日

电绪珂，与魏讨论园林规划设计，杨到，谱主、魏乘特快离沪。

8月27日

车上准备材料，晚误点，十时后到。

8月28日—11月20日　在北京，总结报告苏州规划，出席人民大会堂验收委员会，参与东西长安街规划，反右倾运动。

8月28日

听刘部长报告，园林会议停开（注：据谱主的日记，在之前的“住宅建筑标准及建筑艺术座谈会”召开时谱主曾筹划过园林会议）。

8月29日

讨论学习，刘部长报告。

8月30日

参加全室学习，讨论八届八中全会公报，科长以上党员干部学习。

8月31日、9月1日

血压160/100，医嘱休息。听庐山会议录音报告，与易、贺谈本室工作。

9月2日—4日

血压高，头晕。沈光范来，全组回，大城会议要苏州图展览，与魏谈专题及如何汇报。

9月5日

魏来谈园林化报告，陈其恕来。

9月6日

做济南南郊宾馆种植设计。

9月7日

与魏谈园林化报告（注：可能是为了“大城会议”用的资料）。

9月8日

鹿院长“增节反右”动员报告。

注：8月7日，中共中央下发的《关于反对右倾思想的指示》，文件提到增产节约和反对右倾思想，谱主简记为“增节反右”。这是谱主1959年日记中首次出现“反右”。

9月9日

讨论园林报告，易院长指示，准苏州工作书面汇报，谱主找小组准备，学习部党委指示，掀起高潮。

9月11日

去人民大会堂验收委员会，因故停开，看天安门广场。

9月12日

找沈光范、高星鸿等准备压缩苏总图说明。

9月14日

在史院长室听魏、陆汇报园林化问题提纲，李院长叫去参加展览会审查座谈，去人大会堂验收会，晚学习。

9月15日

扩大院务会议讨论规、技两室计划，与贺、叶和易院长谈工作，找魏谈园林化专题，晚赶计划表格。

注：是日，谱主被聘为中国土木工程/建筑学会城乡规划委员会委员。

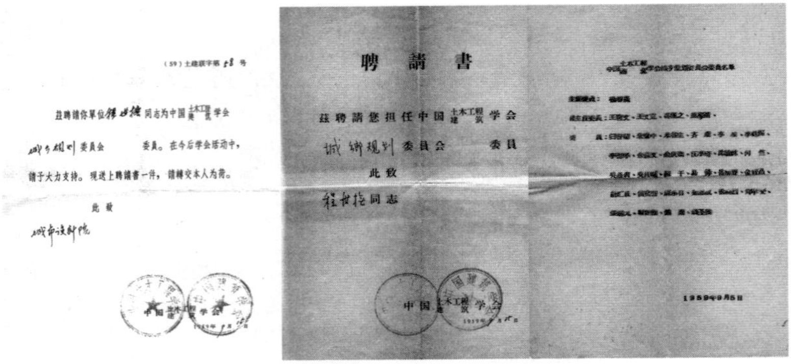

（59）土建联字第 48 号

兹聘请你單位程世撫同志为中国土木工程/建筑学会城乡規划委員会委員。在今后学会活动中，請予大力支持。現送上聘請書一件，請轉交本人为荷。

此致

城市設計院

中国土木工程/建筑学会

聘請書

兹聘請您担任中国土木工程/建筑学会城鄉規划委員会委員

此致

程世撫同志

中国土木工程/建筑学会

1959年9月5日

建筑学会城乡规划委员会委员聘书

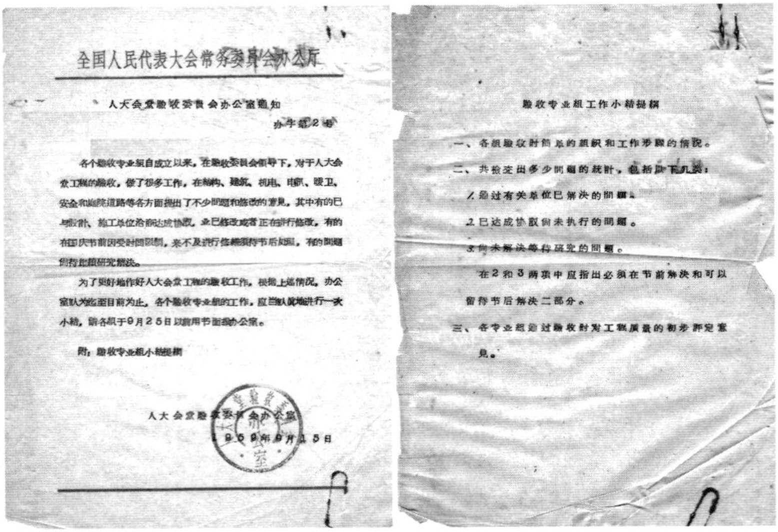

全国人民代表大会常务委員会办公厅

人大会堂驗收委員会办公室通知

办字第2号

各个驗收专业組自成立以来，在驗收委員会領导下，对于人大会堂工程的驗收，做了很多工作，在結构、建筑、机电、电訊、暖卫、安全和庭院道路等各方面提出了不少問題和修改的意見，其中有的已与設計、施工单位洽商达成协議，並已修改或者正在进行修改，有的在国庆节前因受时間限制，来不及进行修繕須待节后处理，有的問題尚待进一步研究解决。

为了更好地作好人大会堂工程的驗收工作，根据上述情况，办公室认为迄至目前为止，各个驗收专业組的工作，应当认真地进行一次小結，請各組于9月25日以前用书面报办公室。

附：驗收专业組小結提綱

人大会堂驗收委員会办公室

1959年9月15日

驗收专业組工作小結提綱

一、各組驗收时简单的組织和工作步驟的情况。

二、共檢查出多少問題的統計，包括以下几类：

1.經过有关单位已解决的問題。

2.已达成协議尚未执行的問題。

3.尚未解决等待研究的問題。

在2和3两項中应指出必須在节前解决和可以留待节后解决二部分。

三、各专业組經过驗收时对工程质量的初步評定意見。

人大会堂验收委员会办公厅通知

9月16日

看总图说明，与沈、高、李谈修改问题，学习，晚去人大会堂验收会议。

注：关于人民大会堂的竣工时间、验收时间等，资料上说法不一，从谱主日记看，至少到9月16日晚，还举行了验收会议。

9月17日

讨论园林化（史）全室宣布跃进计划，讨论。

9月18日

与李纬然谈技术管理，整理汇报材料，学习，晚集中学习。

9月19日

与高、沈、黄谈准备汇报及结束工作，谈修改园林化稿，郭维舜、夏宁初做四川内江泸州区规汇报。

9月20日

准备汇报。

9月21日

与沈、高、黄讨论汇报，研究学习与工作，全室，贺谈学习布置，晚准备汇报。

9月22日

汇报苏州，未完，集体学习，晚治保委员会。

9月23日

党内传达报告（机关党委），学习。

9月24日

李院长传达中央“反右增节”指示，安排技管、茂名、园林专题工作，学习。

9月25日

党团员讨论学习，苏州组布置工作，学习，转入思想交锋，晚学习。

9月26日

安排茂名任务，讨论科学工作局研究计划，学习。

9月28日

继续汇报苏州工作，研究科学工作局科研项目，看庆祝国庆电视节目。

9月29日

易院长谈闵行，接洽科学研究事（科工局），鹿院长召谈科学合作项目，下半年工作计划。

9月30日

上海组谈工作，整理内务。

10月1日—4日

写规划管理及苏州规划的各项原则问题，妻李听秋病。

10月5日

鹿院长报告，研究重点人及问题，讨论，贺对室报告，晚党内研究重点。

10月6日

讨论园林化专题，技术管理，学习，柴检查（首次出现），晚党团积极分子会，谈室学习。

10月7日

室谈园林化专题计划，汇报城市人民公社总结，学习，晚讨论学习进行方法。

10月8日

向易院长汇报园林化专题，学习，晚准备苏州组座谈。

10月9日

讨论苏州总结报告，学习，晚讨论学习。

10月10日

召集各专题组谈研究方法，先占有手头资料而后补充调查，与区规组谈工作。

10月11日

写苏州组报告。

10月12日

继续写报告，晚学习。

10月13日

整理苏州报告，晚李斌局长来。

10月14日

写人民路改建，易院长来谈工作，暂由李院长代，学习。

注：此时易锋院长病情可能加重了，1962年12月2日逝世。

10月15日

向史院长汇报室工作及安排区规出差朝阳，学习分析柴论点。

10月16日

传达 10/10—13 部三次党代会文件，晚区规，四川、郑州两组汇报，准备朝阳组 10/20 晚出发。

10月17日

刘部长在部三次党代会闭幕报告，鹿院长报告，讨论。

10月18日

鹿院长报告，全室讨论。

10月19日

陆检查，去清华看毕业成绩展览，晚批判陆。

10月20日

批柴，谱主发言，准备湘潭规划提意见，晚湘潭未到，参加学习。

10月21日

批柴，沈检查，晚研究室计划。

10月22日

院务会议，鹿、史院长对规室任务作指示，技审由我室主管，学习，晚湘潭。

10月23日

参观解放军展览馆，学习听赵二次检查，晚访李斌局长未遇。

10月24日

陪苏州建委陈晖、李斌等去十三陵、定陵地下宫及水库。

10月25日

去陶然亭参加绿化座谈，北京园林。

10月26日

王康文局长主持讨论城规会议的规划程序，柴四检，晚党组织生活，掀大字报高潮。

10月27日

讨论规划程序，党支部会对沈检查提意见，晚小组交心座谈。

10月28日

吴洛山谈区规，院全体党员大会批柴。

10月29日

讨论园林化，全体党员批柴。

10月30日

讨论区域规划。

10月31日

讨论定额指标。

11月2日

讨论规划会议的十年成就部分，学习，晚组织生活。

11月3日

讨论性质与规模、城市内部布局，决定连着卫星城镇讨论，安排园林化及旧城两题，晚组织生活，沈检查。

11月4日

讨论卫星城镇，汇报农村公社，车、刘与局组明出差，晚学习。

11月5日

结束前三题讨论，晚批朱。

11月6日

讨论道路交通，柴四次检查。

11月7日

讨论园林化问题，安排园林化、旧城改建、技术管理三组工作。

11月9日

讨论居住区规划，史院长召谈园林化，晚谈旧城改建，工业调整、居住区改建步骤。

11月10日

讨论旧城改建，批沈，晚史院长召谈居住区规划。

11月11日

谈园林化、居住区规划两组，朱检查，与朱谈。

11月12日

郑州市叶工接洽座谈，与贺研究本室工作，并准备城市建筑艺术。

11月13日

讨论园林化，史院长布置参加东、西长安街详细规划，全党及部分群众批柴。

11月14日

写城市建筑艺术，批柴，谱主发言；决定贺去内蒙。

11 月 15 日

讨论长安街规划。

11 月 16 日

研究室学习与工作，讨论园林化，学习，叶交心，“城市建筑艺术”交卷。

注：谱主所记的“城市建筑艺术”，即为发表于《建筑学报》上的“城市建筑艺术布局与园林化问题”一文。

11 月 17 日

列席党委会，讨论规室工作，晚史院长看长安街规划。

11 月 18 日

安排园林化专题，写批评柴讲话稿交党团办公室，与叶研究四季工作。

11 月 19 日

鹿院长通知与山东孔益千处长联系何时去济，与叶研究本室工作，彭云伍局长，机关事务局。

11 月 20 日

苏州王化兴来谈，18 日朱厅长向刘部长汇报时指示三年建设计划，朱允，令苏省各市照办，与叶谈科研会议，看长安街规划，晚离京去济。

11 月 21 日—12 月 6 日　济南，南郊宾馆绿化规划设计施工。

济南南郊宾馆景观（摘自南郊宾馆官网）

注：南郊宾馆是园林式宾馆，其建筑群和庭院规划由我国著名城建专家张开济先生、园艺专家程世抚先生联手打造。草坪绿地22万平方米，千亩园林，百亩水面，密植名贵花木4万余株，数十种飞禽鸣鸟栖息其中，春来赏花，夏至观荷，秋到品色，冬临弄雪，美轮美奂，如诗如画。（摘自携程旅行"济南南郊宾馆"介绍）

11月21日

到达济南，休息，与葛处长去南郊工地，见王凤亭，陈其恕来，中午彭局长来。

11月22日

彭局长来谈工作，约北京市规划设计院汪纯白结构工程师谈建筑对总平面的要求。

11月23日

与王凤亭、李瑞云搞南郊路线及甲宅庭园。

11月24日

做甲宅及宾馆环境设计，陈其恕、王硕克、市刘处长来谈环城公园。

11月25日

与孔处长去工地，和彭局长及孟主任谈协作配合问题，遇建工局下水道路同志，约和上水、电讯、电力各工种会议，机关局王处长主持，定管线走向，修订道路系统。

11月26日

去工地，与孟主任核对标高，踏勘地形，修改道路定标高，省局规划处李子超处长来访。

11月27日

与省城局市政处阎、张（女）、蔡三人布置设计等高线（李子超来）至晚八时整。

11月28日

与孔向彭局长汇报，去省城局取图，向邓书记、刘副省长、吴秘书长汇报并去工地。

11月29日

设计环境及和陈其恕、王凤亭讨论如何做种植设计。

11月30日

做岩石园设计，修改路线，校正房图，放俱乐部位置，赵曙光来帮忙。

12月1日

设计俱乐部门前，乙、丙型房屋环境，王、赵做种植设计，综合工程图送去晒印。

12 月 2 日

向彭局长汇报与电力上水接洽结果及对测量的要求，晚陈其恕、王硕克来。

12 月 3 日

管线综合座谈会，做设计，写说明，晚对省建局谈公园设计。

12 月 4 日

与李副省长在工地，设计绘图。

12 月 5 日

口授赵曙光写说明及设计甲型入口，整理图纸，晚与李宇超副省长同车回京。

12 月 6 日

八时到，休息。

注：谱主在 1961 年的工作成果中记道："济南南郊宾馆环境设计（已施工）。"

12 月 7 日—20 日　北京，出席建筑科学研究院学术委员会成立会议，反"右倾"。

12 月 7 日

看长安街规划，与叶研究室工作，党小组研究柴，晚组织生活。

12 月 8 日

讨论总体规划总结，做科研汇报，本室总结及'60 计划。

12 月 9 日

讨论院总结如何进行，专家准备工作。劳动计划等，晚学习。

12 月 10 日

绿化会议 24 日在锡开，去建筑学会开编委会，布置陆时协修改园林化专题。

12 月 11 日

讨论规划编制办法，去看莫斯科西南郊住宅竞赛，回写批柴，晚继续。

12 月 12 日

整理批柴发言稿，去建筑馆见杨部长请示出差，支部讨论发言。

注：谱主日记中记录被"批"（"批判"或"批评"）的同事有柴、朱、陆、沈等，其中"批柴"最多，达十余次，直至 1960 年 2 月 2 日"柴处理"（怎么处理的谱主没有记录），之后柴、朱、陆再也没有出现在谱主日记中，唯沈 1962 年

5 月 18 日被平反，此后谱主日记仍有与之相关的工作记载。

12 月 14 日

讨论详细规划总结，听昆明汇报。《城市规划管理的几个问题》发表于《城市建设》（1959 年第 12 期）。

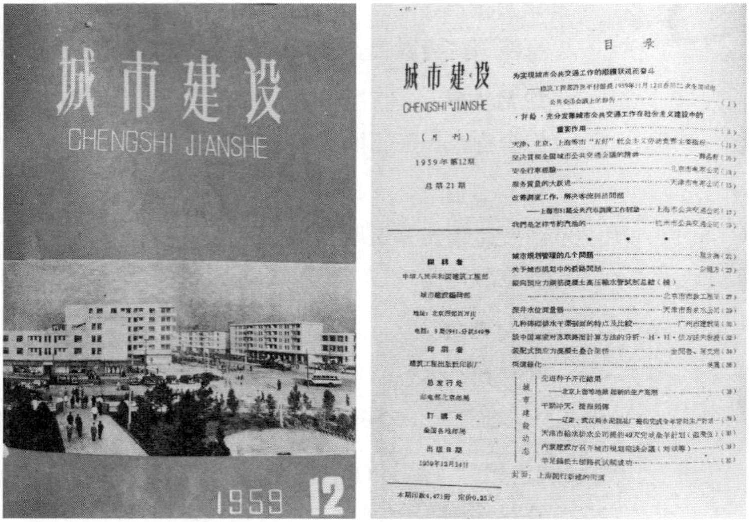

城市建设
CHENGSHI JIANSHE
（月刊）
1959年第12期
总第21期

编辑者
中华人民共和国建筑工程部
城市建设编辑部
地址：北京西郊百万庄
电话：9局0941.分机549号
印刷者
建筑工程出版社印刷厂
总发行处
邮电部北京邮局
订购处
全国各地邮局
出版日期
1959年12月14日
本期印数4,471册 定价0.25元

目 录

为实现城市公共交通工作的继续跃进而奋斗
——建筑工程部[illegible]1959年11月12日在第二次全国城市公共交通会议上的报告……（1）
·社论·充分发挥城市公共交通工作在社会主义建设中的重要作用……（8）
天津、北京、上海等市“五好”社会主义劳动竞赛主要指标……（11）
坚决贯彻全国城市公共交通会议的精神……[illegible]（10）
安全行车经验……北京市电车公司（13）
服务质量的大跃进……天津市电车公司（15）
改善调度工作，解决客流拥挤问题
——上海市51路公共汽车调度工作经验……上海市公共交通公司（17）
我们是怎样节约汽油的……杭州市公共交通公司（19）

城市规划管理的几个问题……程世抚（21）
关于城市规划中的铁路问题……[illegible]（23）
[illegible]预应力钢筋混凝土高压输水管试制总结（续）……北京市市政工程[illegible]（27）
深井水位测量器……天津市自来水公司（29）
几种砖砌排水干渠制面的特点及比较……广州市建设局（30）
谈中国专家对苏联路面计算方法的分析……H·H·[illegible]教授（32）
装配式预应力混凝土叠合梁桥……[illegible]（34）
街道绿化……[illegible]（36）

城市建设动态
先进种子开花结果
——北京上海等地郊区[illegible]的生产高潮……（38）
干劲冲天，捷报频传
——辽宁、武汉两水泥制品厂提前完成全年[illegible]生产计划……（38）
天津市给水排水公司提前49天完成全年计划（[illegible]）（38）
内蒙建设厅召开城市规划座谈会议（[illegible]）……（39）
[illegible]土[illegible]试制成功……（32）
封面：上海闵行新建的街道

《城市建设》1959 年第 12 期

12 月 14 日

接到建筑科学研究院 12 月 4 日发出的“关于召开学术委员会会议通知”。

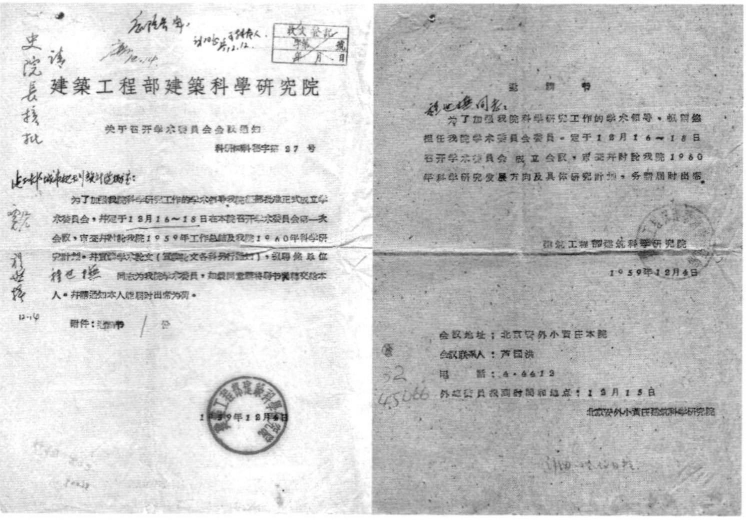

建築工程部建築科學研究院

关于召开学术委员会会议通知

科研[illegible]字第 27 号

为了加强我院科学研究工作的学术领导，[illegible]部批准正式成立学术委员会，并定于12月16～18日在本院召开学术委员会第一次会议，审查并讨论我院1959年工作总结及我院1960年科学研究计划，并宣读学术论文（[illegible]），敬聘 程世抚 同志为我院学术委员，如蒙同意[illegible]转交给本人，并请通知本人[illegible]时出席为荷。

附件：[illegible] / 份

1959年12月4日

聘请书

程世抚同志：

为了加强我院科学研究工作的学术领导，敬请您担任我院学术委员会委员。定于12月16～18日召开学术委员会成立会议，审查并讨论我院1960年科学研究发展方向及具体研究计划，务请届时出席。

建筑工程部建筑科学研究院

1959年12月4日

会议地址：北京安外小黄庄本院
会议联系人：芦国洪
电 话：4·4612
外地委员报到时间和地点：12月15日
北京安外小黄庄建筑科学研究院

建筑科学研究院邀请书

12月15日

听灵宝和泉城公社及北京郊区十年规划汇报，山东王海楼处长来，同晤张开济谈南郊总平面。

12月16日—18日

建筑工程部建筑科学研究院学术委员会成立会议。建研院学术委员会汪之力报告工作及'60计划，参观院展览，结构居多。听科研院宣读论文，会议期间遇杨副部长，指示去沪，再定去闽，回院听井冈山汇报。学术委员发言，最后汪之力院长总结发言，宣布委员名单、正副主席。

12月19日

听长安街规划情况，请示小册子，史院长鉴定。

12月20日

看Zaremba（萨伦巴）稿。

12月21日—28日　无锡，参加第二次全国城市园林绿化会议。

12月21日

登车去锡，丁、张局长（注：不知张局长的全名，应该是城建局的）同车。

无锡

12月22日

九时半到锡，看小组，发现规划不少问题，向丁局长汇报，看牙。

12月23日

看小组，张局召开发言题目会，预备会，市人委招待看南京军区文工团。

12月24日

参加建筑工程部在无锡召开的第二次全国城市园林绿化会议。丁局长报告，讨论，上海、江苏。

12月25日

小组会，组长汇报，晚与丁局长研究报告题目：公园设计若干问题的体会。

12月26日

大会发言，准备发言稿“公园设计的体会”，晚看锡剧孟丽君。

12月27日

大会发言，长女绪珂来。

12月28日

程绪珂亦出席会议，当日父女二人同在大会发言。谱主的发言题为“公园设计的体会”，程绪珂的发言题为“百花齐放”。

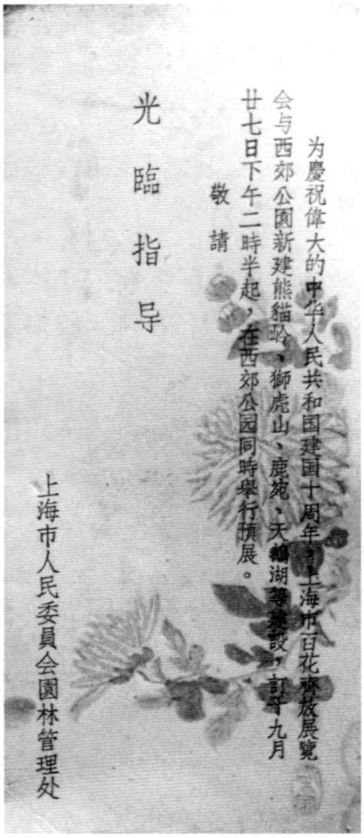
为慶祝偉大的中华人民共和国建国十周年，上海市百花齊放展覽会与西郊公園新建熊貓舘、獅虎山、鹿苑、天鵝湖等建設，訂于九月廿七日下午二時半起，在西郊公园同時舉行預展。
敬請
光臨指导
上海市人民委員会園林管理处

百花齐放展览会请柬

上海

12 月 29 日

晨与绪珂去沪，王文克局长到沪。

12 月 30 日

见杨部长，他病，命稍待，同去杭或径去闽，迁上海大厦。

12 月 31 日

天下雨，改园林化专题稿，晚听上海组向王局长汇报。

1960 年

53 岁　国家建设委员会城市设计院技术室主任

1 月 1 日—28 日　从上海前往杭州，与戴念慈改刘庄，看汪庄；去福州、厦门做城市规划和风景区规划

1 月 1 日

见杨部长，仍须先去杭州；去西郊公园看百花齐放展览会，孙经理、杜、陈科长。

杭州

1月2日

向王局长请示后，到杭州，找不到归，遇建工部原同事赵士章，寓华侨。

1月3日

见余森文，因为省党代会，找不到周荣鑫校长，商定先去闽，在站遇杨部长、王局长折回杭州饭店看刘庄，叶经理、王、乔处长、小胡。

1月4日

去玉泉、灵隐、龙井、九溪，绕六和塔，回旅邸，游湖，周建人、吴宪中晚设宴招待，见周校长。

1月5日

晨送杨部长上车，迁花港招待所，与王、乔两处长、余森文厅长、王胜林看刘庄，作图。

1月6日

核对路线及廊位，与戴念慈研究总体布置、施工现场须安排工序。

1月7日

与王处长研究总体及吴工程师有关工序问题，再去刘庄，晚看公园路灯。

1月8日

看萧辅，与金玉奇谈施工，余厅长来，与金、王去刘庄，晤戴念慈后改图。

1月9日

去汪庄，见王处长提起要看图，午饭后见王、伍、乔谈修改图，三时半上车。

注：谱主在1961年的工作成果中记道："杭州刘庄修改环境设计（交付图纸）。"

福州

1月10日

到福州。去省人委介绍至交际处，晤赵旭光、李镇传。

1月11日

省建委陈处长来，去市建局看丁、陈德铭两局长，听工作组汇报，晚金作栋来。

1月12日

晨与赵谈改图，去乌名、于山、南台、仓前山、河滨，屏山、新店、西湖、福农，六时去交际处见贺省长。

注：“贺省长”是时任福建省副省长的贺敏学，文化大革命后谱主曾欲赴福建并致信。

1月13日

与李厅长、陈处长看温泉区，先与李、高、吴谈，后小组，建局丁、刘、陈局长宴。

1月14日

在工作组谈规划意图，陈处长来安排分工，去洪山踏勘环形半岛。

1月15日

去鼓岭，雾气甚重，凉气逼人，海拔600～700米，鼓山较平缓，改图，三条路，鼓岭。

1月16日

改车站广场、八一七路，去西湖，看路及看温泉规划，晚商计划。

1月17日

看车站、八一七路，与华东院接洽八一七、温泉规划，看西湖，见黄、李、蓝厅长，晚厅宴，见贺省长。

1月18日

向贺省长汇报，看交际处规划，晚贺省长招待，华东谈设计，迁交际处。

厦门

1月19日

去厦门。写信给贺，八时半出发，省建委金家荣偕行，泉州午膳，四时半到厦，晚李文陵市长、李秀梅都来，安排日程，夜游中山公园。

1月20日

看市区、南普陀、厦大、市中心位置，鼓浪屿环岛一游，许祖义副市长陪。

1月21日

去万石公园、烈士陵、中山公园，在交际处准备意见，刘局长来。

1月22日

见张副市长，去食品厂、鱼肝油厂，向许、张副市长汇报，晚李市长宴。

1月23日

与刘局长看杏林，后去集美看绿石，午在泉州，回福州五时半。

福州

1月24日

做鼓岭、温泉，晚见贺省长便餐，允谱主离闽。

1月25日

与刘、金赶图，谱主写工作报告，向贺省长汇报，六时离榕。

1月26日—28日

经鹰潭、上海回北京。子绪西、媳葛文华来接（到京已是春节）。

1月29日—30日

春节假期。

与王、高局长、鹿院长去各工程师家贺年，与易院长去刘、杨部长家，未遇万市长，去怡曾、震瀛、二姐家，黄瑞纶来。

2月1日—4月19日　在北京，园林化专题，参加“十二年科学规划”，迎宾馆园林设计，“技术革新、技术革命”运动，讨论塘沽公园及天津市的省会中心区。

2月1日

鹿院长召集扩大院务会议，宣布’60工作计划，搞园林专题。

2月2日

布置园林小册，讨论院专题，看园林材料，小组讨论，布置苏州组沈光范负责，晚组织生活，柴处理（此后，“柴”就再也没在谱主日记中出现了）。

注：沈光范1959年曾经和谱主一起在苏州工作，看似谱主将苏州组交其负责。

2月3日—6日

学习外交部关于中印边界问题，检查园林化专题，园林化专题组讨论提纲，苏州组小专题，讨论小册子；讨论详细规划，旧城改建；鹿院长召开’60工作计划座谈。讨论总规、经济、道路三专题。

2月8日

讨论电、区规、休疗养区三题；晚魏士衡转正。

2月10日

去情报局与汪季琦局长、刘局长、乔院长赴迎宾馆（注：即后来的钓鱼台国宾馆）研究园林设计。

2月11日

杨部长报告勘察设计问题，讨论园林化，晚休疗养区专题。

2月12日

刘裕民副部长报告建筑安装，学习。

2月13日

赖部长作科学研究与学校工作报告，讨论详规，看休疗养、园林专题。

2月14日

与（北京市园林局）刘作慧、刘淑风在迎宾馆工作，向翟副市长、王科长汇报。

2月15日

杨部长报告城市建设，看园林化小册稿并学习。

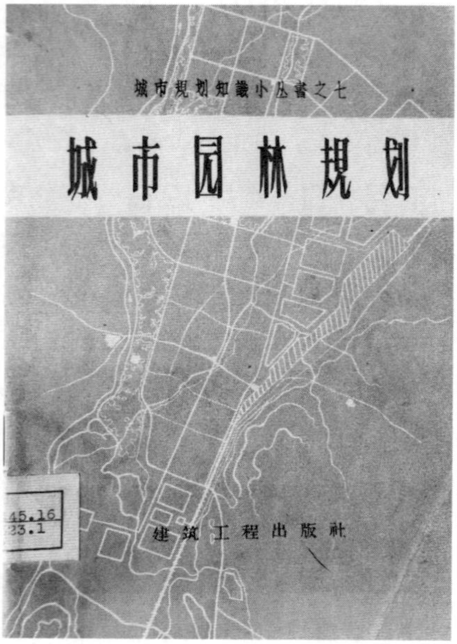

《城市园林规划》

2月16日

审阅园林小册，去西苑取文件，见天津王培仁主任，讨论总规，晚研究工作计划及参加科委及部科学局召开道路研究会议，王大钧助理指定参加科学规划，17日报到。

2月17日—3月1日　参加十二年科学规划。

注：这是谱主1956年参与十二年科学规划制定之后的后续工作，有关任务检查方法，规划中编号同1956年的规划。

2月17日　去体委招待所报到，18日听陈毅副总理关于批判现代修正主义的报告（注：谱主有记录），2月19日—3月2日开始工作。相关的领导有王助理、吴伯交局长、王文克局长、高峰局长、李局长、鹿院长等人，参与工作的还有赵师愈、孙承之、冯家彦及吴洛山派来的支援者等。与吴贻康分头检查十二年规划的 3001，2，3，4，8 诸项，拟规划总纲——区规、城规、公社四条，后修改总纲为三条，讨论纲要与中心问题，写 30 项任务检查，讨论六个中心问题。28 日、29 日刘部长总结报告。

3 月

“城市规划知识小丛书”之七《城市园林规划》由城市设计院资料室编辑出版。

3 月 2 日

李英总结反右倾，袁谈中印边界并布置“和平与战争”的三月份学习。

3 月 3 日—7 日

讨论公园设计专题及详细规划，讨论园林化专题，讨论总体规划专题，讨论规划经济、农村人民公社、道路专题等。

3 月 8 日

与水组、道组谈准备教材，讨论年报总结定稿问题。

3 月 9 日

赴情报局讨论中德、中捷合作项目，学习，看易院长，晚学习《战争与和平》。

3 月 12 日

交谭璟考虑业务学习，获科委关于交通运输研题，讨论苏州组介绍。

3 月 14 日、15 日

讨论塘沽公园及天津市的省会中心区，与魏谈园林规划室任务。

3 月 16 日

党委会讨论组织机构。

3 月 17 日

院务会议宣布组织，讨论技术革新、革命，晚在局继续，准备报部长。

3 月 18 日

讨论年报前言，学习选定和平共处问题。

3 月 19 日

刘裕民部长讲技术革新、技术革命运动（谱主在后面简称“技革”），杨部长继作指示，院务会议讨论。

3 月 21 日

全员跃进大会宣布组织机构，’60 任务，技革运动大会。

1960年3月22日　中共中央批转《鞍山市委关于工业战线上的技术革新和技术革命运动开展情况的报告》。《报告》总结了大搞技术革新和技术革命的经验。毛泽东代中央起草批示，将鞍钢实行的“两参一改三结合”的管理制度称作“鞍钢宪法”，要求在工业战线加以推广。

3月22日—4月3日　以“技革”为中心，举办展览会。

3月23日—28日

“技革”及“展览”的准备，高局长召开技革座谈会。

3月29日—4月3日

技革展览开始，为迎接现场会议，与董、万、谭、贺讨论进行，高局长参观；准备展览会的规划思想、过去成绩；鹿院长亲自审查。

4月1日

突击展览会，夜十二时半回；省市代表参观，北京规划局百余人来；杨部长来院看展览，对现场会议作报告。

4月4日

准备桂林建筑学会城乡规划学术委员会报告文件“城建艺园林化”。

4月5日

听刘秀峰部长传达天津会议16条（注：谱主有记录），写文件。

4月6日

写文件，接洽金受玉等，准备传统手法与桂林风景区总结。

4月7日

参观管庄机关公社，写文件，与魏讨论园林室工作与技革。

4月8日

王院长召谈园林室组织，谱主汇报情况，鹿院长谈技革及宣布组织。

注：这里的“王院长”，应为城市设计院副院长王峰，住在阜外城院宿舍中红楼。

4月9日

去阜外医院看望山东省副省长李宇超，分室归口。

4月11日

全室谈话，讨论桂林会议文件及鹿院长报告，桂林工作人员座谈会。

4月12日

王天任汇报沈阳取经，下午各室向鹿院长汇报，讨论技革。

4 月 13 日

规划专科学校开学典礼，与张茜谈室工作，晚党委会，成立支部。

4 月 14 日

支委会研究工作与分工及技术革命运动，讨论技革及规划落实问题。

4 月 15 日

党委扩大会讨论技革及公社化，讨论桂林文件，布置工作。

4 月 16 日

定魏（士衡）、杨出差韶山、井冈山，写技革规划及报导，突击展览品。

4 月 17 日

看毛毛（注：指外孙女陈青，四女绪珏之女），回院加班。

4 月 18 日

审阅文件，谈井冈山，复林学院，讨论鹿院长发言稿。

4 月 19 日

接花溪高干招待所任务，随鹿院长、安永瑜、谭璟去桂林。

4 月 21 日—5 月 8 日　去桂林出席城乡规划学术讨论会。

注：中国城市规划学会官网 http：//www. planning. org. cn/ 记载，“1960 年 5 月在桂林举行城乡规划学术讨论会，会议由王文克主持，专门讨论桂林风景区规划”。看谱主日记，会议应是 4 月 23 日至 5 月 8 日在桂林召开，刘裕民部长、杨春茂部长、王文克局长、鹿渠清院长等领导出席并讲话，除了桂林风景区规划外，会议还讨论了城市人民公社、茂名规划及其他城市规划和园林的交流，如苏州。

桂林

4 月 21 日

寓榕城饭店。

4 月 22 日

筹备展览，在桂林师范学校，开会，摆展品，1 时回。

4 月 23 日

杨部长开幕词，去展览会场，晚十一时回。

4 月 24 日

讨论鹿院长发言稿，去展览会场，研究前言、口号及安排展品。

4 月 25 日

去展览会场，王文克局长来，刘部长亲临指示，万、董到，迁榕湖。

4月26日

研究展览，调整方案，参加中小城市专题组，城市规模。

4月27日

讨论城市人民公社，晚看常州。

4月28日

中小城市组讨论，参观广西、桂林展览。

4月29日、30日

大会发言，讨论部长发言，技革部分；党小组组织生活，宣布城乡规划学术会。

5月1日

去独秀峰、漓江边、象鼻山，讨论茂名规划，晚加班讨论布局至晨四时。

5月2日

阅园林规划、城建艺术，阅报，晚看南通、无锡。

5月3日

刘部长总结。

5月4日

城乡规划学术委员会开会，介绍桂林规划，七星岩设计。

5月5日

九时船离解放桥，经大圩、光岩、兴坪至阳朔。

5月6日

游阳朔公园，雁山，回桂林，建研院院长汪之力讲桂林风景区建设。

5月7日

谈桂林规划，晚加班。

5月8日

谱主作桂林风景区规划发言，城建艺术、苏州园林书面发言，结束，自由活动。

5月10日—28日　长沙、韶山、湘潭出差，做韶山革命纪念地规划（谱主注：交图纸）。

长沙

5月10日

晨到，去基建局见孟起局长，住省委招待所，邓处长、唐科长介绍韶山规划，晚吴局长陪同观剧。

韶山

5月11日

省建委邓处长、建局设计院左工程师陪同来韶山，车行两小时，见市委赵萼书记、吕局长，瞻仰主席故居（注：这是谱主第一次到韶山）。

5月12日

小组汇报，天雨未出门，鹿院长与赵书记谈。

5月13日

鹿院长离韶，谱主传达桂林会议总结，与白、陆研究工作，向赵书记汇报，去大里冲踏勘地形（饭店）。

5月14日

去石洞庵看地形（别墅），研究如何做方案，市派四个技术员到韶。

5月15日

写信给室、张孝纪，研究别墅总图，看旅馆图，去大里冲踏勘地形。

5月16日

晴，去石洞庵看地形，学习。

5月17日

看石洞庵别墅设计，改图，去主席故居附近踏勘地形，与陆。

5月18日

阅毛选、星火燎原三集找革命阶段，中午看两处建筑设计，晚继续至23时。

5月19日

改图，俞德浚、李嘉乐等到，应农科院约来规划，向管理局汇报二处详规。

5月20日

看两处改图，吕局长等看石洞庵，提了不少意见，拟等向市、地委汇报再说。

5月21日

与白、魏、赵研究工作，与小组谈工作计划，学习及三反运动，黔电。

5月22日

赵砚洲介绍纪念点，看资料，晚与魏谈工作，赵去南昌。

5月23日

与班焯谈修改总图及中心纪念点，全组讨论三反。

5月24日

乘车（10时）去花明楼刘主席故居，经宁乡去灰汤温泉，回程在双凫铺坏车，夜十二时借宿双凫铺公社。

5月25日

晨等车，十一时半离双凫铺在宁乡午膳，回韶三时廿分参加地委王书记召集的会议至23点。

5月26日

省基建局孟起局长及地委王书记作指示，同意谱主建议，由省基局挂帅搞总体规划，王科长负责，讨论工作，6月5日交卷。

5月27日

去花明楼看刘主席故居环境，考虑交通线、居民点、招待所等。

5月28日

去郭家亭踏勘，看班、周作图，晚与白、魏谈工作，与吕局长话别。

湘潭

5月29日

七时到湘潭，去基建局看大桥模型，桥头堡方案，谈城市规划。

5月30日

等车去湘钢，周科长来接，看250钢丝车间，向赵书记汇报、道别，去株洲。

5月31日

三时半上车，招待所汤同志送，五时到柳，唐天佑代购票，七时半开车。

6月

《城市建筑艺术布局与园林化问题》在《建筑学报》1960年6期发表。

注：此文1959年11月16日完稿，见前述，收入《程世抚、程绪珂论文集》。

《建筑学报》1960年（6）

6月1日—10日　贵阳，花溪高干招待所规划（谱主注：交图纸）。

贵阳

6月1日

五时到贵阳，省厅吴工程师、曹鸿儒来接，直赴花溪，见省厅丁院长，与张孝纪谈工作。

6月2日

与省局吴继武工程师、省院刘工踏勘别墅位置、公建分布、视线等问题，花溪公园晤周青龙，回经花溪镇。

6月3日

看碧云，寓吉林村，午见刘厅长、部计划司夏司长，看水坝小围寨。

6月4日

向丁院长汇报工作而后去贵阳，机关事务管理局翟同志来接，董主任、范、沈等到，去黔灵公园，市王科长来。

6月5日

小组汇报，去阿哈水坝，甘荫塘，中曹司工业区，见省建工厅城局徐书记、市建委赵主任。

6月6日

与徐书记、省机关事务处杨处长、吴工、王科长去青镇、红枫湖、飞机场、石桥（40米）、回筑。

6月7日

看图云关森林公园、黔灵公园、河滨公园，晚市周书记宴。

6月8日

准备汇报材料，小组座谈，晚市赵主任、省厅王局长、徐书记、尹处长来谈。

6月9日

研究汇报内容，向市委周书记、赵主任、省计委李主任、建委尹处长汇报。

6月10日

去建厅作城建艺术报告，乘车14:00离筑，腹泻服SG。

6月11日—7月5日　经柳州、汉口到九江、庐山，任庐山风景区规划组长，做花径公园设计、九江市规划（谱主注：交图纸）。

6月11日

中午到柳，遇唐天佑，园管处李主任接洽车票，12时许离柳，午餐免。

6月12日

汉口。中午到汉，即去航运站买民主轮票，去遍街道不得食，船上也不供晚膳。

庐山

6月13日

晨五时半到九江（18时开船），交际处派车送上山，见张处长、余宝山（主席命名）所长谈工作，大雨，小组介绍情况，晚传达刘部长总结。

6月14日

与孙、黄研究工作，看花径公园、仙人洞、御碑亭。

6月15日

大雨，看高垅工业区规划、花径公园设计，看小天池现场，王文克局长等将来庐。

6月16日

蔡书记、张处长同看芦林及牧马场，九江市来谈规划。

6月17日

看牧马场、花径、高垅的图，决定趁王局长在南昌养病期间去九江及高垅，孙德华、周立峰同行。

九江

6月18日

与张处长至高垅，看水泥厂、钢厂、大坝、青山湖，见黄书记，至九江。

6月19日

与市人委、规委会黄主任看十里铺、姚港、白水湖工业区，看市区旧城改建，晚看图准备意见。

6月20日

与黄主任、吴主任、孙局长等交谈，晚娄书记（市长）宴。

6月21日

候车竟日，不能成行。

庐山

6月22日

十时许到山，看小组图、牧马场，蔡书记点头，修改高垅方案，讨论总结题目。

6月23日

与张处长谈，26日小组回京，讨论总结提纲共七题，晚补政治学习。

6月24日

写信给张茜，看总结各题，交通先完卷，小组分头赶总结，谱主核稿，晚得悉王局长明到。

6月25日

与张凤鸣处长下山接王局长，遇城建局王处长、崔毓胜，看九江后上山。

6月26日

看正街、花径、仙人洞、御碑亭；芦林、黄龙潭、乌龙潭、大天池、舍身岩、圆佛殿、水电站。

6月27日

去高垅、谷山湖园艺场，午后去青玉峡、秀峰寺、白鹿洞，八时到山；观音桥、玉渊因修路未去成。

6月28日

含鄱口、植物园、铁船峰、牧马场、庐山大厦，晚讨论工作；作呕。

6月29日

看医生，讨论总体规划问题；院来电促返京。

注：谱主几次长期出差都是被院里唤回，如之前的1957年1月6日、1959年8月22日。

6月30日

谈规划意见，昨日不适，又作呕，回休息。

7月1日

研究工作，蔡书记来，晚王局长谈，22时散。

7月2日

晨随蔡书记下山，晨遇臧庆生谈同济绿化专业，船误期。

7月3日

晨9:30江新轮离九江。

7月4日

晨2:30到汉口，寓璇宫，无票，等到汉京直快38次20:59开，晤基建委鲍鼎，21点离汉。

7月5日

遇科学院化研所林一①（塑料），原闽协和，认识王应睐、朱雄（注：这两位都是谱主在金陵大学的校友）；21:00到北京。

7月6日—8月4日　在北京，各地汇报及交流。

与张茜谈室工作，支部讨论干部思想情况。

张孝纪汇报花溪，庐山及井冈山汇报、韶山汇报、无锡汇报、北戴河汇报、杭州汇报；向沈阳设计院讲绿化园林化、旧城改建，讨论银川、贵阳实例，银川陈同志来谈公园，黄世珂协同改图，与武汉城建学院方院长座谈。

7月15日

讨论鹿院长归纳的六个问题，晚袁士兴传达时事报告，大雨。

1960年7月16日　苏联政府单方面通知我国政府，决定在一个月内撤走全部在华专家。

7月16日

布置业务学习，讨论红专积极分子，看党刊。

7月18日

整风，晚支部讨论干部思想情况。

7月20日

技、园两室，贺雨作传达，略作准备后，讨论高大问题。

注：谱主的一份任职经历草稿中记有，1961年2月起任国家建设委员会城市设计院技术室、园林室主任。

7月21日

陆谈三门峡绿化。

7月24日

去太平庄参加劳动。

7月30日—8月24日　陪同法国城市规划教授卡尔扎 Calsat 访问北京、南京、苏州、上海、杭州、广州。

注：此人为建筑学会邀请来华访问，尚未找到其他有关记载。

---

① 林一（1911—1990），福建福州人。1932年毕业于福建协和大学化学系。1935年获燕京大学生物化学硕士学位，1950年获美国宾夕法尼亚大学哲学博士学位，中国科学院化学研究所研究员。

7月30日

审查出国展览，奉召陪法城规教授卡尔扎 Calsat。

7月31日

陪卡去故宫。

8月5日

Calsat 座谈，学会谷秘书长、田主任交代接待要点，晚宴送别。

8月6日

7:55 车离京，Calsat 固执不能理解我国情况，并且疑心重，避谈政治。

南京

8月7日

五时前到宁，杨廷宝来接，看中山陵、灵谷寺；省工展，杨谈土洋结合大跃进，卡尔扎首肯，晚看《黄河飞渡》电影，起了作用。

8月8日

南工、玄武湖，东江人民公社，莫愁湖，晚宴王勇书记出面。

苏州

8月9日

车误，11:35 到苏，看拙政园、东吴丝织厂，网师园晚宴。

8月10日

留园工艺研究所，灵岩、虎丘，兴趣不大，晚电影。

上海

8月11日

（对苏州的）玉带桥、狮子林很有兴趣，午到沪，看市容，建委华明之处长、华东建筑设计院总工程师吴景祥接待。

8月12日

药水弄、曹杨新村、张庙、西郊公园、豫园，今天对比的方法运用很好，晚研究日程。

8月13日

卡尔扎去英领馆签证，去上海锅炉厂，闵行一条街，马桥公社，收效尚佳。

8月14日

钱介绍规划，认为不是专业性，看文化宫、建设机器厂，豫园晚宴。

8月15日

城建局后奕斋局长主持座谈，以政治为规划的保证，去同济，要求翻片名（注："片名"不知指什么，后面再次提到）。

杭州

8月16日

与华明之、钱宗瑜交换意见，11:30去杭，高厅长、石院长接，到大华饭店，游湖。

8月17日

灵隐、玉泉、黄龙洞、岳坟、西泠印社、中山公园、平湖秋月、六和塔、屏风山疗养院，大桥，晚宴。

8月18日

西湖人民公社以茶为主，每户收入约千元，虎跑、都锦里，离杭。

8月19日

在车上，仍芥蒂火车，未乘飞机。

广州

8月20日

林老、黄东仪总工来接，看越秀纪念堂、陈祠体育馆、中苏，泮溪酒家便宴。

8月21日

石牌氮肥厂工地效果好，烈士园、农讲所，谈片名事，比较就范。

8月22日

送卡尔扎出镜，表现仍恶劣，4时21分回穗。

8月23日、24日

离穗，车上。

8月25日—9月22日　在北京

8月25日

晨到京，去学会谈情况，遇杨廷宝。回院参加无锡组讨论。

8月26日

听无锡组检查，小组长会谈；小组酝酿准备晚与技室交谈。

8月27日

与赵光谦谈典型检查，赵谈杭州组检查，晚李茝兰结婚。

8月29日、30日

研究检查质量，庐山组介绍、韶山组介绍，小组长会，交代小结、专题等工作。

8月31日

右腿痛，不良于行，休息；杨春茂部长宣布“九一”起院归建委领导（注：“杨春茂副部长对组织结构改变领导的指示”，谱主有记录）。

9月1日—4日

患病。去阜外医院就医，更严重；陈学诗（四女婿，北京医院脑系科主任）来，诊断为皮下神经发炎，封闭治疗，病稍止，呕吐。张茜记录李富春报告，谱主转记至自己的笔记本上。

9月5日—7日

张茜来，约研究总结大纲，一二室汇报，史院长不满意，再研究总结大纲，与小组共同努力提高，接受院长审查。最终汇报结果受表扬，仍继续努力提高，嘱张茜转室，戒骄傲自满。

注：谱主日记从9月8日至12月1日这段时间没有逐日记载。

1960年9月，二女绪理一家从北京调往合肥前拍摄的全家福

9月22日—11月27日

在无锡华东疗养院疗养。

由北京医院沈瑾大夫建议，人事科取得保健局同意，限廿日到院，以购票困难，9月21日离京22日到无锡大箕山华东疗养院，由朱医生、陈医生负责治疗，初到不习惯，国庆节前学太极拳及气功，以后占据全部时间。十月半后失眠直至出院，尚无具体效果，征得医生（李波晨院长）同意，11月28日去沪。

12 月 2 日

离沪。

12 月 3 日

到京，休息两周，北京劳逸结合。

12 月 19 日—年底，恢复上班。

12 月 19 日

上班，先摸情况，阅党内文件。

12 月 20 日

与黄世珂翻译照片资料，与易谈园林化街景，与魏谈教材。

12 月 21 日

支部研究业务、学习、劳逸结合，政治学习，81 国共产党声明，告世界书。

12 月 22 日

扩大院务会议，布置十年总结及生活问题，去建委听报告。

注：院务会议提及“生活问题”，之后到 1961 年时有这个问题被提及。

12 月 23 日

准备十年总结的意见，全院参观历史博物馆，去建委听报告。

12 月 24 日

扩大院务会议，布置三年总结，座谈。

12 月 26 日

听取室座谈三年总结的汇报，参加院座谈。

12 月 27 日

布置教材及总结任务，看党文件。

12 月 28 日

布置植物标本任务，支部会传达北京市与机关党委关于劳逸结合。

12 月 29 日

去人大听报告，三时回。

12 月 30 日

支部会传达劳逸结合，布置工作；参观二龙路公社。

12 月 31 日

检查资料，打扫卫生。

1961年　　54岁　国家计划委员会城市设计院技术室、园林室主任

1961年的谱主

1月3日—6日

三年总结，研究教材园林设计部分及实习内容，讨论园林规划设计提纲，研究室总结及工作，谈园林化图纸。

1月7日—20日

“困难时期”一瞥。

本周病号占半数，浮肿者多，张茜亦病，党委讨论生活与食堂，看易，布置学习传达生活问题，谈劳逸结合，病号特多……

1961年1月14日—18日　在北京召开中共中央八届九中全会，通过了“调整、巩固、充实、提高”的八字方针。

1月20日

张孝纪汇报培养小球藻，与徐谈风景休疗养规划，党委研究生活（张茜参加）。

注：“小球藻”是“三年困难时期”政府看好的代食品，谱主也曾在自家的金鱼缸里养过。

1月21日—27日

谈园林建筑教材，讨论园林设计准备园林史教材，讨论庐山总结及韶山总结，谈植物运用教材。

1月28日

程子华主任宣布建委并计委，传达九中全会精神，鹿院长、规副局长。

1月30日—2月4日

看教材园林规划，安排标本及翻《园冶》工作，阅圆明园资料（园史），

写园林史，讨论风景休疗养区绿化问题，写意大利园史，讨论庐山总结。

2月6日—25日　写园林史，讨论造园手法，韶山、庐山总结。

2月6日

看庐山总结，写园林史，学习，组织生活。

2月7日

传达三大纪律八项注意，支部讨论。

2月8日—10日

写园林史，讨论各种绿地设计、园林建筑、造园手法；学习。

2月11日

讨论韶山总结，鹿院长召开临时会，上半年任务及情况分析。

2月13日

与魏、李研究室总结，由魏和谱主分头整理，学习，晚组织生活。

2月14日

除夕，安排总结及教材任务后大扫除，结束工作。

2月19日

魏谈种植设计教材，与董、贺谈上半年任务及人员组织。

2月20日—22日

张茜来上班。研究学习，介绍室内情况，谈造园史，讨论庐山总结。

2月23日

党委扩大会讨论机构及上海会议精神。

2月24日

史院长传达上海会议，讨论，我室与一室合并解剖麻雀。

2月25日

全室讨论上海会议体会，我室参加一室解剖麻雀，学习计划两周。

注："上海会议"三天之内被连续提到，应是谱主记载的1960年年底的"国家计委在上海召开全国计划会议"即"三年不搞城市规划"说之来源。

所谓"解剖麻雀"是指通过深入研究具体典型，从中找出事物的规律的方法，一时间用得很多，如1960年7月27日《人民日报》头版头条文章："深入基层解剖麻雀合理安排劳力"，谱主在十天日记中有多达六次"解剖麻雀"的记载。

2月26日—3月2日

讨论解剖麻雀（在一室）、研究北票、龙凤、抚顺、安阳等地，研究讨论北票解剖麻雀、党委讨论解剖麻雀。

3月3日—4日

研究支部工作，大会讨论北票问题，晚研究运动进展情况；讨论及汇报，工程师、组长会。

3月5日

听薄副总理在全国生产供应会议上的报告。

3月6日—7日

董布置讨论、谈思想排队，张研究排队，看文件；各组汇报，组织生活。

3月8日

史院长传达计委副主任杨作材①对运动指示，同意再延一周，史报告。

3月9日

工程师座谈会，小组汇报，研究今后计划（两室支委）。

3月10日

党委讨论机构编制，研究一室运动如何进行，小组报题。

注：谱主后面日记中多次提到“一室”，不清楚和前述“技术室”“园林室”是什么关系。

3月11日

陈毅副总理报告国际形势，一室大会，谱主发言。

3月12日

加班讨论，如何贯彻政策。

3月13日

去曹局长处讨论陈副总理报告，研究综合室机构与人员。

3月14日

扩大党委会讨论组织机构及人员，研究园林规划教材。

3月15日

一室汇报划界限问题，只谈了贯彻政策，从实际出发，谱主准备发言。

3月16日

扩大党委会讨论预决算，准备发言稿。

---

① 杨作材（1912—1989），江西九江人，生于营造世家。1936年毕业于武汉大学，同年入党。1938年入延安抗大学习。曾任延安自然科学院校务处处长等职，中华人民共和国成立后，历任国家建委副主任、国家计委副主任等职。

3月17日

找园林史插图，研究全院大会发言稿。

3月18日

扩大单位和传达程子华主任对运动指示，座谈思想转变。

3月20日

准备发言稿，全院大会，曹局长、史院长来参加。

3月21日

大会谱主首先发言，至四时，由史院长宣布延期月底，布置讨论问题。

3月22日—29日　鸣放。

3月22日

扩大党委会，研究食堂问题；一室研究下步讨论题，谱主搞城市现代化。

3月23日

党员、室主任务虚会谈四问题。

3月24日

听小组汇报。

3月25日

研究如何深入讨论，一室主任、工程师等鸣放现代化问题，争论不下。

3月27日

扩大党委会汇报各室讨论情况，讨论出差人选。

3月28日

以血压高 170/110 休息，参加现代化城市辩论会。

3月30日—4月19日　出差动员，园林室成立支部。

3月30日

血压 150/90，头晕休息。

3月31日—4月1日

填计委的人事调查表，写鉴定。

4月3日

看园林规划，去北海。

4月4日

党员、主任务虚会，谈以农业为基础，杨作材主任来，谱主留院不出差。

4月5日

看文件，在计委，杨作材主任、曹洪涛局长主持学习毛主席论调查研究。

4月6日

曹局长作出差动员报告，鹿院布置机构调整，出差准备等工作。

4月7日

去曹局长处研究无锡工作，彭真同志关于九中全会录音报告（注：谱主另有记录），研究无锡组下周一向曹局汇报内容。

4月8日

院务会议宣布机构，与贺研究人员组织，谱主在综合研究室。

4月10日

程子华主任报告，全室分组搬家，晚园林室支部会。

4月11日

向曹局长汇报无锡，全室组长会，贺传达鹿院长指示，史院长学习总结。

4月12日

讨论本室任务及各组具体工作，无锡计划，曹局长指示，支部成立会；苏加加林乘东方号火箭上天。

4月13日

去曹局长处汇报计划，研本室计划及研究组计划。

4月14日

无锡组出发，看管理组、研究组，鹿院长布置留院工作。

4月15日

本室组织与任务，1961年工作，向鹿院长汇报，向室传达，与谈、蒋谈工作。

4月17日

田来谈局的工作，周总理录音报告，晚支委会讨论下放。

4月18日

王院长动员下放，全院讨论，晚支部大会对情况。

4月19日

展开讨论，准备行装。

4月20日—6月2日　以无锡为中心的规划工作，曹洪涛局长也在，短时间去了上海和苏州。

4月20日

与王院长、张茜等话别，车上遇杨部长。

无锡

4月21日

到锡，休息，省徐院长。

4月22日

参加听市里汇报，文教、卫生、市政建设，研究工作，市计委。

4月23日

孙艳贞、徐钜洲汇报公社情况。

4月24日

研究工作，无锡市计经委谭克主任来，谱主、徐院长与凌科长等研究工作计划。

4月25日

曹局长去公社，与徐院长研究调查提纲，看季局长、钱书记，徐回宁。

4月26日

准备调查提纲，去城建局讨论提纲，布置到主管单位。

4月27日

与凌科长、杨科长研究提纲，踏勘危险房屋及棚户区。

4月28日

去自来水公司，曹局长等回，去电业局、公共汽车公司。

4月29日

与蒋、孙、陶去房管处，王处长、李科长介绍情况，学习，省沈松林来。

5月2日

小组座谈提纲及分工，分头准备；整理上水、公交、房管等材料。

5月3日

凌来谈后，分头调查，蒋去电局、沈去建局，谱主研究居住、服务，孙去房管处。

5月4日

向曹局长汇报，蒋、陈去踏勘水厂，陶去商业局，整理材料，晚学习。

5月5日

去城建局接洽下水资料，了解建工部汽车装配厂。

5月6日

随曹局长踏勘居住水平，危、棚、简易、干部宿舍，学习。

5月7日

参观轴流泵，电犁。

5月8日

核心组碰头，准备本组报告提纲，讨论，谱主执笔搭架子，分头写材料。

5月9日

整理专题材料，陶家旺执笔，座谈规划管理。

5月10日

向曹局长汇报这段工作，准备下步。

5月11日—14日

安排本组工作后回沪。

5月15日

回锡，全体会，讨论报告提纲，晚分组酝酿。

5月16日

接洽城建局汇报、踏勘；全体会后，分头准备，20日完成专题。

5月17日

准备两年计划材料。

5月18日

城建局局长季恺、郭、张局长汇报规划、城建工作至21:30。

5月19日

曹局长谈城建总报告写法，25日结束，劳动局汇报，座谈本组专题。

5月20日

讨论工作计划，学习。

5月21日

讨论总报告提纲。

5月22日

研究提纲，曹局长作指示。

5月23日

曹局长召谈向省市汇报内容及下一步工作，苏、常、宁之行。

5月24日

研究城建初稿，曹局长与计委城建局谈，晚讨论城建。

5月25日

研究城建、城规两节内容，讨论后决定轮廓。

5月26日

看城建、城规材料并讨论；曹局长指示谱主去苏，晚向市委钱书记谈。

苏州

5月27日

去苏，中午到，见李、张局长，茅科长谈规划，秦处长谈汪之力意见。

5月28日

看孔庙、沧浪亭、怡园、拙政园，休息，晚李景略局长、茅科长来，张局长病。

5月29日

去城建局谈上海设计会议学习经过，中午到沪。

5月30日—6月2日

离沪。

6月3日

19:00到京。

6月5日

董和谱主在小组谈工作，向曹局长汇报，回来布置工作，晚组织生活。

6月6日

鹿院长召谈规划作用及各阶段的数据，小组分头准备。

6月7日

讨论56—57，59，60规划（无锡）得失及其原因。

6月7日—8月10日　在曹局长领导下审查规划教材《城乡规划》。

教材共40万字（看谱主日记记录应有至少二十章）。根据谱主日记，审查工作向计委党组，计委副主任程子华、杨作材汇报，建工部教育局、建研院、清华、同济、南工等均有参与，清华吴良镛的名字出现了八次，谱主的同事“安、金、谭”（推测应为安永瑜、金大勤、谭璟）参与审阅。

6月7日

曹局长布置审查规划教材。

6月8日

去局研究审查教材，情报组汇报，全国情报会议，晚听安主任报告。

6月9日

去委在杨主任处与建工部教育局冯其心局长谈审查事，学习，稿送到，40万字。

6月10日

曹局长分配任务，个人分头审阅，每人看两章，粗略阶段，1，2章。

6月12日

阅稿，看3，7两章，曹局长座谈审阅方法，预计本周初审。

6月13日

审阅教材，看5，4两章。

6月14日

审阅教材，学习，8，6两章。

6月15日

看9，10，12，13，19五章。

6月16日

看20，11，18三章，学习。

6月17日

看17，14两章，听党课，杨作材主任讲党章，出版社人来。

6月19日

继续看14，看完15章。

6月20日

送西安下放同志，研究分工，向曹局长汇报，看16章，准备发言。

6月21日

计委政策研究室欧主任参加讨论，谈了四章，曹局长指定安永瑜修改。

6月22日

讨论5—8章。

6月23日

讨论10，9，15三章，定作修改准备，通知部教育局明日来。

6月24日

座谈12章，谱主谈11，13，14，18四章，准备抄写教材。

6月26日

讨论16，17，19，20四章。

6月27日

整理对14，13，11，18四章讨论提纲，贺雨昨日回京。

6月28日

讨论发言提纲，召集协助人员座谈下一步工作，约定明天座谈。

6月29日、30日

各校未到，听报告，纪念党的40周年，去人民大会堂参加中国共产党成立40周年大会。

7月1日

准备对教材意见，本院纪念党的40周年。

7月3日

讨论向委党组关于审查教材的报告及审查意见，阅资料、文件。

7月4日

谈审查意见，建工部教育局、建研院、清华、同济、南工参加。

7月5日

谈并研究下一步工作，史院长召谈布置工作。

7月6日

各校谈意见，吴洛山谈继为安、金、谭；进展迟缓。

7月7日

讨论，教局提出本月十五日交稿；谈到农基、近规，尚未完全解决。

7月8日

休会，曹局长、史院长研究我们如何谈，近规十年经验等。

7月10日

结束讨论，分别座谈，与金大勤、陈宝荣谈总体规划（14章）。

7月11日

与吴良镛、陈宝荣谈14章，讨论精简机构、疏散城市人口。

7月12日

与金大勤、黄世珂、徐美琪谈总规园林规划，讨论机构及讨论农村规划。

7月13日

讨论近规（魏）园林（黄、徐），与宗林谈园林，在史院长室谈近规。

7月14日

与清华谈14章修改后的意见，碰头会谈工程规划。

7月15日

嘱张友良去建工部保卫处接洽保密事，讨论园林化，近期规划，讨论区规。

7月17日

看改园林化，汇报近规，与宗林谈卫星城，各组汇报进度。

7月18日

与吴良镛讨论总规的举例，经济问题，近期规划等，研究质量。

7月19日

向史院长请示总规举例，审阅园林两章，讨论区规。

7月20日

与宗林谈园林两章，史院长谈布局举例及近期规划。

7月21日

与吴良镛讨论总规，听传达李副总理报告（注：谱主有记录）。

7月22日

研究总规图例及近规，讨论富春同志报告及研究教材进度。

7月24日

与陈宝融谈总规举例，讨论功能分区，安排园林两章抄写。

7月25日

部情报局谈规划情报，吴良镛来谈如何压缩文字及总的阅读一遍。

7月26日

吴良镛来阅稿，讨论园林、规划两章，看14章总体规划。

7月27日

向史院长汇报修改情况，审查保密，讨论园林规划。

7月28日

计委高、刘两主任动员精简下放，谈园林规划，研究进度。

7月29日

阅程子华、杨作材主任批示审阅教材意见，阅读1，3两章。

7月31日

参加讨论高主任报告，阅党刊，晚组织生活。

8月1日

参加讨论，组织机构，与吴良镛等谈11章。

8月2日

参加讨论组织机构，看园林十章修改稿，史院长谈工程规划。

8月3日

讨论近期规划工程部分，与吴良镛谈园林规划，看三章及工程规划。

8月4日

看工程规划，讨论如何修改、删减及增近期工程内容。

8月5日

看中央文件及苏共纲领，讨论审查意见，定下周二开会。

8月7日

修改近期规划，研究审查意见，晚组织生活。

8月8日

抄近期规划，史院长再度修改，接洽明日座谈会，开审查会。

8月9日

座谈规划与学校交换意见，做扫尾工作。

8月10日

在委听无锡、四川两组汇报，曹局长询问教材事。

注：至此，城规教材审阅工作告一段落。

8月11日—10月12日　在北京。

8月11日

汇报，抚顺，贺雨。杨主任传达李副总理计划会议总结（注：谱主有记录）。

8月12日

陕西王曲，徐水、瓦房店汇报农村公社。

8月14日—15日

阅中央文件，整理教材修改稿，准备园林规划题目，讨论汇报观感。

8月16日

去局听东北区汇报，学习六十条。

8月17日

阅北戴河计划会议文件，听杨主任传达李副总理总结。

8月18日—20日

讨论民族宫建筑群，去实地看；座谈民族宫建筑群；去科协参加建筑群（民族宫）的介绍讨论，张镈介绍。

8月21日—28日

写园林规划报告，去委杨主任处讨论规划任务与机构；史院长召谈如何写报告；草拟分级审批与做规划的范围，准备组织机构的意见；讨论机构，准备规划材料；在杨作材主任处讨论机构，研究向委党组报告；讨论报告如何修改，在杨主任讨论机构报告，史院长召集研究修改报告。

8月29日

准备中央开会建筑及革命纪念地区规划的专题，城市分类，党委会研究工作。

8月30日

薛暮桥副主任作动员学习斯大林的《苏联社会主义经济问题》，之后相关学习讨论约占了七个整天，社会主义经济问题解答，汪士华（国家统计局长）。

8月31日

集体听科学14条、工业60条。

9月1日

核对报告数字，布置收集素材，集体学习，漫谈经济规律。

9月2日

接洽三机部桂林选厂，鹿院长与谭璟谈下放哈尔滨，学习（后谭留水院）。

9月4日

史院长通知去海南岛参加热带植物园规划会议（8日通知延期）。

9月5日—18日

史院长召开修改杨主任对李富春同志报告；学习聂荣臻科学14条报告、讨论聂总理报告的我院实际问题；谈红与专干部政策。

9月6日

谱主妻李听秋病，高血压。

9月12日、18日、22日、23日、25日

研究天安门广场绿化设计及民族宫建筑群布置、民族宫广场问题，写书面意见。

9月13日

布置卫星城镇搜集资料，工作交王建平。

9月19日

党委会研究1961年预算，劳动。

9月20日

龚汇报煤气调查。

9月21日

传达并讨论机构组织。

9月22日

改借阅资料手续，看煤气材料，学习并大扫除。

9月23日

党委讨论机构。

9月26日

研究煤气报告，晚党课。

9月27日—29日

讨论组织机构，学习。

9月30日

布置崔总结广播稿；周总结小区规划。

10月4日

参观波兰工展，写园林工作体会稿。

10月5日

布置工作，小区广播稿、道路专题、总结等，人口统计问题。

10月6日

讨论规划专校课程，研究小区提纲，找一室协助。

10月7日

安排道路规划总结。

10月10日

室讨论小区规划提纲建议，从居住区规划着眼，传达干部轮训。

10月11日

传达教育60条，讨论人防方案。

10月12日

讨论院总结提纲，去部情报局接洽业务。

10月13日—11月11日　出差去大连、旅顺、鞍山、抚顺、沈阳、天津。

10月13日

向曹局长汇报煤气及出差问题，王局长通知去大连见杨部长，讨论岛别墅规划。

10月14日

部工业设计院周新栋来接洽大连购票事，研究煤气工作，支部会，讨论陶冬顺转正。

10月16日

赵、周汇报广播稿及小区稿，安排煤气调查。

10月17日

文化部对避暑山庄规划有意见，王局长与清华去文化部商谈。

10月18日

向王局长汇报小区及广播稿；晚离京去大连，20点开车。

大连

10月19日

18:15到，住东方饭店，次日移中山广场宾馆。

10月20日

去棒棰岛，看现场、别墅区，参观煤气厂，杨部长来，后勤部刘处长约看休养区。

10月21日

去夏家河子看后勤部休养区，旧有基础，房屋破旧，沈阳军区后勤部石参谋长、沈阳军区后勤部营房部设计处刘之汉处长。

10月22日

随杨部长、徐慎副市长看棒棰岛、老虎滩，东山宾馆张义东经理；去黑石礁、星海公园。

10月23日

徐副市长来谈后去海港，座谈煤气，园林处马主任。

10月24日

棒棰岛现场提意见，规划院介绍规划，看劳动公园，向徐副市长汇报。

10月25日

去旅顺，看胜利塔，眺望全景，军事城市非常清静，回程北路，看甘井子、西岗。

鞍山

10月26日

去规划设计院了解情况，建设局王局长同去车站，晚九时到鞍山胜利宾馆。

10月27日

去房管局煤气公司，王经理介绍情况，见李副局长，参观气罐、修表车间，见建设局李局长。

10月28日

参观鞍山燃气厂及化工厂，至建设局谈规划、居住问题，问房管局住宅问题。

10月29日

与规划科朱科长、徐、王福昌看新旧市区，工人住区，房屋破旧。

抚顺

10月30日

经沈阳来抚顺，煤都气象良好，去城建局后住抚顺宾馆，晚迁友谊宾馆。

10月31日

见王局长，自来水张经理、陈同志介绍情况，看胜利及老虎台两矿泵站，河北老城。

11月1日

去老虎台 −430 m 掘进段看打煤气眼，王局长来宾馆，陈淮。

沈阳

11月2日

公用事业科张科长、陈淮来送，10时到沈阳，去公用局、城建局、规划院，陈兆镛工程师介绍。

11月3日

见省建设厅岳厅长、煤气公司刘经理，看一厂、二厂及 54000 m^3 罐工程。

11月4日

去煤气公司谈一厂、二厂情况，省建设厅郭同志来谈全省各市煤气，无轨环行，李局长来。

11月5日
北陵公园，故宫。

11月6日
公用局、规划院、省建厅，离沈。

天津

11月7日
津煤气设计院，董大酉谈煤气设计发展前途，管网等，索阅资料，渤海大楼。

11月8日—10日
抄录资料，讨论提纲及阅资料，座谈气源（尹方工程师）。

11月11日
晨特快回京，布置工作。

11月13日—17日
在北京，苏共22大。
学苏共22大党代会材料，讨论苏22大；听周总理关于苏共22大录音报告；重读论与再论无产阶级专政，霍查报告。

11月16日—12月4日　在北京，煤气、颐和园。

11月16日
吊唁彭涛（计委副主任，化工部长），准备与沈阳市规划院座谈材料。

11月18日
讨论小区规划报告及煤气报告。

11月20日
讨论煤气报告大纲，汇报出差情况。

11月21日
准备园林规划课，汇报，辽宁设计院魏主任接洽交流经验。

11月22日
布置煤气报告，谈道路规划总结，卫星城镇专题，辽宁座谈推迟，搜集园林课材料。

11月23日
去杨主任处听部设计局王处长（技）汇报住宅问题，学习。

11月24日

讨论分配农场收获给干部。

11月25日

设计局吴、宝两工程师谈小区规划，鹿院长召谈出差计划。

11月27日

讨论煤气报告，颐和园分析，准备住宅区规划的意见。

11月28日

去颐和园看布局及分析设计意图，准备谈话提纲。

11月29日

准备颐和园分析，参观乒乓馆。

11月30日

向曹局汇报煤气调查情形，讨论煤气调查报告，研究如何介绍颐和园。

12月1日

准备革命纪念区规划，阅文件。

12月2日

王局长通知5日去湛江参加建筑学会年会，在城市规划学校讲课。

12月3日

向王院长汇报情况，票定5日走。

12月4日

布置工作（煤气、去海南）取介绍信。

12月5日—14日　在湛江，会议准备。

12月5日

看居住区规划发言稿，晚18:20离京。

湛江

12月8日

经柳州11:20抵达湛江，见周明、钟晋祥局长、王局长，郑、安明晨去海南，学会田主任谈筹备。

12月9日

王局长等飞海口；市园林所吴纪华技术员陪往市区看几个广场、公园，规划科刘工、吴栋。

12 月 10 日—11 日

刘工陪看新居住区，与罗科长谈居住区规划问题，打霍乱预防针，改友谊广场图（港区），血压 144/94。

12 月 12 日

写居住规划问题，去华侨招待所，见谷剑侠，王局长问何时开会。

12 月 13 日

去赤坎看旧城改建，遇陈科长，陈同志（在京做湛江规划）车行 25 km 以上，休息。

12 月 14 日

写东北辽宁四城建设报告，去华侨招待所报到，大风难骑车。

12 月 15 日—25 日　在湛江参加中国建筑学会第三届代表大会并考察湛江规划。

12 月 15 日

中午王局长到，同去开大会，接洽住处。

中国建筑学会第三届代表大会代表合影（第三排右起第十人是谱主）

12 月 16 日

搬华侨招待所，小组讨论漫谈学术活动，酝酿选举。

12 月 17 日

大会发言，宣布候选理事名单。

12月18日

选举，准备发言内容。

12月19日

参观堵海工程、糖厂、湖光岩、亚热带植物站、赤坎，晚研究发言。

12月20日

安发言，设计局汪定曾、吴景祥。

12月21日

王华彬、方山寿、江、林克明发言，小组讨论，谱主去华东组。

12月22日

国家机关组讨论，专题组——规划，方山寿、吴继武、王硕克。

12月23日

市邀去赤坎海滨等地踏勘，小组讨论，晚柳州谈规划。

12月24日

各组大会发言，张作琴到。

12月25日

杨部长总结，通过会章，选举第三届理事会，谱主当选为理事。

12月26日—次年1月1日　做湛江绿地规划。

12月26日

在市人委座谈湛江规划，谱主发言，王局长病。

12月27日

去医院接王局长出院，找钟局长，在晚间谈城市建设。

12月28日

早看港、住宅、霞山旧区，王局长和钟局长谈，王等去茂名，与钟研究工作。

12月29日

在城建局做绿地规划，街景（人民大道）、湖光岩，购妥飞机票。

12月30日

与吴纪华、吴栋谈并分配任务，回旅邸写意见，晚钟局长约去局宿舍聚餐，遇雨。

12月31日

写意见。

1962 年

55 岁　国家计划委员会城市规划研究院研究室主任

1962 年的谱主

1 月 2 日—23 日　海南岛参加热带植物园规划会议，做万宁植物园规划（谱主记载：交付图纸）。

1 月 1 日

继续写意见，脱稿，钟晋群局长、吴栋、吴纪华来。

海南

1 月 2 日

搭飞机到海口，飞行平稳，历时四十分钟，住亚热带植物研究所；建工局刘科长安排行程。

1 月 3 日

去省建工局看三亚、八所资料，去市建设局看海口市图，李局长、吴科长看市容。

1 月 4 日

与袁镜身、戴念慈、王挺、刘科等经加积（即琼海）兴隆农场（午膳）来三亚，遇刘云鹤，去鹿回头、椰林农场。

1 月 5 日

看鹿回头招待所，经农场上山看全景；看三亚、月川、落峰洞，晚杨部长到。

1 月 6 日

参观榆林军港，座谈。

1月7日

看招待所地形，沿山坡，建筑问题。

1月8日

离三亚，看天涯海角、崖城、黄流，小憩；到八所，看港口。

1月9日

看水泥厂（6万吨/年），到亚热带科研所看建筑、总平面，晚提意见。

1月10日

早去那大，看市容地形，提意见。与何康、赵朴初、周立波看灌溉站。与何康合影留念，地点在“海南两院”——华南热带作物研究所（院）和华南热带作物学院。

与何康在“海南两院”合影

1月11日

看宿舍区地形，排房子，看中小学、图书馆位置及陈列馆前地形（血压158/116，头昏）。

1月12日

看入口林荫道修改总平面、排宿舍、房屋，座谈。

1月13日

与何敬真同车来海口，仍寓热作所工作站，遇孙筱祥自万宁来，杨赉丽。

1月14日

休息，海南植物园钟义同志来，及局设计室主任陈立德、农垦局温仰钦。

1月15日

何敬真去湛江，中午陈封怀、俞德浚、陈俊愉、孙祥忠来，座谈，梁局长。

1月16日

来植物园，王书记、陈立德介绍情况：土壤气候、园本部、展览区、生产部分。

1月17日

踏勘园地，晚讨论方针任务。

1月18日

讨论，全园鸣放，晚谈规划。

1月19日

彼等出发参观，谱主留做规划，与基建科杨森科长研究水库问题，纠正不现实想法。

1月20日

边踏勘交谈，边做规划方案，晚向谢书记、李主任汇报。

1月21日

十时半离园，四时半到海口。

1月22日

与刘科长谈，看府城、海口沿岸及秀英，晚与时局长谈。

1月23日

飞机先去三亚，延长 15:30 起飞，18:10 到穗，寓爱群。

谱主在海南的留影

广州

1月24日

去市计委转城规，会见黄东仪总工程师及周作恒、姚集珩等谈，看市容。

1月25日

规委关工程师与房管局刘秘书陪往大石路住屋、羊城宾馆、河南基立村、东湖畔溪、越秀宾馆参观，去建工局设计院。

1月26日

去房管局谈房屋拆建修缮情况，去公安局江处谈交通情形。

1月27日

去城规划未遇人，明日飞机票有着，江处长来谈。

1月28日

七时起飞，在长沙损航速仪，修理试飞，至15:30后飞武汉（16:45）宿。

1月29日

八时起飞，13:40到京。

1月30日—2月28日　在北京，主要是“学习”，“整理材料”。

见史院长、贺雨等，见鹿院长，说曹局长要谱主去汇报，但春节前曹局长无暇，汇报推迟。

2月8日—9日

贵阳、承德、厦门汇报。

2月10日

党委会讨论农场，五级干部会议（注：1962年1月11日至2月7日，中共中央召开工作会议。出席会议的有中央、中央局、省、地、县（包括重要厂矿）五级领导干部，共7118人，因此本次会议又称为“七千人大会”），传达报告。

2月12日—27日

听传达，学习；组织搜集上海设计会议以来的观点，整理材料、汇报史院长，指示整理方法，鹿院长召室主任、工程师讨论；学习毛选；与周干峙研究修缮旧屋的经济效益，在局讨论承德组、沈阳组工作；与厦门组研究补充报告。

2月28日

学习讨论规划任务与方向，去经委礼堂听军事博物馆馆长贾佐义将军报告，解放军传统——艰苦奋斗。

3月

与郑孝燮、安永瑜、周干峙合作《关于居住区规划设计几个问题的探讨》一文，发表于《建筑学报》，1962 年第 3 期

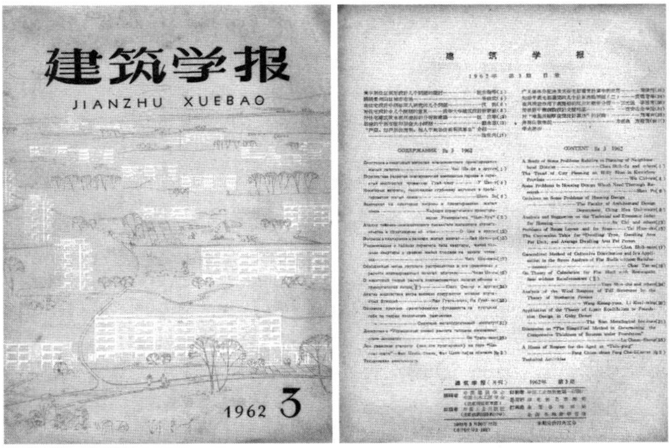

《建筑学报》1962（3）

3月1日

讨论规划任务机构，传达少奇同志在中央工作会议报告修改稿（注：指 1962 年 1 月 27 日刘少奇的讲话，谱主有记录）。

3月2日

支委会研究赵光谦入党事。

3月3日

讨论报告与讲话，学毛选四卷。

3月5日

整理出差报告，在局听北京组汇报。

3月6日—5月4日

“轮训”“学习”。

3月6日

轮训报到，顾卓新主任报告；陈毅在“广州科学家会议”上发表讲话，谱主记录了要点。

3月7日

开始学习，九组，局、院共 12 人。

注：3 月 8 日—5 月 4 日谱主日记空缺了近两个月，其他笔记本只有零星摘记，应是在参加前述的“轮训”“学习”，未记具体内容。

5月5日

高主任讲话，更名为（国家计划委员会）“城市规划研究院”。

5月7日

黄镇副部长国际形势报告，回室与贺谈鹿院长交代的工作。

5月8日

读周总理在人大报告，看科学研究文件，看城市规划问题意见。

5月9日—6月19日　以科学规划为主要工作。

吴洛山联系协调十年规划，与有关领导和同事座谈。讨论科学规划。

5月9日

看文件，史院长对科学研究检查工作，指示原则与吴洛山联系如何进行。

5月10日

与吴洛山谈十年规划，回院向史院长汇报，并谈城规若干问题，着重一年来观点，在室布置，看易院长病，日坛医院。

5月11日—15日

讨论、研究科学规划，向史院长汇报，扩大党委会研究工作；在怀仁堂听中共中央报告会，李富春、李先念；院务会议，贯彻民主集中制与加强团结。

5月16日

全院干部会，史院长报告，传达中央关于经济形势文件，讨论科学规划。

5月17日

建筑组在部开会，刘部长讲话，讨论，史院长传达报告。

5月18日

讨论如何进行，讨论史报告，与沈振智谈平反问题，王光伟主任报告平反甄别。

5月19日—25日

向史院长汇报科规，重点放在本院研究、定人员（19日听文件，陈云），史院长召集工程师座谈会，布置全室提科研题，与谭、姚研究科学研究题目，扩大党委会讨论组织及工作。

5月26日

在学校讲湛江规划问题，与史院长谈崔学荣写的报告，甄别平反会。

5月28日

与局及建研院座谈科学规划，部城建局陈嵘来谈交通研究。

5月29日

召集科研组讨论题目分类，讨论，谭璟去承德，组织生活。

5月30日

北京学会规划组讨论学术活动及年会，与姚谈本室新的工作，准备汇报。

5月31日

院务会议，讨论我室工作，党委扩大会，城局设局迁院，食堂、农场统交计委。

6月1日—2日

讨论科研题目。

6月4日

与王文克、汪之力、吴洛山谈科研题目及规划组名单，向史汇报室工作。

6月5日

王局长来电谈名单，向史院长、曹局长汇报，王局长要谱主向杨主任汇报。

6月6日

与建研院及局讨论研题，北京土建学会理事会讨论年会及学术活动。

6月7日

与科学局谈名单，向杨主任汇报，谭述承德工作，告王局长与沙钟瑞谈城市测量工作。

6月8日—9日

讨论科研题目，参观美术宫（注：疑为中国美术馆），学习。

6月11日

与龚谈研题，与许玲谈广播稿，扩大党委会，工程师作用问题，鹿院长回。

6月12日

谈业务学习，院务会议，讨论业务学习。

6月13日

讨论研题，政治学习“苏联工矿企业规模（166期世界经济资料）”，谱主有记录。

6月14日

扩大党委会，农场电线，保密条例。

6月15日

在建研院讨论科研，学习。

6月18日

与朱钧珍谈园林研题，讨论科研，业务学习，学会工业区讲辞，房屋维修调查汇报。

6月19日

与吴洛山谈 12 年科规检查，与朱钧珍谈园林研题，向史院长汇报科研工作。

6月20日—7月10日　讨论、汇报科研题。

6月20日

安排农场劳动，科研计划，传达蒋匪进犯消息并讨论。

6月21日

贵阳汇报，鹿院长宣布支援农业三年。

6月22日

订科研计划，学习。作《对桂林风景城市规划的几点意见》（收入《程世抚、程绪珂论文集》）。

6月23日

讨论科研题及工业区选厂问题。

6月25日

汇报科研题，讨论绿化，业务学习。

6月26日

讨论科研计划，与安谈科研，听房屋维修及规划国外情报的汇报。

6月27日

谈科研题，学习。

6月28日

科委工作会，总结韩主任报告，参加城建组园林专业座谈会。

6月29日

学会活动，谭璟讲干道宽度，学习。

6月30日

诊牙，周干峙等回院做维修计划。

7月2日

讨论城规组分纲，参加部科学局座谈会，布置三季度工作。

7月3日

治牙，泸州组张器先汇报。

7月4日、5日

修改总纲向史院长汇报科规工作及总纲。

7月6日、7日

准备组员及各省市函；请示史院长后打印函及中心题。

7月9日

扩大党委会讨论组织机构人员，向王局长汇报，寄出文件。

7月10日

今晨始寄出，传达文件。

7月11日—21日　座谈会，研讨规划任务、特点及存在问题。

7月11日

杨主任召开座谈会，研讨规划任务、特点及存在问题，党委研究干部问题。

7月12日

座谈会，研究室干部，杨主任召谈如何分析及进行座谈，准备任务范围。

7月13日

座谈会，谱主谈后王凡持相反意见；汇报业务学习，室干部配备、统战工作。

7月14日

座谈会，建筑组正、副组长会议讨论纲要，安排第三季度工作。

7月16日

座谈会，党委会谈各室干部。

7月17日

规划分组及专家座谈会。

7月18日

座谈会，院务会宣布组织。

7月19日

向王院长汇报工作，鹿院长在院务会上话别，去华东支援农业丰产区。

7月20日

在室会讨论科研题，座谈会，大致定题目与分口负责。

7月21日

部城建肖桐副局长汇报武汉，讨论巩固集体经济发展生产文件。

7月23日—8月3日　为旧城改建研题，去南京、上海、天津；谭璟在天津。

7月23日

11:30 直快离京。

南京

7月24日

9:58 到浦口，渡江找市设计院，误至李善余处安排住处，与徐院长谈日程。（注："徐院长"是江苏省设计院的，1961年去江苏出差时提到过）。

7月25日

李来，同去科委座谈，有省计委、厅、市等单位，徐院长支持，获得成效。

上海

7月26日

与钱至秩、胡汇泉谈研题，约定周六座谈，已收书面意见寄京。

7月27日

晤赵祖康、汪定曾，与规划院各室座谈研题，晚去赵家。

7月28日

去科委晤沈处长，看徐以枋，座谈，同济李金未到，公用、房管、民院、规院等。

7月30日

听徐景猷谈旧里弄调查，方润秋棚户调查，见顾枫及钱至秩。

7月31日

晤胡，借书，回上海大厦，乘14次去津。

1962年8月

获中华人民共和国科学技术委员会（主任聂荣臻署名）建筑工程组组员聘书。

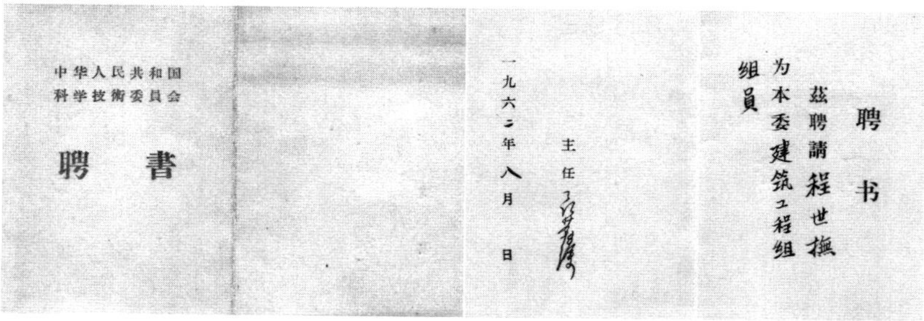
中华人民共和国
科学技術委員会
聘書

聘书
兹聘請程世撫
为本委建筑工程组
组員
主任
一九六二年八月　日

科委建筑工程组组员聘书

天津

8月1日

15:26到津，见谭同去天津饭店。

8月2日

去市建委，见黄、李主任，王处长、高治枢等，去省科委，座谈，市科委郭主任、刘同志来。

8月3日

去晤阎子亨①，看天津某里，回京。

8月4日—10月9日　在北京，旧城改建项目。

王峰副院长正式同意将“旧城”作为科研题目，城市树木供应木材的问题，准备出差计划。

8月4日

见曹局长谈出差经过，与贺谈研题，史院长病，等王院长谈。

8月6日

讨论科研工作，王院长主持。

8月7日

王院长指示分组与院关系，同意以旧城综合题为试点；布置分组工作（注：这是将“旧城”作为科研题目且得到直接领导王峰副院长首肯的最早记录，之后在8月25日、28日、30日、9月5日多次召集有关人员研究旧城组计划）。

8月8日

与王院长见曹局长谈科研工作，支部讨论，见史院长谈工作，把意见统一起来。

---

① 阎子亨（1891—1973），就读香港大学土木工程系，回天津后创办了中国近代最早的建筑事务所之一“亨大建筑公司”。解放后任河北省建设工程厅副厅长，天津市建筑工程局副局长，天津市建工学院院长等职。

8月9日

支委讨论综合组、建一组分工问题，与绿组、对外交通组谈研究工作。

8月10日

讨论工业企业规范的工作。

8月11日

讨论资料工作及规划手册，传达60条八月修订稿并讨论。

8月13日

向王局长汇报科研工作，业务学习动员报告。

8月14日

研究我室各组计划，定期讨论；准备院的科研计划，谈绿化组工作。

8月15日

写科研工作报告，学新60条。

8月16日，17日

讨论并修改座谈会稿。

8月18日

检查肝炎感染，学习。

8月20日

道路组汇报研题，讨论修改座谈会报告上半部。

8月21日

继续座谈，检查体格。

8月22日

向党委汇报科研，座谈会。

8月23日

讨论水、电、绿、建一及资料组工作。

8月24日

研究防护带任务如何进行。

8月25日

找汪德晋谈合作研究防护带，与周谈旧城组研究，讲城市工作。

8月27日

讨论劳动名单，城建分组讨论园林规划，无结果，安排全室劳动。

8月28日

讨论旧城组、经济组计划，支委会传达统战文件。

8月29日

资料室分设，谭、王、归为主任工程师，调查大动物肉食供应，城市树木供应木材。

注：当时经济困难，设计院要调查肉食供应，而且要用城市树木供应木材，此问题9月24日、25日又被提起。后面谱主到广州，当地园林部门技术人员对此有抵触。

8月30日

讨论旧城组计划，绿化组工作，看李子直局长，宣布组织机构。

8月31日

传达城市会议文件，讨论党委工作计划，我室支部讨论科研计划。

9月1日

讨论室工作计划，学习，与董谈科研，向院约汇报时间。

9月3日

看中央文件，向王院长汇报科研。

9月4日

讨论工业区规划，科学局开会。

9月5日

看文件，安排旧城组计划，学习。

9月6日

杨主任批示要汇报绿化工作，王光伟主任作支援农业报告。

9月7日

向党委汇报科研计划，曹局长参加；向工程师、组长谈汇报经过。

9月8日

向王局长汇报科规，座谈会情况搜集准备，下周二向杨主任汇报。

9月10日

去部科学局开会。

9月11日

杨主任座谈会，党员干部，传达文件。

9月12日—22日　科委组长联席会（注：未查到“科委组长联席会”的具体情况）。

9月12日

科委组长联席会，阅读文件，分组。

9月13日

准备规划说明报告，宋劭文主任讲'63计划方针任务。

9月14日

分组讨论，介绍建筑总纲。

9月15日

讨论总纲及重点项目（第一混合组）。

9月17日

报告专业纲要，讨论。

9月18日

大会报告，压缩研题，专业组讨论。

9月19日

讨论压缩项目，休息。

9月20日

继续讨论，三边会谈，历史、设计、规划。

9月21日

双边会议，刘裕民副部长讲话，准备审议报告，重点项目居住区规划研题。

9月22日

讨论修改总纲补充规划部分，汇报分组研题及落实情况。

9月24日

在室谈主持与协作单位落实问题，谈防护带提纲及城市供应木材问题，阅文件。

9月25日

讨论城市供应木材问题，整理并阅读文件。

9月26日

建工部谈居住建筑设计规范，汇报科研，局院研究落实压缩问题。

9月27日

动员学生去广西，传达国庆注意事项。

9月28日

向杨主任汇报科研，安排修改分纲，谈绿化结合生产及防护带。

9月29日

安排修改分纲，补充措施，看病号。

9月30日

王局长要两千字报告给委党组，关于科研工作与我院人员编不足。

10月1日

9:50次孙出生，当日是国庆节，谱主为之取名"可捷"，意为"传捷报"。

10月4日

准备四季度工作及科研，看可捷。

10月5日

布置明日座谈本室研题，向杨主任汇报绿化工作及用材结合生产。

10月6日

各组汇报工作，向曹局长汇报科研工作。

10月8日—16日

建筑组组长联席会议，安排各组（对外、交通与电组，电、绿，建二组等）出差计划，与贺商谈科研工作，定月半去粤沪。

10月15日

陆定一同志传达十中全会。

10月17日—11月8日　去广州、上海，为旧城改造研题及绿地结合木材生产问题。

广州

10月17日—19日

在京广线车上，12:40到穗，安排胜利宾馆，即去省计委、市城规委，见王处长、黄东仪总，园林处晤余工、利工，余对供应木材抵触。

10月20日

市计划委接洽，看黄总，园林处程处长谈绿地结合木材生产问题。

10月21日

农民讲习所、烈士陵园、海珠广场，兰圃、越秀公园、动物园、东山公园、流花湖。

10月22日

市计委谈木材供应，见林西市长，在越秀公园午膳，城规委、省计委，打霍乱预防针。

10月23日

去市农林局谈木材生产有收获，在科学馆座谈规划，省设计院、华南工学院、城规委。

10月24日

在城规委、建设局听规划汇报，休息。

10月25日

去市计委取房管局介绍信，看林克明，市房管局、省设计院因学习未见人；（次女婿）朱季林、新蓉来。

10月26日

房屋建筑公司苏宝义总工、房管局黄、湛两人介绍，市计委李主任谈绿化结合生产，见黄东仪定研题。

10月27日

见省建工局林坚、伦永谦、祝工谈研题，梁科长、伍初、黄远强交换意见，市设计院张文藻院长、佘畯南工程师谈定研题，21:00离穗。

上海

10月28日—29日

12:45到沪，吕、周来接，住国际，晤钱、熊、胡，交谈研题，晚看长女绪珂、五女定。

10月30日

与周去市委取介绍信，园林处人不在，沈家炽谈交通，与吕谈研题，院指定小组配合。

10月31日

见罗白桦，房管局、园林处；周家骧谈研题，民院陈植。

11月1日

胡汇泉谈研题落实，公用局顾枫谈旧城题，钱圣秩谈研题。

11月2日

同济金经昌谈研题，园林处彭斌、陈国华处长，取计委介绍信。

11月3日

卫生防疫站杨杰科长谈防护，看书，与杨铭鼎交谈。

11月4日

去杨浦、和平、鲁迅、长风、西郊公园，写信回院。

11月5日

晤曹淼谈水、煤气研项，晤徐荣春（民院三室）谈综合分析，晤胡总。

11月6日

与徐以枋、徐鸣、李立知谈科研，园林处座谈提纲。

11月7日

座谈规划，研题提纲。

11月8日

吴振千来谈，13:25离沪，9日5:48到京。

11月10日—年底　在北京，计划会议的15个市座谈城建，“思想见面会”等。

11月10日

贺、安谈本室工作与科研关系，思想见面会，提科研领导问题。

11月12日

计划会议的15个市座谈城建，广州、武汉、杭州、成都、哈尔滨，杨主任、刘部长。

11月13日

贺、安去西安，局院决定参加西南综合考察，补发各省市研题，谈园林研究。

11月14日

阅读文件，在国务院秘书厅座谈工矿区的建设与选举问题。

11月15日

准工矿区材料，见许振华主任（法律室），计划会议，城市座谈会。

11月16日

搜集工人镇资料。

11月17日

代王局长去科委，韩光主任报告。

11月19日

向王局长汇报科委会议，国务院召开工矿区座谈会。

11月20日

计划会议，城建座谈：西安、兰州、南京发言，王局长召谈分纲文字。

11月21日

修改城乡规划分纲。

11月22日

杨、刘明夫报告城建及商，改规划纲要。

11月23日

朱畅中与王局长谈杨柳青住宅区规划，结束科规纲要。

11月24日

龚谈哈、长、抚工作，学习。

11月26日

讨论古巴七届建筑师协会展览，谈学会审稿，两篇园林。

11月27日

党委讨论预算，写科规报告，向委党组反映韩光报告。

11月28日

济南园林处翟风仁科长等来访，富春同志计划会议总结。

11月29日

讨论工业污染报告，讨论富春报告。

11月30日

准备汇报室工作，讨论。

12月2日

国家计委城市规划研究院副院长易锋7:45逝世，安葬在八宝山，谱主参与料理后事。

12月3日

王局长召谈今后规划工作，济南市园林处张处长、翟风仁科长来谈。

12月4日

讨论大气污染报告。

12月6日

传达杨主任对城规工作指示，并讨论工作计划，王局长研究科规。

12月7日

汇报科规事业规划，草拟报告及修改事业规划。

12月8日

研究1963年上半年工作计划。

12月10日

各室口头汇报工作计划，科委综合局黄局长座谈事业规划。

12月11日

讨论局院工作计划，研究事业规划。

12月12日—13日

思想见面会，传达中央文件；支部研究工作计划，而后向全室谈，事业规划，杨主任同意编报。

12月14日

国防电影，修改事业规划及党组报告。

12月15日

思想见面会，学习“无产者联合起来”。

12月17日

研究科规工作，方毅主任传达外事会议。

12月18日

局院讨论工作计划，保定、河北省设计院张国英工程师谈住宅规划。

12月19日

阅读文件，讨论方毅报告。

12月20日

与贺雨研究我室工作。

12月21日

园、对外、交通汇报，驻古巴余参赞报告。

12月22日

动力组汇报，学习。

12月24日

城建三次会议，许世平副部长报告，研究本室工作，程、贺、安。

12月25日

各组谈各地规划力量及科研组织，王院长参加，谈座谈会精神，1963计划。

12月26日

研究园林组汇报内容，学习。

12 月 27 日

曹局长谈在城建会议上讲话，大扫除。

12 月 28 日

杨主任交煤气任务，本室谈各地情况，讨论保密。

12 月 29 日

讨论科研下一步工作，学习。

12 月 30 日

研究我室总结及 1964 计划，学习社论“全歼美蒋特务重大胜利”。

1963 年

56 岁　国家计划委员会城市规划研究院研究室主任/城市规划局华东西北室主任

1963 年的谱主

1 月—2 月底　煤气调查、旧城等，筹备建筑学会年会，“五反”。

1 月 2 日

园林组汇报，学习反修正主义社论“陶里亚蒂同志同我们的分歧”（注：此文发表于 1962 年 12 月 31 日《人民日报》）。

1 月 3 日

参加学习“阶级斗争”；计委“关于城市维护和建设问题的报告”，谱主有记录。

1 月 4 日

学习，杨主任指示关于城市煤气的调查研究。

1月5日

研究天津拖拉机厂小区规划任务及煤气调查，学习。

1月7日

学习布置煤气工作，讨论科研事业规划，如何在八个中心设立研究室。

1月8日

去科委谈煤气调查，研究室工作，杨主任要求研究十年计划。

1月9日

道路交通组汇报，与王院长商谈我室工作，如何结合十年计划。

1月10日

访汪寅人①、侯祥麟②、朱亚杰③谈煤气化，部城建局肖明局长约汇报煤气，杨主任同意。

1月11日—15日

煤气座谈会，参观北京焦化厂，建一、经济组汇报，讨论如何结合十年计划。

1月16日—17日

建二组汇报里弄调查，综合经济分析，贺谈十年计划，准备煤气材料，向杨主任汇报。

1月18日

看城绿用材报告，血压160/110，回休息。

1月21日

长期计划园林部分由园林组包，城市绿地结合用材及大气污染报告完成。

1月22日

向王院长汇报天津小区规划、人力组织。

1月23日

研究科研工作，传达报告。

---

① 汪寅人（1914—1994）浙江杭州人。煤化学家，能源科学家。1936年毕业于震旦大学化学工程系。曾任开滦煤矿总化验室主任。1949年毕业于英国伦敦大学研究院化工系，获该校哲学博士学位。

② 侯祥麟（1912—2008），广东汕头人。中国化学工程学家，燃料化工专家，中国科学院资深院士，中国工程院资深院士。

③ 朱亚杰（1914—1997）江苏兴化人。化学工程学家和石油化工学家。1938年毕业于清华大学化学系，1949年获英国曼彻斯特大学硕士学位，1980年当选为中国科学院学部委员（院士）。

1月24日

除夕传达中央不准拜年文件后即回家。

1月29日

讨论园林组计划。

1月30日

水组向院汇报，请示煤气，学习。

1月31日

讨论事业规划，室工作。

2月1日

准备及汇报科研事业规划，定三个点：上海、广州、沈阳。

2月2日

向杨主任汇报沈阳煤气，建筑学会年会筹备会：论文题与讨论题。

2月4日

座谈学会年会题目，建一组汇报。

2月5日

安排各组工作，园林组计划。

2月6日

室总结，楼提意见，读整党文件。

2月7日

与贺谈科研与计划结合问题，建筑学会年会筹备会。

2月8日

向王院长汇报我室工作方向，如何结合计划，看防护带报告，城乡规划普及工作。

2月9日

叶甫阁自西安来，谈与西北院工作联系，指导任务与研究，学习。

2月11日

龚汇报沈阳、天津煤气，园林组讨论工作计划，准备向党组汇报。

2月12日

准备汇报室工作，讨论院业务学习，部科学局问修改纲要与列重点项目。

2月13日

向院党委汇报室科研工作，杨主任同意旧城列为重点项目。

（注：杨作材主任是当时同意旧城项目的最高领导）

2月14日

建二组汇报，与科学局、学会接洽。

2月15日

部城建局汇报园林，杨主任参加。

2月16日

向杨主任汇报科研定三个点。

2月18日

园林处汇报，布置业务学习，向工程师、组长谈工作及院指示。

2月19日

向室谈总结和工作计划，看天津小区单体设计，安排年会事。

2月20日

部汇报设计勘测、科研、学习，党的组织工作：党员登记、党要管党。

2月21日

考虑全室工作计划，安排年会题目，准备向杨主任汇报材料。

2月22日

与水组谈工作，阅读文件。

2月23日

王院长谈科研工作，学习。

2月25日

看各组工作计划，催业务学习计划。

2月26日

准备各组工作计划修改，旧城重点规划说明，干部鉴定与党员登记的布置。

2月27日

与园林组谈居住区布局，年会论文。

2月28日

与组长谈工作计划，项目表，详细提纲，去对外友协开会，征稿事。

3月1日

杨主任传达总理报告，工作计划。

1963年3月1日　中共中央发布《关于增产节约和反对贪污盗窃、反对投机倒把、反对铺张浪费、反对分散主义、反对官僚主义运动的指示》，开始了城市“五反”运动。

3月2日

谭向史院长汇报道路工作，学习。

3月4日

史院长指示，对各组工作的评价与正确方向，辽宁省院接洽科研，去部科学局谈刘部长意见。

3月5日

向杨主任汇报刘部长修改意见，讨论各组工作得失，准备明晨汇报史院长。

3月6日

准备科规，王局长原稿与修改稿的区别，学习，定明日来谈。

3月7日

准备科规，修改词句，吴世鹤、张哲民向杨主任汇报刘部长意见。

3月8日

向史院长汇报科研，指示今年以定额指标为重点，与党员组长研究史指示。

3月9日

向史院长汇报讨论情况，学习。

3月11日

向组长传达史院长指示，学习。

3月12日

向史院长汇报各组长思想情况及科研题，学习“再论陶里亚蒂同志与我们的分歧”。（注：此文发表于1963年3月《红旗》杂志）

3月13日

支委会讨论干部鉴定、学习、思想工作。

3月14日

与建一、建二、园林组谈，学习。

3月16日—29日

程子华主任作阶级斗争的报告；读列宁反修正主义文件；座谈“共产党员

修养”心得；刘明夫主任谈学习雷锋；程主任传达文件；市委建筑部梁部长报告、听取市四建二工区报告；王光伟主任报告；学习文件、讨论。

3月18日

准备及在科协作绿地规划报告。

3月30日

曹局，史、王院长谈“洗澡”，讨论。

注：3月30日谱主日记里首次提到“洗澡”，之后还有“搓澡”，都是“五反”运动的词汇，之后有二十余次，直至6月4日终告一段落，这段时期只有很少的业务工作开展。

4月1日

讨论运动进行及提意见，曹局长读文件。

4月2日，3日

重点项目讨论，科委座谈事业规划经费。

4月4日

向各组谈简意及重点项目。

4月5日

讨论重点项目步骤，史院长交下杨主任布置的指标定额规范审查工作（注：之前的3月8日，向史院长汇报科研，指示今年以定额指标为重点）。

4月6日

看各组研题及工作计划，准备向史院长汇报，曹、王局长，史、王院长“洗澡讲话”。

4月8日—6月4日

几乎天天是“洗澡”“搓澡”，间或有研究重点项目及园林组工作、建筑学会审查年会论文、周干峙汇报论文。

6月5日—9月末　在北京，城规政策。

开始有业务活动了。居住绿地规范讨论、讨论城规政策，讨论规划政策界限。布置讨论定额计算，各地汇报。讨论园林、旧城工作计划。

6月5日—19日

在室读“双反”文件，清点资料各组汇报；讨论唯物论；读黄伟文给富春同志信并讨论；黄镇作刘主席四国访问报告，讨论整改工作；学习中央农村决定、读社会主义建设总路线方针文件；讨论中央农村问题决定。居住绿地规范讨论，为建筑学会写普及材料。

6月20日—29日

布置工程师学习规划政策、讨论；传达子华1964年计划报告；学习规划政策、讨论城规依靠谁、讨论规划政策界限；讨论丁秀对刘秀峰意见；参观新型四合院，科学院地理所来谈；布置工程师学习，讨论干部劳动。

7月1日—4日

史布置七月工作，传达总理报告；通知水、道、动准备汇报。

7月5日—18日

与苏谈判；布置讨论定额计算，水向杨主任汇报，哈尔滨工作汇报、泸州组汇报，讨论泸州布局，洛阳组汇报；读英城市史、排水汇报；防洪、交通组汇报；讨论道桥，对卫星城论文提意见；煤气、园林汇报，20日前交稿；讨论城规问题，讨论措施，投资、材料、人力、设备。

7月19日—20日

阅 Modern Gardener，王院长谈整改，学编者按，苏共告全党信，小平的中央代表团由苏回京。

7月22日—23日

大扫除，讨论中央关于城建报告，研究天津居住区。

7月24日

郭建报告，妇女大会内幕，讨论“二五”规划。

7月25日

看文件，讨论规划贯彻政策问题。

7月26日

讨论给中央报告，讨论规划。

7月27日

译 Modern Gardener，学两封信。

7月29日—30日

阅、议规划文件，参观中印边战展览。

7月31日

济南许衍梁副市长来访，讨论规划政策。

8月1日—3日

讨论规划政策及工作方法；讨论委工作条例，学习两封信。

8月5日

写修改科规总纲经过，本室交流经验。

8月6日

研究出差地点，园林组去合肥。

8月7日—11日

病，休息；长孙可行发高烧。

8月12日—15日

讨论“三年工作”报告。

8月16日

读 Lewis Mumford① 著作，思考旧城研题。

8月17日

讨论调级，阅读文件。

8月19日—20日

读文件，研究 1964 年大学生计划，向王院长汇报。

8月21日

出席科委基建会，韩光、彭鼎主持。

8月22日

讨论调级，韩书记报告红岩。

8月23日

安排学会报告题，王院长调级报告。

8月24日

京土建学会讨论学术活动计划，读文件，中苏会谈。

8月26日—27日

读中苏会谈文件，讨论调级（支部）、院范围调级。

8月28日

与各组长谈研究方法，读文件。

8月29日

邀各室工程师审议天津居住区方案。

8月30日

讨论调级，园林组汇报。

---

① 刘易斯·芒福德（Lewis Mumford，1895—1990），美国著名城市规划理论家、历史学家。

9月2日

任震英兰州规划汇报。

9月3日—4日

讨论城乡规划专业学术会议计划，向杨主任汇报。

9月5日—6日

薄副总理作全国计划会议报告，讨论、联系我院工作。

9月7日—8日

学会讨论年会论文；参加常务理事会。

9月9日—11日

讨论今后工作方案、三人讨论、向各组长介绍结果。

9月12日—14日

讨论园林组计划；综合本室各组计划，新生到；党委讨论各室工作，地区及资料室。

9月16日

向王院长汇报工作计划，支委讨论学习。

9月17日—20日

党员讨论三年工作、支委研究科研意见，向党委汇报，各组传达汇报经过，修订计划。

9月23日

王院长作三年工作报告，大扫除。

9月24日

讨论园林、旧城工作计划。

9月25日—27日

与贺、谭、王、归、邹、车等研究计划，贺整理计划；向王院长汇报。

9月30日

与贺、安商谈去天津事，安排工作，假期准备“美国园林”报告。

10月4日—24日　北京、天津，业务工作继续。

10月4日

布置讨论工作计划，报告。

10月5日

阅文件，党委讨论政治学习，去津。

天津

10月6日

看拖厂居住区规划，参观现场，水上公园。

10月7日—10日

贺、安讨论三年工作计划，参观日本工业展览会；与主任、工程师研究，南京介绍绿化；讨论定额计划，各组配合；研究鞍山调查提纲（绿化）。

中共中央和国务院于1963年9月16日到10月12日，召开了第二次城市工作会议。

10月11日—23日

各级领导传达中央城市工作会议，讨论定额期限、城市分类等，王院长作总结。

10月24日

全室会，党委讨论办公室工作。

10月25日—10月29日　去沈阳，主要目的是旧城会议准备并组稿。

沈阳

10月25日

布置出差点，离京去沈阳。

10月26日

到东北局计委见郝秘书长。

10月27日

顺访沈阳农学院看望昔日老友徐天锡、赵仁镕、章守玉、毛宗良、谭其猛、姚归耕等。

10月28日

见岳厅长、丁同亮，省计委刘处长谈开会事。

10月29日

回京汇报。

10月30日

科委武衡主任报告，定李英不去穗、沪。

10 月 31 日

定 1 日票，学会修改旧城通知。

11 月 1 日

离京。

11 月 1 日—15 日　在广州，旧城会议准备，召集人员，谈旧城、看旧屋。

广州

11 月 4 日

中南局计委基建局马晨光局长谈机构。

11 月 5 日

与黄谈旧城会，晚沈彬、伦永谦、伍初来访。

11 月 6 日

黄召集房局苏宝义、市设院麦、梁两主任谈旧城，看上下九路旧屋，中山七路旧屋，东山湖公园。

11 月 7 日

房管局邝书记、黎主任（办）接待很热情，黎、苏晚来询提纲；归、谭来与委交通局乔处长谈民航。

11 月 8 日

与邝、黎、苏等看中山七路及东堤，张病。

11 月 9 日

马局长来电同意设置机构，杨主任来。

11 月 10 日

在所整理材料写报告。

11 月 11 日

与苏谈东堤改建，看沙河、河南、南园，与莫伯治看旧园、西关、逢源路及教育路、南方戏院、九耀园。

11 月 12 日

去建工局看伍初，谈中小城市问题，与黄谈旧城研题。

11 月 13 日

见林西市长，在房管局听取准备的资料，邝书记等来交换意见。

11月14日

周作恒谈广州市规划。

11月15日

看越秀及文化公园菊展，晚离穗。

11月17日—12月9日　在上海、苏州，旧城会议准备。

上海

11月17日

一时到，寓衡山饭店。

11月18日

见李宇超秘书长（华东局）、计委、规划院钱至秩、胡汇泉，与王天任等参观闵行。

11月19日

规划院看陈植、汪定曾，谈番瓜弄。

11月20日

园林处彭、陈、郑处长、刘书记谈，看烈士公园设计，华东计委门主任召谈，看李宇超。

11月21日

与胡总谈旧城问题，与孙毓驪看平凉路、大连路改建、重建房屋。

11月22日

看陆文达谈建点事，见房管局于局长、汤处长，沈华与徐景猷谈旧城改建。

11月23日

与钱谈旧城改建，看豫园。

11月25日

与徐景猷看西藏北路，与孙毓驪看南市新建、改建、加层等房屋。

11月26日

看华东局园地，与园林处谈研究，与房管局谈维修情况，见杨兆熊主任。

11月27日

与王天任去嘉定、张庙、吴淞，和周家骧、沈家炽谈南京路、外滩改建。

考察中谱主与王天任的合影

11 月 28 日

与吕、钱谈学会题，钱交吕与汤心巽准备，在园林处谈科研。

是日

被建筑工程部建筑科学研究院（院长汪之力署名）聘为城乡建筑专门科学技术委员会委员。

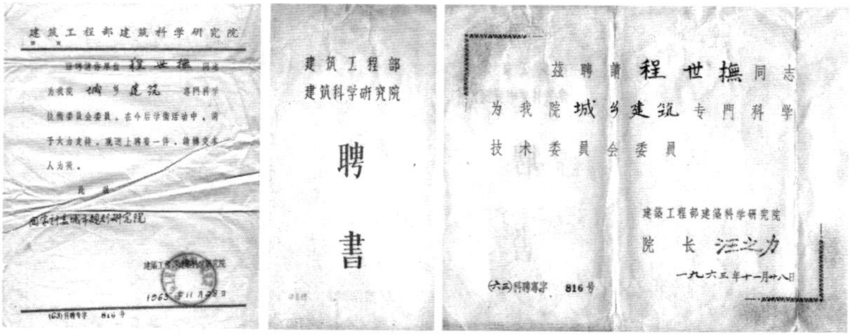

建筑工程部建筑科学研究院

程世撫

为我院 城乡建筑

人为荷。

此致

国家计委城市规划研究院

1963年11月28日

816号

建筑工程部
建筑科学研究院

聘

書

兹聘請 程世撫 同志
为我院 城乡建筑 专門科学
技术委員会委員

建築工程部建築科学研究院
院长 汪之力
一九六三年十一月廿八日

(六三)科聘專字 816号

谱主被聘为城乡建筑专门科学技术委员会委员的聘书

11 月 29 日

见狄景襄主任，谈机构，去房管局、规划院接洽资料。

苏州

11 月 30 日

去规划院取资料，与李宇超去苏。

12 月 1 日

看拙政园，遇周维嘉。

12 月 2 日

参观工艺研究所，迁裕社。

12月3日

市计委张廷中副主任谈，城建局、园林处（张百超）看耦园。

12月4日

看天平山的桃花涧，与陆天真看壶园、畅园、鹤园、环秀山庄、洽隐园、慕园、曲园。

12月5日

计委宋科长接洽座谈会事，城建局看资料并交谈城市规划，看王天井巷修屋及艺圃。

12月6日

与房产公司谈旧房修缮，与规划科座谈，大家介绍看法后谱主谈道路规划，未完，约明日再谈，晚看吴迪人书记。

12月7日

看沧浪亭、可园、万宅、吴宅、听枫园，在建设局谈绿地及城市规划。

12月8日

看虎丘、留园，在园林处座谈。

12月9日

市计委座谈，接洽古为今用研究题，陆天真负责，晚吴迪人、王展、张百超来谈。

12月10日—20日　中国建筑学会在江苏无锡举行1963年年会，参加这次年会的有来自全国各地的代表一百余人，年会共收到论文129篇。

注：会议期间，谱主在南京出差，派周干峙参会。12月24日有周的反馈意见。

12月10日—15日　南京，在雨花台做烈士陵方案。

南京

12月10日

到宁，唐健行、沈葆中来接，看雨花台、瞻园、太平天国展览馆。

12月11日

园林处向庄、唐局长汇报，看莫愁湖、白鹭洲、清凉山、玄武湖。

12月12日

看鸡鸣寺、北极阁，做烈士陵方案。

12月13日

两次看雨花台地形。

12月14日

考虑烈士陵方案。

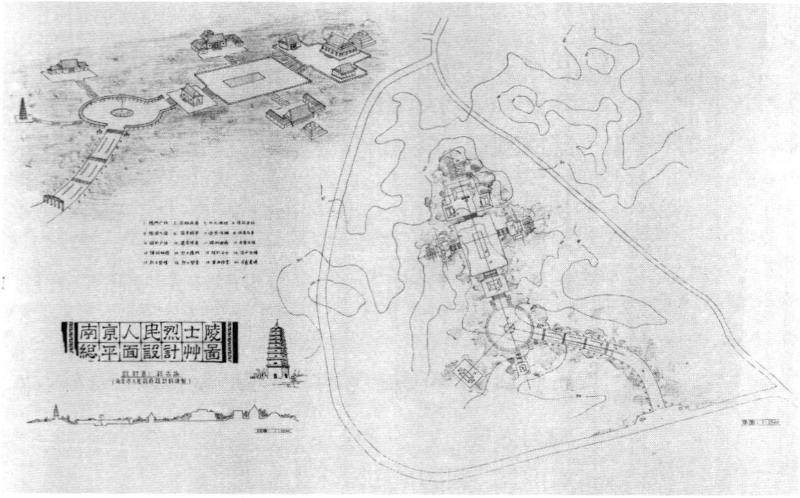

谱主设计的烈士陵园总平面草图（标注“设计者程世抚”）

12月15日

离宁。

12月16日

到京。

12月17日—31日　北京，汇报出差情况等。

12月17日

向李院长汇报出差情况，阅各组来信，学习反修文件25条。

12月18日

楼谈刘主席报告，准备建点报告，学习讨论七单元。

12月19日

布置园林组写报告内容及定额指标提纲，写报告，市土建学会理事会。

12月20日

听波兰区规、城规情况介绍；学习，批阅四川、大同、湘潭来信。

12月21日

田家英作农村社会主义教育的报告；处理道、交、外各组信件，学习。

12 月 23 日

沈、庄汇报天津居住区设计工作，看冶金工业总图规范，学习。

12 月 24 日

周干峙谈无锡年会，低标准引起注意与争论，学习。

12 月 25 日

龚、楼谈室总结，柴、姚谈刊物事，吴纯谈南京园林总结报告，学习。

12 月 26 日

写苏州' 59 规划检查，与龚谈煤气报告，学习。

12 月 27 日

程子华报告"以水利为中心的农业生产"。

12 月 28 日、30 日、31 日

听石油部余秋里部长关于大庆油田企业管理的报告，学习主席思想与科学结合，讨论余部长报告。

1964 年　57 岁　国家经济委员会城市规划研究院研究室主任

谱主 1964 年的证件照

1 月 2 日—15 日　富春同志指示，按中央克服故步自封骄傲自满指示，总结、汇报。

1 月 2 日

讨论石油部大庆经验。

1月3日

建筑学会讨论今年八月在科协北京中心举行学术会议，准备题目。

1月4日

继续讨论，联系实际，读文件。

1月6日

传达富春同志指示，按中央克服故步自封骄傲自满指示，学习再延两天至8日。

1月7日

讨论计划工作如何革命。

1月8日

讨论怎样做思想工作及政治机构。

1月9日

党委讨论汇报总结1964年工作，支委会讨论，向回院各组长交底，选点及总结的准备。

1月10日

汇报形式改变，我室七个组，范围是局院全体，研究如何进行；讨论园林报告。

注：关于“我室七个组”，后面2月10日日记提到“建一、建二、对外交通、交通、道路、园林”，可能还有“动力”；3月2日、3日提到“道路、交通、给排水、园林、动力、对外交通、经济”七个组。

1月11日

整理材料，参观经委物资总局的学大庆机关革命化、评比的经验。

1月13日

修改南京园林经验报告，西安谈改建。

1月14日

程子华主任传达富春同志关于长期计划的报告，情报局王谈法国城市规划。

1月15日

富春同志在一机部设计会议的报告。

1月16日—31日　各地汇报定额、规划方法。

1月16日

董兴茂汇报武汉青山区定额调查。

1月17日—18日

张国印谈包头昆独仑区定额，学习读大庆文件。

1月20日—22日

马熙成汇报白银市定额、孙艳贞谈黄石市房屋定额、沈远翔谈银川规划方法；王德政谈给排水、刘达容谈小城市的建设问题。

1月24日—25日

感冒39.1℃，休息。

1月28日

韩光报告1964年科研管理工作及计划；王天任谈城市公共交通。

1月29日

研究室总结提纲，总结评功运动；王院长动员报告。

1月30日

读文件，建二汇报公建定额。

1月31日

动力、园林两组在室内汇报，李蕴华副院长分工领导我室。

2月1日—24日　个人和集体评功。

2月1日

评功先集体，交通组谈，沈、庄已下放先送功，交组比较透，但占时多。

2月2月

建二组谈，与吴纯、张孝纪、金受玉准备。

2月3日

道路组、园林组，何宝彪，支委研究运动进度。

2月4日

个人评功，王云子、张志能、许玲、程理尧、赵光谦。

1964年2月5日　中共中央发出通知，号召全国其他部门学习大庆油田的经验。

2月5日

周干峙、王鸿昭，方毅作非洲之行报告，凌振家、沈振智，晚谭璟。

2月6日

谭璟、王天任、徐道根、张孝纪、吴纯、金受玉，晚冯家彦。

2月7日

大庆油田设计院张副院长，工艺室张副主任报告经验；支委会。

2月8日

回忆对比，动力、水、经济在室介绍经验。

2月10日

建一、二，对外交通，道路、交通、园林介绍经验，李院长研究韩光报告。

2月11日

看干部家属，整理资料。

2月12日

封门，结束工作。

2月17日—24日

讨论富春同志报告，集体、个人评功。

2月24日

为个人"画像"单项标兵，集体"画像"——至此，"评功"告一段落。参加城建会议园林组。

2月25日—3月14日　机构调整，研题。

2月25日

三人讨论建一组、工业或公建以及整编组交我室问题。

注："三人"这种表示方式在谱主本年日记中多次出现，推测应该是该室的三位负责人，谱主及贺雨、安永瑜。

2月26日

听陈毅同志随周访欧、非报告录音。

2月26日—28日

讨论科研题，三人研究各组工作，向史、李院长汇报，调整研题；在全体党员中宣布压缩研题经过，再向主任、工程师、组长谈。

2月29日

部厅局长（城建）会议来局座谈城规问题，曹局长主持，史院长答复。

3月2日—3日

道路、交通、给排水、园林、对外交通、经济组等组谈规划，曹局长交城乡委年会任务。

3月4日

局、院宣布归经委领导，讨论机构，参观我国公交新产品展览。

3月5日

讨论机构：（1）充实行政撤院；（2）在局设研究室；（3）另设研究所或院三方案。

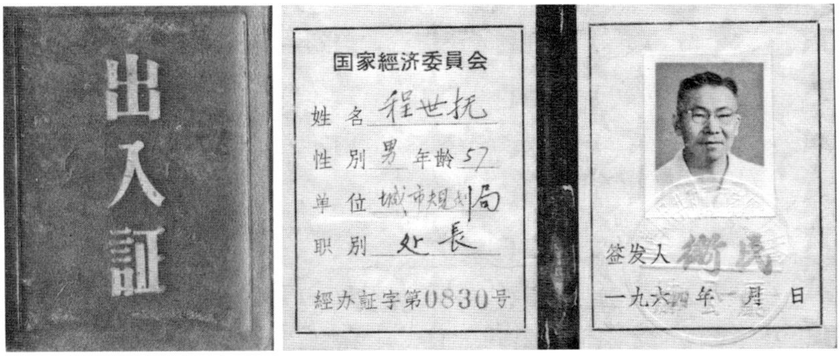

国家经济委员会城市规划局出入证

3月6日

分组讨论机构，在室宣布归经委领导；局院合并机构暂不动等指示。

3月7日

定地区处、民建处、研究室任务，史院长来安排研室各组及人员名单。

3月9日

曹局长召集研究组织机构及人员配备，晚在全党宣布、讨论。

3月10日

晨讨论，接总结组，史院长研究工程师安排；综合、规章、定额三组。

3月11日

接资料部分，学习。

3月12日

学会谈接待法建筑工程代表团，谭副总理报告农业长期规划。

3月13日

谭报告，富春同志指示九大关系，讨论规划阶段，就南昌规划发言，安志文、宋养初讲话。

3月14日

曹局长、史院长谈机构变动，从今日起归经委领导，讨论，在室宣布分组。

3月15日—16日

接法建筑代表团；陪同参观，晚便宴，代办沙耶在座。

注：此次接待法建筑工程代表团，是学会来的任务。谱主记录了以下几位客人的演讲概要：拉摩尔，国家土地规划与组织主席；波罗丁，防卫区规划总负责人；鲍蒂埃，巴黎15区改建负责人之一。

3月17日

参观规划阶段讨论，与刘达容、崔学荣研究综合组工作。

3月18日

史院长谈总结，研究组内工作，向同济介绍卫星城镇的看法；听矛盾论，林青山，高级党校。

3月19日

丁秀召开园林专业委员会讨论成立与年会，草拟撤销科研工作报告；法代表团报告。

3月20日

送法代表团；讨论总结，修改撤销科研报告。

3月21日

看修改稿，讨论总结，分规划思想、方法、作风三部分；讨论沈阳年会事，拟暂停，与史院长谈并询王局长意见，他嘱与曹局长谈。

3月23日

向曹、史汇报沈阳年会，决定照开；综合组准备报告；看文件。

注：关于“沈阳年会”，一波三折，“拟暂停”又“决定照开”，谱主几个月来日记中多有提及。

3月24日

局务会议：二季工作与制度，讨论年会筹备，史院长谈工作部署。

3月25日

三人与史谈本室二、三季度工作安排，与刘、崔谈综合组；矛盾论报告。

3月26日

讨论总结稿及综合组工作计划。

3月27日

研究室计划，黄东仪来，听矛盾论讲解。

3月28日

局务会议：文书制度，我室工作计划，去学会谈城规年会，与情报局接洽。

3月30日

室务会传达局务会并工作制度按照执行，在综组讨论总结内容。

3月31日

接总支指示，九月前安排学习或劳动一项，修订工作计划，向史院长汇报，未许可，仍照原计划落实到人；讨论总结。

4月1日—4日

讨论规划条例，学习讨论八评；讨论定额，大扫除；与沈勃谈年会。

4月5日

准备传达法建筑师座谈，对李嘉乐城市绿地结合木材生产文的意见。

4月6日

在史院长室讨论我室人员，传达法建筑师报告；看文件，建工部党组建议发刊城建。

4月7日

讨论总结，天津边宏谋谈研究，情报局接洽东德小区改建文，年会筹备会。

4月8日—9日

填干部表，答情报局推荐德改建文，周总理访14国报告录音，准备年会向局报告。

4月10日—23日　与李蕴华副院长参加东西长安街规划审查会议。

东西长安街规划审查会议，面向镜头左起第四人是谱主

据有关学者的研究，1964 年的长安街规划实际上包括天安门广场的扩建和长安街沿线详细规划两大部分。为集思广益，北京市在 1964 年 4 月邀请全国 70 多位专家到京参与为期 9 天的方案审查，确定了若干设计原则并总结了 1949 年以来的规划和建筑设计经验，意义重大（摘自刘亦师《1964 年首都长安街规划史料辑佚与研究》）。谱主在会议发言中一如既往，主张“少建高层、少拆屋、分期实现”。

4 月 10 日

与李蕴华副院长参加东西长安街规划审查会议，介绍六个方案，拆 67 万 m^2，建 182 万 m^2。

4 月 11 日

介绍方巾巷、西单建筑各方案，小组座谈。谱主建议少建高层、少拆屋、分期实现。

4 月 13 日

看模型，踏勘现场。

4 月 14 日—15 日

小组讨论。

4 月 16 日

一天大组讨论。

4 月 17 日

谱主发言。

4 月 18 日

与李院长准备关于审查长安街规划的报告，参加三组汇总六个问题讨论会。

4 月 20 日

辽宁建设厅设计院规划室尹主任三人谈年会，扩大局长办公会，汇报长安街会议。

4 月 21 日

与李院长讨论长安街规划审查会议的报告，晚综合组生活会。

4 月 22 日

两次修改写出报告初稿交曹局长。

4 月 23 日

贺谈室内干部思想，曹局长改好报告送宋主任转一波同志；阅文件。

4月24日—5月27日 “机关革命化”，筹备“七月设计会议”，继续筹备旧城会。

4月24日

呼和浩特汇报，改岭南园林审查书，阅文件，归工调物资总局设计室（仓库）。

4月25日

人大张之教授来谈科研；准备局务会议，讨论二季度出差计划。

4月27日

室务会议传达局务会议、局长办公会，宋主任传达薄主任指示、周总理人大常委会报告。

4月28日—30日

钟民副主任讲机关革命化；杨耀报告；讨论机关革命化。

5月3日

局务会议，四月工作汇报，局长办公会，准备七月设计会议。

5月4日

室搜集对工作意见，参考资料编委会；建筑出版社臧凤翔接洽著作。

注：建筑工程部图书编辑部臧凤翔来函称“正在编制建筑图书四年选题计划（1964—1967年），请谱主对“城市规划”和“园林绿地”专业提出意见。谱主的计划为“造园史话——从几种典型手法探讨其古为今用问题”，计划1965年底着手（同年9月22日臧又来谈）。

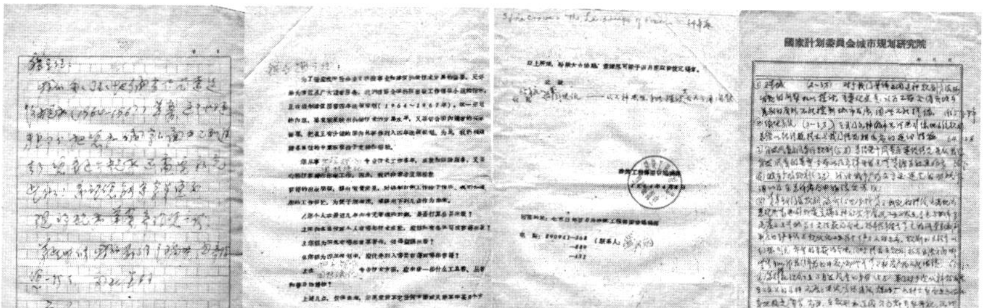

臧凤翔的约稿函和谱主的计划

5月5日

讨论机关革命化，阅规划总结。

5月6日

讨论规划总结，郭建在亚非团结理事会（阿尔及利亚）、韩幽桐在国际法协（布达佩斯）录音报告。

5月7日

阅摘文件，晚组织生活。

5月8日—9日

讨论总结、条例、定额三文件，督促并帮助改三文件，大批人马于10—11日出发。

5月11日

局长办公会，筹备七月基建会议，局务会议谈城规题，晨室会布置本周任务。

5月12日、13日、14日

陈毅同志出国报告，杨献珍实践论辅导，总支会。

5月15日

二处汇报北京选厂，石油炼厂及维尼纶厂位置（牛栏山），学习。

5月16日

讨论实践论，读文件。

5月18日

室务会，订本周工作计划，局务会布置选厂任务（注：应为前面5月15日提到的炼油厂和维尼纶厂），汇报我室上周工作。

5月19日

传达陈毅报告，阅文件，安排工作。

5月20日

见房管局赵鹏飞局长请支持旧城年会，学习，写实践论初体会。

5月21日

写信津、杭、济、宁，组织论文，去市房管局华主任谈年会事。

5月22日

医牙，安排规章组出差事。

5月23日

传达“做冷静的促进派”文件，讨论整理翻译文献，复安、贺。

5月25日

阅英城规文献，讨论长计工业项目分布问题。

5月26日

安排资料及室工作，去经委听访朝报告——大安工作体系。

5月27日

北京周永源汇报建厂条件。

5月27日—30日　去沈阳，讨论论文题目，实地踏勘。

沈阳

5月28日

晤刘处长、岳维春厅长，座谈；省设计院尹、市陈工，抚顺谈论文准备情况。

5月29日

看铁西工人村（城公社）北市场，拆危房打通道路工程等。

5月30日

座谈论文题，省院北市场做法，见岳副厅长谈筹备，与抚顺、沈阳谈，离沈。

6月1日

安排本周工作，接洽杨耀文章。

6月2日

局务会议，复贺信，联系年会信。

6月3日

复文学会信，学习。

6月4日

做文献卡片，准备去桂林。

6月5日

为年会写信，写作计划，阅文件。

6月6日

向谢、安交代支部与室工作，搜集地貌地理文献。

6月7日—7月18日　出差桂林、（经）汉口、上海、杭州、济南、沈阳等地，在桂林参加桂林城建会议，为旧城会组织论文。

6月7日

19:25离京。

桂林

6月9日

13:22到桂林，韦启鹏副局长接，看总图。会议推迟至12日。

注：1964年，借在桂林召开城建会议的机会，作为市委书记的黄云邀请外省专家到桂林考察，为桂林风景名胜的建设，从项目的定位论证、科学评估、功能划分和交通布局等方面，为桂林制定总体规划，这就是一些老桂林人口中常提及的“六四规划”。（据《桂林日报》）

6月10日

阅Mumford。看滨江道、宾馆区、榕湖饭店后园。伍初来谈。

6月11日

阅书。唐天佑来反映邕（南宁）柳（柳州）大拆大建，汇报李院长，林星汉来。

6月12日

汇报总图及市政工程。

6月13日

看象鼻山、毕洲、月牙楼，汇报风景点。

6月14日

叠彩山、伏波山、滨江路、象鼻山、中山南路，汇报几条街，滨江路规划。

6月15日

芦笛岩、桃花江路、尧山。晚汇报滨江路绿化，兴安、漓江。

6月16日

漓江，宿阳朔。

6月17日

汇报阳朔、月光洞，经雁山回。

6月18日

准备发言，广州市余总发言。

6月19日

大会，乔晓光书记主持，小会讨论，陈震文院长。

6 月 20 日

大会，看南宁南湖公园图，黄云及陈书记来谈。

6 月 21 日

休会，区建工局胡国雄工程师来，乔书记等回南宁。

6 月 22 日

黄云书记总结，区计委何主任表态。离桂林，衡阳无车，转武汉。

谱主在笔记本上写了“给外宾看些什么”的发言稿：

1. 风景，喀斯特的峰林地形；2. 科学内容；3. 生活服务设施；4. 市容。

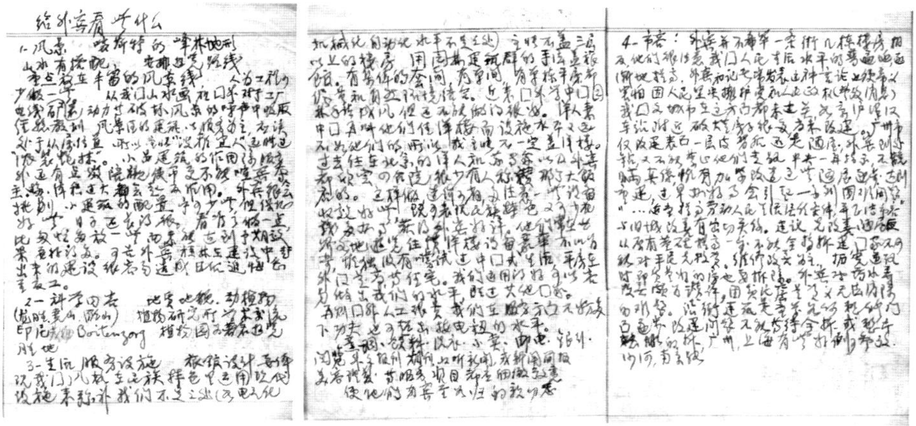
给外宾看些什么

发言稿《给外宾看些什么》

谱主记录了黄远强、陈震文院长、汪季琦、乔晓光书记、吴洛山、廖伟局长、黄云书记（转达陶书记关怀）、区计委何主任的发言要点。

6 月 23 日

中午到汉。

6 月 24 日—26 日

江亚轮写报告，13:30 到上海，看绪珂，住南京饭店，会晤钱圣秩。

上海

6 月 27 日

暴雨，与许汉辉看番瓜弄。

6 月 28 日

在绪珂家。

杭州

6月29日

9:58到杭，去市人委见余森文，住仁和路市招待所，晤市建设局吴承枝，省院孙，看植物园，看谭伯禹，绕西湖一周。

6月30日

与胡绪谓乘舟陪同看柳浪、三潭、花港，与省院、市局、房管谈论文，收获不小。

7月1日

看石屋洞、虎跑、龙井、灵隐，与胡绪谓谈杭州园林规划，看图。

7月2日

与市规划处何振声工看延龄、解放路改建，街坊、省院。

7月3日

与余市长、胡工在城隍山座谈风景规划，看孤山、里西湖，楼外楼晚膳。

上海

7月4日

到沪，5日在绪珂家。

7月6日

在园林处看虹口公园北部改建、龙华烈士公园。

7月7日

龙华苗圃、国旅宣锋经理。

济南

7月8日

特快赴济南，与郦芷若等会面，与王治平等谈论文，市城局谈市论文。

7月9日

见省董局长、王治平、陈、黄等，看趵突泉、假山等工地，提出意见。

7月10日

与王治平等谈论文，看经二路及丁家岩居住区，郦止若、陈其恕、黄世珂、林家双。

7月11日

雨中看大明湖，董局长、方运承来，市城局谈市论文，建议总结商场。许衍梁来。

7月12日

看金牛山动物园，谈园林规划设计如何贯彻政策；误点，18:30后离济南。

沈阳

7月13日

到沈阳住市科学馆，省院马院长王书记尹积英来谈如何审查，开始审查论文。

7月14日

大会开始审查论文，核心组与大会结合，讨论两篇，关于“鞍山坡地住宅区”、“道路和防排洪规划”，谱主有详细记录。

7月15日

讨论了三篇。

7月16日

分头与抚顺、本溪、东北院、沈阳市、房管局面谈交换意见。

7月17日

与省规院谈，离沈（阳）。

7月18日

回京休息。

7月20日—23日　在京继续筹备旧城学术会，突接通知中止。

7月20日

向史汇报，同意筹备意见，草拟代表单位与名单，贺传达中央工作会议。

7月21日

去学会，谈园林主任委员会，革命化运动。

7月22日

参加机关革命化运动。

7月23日

史通知宋养初①主任不同意旧城学术会，准备报告与年会筹备情况。

---

① 宋养初（1914—1984），时任国家经委副主任。

注：1956年，谱主参加制定十二年科学规划，负责其中城市规划部分的旧城改建研题，此事一直在谱主的长期工作计划之中。为了旧城学术会，谱主已经筹划了年余，不断向直接领导曹局长、史院长汇报并获得了众多单位的支持，遗憾至此“旧城学术会”被砍掉。二十多年后的1987年6月3日至7日中国建筑学会城市规划学术委员会依旧是在沈阳，召开了旧城改造规划学术讨论会，不知道与会者中还有没有人了解当年谱主为此研题而做的努力。

7月24日

修改报告后参加讨论局的差距与建议，中午交曹局长，晚扩大支委。

7月25日

金经昌来，搜集教材，请示史局长后，参加讨论室的差距与改进建议。

7月27日

支委讨论思想情况，如何找个人差距；贺向室谈，大家准备。

7月28日

转个人找差距，史参加组织生活，谈集体领导。

7月29日

罗士高谈阿尔巴尼亚；分几组找差距，谈资料，总结及参考资料。

7月30日

指定谱主陪越南交通考察团，去对外经委联系；讨论组主要差距。

7月31日

思考差距（个人），与王天任谈越南考察团提纲，草拟学会停开稿；室主任思想见面会。

8月1日

读文件，与总会谈城乡会结束事。

8月3日

曹局长谈局差距与措施，讨论局差距，室主任思想见面会，史参加。

8月4日

王光美作参加“四清”经验报告，人大餐厅，录音。

8月5日

贺谈室规划，全室讨论。

8月6日

准备个人规划，参考毛选文章解决工作、思想上的差距，史局长病。

8月7日

拟个人规划，讨论局规划，今日支援越南游行，明日继续并扩大。

8月8日

少奇同志关于社革录音报告，与张祖刚、张孝纪讨论谱主的规划。

8月10日

局务会议讨论下半年工作计划，讨论室规划。

注：1963 年至 1965 年期间，根据中共中央连续发布的《十条》和《二十三条》指示，在我国部分农村和少数城市基层开展社会主义教育运动。

8月11日

局处长见面会，检查体格。

8月12日

与郑工、王工谈总结城规经验，讨论少奇报告，传达党委对革命化指示。

8月13日

总支布置下一期学习任务，修改规划。

8月14日

介绍桂林风景区规划，讨论刘主席关于阶级斗争的报告，看史局长病。

8月15日

与郑、王谈研究写作计划，研究资料工作，组织学习班。

8月17日

轮训开始，前期介绍经验；郭主任布置任务，安排房间，学《共产党宣言》。

8月18日—20日

集体、个人精读《共产党宣言》。

8月21日

讨论马克思主义基本原理及主席对马列主义的发展，传达主席三线工作指示。

8月22日

讨论及小结，传达委办公会，两种制度。

8月24日—9月2日

学习、讨论矛盾论、实践论。

9月2日

中央决定大城市不放新项目，还要疏散到三线。

9月3日—12月15日　接受对外经委吕委员交办的接待越南交通考察团的任务，去长沙、广州先行筹备，安排考察团在北京的活动。越南考察团11月13日到北京，12月12日去长沙，谱主因参加三届人大第一次全体会议中断接待工作。

9月3日—19日

以讨论“一分为二”“同一性和斗争性”“内因外因”为主的粗读和精读；李开信传达委党组会议及中央指示；读《正确处理人民内部矛盾》。

9月3日

去对外经委谈越南考察团事。

9月4日

向吕委员①汇报昨开会事。

9月11日

建、交两部，市交通局讨论越南考察团接待问题；《矛盾论》座谈小结。

9月12日

向吕委员汇报接待准备会。

9月16日—18日

准备小结，在史局长处按新形势讨论我局工作如何进行；支部讨论小结。

9月19日

讨论局工作，暂时改组，规、研。

9月21日

在史局长室讨论接待越南考察团，交、建部来研究交通规划提纲。

9月22日

写破苏修框框，臧凤翔来谈写作；晚讨论城规如何适应形势。

9月23日

史传达计划会议，富春同志报告精神，贺准备带队去大庆调查。

9月24日

准备报告，史谈大庆，与张孝纪谈桂林审批项目，张茜长途电话。

9月25日

马骥与林院绿化系余书记来；贺交代工作，审查桂林规划。

---

① 吕克白（1917—1999），时任国家经委副主任。

9月26日

史宣布新组织，看文件。

9月28日—10月4日

桂林审批文件，与计委基建局李藻文谈桂林审批，函张茜，计委不拟给钱盖旅馆。

9月30日

史指示长途通知张茜调查现状的要求，张今日离桂林。

10月4日

张茜回，谈桂林工作，安排清理技术资料。

10月5日

李局长传达委办公室布置小城市建设条件、任务。

10月6日

史云山汇报迁厂工作，讨论局工作，阅交通规划发言稿。

10月7日

去教育部计划司叶司长谈两种教育制度，看交通规划稿。

10月8日

看文件，王锋局长介绍攀枝花规划，结合两种教育劳动制度，破旧框框。

10月9日

史谈交通规划，王谈攀枝花。

10月10日

史布置接待任务，订票遇困难，让“四清”。

10月12日

安排桂林审批，接待越代表团事。

长沙

10月13日

飞长沙，去市经委、生产科廖信武科长接，住省招待所。

10月14日

见苏明副市长，郑平副主任、钟主任（市委），去交通局裴局长谈，周秘书长同去城建局李局长谈。

10月15日

港务局郭书记、局长谈，看港务局作业码头、公汽、北站等处。

10月16日

看南站水陆联运，张祖刚等到。

10月17日

向建、交部介绍情况，城交两局谈介绍材料。

10月19日

与陈等见郑主任，看码头设备、柴油机船等。

10月20日

在市委汇报，韩书记，杨、苏两市长谈修改材料的原则。

10月21日

写报告寄北京，晚登车去穗。

广州

10月22日

14:00到，见市经委钟非副主任。

10月23日

与经委交通指挥部办公室赵武健副主任谈，去城规委、交通局赵局长介绍，王茂永、周作恒。

10月24日

看机动三轮、渡轮、立体交叉，二火车一公路，运输公司、公共汽车保养厂。

10月25日

看交易会。

10月26日

看黄埔港，周局长、杨主任，材料颇完整；看作业区、员村、市港、航局介绍等。

10月27日

看市港、河南、芳村作业区，南站介绍联运、南站码头、如意坊码头。

10月28日

看技革展览，去省教厅谈两种教育制度，吴市长、钟主任谈介绍材料。

10月29日

学习《延安文艺座谈会上的讲话》。是日当选第三届全国人民代表大会代表（四川省人民委员会一九六四年十月二十九日）。

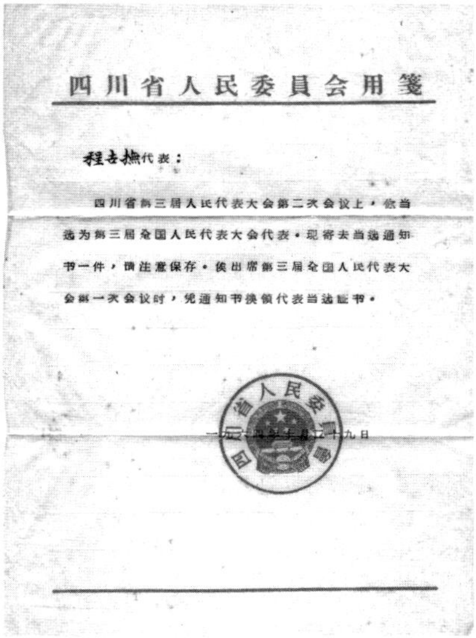

四川省人民委員会用箋

程世撫代表：

四川省第三屆人民代表大会第二次会议上，你当选为第三屆全国人民代表大会代表。现寄去当选通知书一件，请注意保存。俟出席第三屆全国人民代表大会第一次会议时，凭通知书换领代表当选証书。

四川省人民委员会

一九六四年十月二十九日

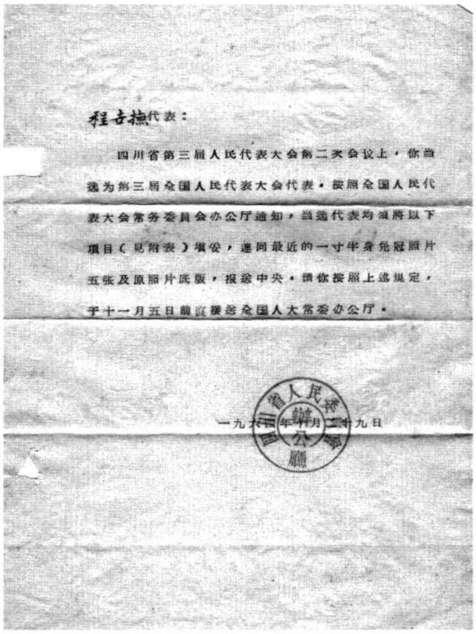

程世撫代表：

四川省第三屆人民代表大会第二次会议上，你当选为第三屆全国人民代表大会代表。按照全国人民代表大会常务委員会办公厅通知，当选代表均須將以下项目（见附表）填妥，連同最近的一寸半身免冠照片五张及原照片底版，报送中央。請你按照上述规定，于十一月五日前直接送全国人大常委办公厅。

四川省人民委员会办公厅

一九六四年十月二十九日

当选第三届人大代表

10 月 30 日

教育局万局长谈半工半读学校，河南轻工模具厂半工半读班。

10 月 31 日

赵武健主任送别。

北京

11 月 2 日

到京，楼谈接待工作。

11 月 3 日

研究接待，吕传达计划会议。

11 月 4 日

准备接待工作，学习。

11 月 5 日

在北京市交通局谈介绍内容，与规划局交谈，城建委到，三人（注：之后多次提及“三人”，谱主以外的另外两人不明）与科委谈计划。

11 月 6 日—12 日

与史谈接待问题，三人小组讨论计划；送接待计划请宋主任批，北京市城建委董文兴主任布置规划局介绍；三部门交换介绍材料；安排北京日程；交通部在李天柱局长处谈接待计划，董文兴、周永源来谈北京规划介绍。

11 月 13 日

十时越代表团到，住北京饭店，交通部陶副部长接见并宴请。

11 月 14 日

谈日程，基本同意，谱主谈交通规划，送病人至传染病院。

11 月 16 日

建、交两部介绍客货运，探病。

11 月 17 日

李局长谈规划，周永源来听，三人小组讨论简报，给资料。

11 月 18 日

周永源：城建成就；郑祖武：道路及公共交通，阅简报稿。

11 月 19 日

铁路规划，参观棉纺宿舍、和平里、酒仙桥，去传染病院看阮文兼。

11 月 20 日

人大会堂、工人体育场的停车场，北京火车站。

11 月 21 日

广安门货运站，看前门大街。

11 月 23 日

市交通局朱临局长介绍货运交通组织，交部李天柱副局长参加。

11 月 24 日

市运输公司祝玉衡经理谈人民生活物资运输；提出要去市规划局。

11 月 25 日

王鸣畦科长谈生活资料运输，参考西城区三轮卡车场；长沙电话。

11 月 26 日

看运输公司八场，介绍线性规划（方块接龙法）；研究规划问题。

11 月 27 日

参观中越人民公社，获长沙电话。

11 月 28 日

参观市运输公司二厂，表演线性规划，朱临介绍公共交通；三人小组明确责任。

11 月 29 日

与李局长谈向万市长汇报事。

11 月 30 日

朱临介绍客运，见吕委员谈接待换人事，12 月 20 日开人大会。

注：应该是在接待越南代表团时接到当选人大代表的通知，谱主事先应并不知情，否则不会中途换人。

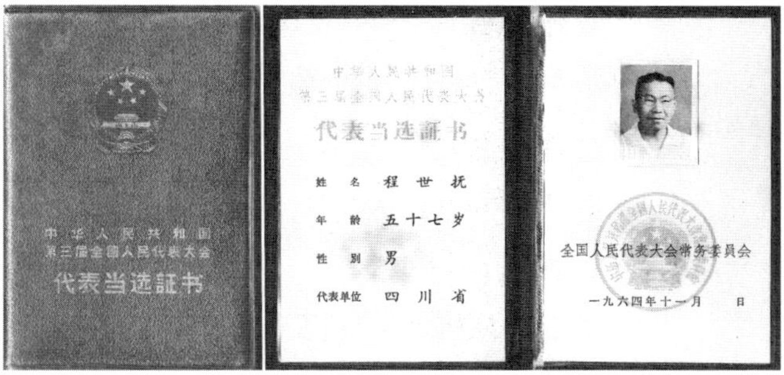

“代表当选证书”　落款的日期是一九六四年十一月

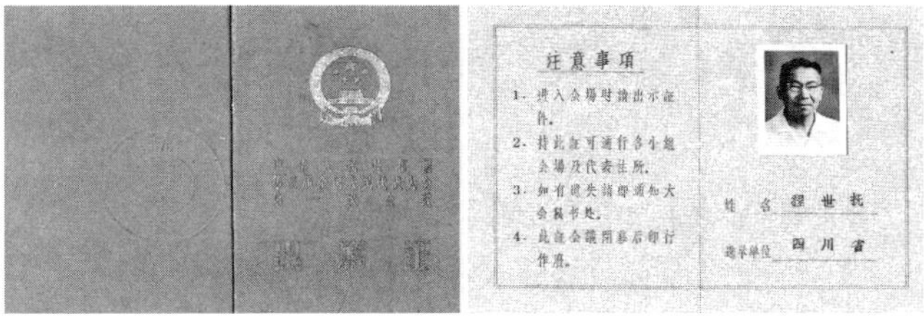

三届人大一次会议出席证

12 月 1 日—3 日

田中璠（公汽经理）介绍客流、行车调度，万市长接见；梁棣华（电车公司经理）介绍客运行车计划管理；参观动物园车站、崇文门车站。

12 月 4 日—5 日

联系市规划局，田谈汽车保养，武光表示不需要去市规局。

12 月 6 日

陪同越南客人游览颐和园、景山、天坛。

陪同越南客人游览颐和园、天坛

12 月 7 日—10 日

公汽二场及修理厂；介绍无轨电车建设与制造；参观无轨一场、整流站、电车修理厂（天坛）；汽四分场（车身装配），李天柱谈私营企业改造，三部门谈接待工作。

12 月 11 日

交通部葛琛副部长饯别考察团。

12 月 12 日

考察团乘 15 次去长沙。

12 月 15 日

李与清华谈政策，看设计革命简报。

12 月 16 日—1965 年 1 月 4 日　作为四川省人民代表出席第三届全国人民代表大会第一次全体会议（正式会期是 12 月 21 日—1 月 4 日）。

12 月 16 日

去民族宫报到。

注：谱主昔日老友徐天锡也是三届人大代表，曾利用来京开会间隙访问谱主家。

12 月 17 日

研究组座谈工作范围与研题。

12 月 18 日

与徐锡元谈思想工作，看文件；与顾谈游览局及桂林工作。

12 月 19 日

11:40 人大党员会，14:00 四川全组会。

12 月 20 日

预备会，朱德同志主持，彭真解释。

12 月 21 日—22 日

大会，总理政府工作报告。

12 月 23 日

小组会，李大章（省长）、胡子昂主持，朱德、吴玉章出席并发言，谱主谈保证勤俭方针。

第三届全国人民代表大会一次会议开幕（会场外景）

四川代表审议政府工作报告

12 月 24 日

小组讨论彭真指示（传达），讨论实质问题，要谈成绩也谈缺点，畅所欲言。

12 月 25 日

何其芳、邵荃麟检查，张经武报告，小组发言。

12 月 26 日

小组发言，大会报告（法院检察院）及发言。

12 月 28 日

大会发言，刘宁一、赛福鼎等，小组谈教育科研的阶级斗争问题。

12 月 29 日

大会，罗瑞卿、方毅等发言。

12 月 30 日

大会、小组。

12 月 31 日

大组酝酿，主席、总理、常委、国务委员等候选名单，大会发言。

1 月 2 日

大会发言，乌兰夫谈民族问题，鲍鼎等谈设计革命化。

1 月 3 日

大会发言，选举主席、副主席、总理、人大委员长、副委员长等。

1 月 4 日

主席及党和国家领导人接见、合影，通过各项决议，闭幕。

1965年　　58岁　建筑工程部城市建设局副总工程师

1月5日—2月末　在北京，设计革命运动，个人检查，各地征稿。

人大文件交基建口（人大会议的工作告一段落），开展“设计革命”运动，1964年工作总结，讨论1965年上半年计划；保定组稿，上海、南京汇报，布置包头组稿。

1月5日

支委会谈“规划总结”如何进行。

1月6日—8日

讨论研究组工作、学习；研究我组计划，领会社论精神，谈国内外形势，准备下周总结“五好规划”。

1月9日

总支会谈运动（设计革命）及西北组情况，讨论总理报告。

1月11日

整理人大文件交基建口，李局长动员，总结1964年工作，检查五好规划。

1月12日—14日

讨论，局“五好”规划，与局长们谈总结“五好”，汇报。

1965年1月14日　中共中央发布《农村社会主义教育运动中目前提出的一些问题》（简称《23条》）。

1月15日

史局长谈总结并检查。

注：之后有许多人“检查”，其中有领导干部，也有工程师等技术人员，不清楚是什么运动，也许是前面1月9日提到的“设计革命”运动。

1月16日

讨论1965年上半年工作，传达党委对于我局运动的指示，讨论“任务”“领导”两问题。

1月18日

总支讨论任务，讨论运动。

1月19日

准备检查个人规划，阅文件。

1月20日

交通局交通处介绍经验，谱主检查规则。

1月21日

徐锡元、王小燕检查，谈任务。

1月22日—23日

钟民传达中央23条、讨论；酝酿检查个人规划，党委指示把成绩讲够，缺点讲透（分析）。

1月25日

郑工、小穆检查。

1月26日

王鸿昭、王德政检查，李海林报告。

1月27日

张云芳检查，宣布新机构，规划二处。

1月28日

研究二处工作，蕴华同志检查。

1月29日

与郑谈规划业务，史检查框框。

1月30日

讨论二处工作，贺、李、周、孙。

2月5日

研究处工作，分组布置工作，曹局长回，开局处长交心会。

2月6日

安排工作研究会议，准备工作及修改文件，谈总结五好规划检查。

2月8日

保定组稿，上海、南京设计革命汇报，布置包头组稿，彭真关于23条报告。

2月9日

参加支援越南游行。

2月10日

包头送发言稿，谈运动情况，讨论本局文件。

2月11日

王凡、张国印汇报西南、西北蹲点工作。

注：这是谱主今年的日记中第一次出现"蹲点"一词，之后有数不尽的"蹲点"。毛泽东、刘少奇在60年代都强调过"蹲点"。"蹲点"是当时的重要工作方式，

谱主日记中仅在北京就有“蹲点”记载达三十余次，后又有在南京、上海蹲点。

2月12日

东北运动，及中南、华北汇报，南京送发言稿，催保定稿。

2月13日

与南京、保定来人谈发言稿。

2月15日

讨论综合组工作，看文件。

2月16日

写规划思想检查，组织生活。

2月17日

楼庄鸿谈上海征稿，赵光谦谈济南改革，贺谈个人规划及各组小结出差。

2月18日

去建工部情报局，河南汇报。

2月19日

综合组刘、娄检查，保定送发言稿；工交会齐齐哈尔车辆厂宋金声谈企业革命。

2月20日

讨论“设计革命”运动，我处下一步工作及上阶段情况。

2月22日

研究保定、包头发言稿。

2月23日

薄总结工交及政治工作会议，讨论本处工作，支委会研究支部工作。

2月24日

研究怎样进行工作，南京发言稿，学习，向史汇报。

2月25日

处务会研究任务，山东王治平来谈，与华东、华北组谈，与顾咸康谈开放城市。

2月26日

研究国外情报，东北蹲点，总结及出差座谈经验。

2月27日

与贺研究处工作，晚与史谈；民用处转设计局。

3月1日—3月14日　赴上海和杭州，调研两地城市规划。

在上海的谈话对象是李干成（副市长）及吕光祺、周镜江、王同旦等谱主在上海工作时的老同事；在杭州谈的对象是宋云鹤、余森文等，回京前去华东局汇报。

上海

3月1日—2日

去沪，住上海大厦，看绪珂。

3月3日

迁南京饭店，见李干成副市长，公办陈敏之，规划院黄光鸥、钱圣秩，城建局熊永龄，都约了时间。李：规划究竟怎样做?

3月4日

与熊、王同旦谈规划管理，听到不少经验，历年变迁，目前状况。

3月5日

与胡汇泉、吕光祺、周镜江谈。

3月6日

与汤心冀、付邦桎、熊谈，去华东局基建局张局长（女）取介绍信，中午请示，去浙。

3月7日

准备向李干成（副）市长汇报材料，与钱圣秩、施宜谈。

3月8日

李接待阿尤布，与壮怀谈，找王同旦要材料。

杭州

3月9日

到杭州，宋云鹤谈建工厅撤销改总公司，看市规划处吴承棪、黄延煦、沈鸿，省设计院规划室王素琴。

3月10日

与省院看萧山农机厂宿舍，上山。看计委基建处童光华，与余森文看花港，玉泉，两个小营巷的低标准住宅 26—27 元/m^2。

3月11日

在市规划处谈，在省院座谈维修规划和社会主义城市面貌，回沪。

上海

3月12日

去华东局汇报，张坚接见，看李干成，都没有意见。

3月13日

回京。

3月15日—4月30日　在北京，讨论处工作（注：可能是“规划二处”），**谈工作安排。**

3月15日

研究汇报及处工作，吴纯谈石咀山。

3月16日

研究蹲点及规划思想；谷牧报告设计会议。

3月17日

见史谈处工作，郑、王两工在座，准备再议议；学习。

3月18日

与杨树声局长谈老建筑师发言问题，讨论本处工作。

3月19日

讨论处工作，看文件。

3月20日

康世恩副部长报告大庆，介绍政治思想工作以及如何创造发明经验。

3月21日

与贺、李谈处工作。

3月22日

与史谈处工作安排，原则是每人分片，郑（东北）贺（华北）李（中南兼西南）程（华东），大庆天津已定，株洲待定，华东待商。

3月23日

听设会报告，晚史召全处谈工作，大家对分大区组有意见。

3月24日

李镇传去株洲。

3月25日

讨论“评莫斯科分裂会议”，听报告。

3月26日

听报告，学领导方法若干问题，有启发。

3月27日

听报告，讨论处工作，向史汇报。

3月29日

组长以上谈处工作，讨论大庆组工作部署，研究游览局投资。

3月30日

向处谈工作，与史谈游览局任务，与华东组谈任务与选点；西安高科长、兰州叶局长谈规划问题。

3月31日

史谈政治思想工作，汇报与西安兰州谈话情况，研究怎样带着问题学《矛盾论》。

4月1日

史召谈机构，向建工部城建局靠拢，议定由建委领导，与丁秀谈后再议：如撤，希另分配任务，不要名存实亡。

4月2日

谈大庆工作，彭真同志作“国际形势与设计革命运动”的报告。

4月3日

与李品清研究政治思想工作，向史汇报任务的意见，与边宏谋（津）谈规划。

4月4日

学习少奇同志关于两种劳教的讲话（南宁），草拟我局任务内容。

4月5日

安排大庆、华东组工作及案件。

4月6日

研究政治思想问题。

4月7日

在史局长室与大庆组谈，建研院参加六人，贺回，学习；大庆组出发。

4月8日

安排处工作，准备华东组题目；处理石钢灰渣场及人大提案三废问题。

4月9日

看无人飞机残骸，李镇传回（株洲）。

4月10日—13日

史谈机构：城局约30人留建委，余人去部城建局及委综合处；讨论。如何进行设计会议的座谈；研究出差问题，因等机构变动，作短安排。

4月14日

与史研究如何处理人大提案（关于三废问题）；王德政、张孝纪承办。

4月15日

研究出差，孙敬文报告形势，关于越南问题，晚讨论。

4月16日

史谈孙敬文关于城规指示。

4月17日

研究平顶山“政企合一”问题。

4月19日—22日

讨论我局任务，整理书籍文件，准备搬家。

4月23日

4时半，史通知谱主和15同志去建工部城建局，往见丁秀。

4月24日

搬家一车运完，在园林处谈。

4月26日

丁局长主持讨论组织机构转工资关系。

4月27日

召集调部同志谈鉴定，讨论。

谱主抄录的“1965年到建工部，在调部人员中的鉴定”（对自己）如下：工作积极肯干，能深入基层进行蹲点；能够坚持毛主席著作的学习和政治理论学习，业务熟悉；自我批评精神较好，能虚心听取别人意见；工作中注意贯彻党的方针政策，按领导指示办事；作风正派，群众关系较好。组织能力较差，工作中不能集中大家的意见，考虑问题比较简单，接受新事物不够快。

4月28日—30日

讨论组织；30日，宣布局组织名额，对下不讲。

5月

任建工部城市建设局副总工程师。

5月3日—8月4日　在北京。

这段时间谱主的工作大多与园林有关，去了颐和园、中山公园、天坛公园、陶然亭公园等地考察调研，在北海公园“蹲点”的时间最长，达三个半月，主题都是“公园革命化”。

5月3日—7日

讨论园林科研项目、园林处任务；中央工作组李运昌同志（监委）作总结“四清”报告；刘裕民同志在厅局长会议讲话；讨论，城建会议。

5月8日

教育局冯局长谈园林专业，为城建文件提供材料。

5月10日

政治部汪少川主任在厅局会上报告，学习运昌报告。

5月11日

局务会议讨论为城建会议准备的出差问题，处讨论。

5月12日

处讨论会议，准备工作。丁、金谈园林专业意见，党小组会。

5月13日

去林业部，坚决要撤园林系；传达主席对庭园革命化的指示。

注：据林业大学官网，1964年，园林专业因园林教育革命影响受到批判。1965年，北京林学院园林专业宣布停办，园林系被撤销。

5月14日

王雨三等去津，留京人讨论在京工作。联系北京市园林局，臧（文林）未成。

5月15日

北京市园林局仍无定期，许传达厅局长会议精神。

5月17日

与王俟去园林局晤臧文林局长，看乙种原子弹（注：推测谱主指的是使用乙种分离膜浓缩铀的技术所制造的原子弹）爆炸影片。

5月18日—31日

看建筑绘画展览，写城建工作的形而上学表现；看陶然亭公园及其标本园；园林局绿化处，天坛；讨论城建文件草稿，荣高棠报告28届世界乒乓球比赛；刘绍宗来谈园林设计改革，讨论城建文件园林部分；讨论汪少川政治工作报告；整理北京园林局材料；学习毛著；许局长传达刘裕民在司局长会上讲话、讨论。

6月1日

高教部召开园林专业组座谈会，责成林学院办好；参观华北社教展览。

6月2日—4日

讨论刘报告，学时事；讨论学毛选，阅党刊；学毛著，政治部黄主任传达工交政治会议报告。

6月5日

应汪菊渊约去颐和园讨论长廊改善设计方案，讨论会。

6月7日—9日

阅中央文件，看北海公园、中山公园，问服务对象；赵北克报告时事。

6月10日

去崇文区与李嘉乐谈居住区绿化及蹲点体会。

6月11日—15日

汇报市研所交接工作，学习；草拟园林处政治工作要点，并讨论修改。

6月16日

去陶然亭晤吴纯、何绿萍，在北海与马主任①谈管理，王俟在座。

6月18日

与王雨三、王俟谈疏散，去陶然亭晤汪菊渊，各组汇报。

6月19日—23日

与王俟修改园林要点，以主要问题带动全部工作，避免平铺直叙老一套，王雨三参加。

6月24日—26日

草拟园林规划设计发言提纲，考虑修改科研规划；与汪菊渊讨论科研。

6月28日—7月1日

城建会议，丁秀解释文件；各组研读文件；华东二组（鲁赣皖闽）讨论文件；小组会讲城市规划多些。

7月4日

妻李听秋去沪。

7月5日

于桑（公安）副部长讲人防，总结。

---

① 马文贵，北海景山公园管理处主任。

7月6日

阅学报稿，成都重庆园林局来谈。

7月7日

审稿，时事报告，和雨三谈人事。

7月8日—15日

审阅地方园林材料，丁局长布置下半年任务的讨论，冯家彦、刘再春鉴定，学毛著；与汪菊渊谈科研。

7月16日—17日

草拟科研文件、学习。

7月19日

丁局长召集市政、公用、园林三处谈工作方法，贯彻政策，以虚带实，抓典型，树标兵，具体领导。

7月20日—22日

讨论蹲点，草拟科研文件，学习党小组会；讨论本处革命化若干条。

7月23日

京园学会（注：可能是“北京园林学会”之略）讨论公园革命化。丁局长传达中共答苏共信（越南问题）。

7月24日—27日

北海居民委员会座谈；向局汇报科研修改规划；王俟迁市研所。

7月28日

听汪副部长作中央北戴河会议报告。

7月29日

传达时事文件，讨论报告。

7月30日

在市政所金景然、王雨三与过祖源谈业务领导关系，去北海谈蹲点。

7月31日

肖桐召谈蹲点问题，去市政所与王俟研究工作及蹲点。

8月2日

汪菊渊谈陶然亭蹲点修改规划，梁思成谈巴黎国际建协。

8月3日

城建口各组协调会，科技处主持。

8月4日

结束会议，通知上海准备8月25日会议，为车维之作鉴定。

注：该“8月25日会议”后面没了下文，不知缘故。

8月5日—11月22日　主要时间在北海蹲点，有关园艺学会事。

在北海（含景山）蹲点，分三组“植物组”“文化组”和“建筑组”，王俟、吴纯、王雨三（部分时段）也在，其间多有与马主任、林书记的交流，主要做的工作：协调领导关系（臧、范局长），看种植情况，参加劳动，看阶级教育展览、体育成就；菩提学会房；研究北海北门改建，去天坛、中山公园、劳动人民文化宫，看颐和园改造古建筑。

8月5日

在北海进入蹲点，草拟协调会文件稿。冯家彦离京。

8月9日—10日

杨斌辉、张孝纪、高星鸿、陈广涛、吴纯、王德政及谱主座谈，鉴定。

1965年9月建筑工程部城市建设局工作证

9月1日

写科研计划任务书，许世平传达总理指示，备战备荒为人民。

9月2日—4日

写文件，北京土建学会理事会。

9月6日

蹲点汇报。妻李听秋回。

9月7日

讨论张孝纪汇报地方反映情况，准备明天向局汇报。

9月8日—9日

向肖桐局长汇报蹲点及处工作；看文件，等林学院人未到。

9月10日

传达肖局长指示，布置下阶段工作。

9月11日

与林学院孙敏珍谈园林专业组教改问题。

9月13日—14日

向肖局长汇报科研，各组汇报计划，评阅叶金培①论文。

9月15日

谈行政与科研工作方法，研究文化活动组工作，看阶级教育展览。

9月18日—20日

丁秀局长来北海谈蹲点，讨论贯彻丁局长指示和下一步工作方法。

9月25日

许世平作机关工作报告。

10月7日

核心组综合各组计划，丁局长谈蹲点及下一步工作。

10月9日—11日

向北海提出各组的问题，准备科研发展规划意见。

10月16日

在市园林局谈北海调整规划。

10月19日

丁局长会见臧文林，谈园艺学会开会事，与王俟商谈筹备。

10月21日

园艺学会筹备树种规划会决定延期。

10月22日

北京园林学会参观五个居住区绿化。

10月28日

接洽园艺学会事，胡洁萍来谈，与园容组谈。

10月29日

刘学海介绍蹲点经验，阅各组总结材料。

10月30日—11月1日

整理各组材料，布置大家讨论修改对公园各班的提纲。

11月2日—5日

与林、马讨论总结；传达陈毅时事报告；刘裕民部长报告，北海职工大会讨论总结，去中山公园看菊展。

---

① 叶金培，1939年生于上海。1960年毕业于北京林学院园林系，1961年攻读“园林艺术与设计”研究生，1965年毕业，导师为汪菊渊教授。

11月6日—7日

布置任务、学习；草拟思考蹲点总结。

11月8日

与胡洁萍谈园艺学会开会事（注：最终似未开）。

11月9日

看东山改建工程，写总结。

11月11日—17日

刘部长传达中央工作会议；写总结，讨论总结。

11月18日

丁局长谈科研协调及工作，看总结题，参观大寨展览。

11月20日

任朴斋传达基建会议纪要及谷牧小结报告。

11月22日

在画舫斋与林、马等讨论北海蹲点总结。

11月23日—24日

与林、刘波、吴纯、徐美琪讨论总结，晤汪菊渊谈科研协调工作，洽胡洁萍；修改"改造利用古建筑"，总结学毛著。

11月25日

秦皇岛王局长来，约人去规划；与马谈总结，工作总结，讨论。

11月26日

讨论总结，林、马、刘、吴、徐；接洽北戴河工作，学习。

11月27日—次年1月　南京蹲点，有汪菊渊、朱钧珍、王俟等；到杭州参加会议。

11月27日

讨论南京蹲点事；和丁局长关于工作作风的报告落实到人。

11月29日

谈论文处理，讨论工作总结，晤汪菊渊谈修改总纲，生活会。

11月30日

与朱钧珍谈南京蹲点，与林书记谈总结稿及征求意见。

12月1日

45次12:20离京。

南京

12月2日

到浦口，与唐谈蹲点来意；与朱有玠看新庄及伊刘苗圃的快速育苗。

12月3日

看玄武区汉府新村居住区、714厂、空司、军事学院。

上海

12月5日

在园林处谈北海蹲点，北新泾苗圃、龙华公园。

12月6日

中山公园、西郊公园，看人民公园图。

杭州

12月7日

到杭州。余森文来谈，晚预备会（注：会议内容不明）。

12月8日

传达科委、丁局长指示，介绍方案，讨论总的精神，大家提务虚。

12月9日、10日

讨论总的精神，兼及1701，1703。

12月11日

撤销1703，谈1707，1705。

12月12日

参观植物园，看萧辅。

12月13日

讨论1705。中午党员会，讨论分组，办公室工作及会议开法，晚修改总纲。

12月14日

讨论1705。

12月15日

讨论会议记录及总纲，对1706，1707进行讨论，圆满结束。

上海

12月16日

晨去沪，看复兴公园组织老人管理公园，共青苗圃。

12 月 17 日

看闵行汽轮机厂、电机厂，重型机器厂，看普遍绿化；看闸北铁路医院，虹口广灵新村。

南京

12 月 18 日

与唐健行来宁，与王市长谈定 20 日召玄武、白下两区区长交代工作。

12 月 19 日

写科研协调会报告。

12 月 20 日

张海峰介绍绿化标准调查经过，看市人委、公教一村，匡庐新村；王俟到，商谈北戴河事。

12 月 21 日

看中央门外汽轮机厂绿化，去玄武、白下两区接上关系，省建设厅也派人参加，朱钧珍去苗圃。

12 月 22 日—23 日

与唐去白下区，看几个办事处，看大光路的工厂学校、光华门，商定工作计划，研究五老及淮海工作。

12 月 24 日

五老村办事处黄贤主任谈工作，绿化积极分子座谈会。

12 月 25 日

淮海、五老两组交流情况，到科巷看行道树补植，朱钧珍快速育苗提纲送唐健行。

12 月 26 日

唐来谈，向他提如何向区长和办事处主任作宣传以便推动工作。

12 月 27 日

与唐去新庄苗圃，和朱钧珍谈总结提纲，参加玄武区、梅园办事处、汉府新村居民座谈会。

12 月 28 日

与唐、汪菊渊去中山植物园，盛承桂介绍情况；看各种植物区，提意见。

12 月 29 日

去玄武区，讨论普绿（“普遍绿化”之略）是否要标准，学习，讨论，晚争执不下，唐来同意要标准。

12 月 30 日

去梅园办事处，与王主任谈花江园、兰园居委，看院落植树，看太平门办事处范围。

12 月 31 日

看梅园办事处定点情况；在白下听取淮海、五老两组汇报及一月工作计划。

1966 年

59 岁　建筑工程部城市建设局副总工程师

年初—1 月 18 日　继续在南京蹲点。

1 月 3 日

玄武区工作未能开展，回处；朱钧珍告将回京；白下、玄武两组汇报。

1 月 4 日

淮海办事处看定点及检查植树质量，与汪洪宝参加破布营居委会座谈。

1 月 5 日

白下城建干事座谈会，朱钧珍修改育苗总结，学习。

1 月 7 日

与汪洪宝看秦淮、建邺两区，淮海办事处居民代表会。

1 月 8 日

与张海峰谈树种规划、育苗计划、普遍绿化规划。

1 月 10 日

在玄武区谈工作小结提纲，晚碰头会，安排工作。

1 月 11 日

看汽车制造厂，拖拉机配件厂，沈葆中介绍鼓楼区情况。

1 月 12 日

与唐去南京炼油厂、鼓楼区，讨论五老村小花园，看环城绿带，五台、清源、马台街三居委。

1 月 14 日

与沈工看下关定淮门的造漆厂、罐头印刷厂、无线电箱厂、起重机厂，中央门外石棉塑料厂、南京化工厂、924 厂、长平路小学、大桥工地。

1 月 15 日

与五老村办事处黄书记、区刘科长谈，与唐谈下一步工作，在白下区，刘科长听淮海、五老总结汇报。

1月18日

与王彬市长同去玄武湖，离宁回京。

1月20日—26日

各处向局汇报，讨论总结情况和今年工作计划。

1月27日—2月1日

丁局长传达党委关于总结工作的要求，讨论汇报；主席“分析综合”，讨论刘部长报告。

2月2日

汇报讨论情况，从今日下午起全天进行。

2月3日—7日

与公用处合起来讨论，晚加班，丁、金两局长参加，对局长提意见，讨论怎样修改园林艺术提纲，讨论。

2月8日

全体党员会，布置对局领导提意见，自由结合作准备，参加公用小组。

2月9日—17日

对许英年①提意见，全体党员会。

2月15日—16日

焦裕禄事迹报告、铁人王进喜报告。

2月23日

时事报告，选举支委。

2月25日

佛山市城建局长来谈园林，丁局长作总结。

2月28日、3月1日、2日

在动物园与林业部保护司召开动物收集捕捉计划座谈会、动物园主任会。

3月4日

去北海谈总结和突出政治座谈，鉴定至晚。

3月6日—4月15日　南京“普绿”，先“务虚”。

南京

3月6日

登车去南京，12:20，45次。

① 许英年（1914—1997），1954年，调入首都北京，先后任国家建工部城建总局、市政工程局和城市建设部公用事业局、城市建设局、市政工程局副局长、局长。

3月7日

至花木公司见王光耀，见朱厅长、陈处长。

3月8日—11日

先务虚后谈工作，学毛选；学习主席关于认真总结指示，人们的正确思想从哪里来的，结合工作学、谈。

3月12日—15日

在园林处谈居住区、工厂，谈公园及苗圃；看五老村小花园，商讨如何修改，看白下区街巷院落绿化。

3月16日

去汽轮电机厂晤王书记，看场地，为小崔接关系，学习。

3月17日—21日

玄武湖公园、御道街绿化；白下区城建干事、区绿化队座谈；与张海峰谈育苗，张孝纪谈居住区总结；与洪达瑜谈花红园、玄武区情况及设计思想，去燕子矶，张、崔向园林处介绍情况；看花木公司的杜鹃花展。

3月22日

与沈宝中谈养护管理，与洪达瑜看花红里，学习；获吴纯信，丁秀调中南局。

3月23日—31日

在延安举行中国建筑学会第四次代表大会及学术年会，谱主当选为理事（程绪珂也是理事）。

3月24日—26日

函吴纯约王雨三来宁，学焦裕禄；看有线电厂、汽轮机厂、华东电子管厂、南京电子管厂（772）、长江电机厂（720）、化学纤维厂、南京化工厂、南京电瓷厂（燕子矶），与王光耀、张海峰谈普绿总结工作。

3月27日—4月1日

感冒发高烧，达38.6℃，28夜最高可能39℃，28日住江苏医院，29日退烧，4月2日出院。

4月2日—3日

金局长、刘学海到宁，汇报工厂绿化及居住区普绿。

4月4日—5日

看淮海、五老绿化、雨花台、莫愁湖、汽轮机厂、长平路小学、伊留苗圃、下水道保养队、玄武湖，座谈公园革命化。王俟等到。

4月6日

见金局长请示普绿及公园革命化，他回京；学习。

4月7日—8日

学习，议论普绿提纲，与王光耀谈工作日程，与园林处谈设计思想。

4月9日

与张海峰谈育苗，总结；与园林处谈十余年来普遍绿化经验。

4月10日

写学习焦裕禄的体会（记录笔记本上），引申到关于城市规划的方针，地方领导与中央的指导意见不一致的问题。具体例子有：广州的立体交叉、无锡中山路拓宽、济南趵突泉大堆假山、南京莫愁湖公园大门等。此文5月3日提交。

4月11日

学习毛著；唐来谈工作安排，郊区绿化及向市汇报，晚谈设计革命。

4月12日

看瞻园，园林处谈四个观点落实。

4月13日

绿办杨主任来谈郊区绿化，看雨花区松竹，长江大桥绿化，栖霞的松竹。

4月14日

准备与市谈普绿意见，朱有瑜花木公司、中山陵、玄武湖谈双革，晚市李秘书长、唐健行、王光耀来谈。

4月15日

白下区詹和珍谈居绿总结。去沪，谈日程。

4月16日—25日　上海“普绿”。

上海

4月16日

读公交会议文件，梅梁真、黄瑞灿谈普绿。

4月17日

看海伦公园、长风公园、民兵练武场第一期工程并座谈。

4月18日

中山公园以少年科技为特点进行改造，与老工人座谈。

4月19日

看卢湾区普绿，重点看五里桥办事处简屋区，崔到。

4 月 20 日
西郊公园思想革命化以提高服务质量为中心。

4 月 21 日
看郊区公路绿化——沪宜路，古猗园（南翔）、青浦、淀山湖、佘山、松江、沪闵路。

4 月 22 日
与设计室、园林科、中山、长风技术人员座谈，看试剂、天原化工厂。

4 月 23 日
看上海园林处先进工人和单位材料，与处党委谈，看海伦、和平、杨浦、虹口、闸北等公园；奇袭白虎团。

4 月 25 日
回京。

天津

4 月 26 日
与李来宝、刘再春、范同志看水上公园少年练武场，回程遇肖局长。

4 月 27 日—5 月 15 日　“公园革命化”。

4 月 27 日—5 月 3 日
局开展突出政治运动，讨论处今年工作及公园革命化调查报告。

5 月 4 日
局务会议，讨论如何汇报革命化。

5 月 5 日
汪少川副部长“四清”总结报告，党内讨论组织机构，从中央各部委到本部本局。

5 月 6 日
汇报公园革命化及今年工作，讨论机构。

5 月 7 日
许局长召谈大连上水方案报告，看文件。

5 月 11 日
刘学海、张玲珍来参加公园革命化准备工作。

5 月 12 日
讨论工作计划，学习文件，全体干部会。

5 月 14 日
看病。

六、“文化大革命”时期（1966—1976）

5月16日

文交刘学海送人大，继续学习准备意见，晚组织生活。

5月17日

准备批判“和平演变”发言。

5月18日

各处纷纷发言，公用、园林、办公三个单位。

5月19日

阅文件。

5月20日—24日

讨论中央文件，批判发言。

5月25日—31日

阅园林理论文章，讨论，写园林革命，学习传达文件。

6月1日

科委、部科学局检查科研，谷牧同志传达中央扩大会议报告；北京中学全面停课。

6月2日

讨论中央文件，消灭三大差别。

6月3日，4日

北京新市委成立，改组市委、北大党委。

6月7日

向新市委、北大工作组、《北京日报》新编委写贺信。

6月11日

张孝纪、徐美琪贴谱主大字报。

6月16日—17日

写批判《提纲》及园林工作方向。

6月18日

高勇传达领导小组部署；市政、园林办公室合为一组；学习文件，准备批判《提纲》，吴纯回；建委与部派工作组去北京市，《建筑学报》对刘裕民贴大字报。

6月21日

刘部长代表部党委作运动部署的报告，讨论并学习文件，对部党委提意见。

6月22日

对司局长以上干部提意见，写大字报。

6月26日

准备谷、陶信。

6月29日

写四、五次城建会议文件。

6月30日

学习社论，讨论园林方面存在问题，办公室发出通知，各地批判《提纲》找建研院的问题。

7月1日

传达李雪峰报告，晚讨论。

7月2日

讨论王峰报告，学社论“毛泽东思想万岁”，全体党员会讨论运动。

7月3日

誊写致谷牧、敬文、富春信，陶铸信。

7月5日—7月7日

看《论共产党员的修养》及党章。

7月7日

读毛选，杨萍传达部党委指示，仍继续对领导部、局及局间提意见，批暂停。

7月8日

传达党委指示，全体干部表示拥护，学习《讲话》，座谈史克宁、王文克。

7月12日

江苏省建设厅寄来批《提纲》大字报，学习《讲话》鸣放会。

7月13日

鸣放会谈部工作及王文克，学习《讲话》，讨论；看桃花扇。

7月15日

讨论《讲话》。

7月18日

讨论17日社论，学习《讲话》。

7月19日

学习《中宣会上讲话》，党小组会。

7月22日

学习《宣传会议讲话》。

7月23日

学习刘主席声明，抗日战争胜利后的时局和我们的方针，党内反对错误倾向问题。

7月30日

刘英俊连队指导员李万昌报告。

8月1日

少奇、恩来、小平录音报告，撤工作组。

8月4日

黄彬森主任传达党委五条措施及领会中央领导指示的精神，准备选举领导小组；部与中央距离颇大。

8月5日

讨论运动中部局领导是否正确，陈伯达、康生、江青录音报告。

8月6日

讨论，部局停留在一般号召，缺乏具体措施，没有跟上形势看新问题，对信任群众、群众路线的执行有缺陷，司局长与群众分开。

8月8日

参加全市支援美国黑人斗争大会。

8月13日

五时公布八届十一中公报，16条。

8月24日—25日

酝酿“文革”候选名单，定为金景然、马琭、张耀儒；谢有法主任报告。

9月15日

学习十六条。

9月17日

学习红旗12期社论。

9月22日

王雨三回处，作准备工作。

9月27日

停止运动和辩论。

9月28日

帮厨卖饭。

9月30日

准备在假日做几内亚大会堂前广场公园设计。

注："几内亚大会堂前广场公园设计"，是谱主接受的设计任务，国庆节期间就开始准备。据日记后文，任务来自对外局成套处。谱主同事中参与的人员有王雨三、王俟、张孝纪、崔毓胜等人。

10月4日

与王雨三研究几内亚任务。

10月5日

接洽几内亚任务。

10月6日

与王俟谈几内亚任务。

10月7日

准备几内亚植物名录及看南斯拉夫为科纳克里作的规划。

10月8日

交资料给王俟。

10月11日

学习，毛头（绪珂长女周文松）从上海来。

10月12日

传达关于活学活用主席著作的指示，讨论学习。

10月18日

在市政所看援几内亚设计图及幻灯片；毛主席四次接见外地学生。

10月19日

学习毛著，毛头今晚回沪。

10 月 22 日

与王雨三、张孝纪、崔毓胜讨论几内亚任务，主要是物色出国人员和后勤工作。

10 月 24 日

王俟率园林组汇报援几内亚公园设计。

10 月 26 日

讨论南京大桥配合工程。

10 月 28 日

去对外局成套处开会，要求我局组织专家组去几内亚。

10 月 31 日

组织生活，座谈党员如何起带头作用，批判“资产阶级反动路线”。

11 月 1 日—2 日

陶铸、富春传达中央工作会议、讨论；建研院来部反“资产阶级反动路线”。

11 月 10 日

研究谱主去沪催促派去几内亚人员。

11 月 12 日

决定去沪；参加孙中山百岁诞辰纪念。

11 月 15 日—12 月 2 日　去上海、杭州、南京，协调几内亚项目的人选。

上海

11 月 15 日

今日去沪，1:45 到西直门，4:00 上车，4:39 开。

11 月 16 日

8 时许到浦口，车阻于站及渡江，18 时由和平门开出，绕过南京站，21:20 到沪。

11 月 17 日

张在徐漏车，晨去园林处找彭斌，因大会改下午晤谈；寓八仙桥，见面后我们告彭任务重要性，他很为难，经一再商量，不能担任全组，再选拔若干人考虑。

11 月 18 日

步行去人民公园，虹口公园；襄阳公园，虹口的语录牌显著，彭以开大会延至明。

11月19日

去豫园，不开门；至十六铺外滩回淮海饭店，与郑翔勋谈，有两人，一设计一施工，要求增一施工，座谈估价与管理。

11月21日

去中山、长风看青少年体育设施，看到于恒伦、曹（独脚）、徐（长风）。

11月22日

见郑翔勋谈，人员已报市委交通部，正在催；去豫园，未动，只添语录牌主席像；当晚22时去北站，1:25的棚车，准时开行，颇冷，席地坐。

杭州

11月23日

晨5:40抵达杭州，还算顺利，去建工局等上班，晤外援室陶海之同志，介绍选人经过，看来很负责。

11月24日

与陶去植物园接谈了解人的情况；余森文、金新（园林局）都有问题。

11月25日

在援外室研究选人情况，只能推荐一个人。

南京

11月26日

4时起身，4时半去武林门车站买到去南京票，16:45到，赴建设厅援外处，晤夏同志，住大方巷81号省委招待所。

11月28日

去厅援外处见袁处长及夏，建议与市城建局洽谈，去组织部，魏部长介绍至玄武与花木公司谈工人选拔。

11月29日

去古林花圃访问工人吴的业务情况，去城建局谈人事。

11月30日

去援外处定朱处长、两工人的对象，去城建局叮嘱加速调查。

12月1日、2日

学习毛著、离宁。

12月3日

1时到京，误点四小时。

12 月 5 日—年底　在北京，继续协调援助几内亚项目，接待南京雨花公社、哈尔滨城建局园林处等地上访。

12 月 5 日

向金景然汇报，对外局说任务加大，中央已批准。

12 月 8 日

去北京园林局接洽赴几内亚工作人员问题。

12 月 23 日

全局会，谈“反动路线”揭发问题，部“文革”决定下星期一开会。

12 月 24 日

局准备发言（批判会）。

12 月 26 日

接待南京雨花公社花木大队贫协代表。

12 月 27 日

请示金景然后与雨花公社磋商如何解决问题，起草文件。

12 月 28 日

与贫协代表商谈给南京市城建局函稿，经金景然同意打印。

12 月 29 日

接待哈尔滨城建局园林处市政处职工代表有关工资等级和体制问题。

12 月 30 日

催上海派人竟然推却；金召集处长、支委讨论参加国务院调查工业十条人选。

1967 年

60 岁　建筑工程部城市建设局副总工程师

“文化大革命”中，继续援几内亚人员调配，接待旅大市、哈尔滨市园林工人、西安城建局园林处春光园林修缮合作社、延边吉林七公司、连云港市园林工人、上海园林处工人等各地上访人员，地下室住人，参与接待来访者工人的工作。

1 月 26 日

接待连云港市园林工人，揭部党委内幕和建委党组。

2 月 7 日

修改总后勤部营房处的会签函稿（加林业部）。

2 月 8 日

与生产办公室接洽答复后勤部事；旧历除夕，已破除旧习。

2月9日

修改给后勤部信，答波兰问种子。

3月7日

生产会讨论援外——几内亚。

3月8日

抓生产，派钱林发去上海催促援几内亚人员名单。

3月15日

去对外局成套处谈援几内亚工作。

3月17日—6月29日“文化大革命”中，援几内亚项目仍在进行。

3月17日

与王俟谈修改图纸，约明日来局。

3月18日

与王俟等谈修改方案；造反队整风座谈。

3月20日

在市政所园林组讨论如何修改方案，先分两组，各出两个方案，在原来基础上提高。

3月21日

接洽驻几参赞介绍情况，答应来一回国翻译。

3月22日

胡翻译介绍科纳克里情况。

3月24日

驻几使馆王参赞来谈。

3月27日

王雨三回京。

3月29日

总部传达总理3.28讲话并举行抓革命促生产大会。

4月1日

接洽刘少宗①去几内亚事有眉目。与王雨三谈促生产。

---

① 刘少宗（1932—），曾任北京市园林古建设计研究院高级工程师，在《中国风景园林名家》上发表过纪念李嘉乐的文章，还发表其他关于园林方面的作品，但是不清楚他最终是否去了几内亚。

4月18日

天津园林局来谈园林方向的具体问题。

4月20日

庆祝北京市革命委员会成立。

4月24日

批黑修，谱主发言，“东方红”围攻谱主，造反队驳斥，大家都苦口婆心规劝。

5月10日

与吴纯合起草，关于公园革命化问题。

5月11日

沈振智来看东西长安街规划座谈会材料。

5月18日

去英代办处，为香港受迫害同胞声援示威。

6月1日

北京市设计院陶宗震来，抄录长安街规划材料。

6月2日

林业部高教司接洽 1966 年园林组毕业生分配事。

6月13日

总部召开揪叛徒大会；讨论绿化主席家乡事，请示后决定。

注：这是韶山绿化工作的端由。

6月14日

谈北林学生分配，检讨斗丁作战计划。

6月15日

参观红卫兵展览会，晚队员对“整风”的讨论。

6月16日

学习。

6月17日

准备园林工作的问题。

6月19日

讨论绿化毛主席家乡问题，草拟对中央报告，请示原则；队会讨论整风。

6月20日

武汉市、济南来谈园林方向。

6月21日

学习《正确处理人民内部矛盾的问题》。

6月22日

林业部来谈绿化主席家乡事；黄枢、许尚功。

6月23日

队与局讨论韶山绿化，决定派工作组并调人。

6月26日

北京工业院谈长安街规划问题；北京林学院 1967 年应届毕业生谈分配问题。

6月27日

军管先遣四人到达，机关团发言，定 30 日晚去长沙。

6月29日

北林 1967 年应届毕业生继 66 班想分配在城市。

6月30日—8月底　为“绿化毛主席家乡”“韶山绿化”经长沙、湘潭，赴韶山。

当地成立了“毛主席家乡绿化建设指挥部”，但形势混乱，工作没有实际进展，又遇到武斗“死伤甚多”。回程：韶山—湘潭—株洲—长沙—武昌—北京。

6月30日

22:10 离京赴长，林业部司长汪、处长黄枢、技术员许尚云和张文华、崔毓胜同行。

7月1日　建筑工程部实行军事管制。军管会主任李良汉、张国传。

长沙

7月1日

22 时到，省林业厅副厅长田平来接，住五一路第一招待所。

7月3日

看第一师范，该校造反派建议全部拆除恢复原样；绿化主席家乡指挥部彭司令员主持开会，中南计委申修参加谈组织机构。

7月4日

看清水塘，是湖南区委所在地，过去偏僻不引人注意，主席工作一年多，有卧室办公，周围环境已变，烈士公园。

7月5日

等车，去林业厅东塘，上车去湘潭，住地委招待所。

7月6日

“毛主席家乡绿化建设指挥部”成立大会。

韶山

7月7日

晨去韶山，中途看灌渠，参加韶山绿化誓师大会，安排住处休息。

7月8日

去韶山党校，安排住处。

7月9日

参观铁路车站，主席像，青年水库陈列馆，主席父母坟，韶山学校，吊水洞前水库。

7月10日

王馆长（陈列馆）报告主席事迹。

7月11日

指挥长会议，谱主参加规划组，定分点、线、面三小组，建工部负责点、线两组，杭州来三人。

7月12日

北京函到长沙，车阻，毛伟昂同志报告主席事迹，向园林系统传达规划组意见。

7月13日

小崔参加踏勘，登风子山看韶山冲，指挥部讨论纪要，群众对指挥部有意见，贴大字报。

7月14日

张某某离此，指挥部召集组长以上座谈如何改组机构，大家要求思想和群众见面；两派斗争反映在会上乃至争吵。

7月15日

田某检查，易某某置身事外，让大家讨论，意见很大，规划组开会，大体有了轮廓。

7月16日

园林的规划组人员讨论如何开展工作。

7月17日

规划组开会，提出园林系统的意见，进一步讨论，草拟提纲，工作、学习。

7月18日

踏查纪念点、绿化点。

7月19日

报告会，韶山区、管理局、林管局、南岳；园林规划组碰头。

7月20日

参观灌渠，谱主学习《讲话》。

7月21日

控诉会。

7月22日

规划组由刘燕民介绍工作方案，各组讨论，晚新规划组包括生产讨论分工。

7月23日

点线规划组、园林人员讨论在双抢时期留家人员做的准备工作。

7月24日

学习主席著作，准备图纸。

7月25日

准备总图设想，绘制图纸。

7月26日

踏勘万人会场，庞叔侃墓、郭家祠堂、清溪小学（朝阳小学），讨论纪念点位置及路线；省党校有家属逃来。

7月27日

讨论纪念点分类及取舍问题。

7月28日

派人去铁路指挥部晒图，讨论整理资料及苗木，连日陆续有人逃来。

7月29日

指挥部因长沙秩序乱，恐波及这里，征询群众意见暂时疏散，召回双抢人员。

7月30日

人心不安，议论纷纷，莫衷一是。

7月31日

指挥部当地与外来领导层分别活动，当地先抛弃外来，拟派人去长沙了解情况。

8月1日

园林拟进行工作，等待长沙消息，林业（外省市）要参观，不要在现指挥部领导下工作；田某避去三日，谭某某也离，指挥部几乎是瘫痪，余某某坚持回广州，易同意。

8月2日

易某某背着崔毓胜打电话给广州，并写信要求另派人，谱主向指挥提出抗议不能独断专行到这种地步，经两次争辩收回此信（建工部都无权这样做），第一（九大队）、三两组开会，对易提出许多问题，不欢而散，晚田某回。

8月3日

田又不见，三大组会统一思想，是否做下去，派人去长沙了解情况，晚田回。

8月4日

谭新春以军代表身份谈形势，证实工联是革命组织，高司是受蒙蔽的群众组织，湖南军区在三支两军工作中犯了方向路线错误，省生产指挥部为“永向东”接管，代表离潭。

8月5日

规划组（园林）开会，拟订下周工作日程，三组踏勘韶山，传闻潭军方支持工联。

8月6日

与林业部商谈，如何应付局势，写总图设想；47军（6954）代表到。

8月7日

补踏勘的人出动，郭均与两部谈，搜集群众意见；赴长代表回谈，47军认为指挥部应改组，以左派为核心，外省市撤往长沙观察形势，向小组长传达，都拒为保守派领导。

8月8日

6954介绍运动形势，主张我们留韶工作，群众意见纷纷，许尚云报告去长经过，讨论，回长沙；在组长汇报会上，易纠集不是指挥部的人大肆攻击我们破坏韶山绿化，当场被驳斥。

8月9日

两部来电话撤往长沙，继续与指挥部接触，约定明晨谈判；湘潭、韶山出现反动标语。

8月10日

谈判无结果，传达总理八次接见湖南代表讲话；交通断绝，音讯不通。

8月11日

田、易去湘潭找6954部队，群众代表通知他们解决交通和安全问题；谭某某来交涉借车问题竟然拒绝；讨论步行，有分歧。

8月12日

不愿步行的要留下，大组讨论未能统一，决定走，6954郭谈用车送我们去湘潭转株洲。

8月13日

十一时离韶去潭，易大骂田；一时到，大雨，在专署交涉，15时去板塘铺，郭均去封锁线，带株洲车来接，车到即被扣，四车都被扣，等到天黑步行回潭，廿余里，十时到专署，住礼堂。

8月14日

与“革造联”交涉，责其背信食言。

8月15日

继续斗争，尚无眉目，组织学习，与专署人在食堂发生口角，群众心情焦灼；专署是“革造联”的大本营。

8月16日

交涉仍无确实音讯，是否用拖延办法不能逆料，估计对我们头痛，但愿送出算了。

8月18日

代表交涉后，同意还车两辆，另派两车送人，十二时离潭，沿途关卡检查，由武装车交涉，过最后一关，我们前进不到200米，枪声止车，未料两方对峙如此之近，后知株工联防线经解释后比较礼遇，顺利通过，至此脱险，住交际处。

8月19日

参加株市游行，慰问司机。

8月20日

八时开会，向6954、6898部队及公交公司致谢赠礼品，离株，在田心检查停车一小时，晚八时到长，由武装车送至林业厅，到处枪声。

8月21日

休息，参加批判会。

8月22日

参观橘子洲头，岳麓山不安全。

8月23日

休息，对于交通阻，众情不安。

8月24日

批判大会；决定明晨乘慢车去武汉，住五一。

8月25日

张孝纪通宵排队购票，四时许去车站，架机枪形势紧张，等到八时放入站，九时开车（误两小时），夜十二时到武昌（正点为20:46）。

8月26日

在车站交涉38次票，而后去林业厅休息，晚19:56开车。

8月27日

晚19时到（正点15:46）回家即垮，不能安眠。

8月28日—30日

睡了三天，头眩晕。

8月31日

去阜外医院，血压不高，160/90，检查后无病，疲劳过度。

9月1日—3日

在家休息，全身无力，每天思睡。

9月初—年底　韶山归来后，在北京。

外调的多起来了，南工来调查杨廷宝，南工魏慎五来抄长安街规划有关杨廷宝的材料。

9月5日

胃病就医，在家休息，写信给绪珂。

9月7日

拥军爱民大会，小崔介绍湘潭脱险。

9月8日

与王雨三讨论批园林。

9月12日

写陈俊愉材料给北林。

10月5日

军管会布置学习毛主席最新指示。

10月6日

学习文件。

10月13日

当日及后数日，写园林批修材料。

10月14日

材料完成初稿，张亚良谈昨天各派协商情况。

10月20日

讨论张孝纪起草，学习讨论大联合。

10月24日

援外局与去几内亚建筑人员来谈绿化工程情况。

10月25日

援几内亚人员又来反映情况。

11月1日

北林教师范念母来谈园林事业方向，改写园林批修。

11月4日

讨论援几内亚专家事。

11月9日

北林来谈园林方向的调查，处理对外局给朱明良的电稿。

11月11日

初雪；局务会议谈阿尔巴尼亚展览筹备事。

11月14日—28日

大便潜血有四个加号，积水潭就诊，休息半月，透视检查出十二指肠溃疡，胃也有旧创痕，后半日上班。

12月21日

湘潭市城建局、计委、经委来人汇报，要求规划湘潭及韶山，实质是要钱搞上水，露出口风，高司观点。

12 月 22 日

延安专署城建局来谈规划建设，张某对调查她的历史问题书面发表严正声明。

12 月 23 日

南工来调查杨廷宝；讨论联合。

12 月 25 日

讨论我队出五或四人问题，表决结果为四人；学习讨论形势。

12 月 26 日

毛主席七十四生日，遵照最高指示不举行祝寿，仍背诵老三篇纪念；学习，大联合暂由七人工作，二个临时召集人。

12 月 27 日

军管会吴景良宣布联合班子成立，提出对勤务组几点希望。

12 月 28 日

学习讲用会，张、黄逢迎总团，佟比较真实。

12 月 29 日

南工魏慎五来抄长安街规划有关杨廷宝的材料，学习 8341 部队北京针织总厂“支左”，大办毛泽东思想学习班的经验。

12 月 30 日

军管会庆祝 1968 年元旦大会。

1968 年　61 岁　“文化大革命”中

1 月 6 日

园林局、颐和园、北林来谈，颐和园的革命问题。

1 月 8 日

讨论园林处工作，准备斗私，与张孝纪、王雨三谈。

1 月 9 日

对外局谈几内亚美化工程。

1 月 20 日

去中山公园参加修改天安门广场及人民大会堂绿化设计的座谈会。

1 月 22 日

徐美琪来谈颐和园改建设计，拥军爱民大会。

1月28日

上班半日，休息，恢复春节放假。

2月9日

体检仍有潜血，医嘱全休半月，谱主要坚持学习。

2月22日

讨论三结合方法，当权派要亮相。

3月8日

农大来调查黄瑞纶。

3月11日

南京来人了解中国农业科学研究社情况。

3月14日

去北京医院透视，岳主任诊断十二指肠溃疡。

3月15日

研究几内亚公园复信。

3月16日

研究给朱明良信。

3月27日

部联委组织游行，保卫党中央、毛主席。

3月28日

传达十万人大会，讨论。

3月30日

“革命委员会好”重要社论发表，讨论体会。

4月17日

毛主席4.16支持美国黑人抗暴斗争的声明发表，九时半开始游行。

5月17日

为颜文武①工作，北京院二室因两派意见分歧未能进行。

5月29日

学习毛主席文件。

---

① 颜文武（1937—），上海市人。1961年毕业于同济大学城市规划绿化专门化专业。曾任市园林管理处设计室设计助理，受委派赴非洲主持几内亚科纳克里美化空地工程总体规划设计。

6月4日

参观外贸部“文化大革命”展览；北京园林局有干部可供选拔出国。吴纯来电，广州有干部和工人，答其等候落实。

6月5日

长沙花圃原书记来谈园林方向。

6月6日

向军管会秘书组吴景良同志汇报四女婿陈学诗“反革命罪被逮捕事”(6. 1)。

6月12日

颜文武固执己见，与北京院不和谐，王雨三做他的思想工作。

6月14日

与北京院王荣寿谈援几内亚绿化工程总图问题。颜文武固执己见，不协调。北京院强调分工，我们看重总图。

6月18日

与颜文武谈修改总图。

6月20日

与颜文武谈，金、王、张、吴研究工作，准备与北京院谈。

6月21日

与北京院谈总图及分工，颜文武思想不通，谈选拔出国干部问题。

6月26日

上海外调绪珂（注：1968年年初，程绪珂被“隔离审查”，失去自由）。

6月27日

写外调材料。

6月29日

上海园管处外调人取材料。

下半年

在北京，谱主开始作各种“交待”“检查”；长孙下乡，住房被占去三分之二。

下半年是“外调”的高峰，有金经昌、周永源、金作栋、汪振儒、马骥、徐天锡、庞增桂、肖嵩甫、贺善文等人，外调二女婿朱季林财产。因有外调中农社问题，谱主被认为有历史问题，多次出现有关大字报，要求“交待”。

7月1日

军管会召开纪念党47周年纪念会。

7月2日

谱主当日记道：小衡（长孙可行）去北大荒，在13路车站对我注视，相对黯然，究竟有惜别之意。

7月6日

去北京工业设计院看援几内亚绿化广场总图。

7月8日

与颜文武研究空间组织，考虑土方与排水仍然是关键问题

注：这是谱主日记中关于几内亚项目最后的记录。

7月22日

毛主席发出最新指示，关于上海机床厂，学习精兵简政。

7月26日

有揭谱主的大字报，是外调中农社的问题，和张孝纪约谈。

7月27日

局革命群众贴大字报说谱主是“反革命”知识分子。

7月30日

外调金经昌。

7月31日

写金经昌外调材料。

8月1日

听两报一刊社论《无产阶级专政的坚强柱石》，放假。

8月2日

参观毛主席去安源油画展览，学习八一社论。

8月3日

学习主席关于精兵简政的最高指示，湛江城建局吴栋来谈规划和园林批判。

8月5日

纪念《十六条》发表两周年大会，张主任讲话，对当前运动作了明确分析和部署。

8月14日

写北京规划局关于周永源的外调材料。

8月15日

晚学习最新指示。

8月20日

写交待材料，大联合小组公告谱主，根据群众揭发有重大历史问题，正告谱主交待；着手准备。

8月21日

写二次交待材料。

8月22日

传达中央文件关于上海贯彻“七·三”“七·廿四”布告解决老大难问题，讨论联系局运动情况。

8月23日

写交待材料及金作栋外调材料。

8月26日

毛主席最新指示发表。

8月27日

学习讨论最高指示。

8月28日

讨论社论；联系思想，根据张主任所提的问题进行准备。

9月2日

张主任报告，准备成立我部革委会，本月三天学习文件、三天酝酿名单。

9月3日

大联合小组通知谱主不参加提名讨论。

9月4日

学习主席著作及廖初江、丰福生、黄祖示学习经验。

9月19日

通知让房，眼痛。

9月20日

看眼，部开庆祝会，全国一片红。

9月21日—22日

整理东西，准备腾房。

9月23日

学习“老三篇”。

9月24日

学习社论《大兴党的三大作风》，大扫除。

9月25日

学习社论，结合索引学毛选。

9月26日

通知去怀柔劳动，回家整理；28日交房。

注：谱主腾出阜外大街东一楼102号三室单元中的两间，仅剩一间房，藏书只能堆在楼道；搬进来的是建委工人张某文一家三代六口。

9月27日

到怀柔县黄花城公社东风大队第二生产队参加劳动，住贫农赵仕政家，同炕住宿，他非常热情，对党对毛主席无比热爱（赵和田）。

9月28日—10月7日

劳动做的是拔豆子、背谷子、捆棒子秸、砍棒子、收棒子、背秫秸等。

10月8日

捡栗壳（不愣子），打扫卫生，12时上车，1时开，5时半到部，休息三天。

10月9日

外调金作栋，写劳动小结。

10月10日—11日

写小结，看病，血压200/100。

10月12日

头晕，支持着上班学习。

10月13日

昏睡终日，头晕未愈。

10月14日

学习柳河五七干校，通讯及有关文章；头晕恶心。

10月15日

集中学习，分配在二组。

10月16日

劳动，学习最新指示，张方代表大联合在学习班作开学报告，管理组老彭同志谈第一阶段学习计划。

10月17日

写决心书，订学习计划。

10月18日

学习文件记笔记，外调汪振儒、马骥。

10月19日

学习文件写笔记，劳动。

10月20日

思考，并写发言提纲。

10月21日

外调徐天锡，赶写发言提纲。

10月22日

送外调材料，小组七人发言。

10月23日

继续发言。

10月24日

发言完毕，讨论。

11月1日

谱主自认为发言远不如别人深刻，晚八届十二中全会公报发表。

11月2日

学习公报（八届十二中全会公报）。联系自己，一定要彻底交待，争取群众宽恕，回到革命行列。

11月9日

劳动，布置下周全面交待。

11月10日

抄写思想汇报。

11月12日—13日

写材料，劳动。

11月14日

写交待材料，外调庞增桂、都委会。

11月15日

写交待，晚交出。

11 月 16 日

多数人未写完，发回补充材料。

11 月 17 日

写补充材料。

11 月 18 日

交出；写外调都委会、庞增桂；布置学习文件三天。

11 月 19 日

讨论至晚。

11 月 20 日

讨论，再交补充材料。

11 月 21 日

讨论延至 23 日，再给机会补充交待，端正态度，还算坦白。

11 月 22 日

在菜站劳动，百万庄，部对面。绪理来信称，朱季林 11 月 2 日中午被研究所的“文攻武卫”隔离，说是反革命分子。

11 月 23 日

向管理组汇报朱季林隔离事，并附绪理来信；在食堂洗刷地面。

11 月 25 日

继续学习一星期，端正态度，因许多人距离群众要求还远。

11 月 26 日

在菜窖劳动，晚学习社论。

11 月 27 日

讨论；局刘学海、谢一声要谱主补充写财产演变情况。

11 月 28 日

劳动喷漆，写财产演变；晚讨论。

11 月 29 日

写材料（财产），管理组通知谱主补充交稿，与群众要求有距离。

11 月 30 日

外调浙大情况（康奈尔）和肖嵩甫，写材料，关于财产演变情况。

12 月 2 日

写财产材料，外调肖嵩甫。

12 月 3 日

抄材料，晚交（“交待材料”11 页，约 4500 字）。

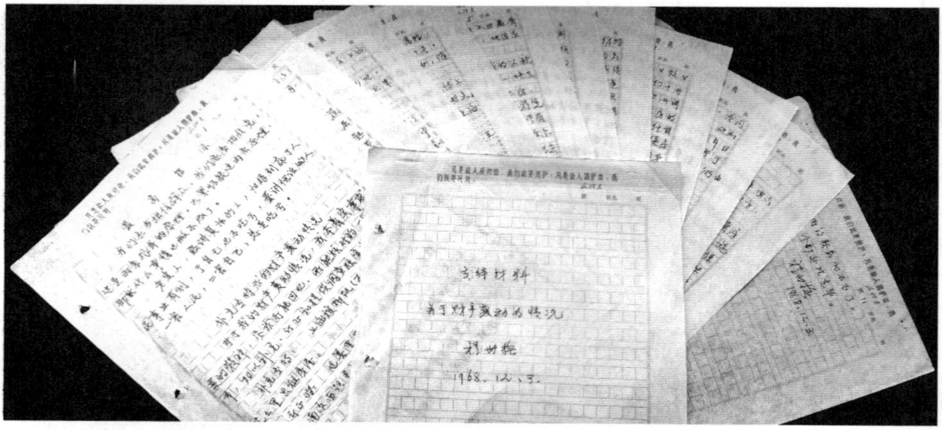

1968 年 12 月 3 日“交待材料”

注：保存下来的谱主写的“交待材料”一共有四份，时间从 1968 年到 1970 年，这是第一份。材料都用复写纸复写了，左侧有明显的装订痕迹，应该是曾经装入过档案。“文化大革命”进行到某个阶段，又退回了各类“有问题”人员写的“交待材料”。

12 月 4 日

将“帕也阿尔法洒也”（Pi Alpha Xi）会员证交给管理组，留下一份抄件。

12 月 5 日

写肖嵩甫材料，学习，想问题，晚讨论。

12 月 6 日

准备材料，请组帮助。

12 月 7 日

肖嵩甫外调，劳动，大便潜血。

12 月 8 日

去人民医院，十二指肠溃疡，血压下降，大便柏油便，8—10 红血球，阳性；给假三天。

12 月 9 日—10 日

卧床休息，9 日有血，10 日大便正常，头眩好转。

12 月 11 日

上班，管理组布置一月来的思想汇报。

12月12日

写思想汇报，有东北口音外调中农社事。

12月13日

刘学海要谱主写材料。

12月14日

劳动，写上海工作情况。

12月15日

写财产（回国后）情况。

12月16日

写上海工作情况。

12月17日

写外调贺善文及中农社材料，抄上海工作情况。

12月18日

抄交待材料（共14页，约5000字），送出。

12月19日

劳动，学习两条路线斗争史和毛主席著作，通知明天开体现政策大会。

12月22日

提高认识和思考交待。

12月24日

外调朱季林财产，学习最新指示。

12月25日

外调问农民运动协会，谱主不知道。

12月26日

伟大的领袖毛主席75岁诞辰，我们学语录作纪念，晚大家结合自己问题讨论。

12月27日

学习并批判自己错误思想，没有紧跟上军管会的部署，掉了队。

12月28日

学习毛主席著作，新氢弹试验12月27日成功。

12 月 29 日

照常上班，学习，讨论新闻公报。

12 月 30 日

学习，扫雪。

12 月 31 日

大扫除。

1969 年

62 岁　“文化大革命”中，上半年参加“学习班”

1 月 1 日—2 日

检查思想。

1 月 3 日—7 日

学习元旦社论。

1 月 8 日

转入正常学习，补学十二中全会公报等文件。

1 月 9 日—10 日

写检查。

1 月 11 日—12 日

回局核对材料、写交待材料。

1 月 13 日

回局；谱主认为是自己的记忆力太差，不能说明是坦白交待，无可奈何。

1 月 14 日

王佐臣、小胡找谈，谱主谈自己的心情，晚朱一找谈，要谱主交证件。

注：不知“朱一”是何方神圣，能下令谱主“交证件”。

1 月 15 日

外调李鸿渐①、张缅新②，联想自力园艺场去过。

1 月 16 日

送证件，写交待（共 14 页，约 5000 字），晚送出。

---

① 李鸿渐（1915—1995）园艺教育家，园林专家。1940—1944 年金陵大学农学院园艺师资组学习。

② 张缅新，1930 级，浙江大学园艺学专业毕业。

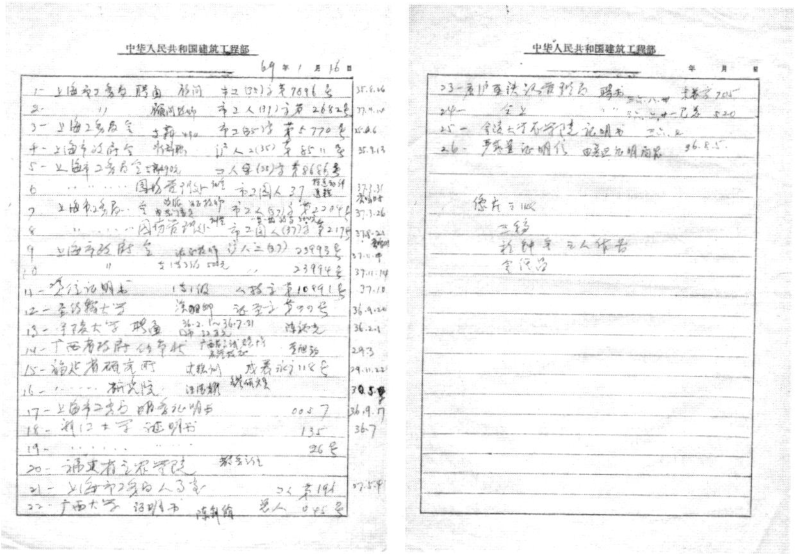
中华人民共和国建筑工程部

69年1月16日

中华人民共和国建筑工程部

谱主抄录了被迫上交的各种服务证明书一览共计26项，
另有3张照片，注明了上交的日期，均不知所踪

1月17日

外调陈恩凤，记不起情况。

1月18日

找杨萍谈谱主自己的心情，她说要打消顾虑，问题是无法表明记忆力很差，不是不坦白。

1月19日

写交待。

1月21日

回局批与反动上层来往，中农社不是共产党外围组织，为国民党涂脂抹粉，问去徐恩曾家的是否陈恩凤，未能确定；留家谱变天账，谱主表示接受批评，提高认识。

1月22日

交徐恩曾、陈恩凤材料，不能肯定；继续写交待。

1月23日

写交待，晚交管理组，局未送到。

1月24日

大便柏油色，潜血，就诊休息。

1月25日

出虚汗，休息，仍有黑大便。

1月26日

就诊再给假三天。

1月27日

送假条，回家休息，气喘出汗。

1月28日

休息，大便姜黄色。

1月29日

复查，再给病假三日，而后半日工作一周；血9克，头晕心跳。

1月30日—31日

休息，思考家庭及自己的“丑恶”历史，未写好。

2月1日

上半日班；写检查，星期天未停，进展迟缓。

2月3日—7日

写思想检查、思想汇报。

2月8日

全日班，外调李西开；学习。

2月10日

外调陆大京，当场写材料；学习，长子绪西因病回京。

2月11日

取李西开外调材料，学习。

2月12日

积水潭验便，潜血++，学习。

2月13日—14日

学习。

2月15日

大扫除。

2月16日—19日

春节假。

2月20日

《人民日报》重要社论发表。

2月21日

学习社论，九期学习班（深挖）结束，十期开学。

2月22日

革命群众布置“三忠于”展览会，学习讨论社论。

2月24日

联系本身问题讨论社论，着重自己如何“认真”领会政策，“认真”对待错误，对待群众。

2月25日—27日

交学习社论的体会。

3月3日

苏修在黑龙江省乌苏里江上的珍宝岛挑衅，受到应有的惩罚，中小学生游行示威抗议。打倒苏修！打倒美帝！

3月4日

学习“老三篇”，联系自觉革命问题思考，进展不快；部游行示威，共三日。

3月6日

写自觉革命问题。

3月7日

外调陈恩凤是否为约谱主去徐恩曾家的人。

3月8日

讨论自觉革命问题，谱主发言。

3月10日

继续思考自觉革命；交外调材料。

3月11日

继续思考自觉革命；《人民日报》对苏修反华发表评论员文章。

3月12日

学习评论员文章和外交部新闻司声明。

3月13日

整理自觉革命。

3月14日

苏修连续在珍宝岛挑衅，殴打驻苏使馆人员；红旗社论广播“关于总结经验”，传达最新指示。

3月15日

批判丁某，结合批判修正主义干部路线，谱主陪批。（注：这是已知的谱主首次陪丁某挨批）

3月16日

苏修昨日凌晨两次出动几十辆坦克装甲车、军队入侵珍宝岛，被我边防部队击退。

3月22日

整理，听批判会的感想，学习主席语录。

3月28日

学习文件，毛主席视察大江南北；认清形势联系自己的问题，晚读16条及5.16通知，找讨论重点。

4月1日

学习《乘胜前进》社论；八届十二中全会公报，结合思想实际找出重点。广播特大喜报，九大于今日五时隆重开幕，伟大领袖毛主席亲自主持会议并作重要讲话。

4月2日

学习新闻公报（九大），布置墙报栏，庆贺九大开幕，讨论公报。

4月3日

讨论公报，学习文件，重点结合自己问题思考，摆活思想。

4月4日

讨论如何讨论，亮活思想，扫除思想障碍。

4月5日

讨论五个文件，联系本人问题谈活思想。

4月7日

谈思想，联系自己错误。

4月9日

写批判发言稿，修改并抄写学习体会。

4月10日

批判开始，以批自己为主。

4月14日

晚九时九大新闻公报，通过政治报告、党章。

4月15日

讨论并张贴欢呼九大主席团二次新闻公报的大字报，一组、四组发言。

4月16日

外调吴绍骙、黄瑞纶。

4月17日—23日

写认识考虑发言题目，写发言提纲。

4月24日

谱主发言，晚姚提谱主保旧证件怎样认识，查一下漏项还有。九大胜利闭幕，学习。

4月25日

写大字报庆祝九大闭幕，主席团秘书处新闻公报。外调程绪珂，园林处。

4月26日—27日

讨论新闻公报、政治报告。

4月28日

学习政治报告，晚九时广播中国共产党章程。

4月29日—30日

学习讨论政治报告。

5月1日

写外调材料，写对错误和罪行认识的材料。

5月2日，3日

复写，讨论政治报告。

5月4日

复写并修改；五四运动五十周年社论，纪念《青年运动的方向》发表卅周年。

5月5日

复写，读社论及《红旗》有关落实政策的文章。

5月6日

讨论政治报告，赶写外调材料。传说城建局20日去修武“五七”干校。

5月7日

交外调材料，讨论党章。

5月12日

布置学习九大文件，两日；恢复谈交罪认罪。

5月13日

学习政治报告，准备发言提纲，学习，办公室刘同志通知尽快写好材料准备回局。赶复写材料到14日0:30。

5月14日

九时半交材料。十一时学习班办公室小梁来组宣布谱主回局的决定，回局，结果无人办公。

5月15日

杨萍通知去“五七”干校（河南修武），赶紧准备，他人已经准备一周了；外调周明胖，买东西。

注：别人都知道要去五七干校，早已经准备了，而谱主显然一直被蒙在鼓里。

5月16日

整理资料，全送去销毁，修理箱锁，购物。

5月17日

整理资料，购物；说23日交行李。

注：谱主日记到此终止，此后的年谱是根据谱主留下的笔记（有的虽有日期，但是不够连续）和信札等其他资料编辑而成。

1969年5月—1972年7月

62—65岁，河南修武建工部、建委五七干校

注：先后在周庄公社西常位大队、李万公社耿作大队、葛庄大队，起止时间根据谱主自书资料，地点根据以往信函的信封。

① 周庄公社西常位大队第三生产队（有1970年3月21日程定信，1970年3月周文松信，1970年4月5日邮戳周文松信）；

② 李万公社耿作大队一连二排四班（有1970年4月9日邮戳周文松信）；

③ 葛庄建委五七干校二连一排（1970年11月以后，有谱主写的笔记“70.11肠出血，因搬葛庄拖至一个月才止血”）。

5月28日

谱主记录当日到达河南修武建工部建委五七干校。

12月17日—22日

落实政策学习班。

12月23日

回班。

12月24日

通知准备。

12月26日

在班检查交待。

12月27日

写材料，全面、系统。

1970年

63岁　建工部五七干校一连二排四班，继续“交待”，写交待材料

注：以上是谱主在自己的笔记本上记录的“番号”，谱主在1970年有零散的笔记。

1月3日

交出交待材料。此“交待材料”共34页，约2万多字，是保留下来的“交待材料”中最详尽的一份，内容包括：

（一）历史部分

1. 继承遗产和剥削罪行；2. 为反动统治阶级工作、充当工具的罪行；3. 对于复杂社会关系的认识；4. 对于封建剥削家庭和旧社会的认识。

（二）参加革命以来在工作和运动中所犯错误

1. 我在工作上的错误；2. 反右派斗争中的立场错误。

（三）在“文化大革命”运动中的错误

在全局大会上骂过刘某某同志是什么东西。

1月8日—9日

核对材料，签字；附结论性意见。

1月10日

宣布结论。谱主事后追忆记录如下：

8日：①关于地主、资本家问题；②为反动政府工作，与交待相符，没有严重罪行；③中农社；④仁社，一般社员，无政治活动；⑤特嫌，外调马骥（1953）等三人组织反动组织，要发展我，查明并无此事；⑥“文化大革命”期间的错误：对大字报，认为反动路线、白色恐怖；对大联合说成大撮合，有抵触情绪。

10日，①继承遗产，有剥削，但主要生活来源是薪金，按政策不作资本家论；②在反动政府工作没有严重罪行，成分定为伪官吏；③由于上述表

现，程已不起党员作用，劝其退党。

谱主在表（具体是什么“表”不详，推测是与党员登记有关）上填写：我自参加革命以来，死心塌地跟着党走，跟着毛主席干一辈子革命，自知错误严重，决心不断努力学习毛主席著作，学习毛泽东思想，不断改正错误，改造世界观，严格以党章和无产阶级先锋队的标准严格要求自己，改造到死，希望组织考虑让我留在党内，不管什么严厉处分我都甘心接受。

1月15日

谱主记录“回到群众队伍”。

1月30日

动员揭发批判516。

2月2日

传达军代表汇报。

3月11日

进行批判砸政治部问题，5. 16反革命阴谋集团的罪行及其危害性。

3月24日

整理笔记，揭露5. 16反革命阴谋集团的滔天罪行。

5月

长女绪珂被解除“隔离”。

9月14日—19日

写“初步总结我在‘文化大革命’运动中的错误认识的教训”。

9月21日

检查自己的“资产阶级思想体系”。

10月6日

谱主以“对自己分配的活思想”为题记有笔记，摘要如下：

“文革”以来，认为园林、城市规划是封资修俱全，在继续革命中如不彻底改造，是不可能为社会主义服务的，又想到过去的东西都是要不得的，于是有否定一切、没有出路的思想。从另一方面说，新文化是旧基础上产生出来的，究竟园林、城市规划还有没有用，一下子还未能下结论。自己对旧城改建是有些体会的，是坚决贯彻勤俭建国方针的，自忖在这方面可以有所贡献，但不知领导上是否需要我做这方面的工作，同时又怕人说想留在大城市、怕艰苦等。消灭城乡差别是城乡规划的重要课题，过去也曾考虑过，但不得要领。最近看到报载县办、社办、大队办的工业，搞小型铁矿、煤矿，小型工矿遍地开花，不但是备战的需要，而且对于消灭城乡差别提供了有利条件。在这方面，我愿投身这种工作，但是党的方针已在全国贯彻下去，并获得显著成绩，我还能做什么工作、还要不要我去参加，也没有把握，这只是一种想法。

我最顾虑的是叫我退休。我认为我的条件，估计还可以为党为人民工作十年。

10 月 9 日

谱主总结了到干校一年多的收获，特别提及和干校的房东之间的关系：初步建立了对贫下中农的深厚感情。我和我的老伴（妻李听秋）分别在耿作和西常位，受到贫下中农无微不至的关怀，说是贯彻毛主席疏散人口的指示，把照顾我们看作忠不忠于毛主席的高度，受到深刻教育。我们也遵循毛主席的教导，恭恭敬敬地向贫下中农学习。我们对两地的房东都做到互相关心，急他们之所急，亲如家人。

10 月 14 日

黄彬森：第三阶段，分配阶段（注：谱主记录了许多具体的人名和分配的地点）。

11 月

十二指肠出血，因搬葛庄拖至一个月才止血，谱主没有强调休息即适当参加劳动，随即上班。

11 月 5 日

用一分为二观点和阶级观点，分析总结“文化大革命”自己是怎样走过来的。开始只一股劲当好革命动力，忽略了如何触及灵魂当革命对象，用手电筒照人，就是不照自己。被迫当革命对象，开始触及灵魂，又否定一切，只当革命对象不能当革命动力，因而灰心。同时又想到并不是一无是处，思想上有反复，不得解决。组织审查有结论后，又不能当好革命对象和革命动力，两者的辩证关系不能正确处理。

11 月 10 日

努力避免片面性和局限性，无论什么事情，都必须加以分析。

11 月 13 日

学习《人的正确思想是从哪里来的》，以城市规划为例，谈及上海规划、四过等。

11 月 16 日

消灭城乡差别，曾想从国营农场规划上找出路。

12 月 15 日

公布 5. 16 在原建工部罪行大会（谈及具体事和人）。

12 月 31 日

建委政工组作出“程世抚同志的问题以重大历史问题结论”，谱主在次年 4 月 5 日才知晓此结论，见后。

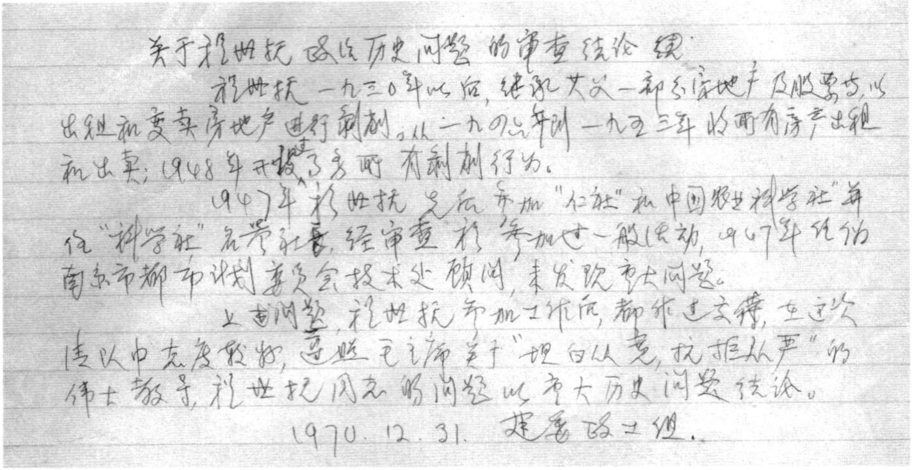

关于程世抚政治历史问题的审查结论（稿）

程世抚一九三〇年以后，继承大父一部分房地产及股票等，以出租和变卖房地产进行剥削。从一九四六年到一九五三年将所有房产出租和出卖；1948年开设过了多所 有剥削行为。

一九四七年程世抚先后参加“仁社”和中国农业科学社”并任“科学社”名誉社长，经审查，程参加过一般活动，一九四七年任伪南京市都市计划委员会技术处顾问，未发现重大问题。

上述问题，程世抚参加工作后，都作过交待，在运动中态度较好，遵照毛主席关于“坦白从宽，抗拒从严”的伟大教导，程世抚同志的问题以重大历史问题结论。

1970. 12. 31. 建委政工组.

谱主抄录的建委政工组“关于程世抚政治历史问题的审查结论”

1971 年

64 岁　在五七干校

1 月 11 日

许锡朴传达：七条——运动中有关政策攻心，交代从宽。

1 月 13 日

恢复组织生活。

注：当天并没有通知谱主，所以本人并不知道此事，是 4 月 5 日才得到通知并做了记录。

1 月 30 日

十二指肠出血复发。

2 月 4 日

这次肠出血，比过去严重，服药打针，今天才停止出血。

2 月 18 日

谱主记录了参加挖沟劳动时的事：在机井旁挖沟时，花怡庚批评我，没有努力干，说多干对你的病有好处！我当即回答，我没有偷懒呀！他说你至少不够努力，又说有人不出汗不脱衣，等等。我觉得委屈，当时我已经脱去棉袄，套上一件旧上衣干了许久，心里不舒服，不服气。
——后面跟着长篇的“自我剖析”和“检讨”（略）。

4月5日

谱主记道：二连赵指导员通知我去看军管会的工作组批下我的历史结论，于71.1.13恢复组织生活，心情非常激动，热烈欢呼伟大领袖毛主席万岁！伟大的、光荣的、正确的中国共产党万岁！对于“重大历史问题”的结论，因限于政策水平，还未想通。口头向赵指导员谈我的意见，但说得很不透。她说过去不在一个单位，情况不了解，嘱我写书面报告，我请她转达。几个与实际情况有出入的细节：①没有开设事务所，而是在业余时间为人设计；②关于1946年在上海市工务局园场管理处任职；③关于仁社；④关于中国农业科学研究社；⑤关于南京都市计划委员会技术处顾问。
（谱主附注：当时摄于耿作情况未敢要求抄录结论）
——1954年在上海，1956年在北京，两次入党的支部大会上领导同志都说，经过调查我的历史清楚；审干后也口头告我没有发现新问题，也从未说过我有“重大历史问题”。主要问题和1954那年的交代相同没有变动，我不知道我的历史问题在哪些情节方面得出“重大历史问题”的新结论，请求组织指示。

4月20日

提出对历史问题的书面申诉意见。

1972年

65岁 在五七干校

1月

在葛庄公社建委五七干校二连一排。
注：谱主1972年在干校的“番号”。

7月

从“五七干校”回北京，历时三年多的“五七战士”生活终告结束。
谱主在笔记本的封底记了一段武陟当地人描述“五七战士”的顺口溜：“穿得破，吃得好；劳动戴手表；手拿烧鸡满街跑”。
当年对“重大历史问题”的结论，数次申请复查（注：谱主记录了申请复查之事）。

1972年7月—1978年

65—71岁 国家建委建筑科学研究院顾问、总工程师

1972年的谱主

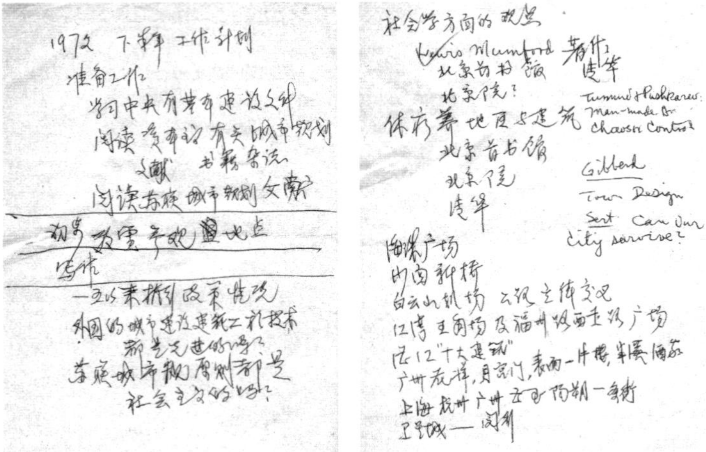

谱主作1972年下半年工作计划

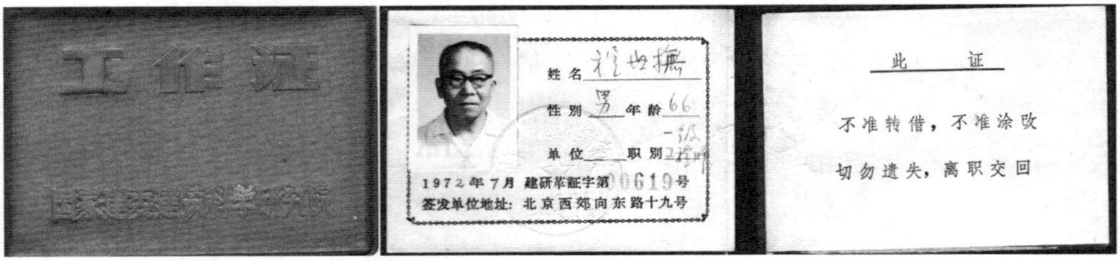

1972年7月国家建委建筑科学研究院工作证

7月25日

调到国家建委建筑科学研究院。

7月28日

撰写《总结城市规划城市建设经验教训的必要性》，共6页约2000字，提出了具体建议。这是谱主从干校回京之后写的第一篇关于城市规划的文章，提交给了建筑科学研究院当时的领导袁镜身，袁批示“退程世抚同志存”。此文收入《程世抚、程绪珂论文集》。原稿的最后谱主注：在里面提出两个问题，我已写了初步提纲：1. 苏联的城市规划原则都是社会主义的吗？2. 外国的城市建设和建筑工程技术都是先进的吗？

“总结城市规划城市建设经验教训的必要性”手稿

11月

“奉派”（谱主注，此为计委交的任务）去北京市环境保护研究所参加编写国外公害资料丛书之一《国外城市公害及其防治》有关城市规划部分，前述“1972年下半年工作计划”中止。

11月5日

撰写《回顾我国城市规划的经验教训，迎接新的任务》，文章共九页，约六千字。谱主认为我国城市规划建设在开始阶段，学习苏联确是必要的。厉行节约，反对“四过”，纠正了城市建设和建筑方面的铺张浪费现象。因陋就简、勤俭建国是建设社会主义的基本方针，绝不能不顾我国实际情况，盲目追求现代化，大、洋、全。旧城改建，未经反复比较和慎重考虑，不能轻易拆除原有房屋。求新过急、百废俱兴，过早搞城市现代化不符合勤俭建国精神。谱主列举了几个问题，如城市规模仍然偏大，大城市思想尚未清除；应反对唯美主义、形式主义等。最后注明 1972 年 11 月 5 日脱稿，12 月 25 日抄毕。文中的某些政治表述不合时宜，故没有收入《程世抚、程绪珂论文集》。此文是在环保所编写《国外城市公害及其防治》的同时所作。

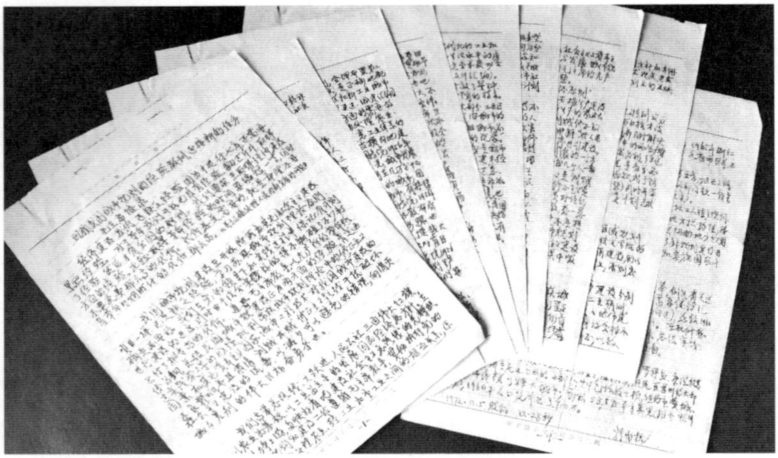

“回顾我国城市规划的经验教训，迎接新的任务”

前述 7 月 28 日给袁镜身提交的文章最后写的“2. 外国的城市建设和建筑工程技术都是先进的吗”的写作一直在进行中，已经有大致成文的手稿如下，关于“1. 苏联的城市规划原则都是社会主义的吗?”，留有题为“苏联城市规划在我国运用的经验”的札记。

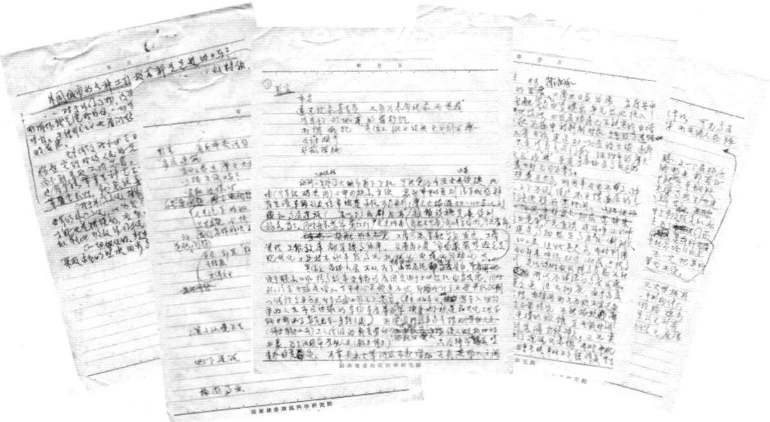

“外国的城市建设和建筑工程技术都是先进的吗?”手稿

1973 年

66 岁　国家建委建筑科学研究院顾问、总工程师

1 月 29 日

撰写《在城市规划建设工作中贯彻执行党的方针政策的体会》共 12 页，约 8000 字。此文大概是因为涉及了过多的政治内容，所以没有被收入《程世抚、程绪珂论文集》。文中谱主用较多篇幅回顾了自己对城市规划的认识，认为苏联城市规划理论确实阐述了一些社会主义原则值得学习，但是也有许多脱离中国实际情况的地方，比如人均居住面积 9 平米的高指标、唯美主义等。谱主列举了几个城市在规划上的问题，如上海、广州、杭州等市搞了一条街，还特别提到了其直接参与的几个项目：苏州市规划、洛阳涧西工业区，分几个阶段检讨了自己的思想。

是年，长女绪珂被“解放”，谱主夫妇十分欣慰。按规定应该补发工资，彼时常有的做法是将补发的工资交党费，以示虽受不公正对待仍对党一片忠诚。谱主之妻要谱主写信给绪珂称，你交党费前先要交“娘费”，因为老娘担了好几年心！可是又心疼女儿，在绪珂未拿到补发工资之前先给她汇款让她买些营养品补一补。绪珂复信笑曰：我的“娘费”还没汇出，你们的“儿费”却先到了！

7 月 24 日

提出“关于申请复查 1970 年程世抚清队结论的报告”。

“解放”了的长女绪珂与其子女及侄儿、外甥们摄于上海西郊公园

“在城市规划建设工作中贯彻执行党的方针政策的体会”手稿

8 月

《环境保护》1973 年 01 期（该杂志的创刊号）出版，谱主摘译韩布林所著《污染：世界性危机》（Pollution：The World Grisis，by HynehHamblim），题“国外环境污染情况”发表，署名为国家建委建筑科学研究院程世抚，这是谱主在“文化大革命”爆发后首次在正式出版物上留下名字。

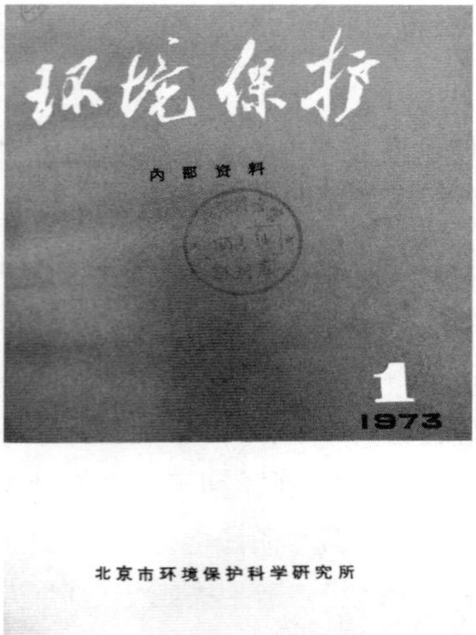

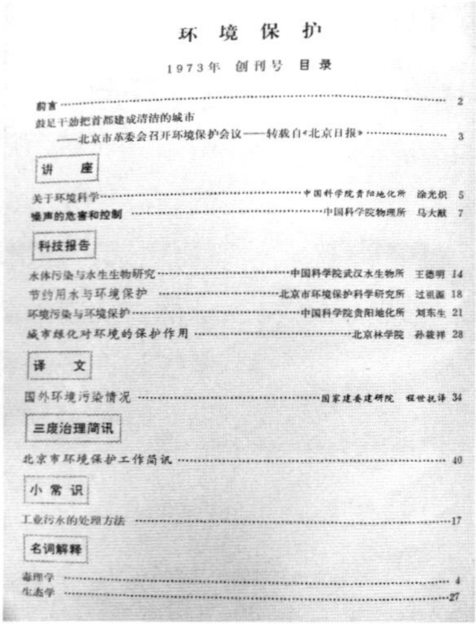

环 境 保 护

1973年 创刊号 目录

《环境保护》1973（1），创刊号

1974年

67岁 国家建委建筑科学研究院顾问、总工程师

1月12日—27日

长子绪西参加以陈中伟为团长的中华医学会断肢再植代表团访问美国。图为《人民日报》的相关报道。

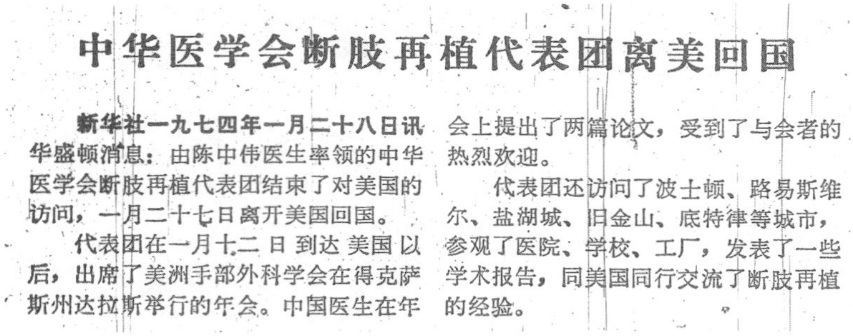

中华医学会断肢再植代表团离美回国

新华社一九七四年一月二十八日讯 华盛顿消息：由陈中伟医生率领的中华医学会断肢再植代表团结束了对美国的访问，一月二十七日离开美国回国。

代表团在一月十二日到达美国以后，出席了美洲手部外科学会在得克萨斯州达拉斯举行的年会。中国医生在年会上提出了两篇论文，受到了与会者的热烈欢迎。

代表团还访问了波士顿、路易斯维尔、盐湖城、旧金山、底特律等城市，参观了医院、学校、工厂，发表了一些学术报告，同美国同行交流了断肢再植的经验。

《人民日报》1974年1月28日

6月27日

罹患脑血栓，医生没让谱主立刻住院抢救，因而没有得到及时治疗，从此左侧半身不遂，留下终身遗憾。

谱主家住阜外大街的设计院宿舍，长年在百万庄的建筑工程部（国家建委）大楼工作，乘坐无轨电车上下班，月月购买月票。半身不遂之后，1974年6月的月票就成为最后一张月票了，谱主一直留作纪念。

为“照顾”谱主，在东三楼二楼给了一间房，用于存放杂物。

谱主患病当月的月票

年末

四女婿陈学诗结束了长达六年半在秦城监狱的关押被无罪释放，先分配到中华医学会中华医学杂志外文版工作了一段时间，后任北京安定医院院长。

1975年

68岁　国家建委建筑科学研究院顾问、总工程师

2月15日

6时20分，谱主之妻李听秋因“慢性喘息性支气管炎合并感染，肺心病”在北京积水潭医院病逝。谱主夫妻结婚五十余年，除了谱主赴美留学和抗战初期谱主随浙大农学院教授先期撤离的很短一段时间外，一直共同生活。谱主在抗战胜利后写的自传中这样描述夫妻之情：“幼年早婚，李氏听秋生子女七人存其五共四女一男……多年来内子共尝甘苦，曾效牛衣对应，仍能罗变售存物以渡战时难关，苦中恒得内子鼓励，固守岗位。”在“文化大革命”的动乱之中亦是如此，谱主之妻义无反顾地伴随谱主去了河南修武的建委五七干校。由于水土不服造成严重腹泻，身体长期入不敷出致使体重锐减，元气大衰，虽并非身患不治之重症，仍于六十九岁撒手人寰。病危期间，子女和孙辈们陪她度过了最后的日子。入殓完毕，晚辈一行回家报丧，谱主闻讯拊膺大恸，悲痛欲绝。

3月

开始尝试出门，到年底每日能走五六华里（在给友人的信中提及）。

夏

开始恢复脑力活动，恢复政治学习。

1976年　　69岁　国家建委建筑科学研究院顾问、总工程师

1976年的谱主

年初

因前列腺增生在积水潭医院接受手术，适长孙从北大荒回京探亲，陪伴左右。

5月9日

致信四妹世娴、五妹世英：4月21日去东三楼为二宝夫妇（绪理、朱季林）来京看病准备被褥，取回夫人李听秋的遗物——漱口盅准备夏天用，突然觉得是捧着骨灰盒，一阵心酸，抑制不住在东一楼门口落下眼泪。

5月26日

写信给（国家建委建筑科学研究院）支部请转袁镜身院长，申请“去合肥稍作逗留，而后由外孙女陪同去沪小住，趁此机会访问安徽省合肥市及上海市的城市建设机构”。

6月5日—7月12日

二女绪理接谱主到合肥小住，后辗转上海、合肥住女儿家及常州外甥女家。

7月1日

作“对合肥城市规划建设的初步观感”，收入《程世抚、程绪珂论文集》。

7月

从上海写信给丁秀、曹洪涛并请转宋养初，请求工作。

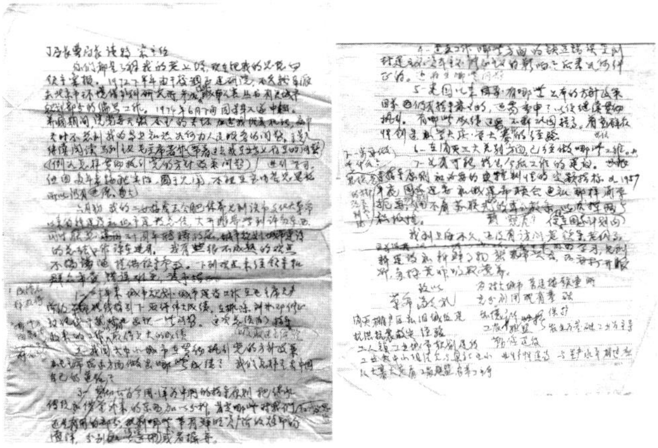

谱主写信给丁秀、曹洪涛并请转宋养初，请求工作

在冯纪忠陪同下参观方塔园

1976年7月28日　唐山发生7.8级强地震。

8月4日

曹洪涛复信，答应协助。但当前京津唐地区震情未已，故劝谱主等局势稳定下来之后，写信给建委分工领导城建局的韩光副主任进行协调。

1977年　70岁　国家建委建筑科学研究院顾问、总工程师

1月

上海邮电医院住院治疗（经常外出）。

《国外城市公害及其防治》由石油化学工业出版社出版，北京市环境保护科学研究所主编，按当时的一般做法，没有谱主的署名。

《国外城市公害及其防治》出版

3月

住上海五女程定家。

与吴振千等人在上海人民公园

4月1日

由林学院教师范念母陪同到常州，沈百新及外甥白孟云、外甥女白志云（谱主三姐世贞的子女）来接站，住市招待所。

4月7日

迁至常州102军医院宿舍，外甥女白志云、甥婿丛永成家。

4月17日

写信给上海城市规划办公室吕光祺，商议科研题目并要求参与。吕4月20日复信说：老熊（应为熊永龄）和孙平（疑为孙萍之误）研究了你提出的题目，认为题目是好的，请你给我们做业务指导，至于具体的调查研究工作，考虑到你的身体，还是我们来做为好。

5月7日

再到常州，5月15日在常州城建局演讲（有讲稿）。

5月17日

离开常州回到北京。

七、“文化大革命”结束后（1977—1988）

1977年

8月

谱主对自己的“历史问题结论”向建委政工组再次提出复查申请。

致信贺敏学（时任福建省革命委员会副主任）：“敏学主任：多年不见，在您的脑海中我的姓名可能不至生疏吧！”后面在叙述了自己从1969年去干校后的主要经历之后，对城市规划作了长篇议论，向其表达了自己的观点。

9月19日

致信袁镜身院长、何广乾副院长请求工作，两位院长9月21日在信上批复云：“这种精神不错，因你身体不很好，可在家里根据身体情况，整理城市规划方面资料为好。”

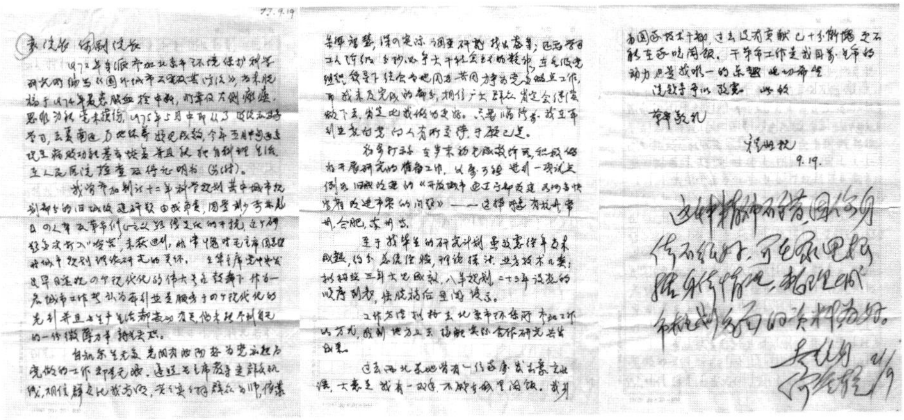
敬礼
程世抚
9.19
这种精神不错，因你身体不很好，可在家里根据身体情况，整理城市规划方面的资料为好。
袁镜身
何广乾
21/9

谱主致信袁镜身院长、何广乾副院长

10月15日

大致完成《关于城市规划工作和研究计划的刍议》修改稿，初稿作于9月29日。推测因为文中有当时的一些政治术语后来不适用了，而且文中批评意见较多，没有被《程世抚、程绪珂论文集》收入。滤去不合时宜的话，谱主认为存在的问题摘要如下：

（一）挥霍浪费，好摆排场，没有贯彻“反对四过”“反对乱建楼堂馆所”，盲目兴建大城市，工业过分集中在大城市、省会以及铁路沿线。

（二）新主管部门的座谈纪要未经中央同意仍在各省市当作正式文件为试行依据。

（三）苏联的影响表现在：形式主义（几何图形）、唯美主义（过分强调艺术性）、复古主义（宗教建筑）、教条主义（按本本办事）、本位主义（强调本单位产值）、分散主义（互相扯皮影响协作，名曰互相制约）。

（四）城市管理的规章制度不严格不健全，经常屈从于不顾方针政策和科学技术条件的主观决定。

（五）某个行政范围领导说了算，城市规划工作者只能做绘图员，不敢违背领导意图。

12 月

长孙可行从北大荒回北京。

1978 年　71 岁　国家建委建筑科学研究院顾问、总工程师

1 月 4 日

再度写信给建筑科学研究院业务组支部并请转袁镜身院长，要求工作。主要内容有：总结去年工作，修改个人研究计划经过，阅读文献介绍动态，希望参加组织生活。

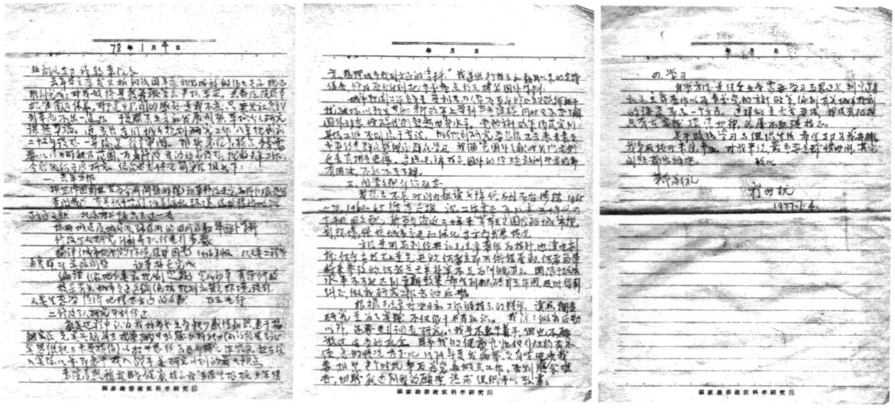

谱主通过建研院业务组支部再度致信袁镜身院长要求工作

1 月 18 日

写信给四妹、五妹曰：“小衡回来，忙于招待同事，连我也要担任家庭主妇工作，安排饭菜，增加我的负担，所谓福气也者，有福必有气，一笑。”

1 月 30 日

完成《澄清城市规划思想，研究迫切需要解决的问题》。此文系文化大革命结束后谱主写的第一篇长文，6000 余字，共 10 页，花了很多工夫，还

复写了，推测是分发给了有关人士，但此文没有被《程世抚、程绪珂论文集》收入。要点如下：

（一）城市规划在五十年代末六十年代初即陷于停顿状态。

（二）1958 年夏青岛、1960 年春桂林两次城市规划座谈会崇洋媚苏，全盘否定原建委和原城建部。

（三）1957 年年底关于城市规划定额（根据勤俭建国方针）联合通知的内容，大讲苏联高指标高定额的城市现代化，造成混乱。

（四）文化大革命中根本取消了城市规划业务，历年积累的全国各城市资料连同个人的研究成果和保存的材料全部被李某汉及其在建委的同伙彻底销毁，荡然无存。林彪坠死后城市规划业务还是没有恢复。

（五）在华主席抓纲治国早日实现四个现代化的号召下，城市规划业务重见光明。

在我委 1977 年 11 月《城市规划和城市建设科学发展规划（初稿）》的指引下，按我力所能及的范围（不包括我毕生希望能做的研究工作），初步选择下列亟待解决的若干问题：

1. 总结建国以来城市规划、城市建设工作的经验教训。
2. 编制中小城市规划设计手册。
3. 介绍国外城市规划、环境保护进展动态。
4. 旧城改建规划设计方面。
5. 城市规划理论研究方面。

附件一：我所见到的“四人帮”破坏简况及其流行余毒

附件二：对于如何理解世界水平的看法

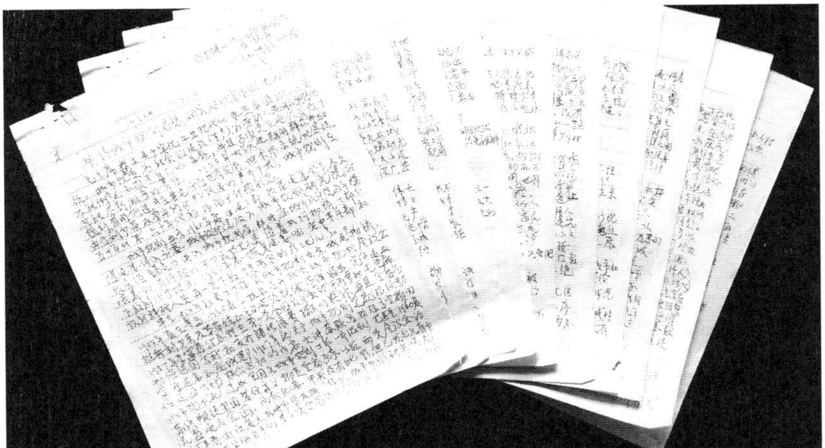

《澄清城市规划思想，研究迫切需要解决的问题》手稿

2 月 24 日

“国家建委政工组”将谱主改为“一般历史问题”结论。

署名“国家建委政工组”的“关于程世抚同志历史问题的审查结论”抄件，系长孙可行陪同谱主去建委时在现场抄录的，见抄件。

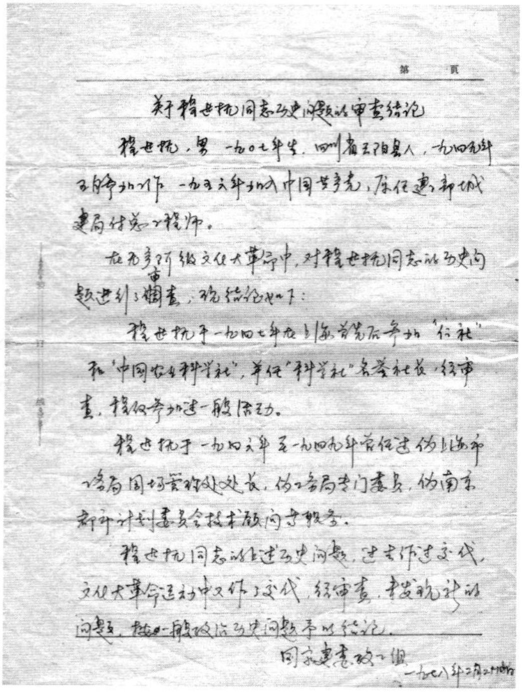

第 页

关于程世抚同志历史问题的审查结论

程世抚，男，一九〇七年生，四川省云阳县人，一九四九年参加工作，一九五六年加入中国共产党，原任建工部城建局付总工程师。

在无产阶级文化大革命中，对程世抚同志的历史问题进行了审查，现结论如下：

程世抚于一九四七年在上海曾先后参加“[illegible]社”和“中国农业科学社”，并任“科学社”名誉社长，经审查，只是参加过一般活动。

程世抚于一九四六年至一九四九年曾任过伪上海市工务局园场管理处处长，伪工务局专门委员，伪南京都市计划委员会技术顾问等职务。

程世抚同志的上述历史问题，过去作过交代，文化大革命运动中又作了交代，经审查，[illegible]问题，按一般政治历史问题作的结论。

国家建委政工组

一九七八年二月二十四日

“关于程世抚同志历史问题的审查结论”抄件

约在年中，谱主致信时任安徽省委书记的某首长，在简述了自己的工作经历后毛遂自荐，表达希望去该省工作的愿望：我曾在计委城市规划研究院、经委基建口和建委城市规划局工作，1969—1972 年下放河南干校，1972 年夏分配在建委建研院顾问组。1974 年夏因患脑血栓半身不遂。休养至 1977 年 9 月，经人民医院检查可以重返工作岗位。现在身体很好，希望为党工作 15—20 年，正在等候任务。闻您曾向韩光副主任要规划人员，我愿应征前往你省做点具体研究工作，以期出成果时兼出人才。我最近拟着手旧城改建中的若干课题，如交通、居住两项及旅游事业。目前城市规划的趋势是与绿化配合发展。毛主席 1948 年“城乡必须兼顾”的指示以及“学大庆，学大寨”的号召下，接触实际，在党的领导下和群众一起摸索城乡规划以及如何走自己道路的问题。（注：此信是否寄出，何时寄出，具体时间已无法考证）

与上信差不多的时间，谱主致信阎（子祥）局长、袁（镜身）院长要求安排工作，主要是两点：1. 希望被推荐到安徽去搞规划；2. 希望和张祖刚一起完成中国园林古为今用的课题。

谱主在信中谈到：袁院长曾同意我应省市邀请接触实际。城乡规划须从实践中研究社会，按照方针政策解决具体问题，否则流于空谈。我因余生有限，趁健康情况良好，能实际为党做些工作是莫大幸福。风闻某省委书记曾向韩光副主任要规划人员，能否推荐我去安徽蹲点，研究旧城改建中居住和交通两方面的问题，响应“学大庆，学大寨”号召，城乡如何结合，为消灭城乡对立准备条件。拟带着问题从实践中进行研究，从解决问题中检验成果。

另外，张祖刚同志曾和我做过中国园林古为今用的探讨，他拍摄了一些宝贵的风景园林照片，见到瑞士人以照片展览汇编成书，我们却不动手，颇以为憾。值此旅游事业正蓬勃发展之际，可否让我们把这工作尽快地完成，介绍传统艺术以中、英合璧的文字供建筑学会和旅游的同志参考。

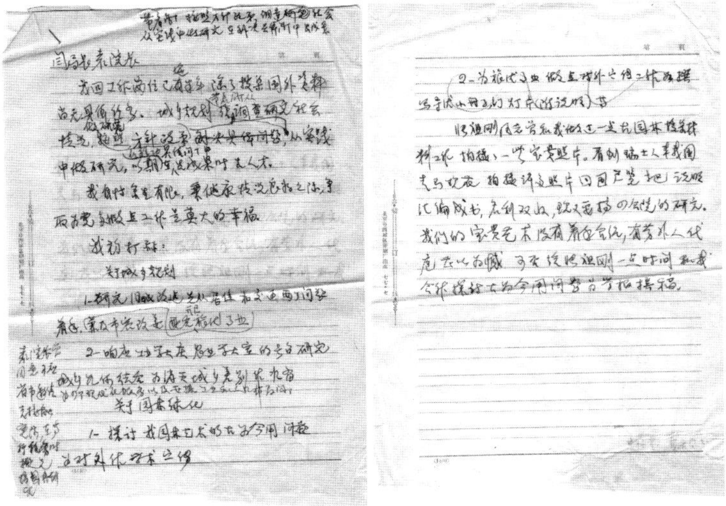

给阎（子祥）局长、袁（镜身）院长信的底稿

1978年3月18日至31日　在北京，中共中央召开了全国科学大会。

4月3日

致信何康，表示希望参加农林部关于农村建设的研究，如农村人民公社向国营农场过渡，农业现代化（机械化、企业化）带来的农业城镇布局与地区（或区域）规划的关系等。目前是否需要，提请你考虑。自荐参加农林部关于农村建设的研究。

4 月 19 日

作《园林建设事业的发展趋势》，收入《程世抚、程绪珂论文集》。

5 月 6 日—8 月 6 日

谱主与上海市城市规划办公室的徐景猷之间交流城市规划方面的问题及研究课题，有四封徐景猷致谱主的信。

7 月 15 日

谱主在给建委的信（注：此文只注“送委”及日期，没有具体抬头）中说：“昨天看到国家重点科研第五十八项，加上我委主持的 120 项重点工程项目，亟待规划先行。”对人员组织、人员培养提出建议。

注：国家重点科研第五十八项指的是全国科学大会通过的“1978—1985 年全国科学技术发展规划纲要”中的（五十八）研究城市规划布局、水质处理和大城市的现代化交通、煤气系统。

谱主还写道：“自 1962 年以来，在中央机构的业务已经奄奄一息，到 1967 年完全陷于停顿，以李某汉销毁我委残存资料达到干净彻底程度，给恢复工作带来极大困难，一切几乎从零开始。”

注：李某汉销毁建委资料之事，谱主在 1978 年 1 月 30 日所作《澄清城市规划思想，研究迫切需要解决的问题》一文中也提到了（见前），此事谱主在其他地方亦有记述。2023 年 3 月编者向知情者求证，他说：“文化大革命时，军管会和整个社会都乱套了，好多资料都毁了，具体的我不能说了，这事儿绝对是有的。”

8 月

赴兰州，参加“中国建筑学会城市规划学术委员会成立大会”（8 月 5 日—16 日）。

注：谱主行前，谱主二女绪理夫妇和长孙可行等送谱主到北京站，同车有曹洪涛、郑孝燮，他们嘱家人放心。

前排听众右起第二人为谱主　摘自李浩《城事人》（第四辑）

8月12日

当选为中国建筑学会城市规划分会第二届委员会委员（程绪珂也是委员）。主任委员：曹洪涛；副主任委员：金瓯卜、吴良镛、侯仁之、孙平、裴萍、任震英、金经昌、郑孝燮。

8月22日

作《对于我国城乡规划以及学习外国经验的一些不成熟的看法》，提出“城市规划应改为城乡规划，以便在城郊范围内统一考虑工农结合、城乡结合”。注：此文曾发给湖南的李镇传（有便条记录），内容与下文有若干重复。

作《参加中国建筑学会城市规划学术委员会成立大会的感想和建议》，收入《程世抚、程绪珂论文集》。

9月

谱主友人李筱梅①回国探亲，谱主与其兄李沛文等几十年后再聚首。

9月10日

与李沛文、李筱梅等在前门全聚德聚餐。

谱主与李筱梅、李沛文在寓所的合影

10月1日

二女绪理、女婿朱季林夫妇来京，住谱主在东三楼的一间房。

10月

赴长沙，对革命纪念地及绿地系统提修改意见。

作《革命纪念地规划设计思想》《我的造园设计思想形成过程——参加长沙革命圣地和公园绿带修改设计及岳阳风景游览区规划设计的体会》《谈绿地系统》，收入《程世抚、程绪珂论文集》。

---

① 李筱梅，美籍华人，李济深（曾担任中华人民共和国中央人民政府副主席）之女。

注：谱主自书“长沙市革命纪念地及绿地系统修改意见（交付图纸）”，有标明日期为 1978 年 10 月 29 日在长沙踏勘时的记录手稿和给省建委孟主任建议信的底稿，1978 年 12 月 28 日长女绪珂给谱主的信中亦有提及。

10 月末

在长沙（长岛饭店）收到上海市规划办公室吕光祺的信，称“上海欢迎你来总结上海的城市建设经验，老徐可以配合你”。（注：“老徐”应指的是徐景猷）

11 月 8 日

中共上海市园林管理局委员会给建委发函，关于“中国农业科学研究社”的复查结论。认定：中国农业科学研究社（简称中农社）是在我地下党领导下的群众性进步农业学术团体。我局程绪珂、王璧等同志是创办“中农社”的主要负责人。“中农社”的创办及工作的开展，都是在我地下党领导下进行的。为扩大党的影响，发展进步力量，争取中间力量，以公开合法的社团形式，团结教育广大农业科技工作者，以便积蓄力量，迎接全国解放，这些成绩应予肯定。你单位曾为“中农社”的性质，来我处摘抄材料。今特将“中农社”复查结论寄给你们，希你们将过去摘抄去的材料集中后退还我局，以便处理。你单位同志如当时受“中农社”问题牵连的，希请给以正确结论。（原件没有抬头，显然是发给不特定多数单位，因受此牵连的人不止谱主一人）

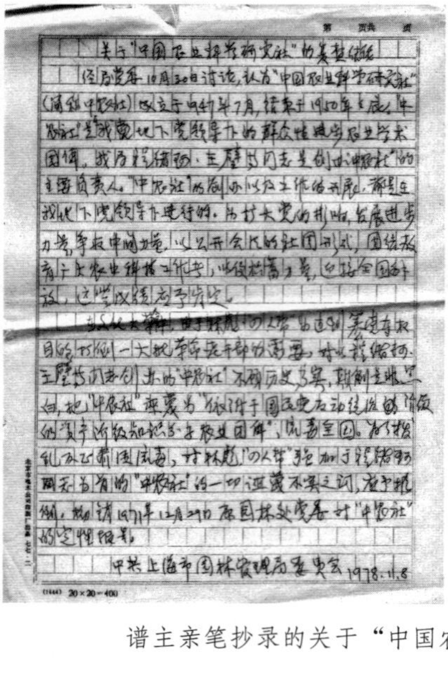
第 页共 页

关于“中国农业科学研究社”的复查结论

……

中共上海市园林管理局委员会 1978.11.8

(1444) 20×20=400

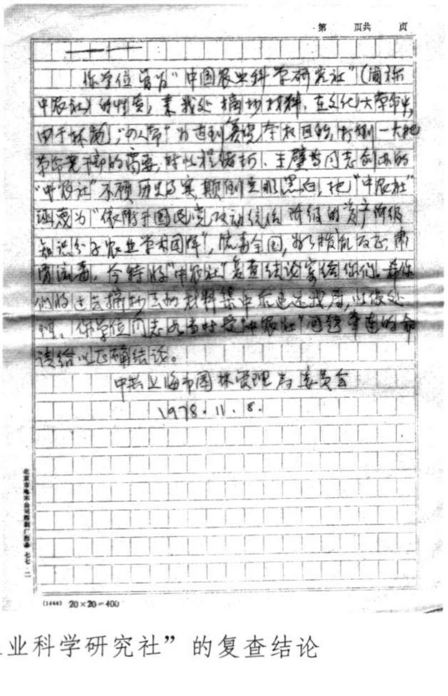
第 页共 页

……

中共上海市园林管理局委员会

1978.11.8.

(1444) 20×20=400

谱主亲笔抄录的关于“中国农业科学研究社”的复查结论

11月15日

中共上海市园林管理局委员会下发“关于程绪珂同志的复查结论”。

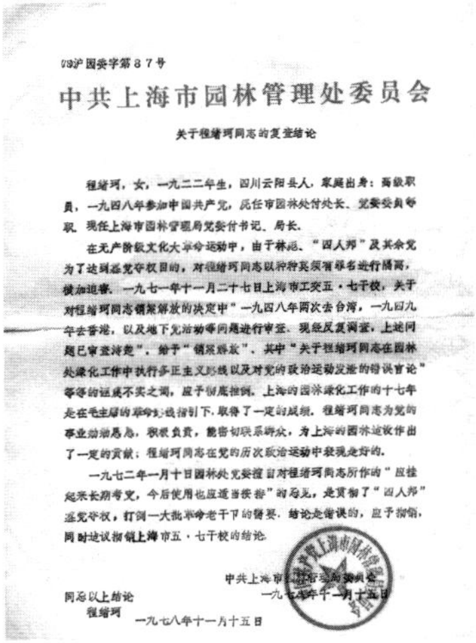

78沪园委字第８７号

中共上海市园林管理处委员会

关于程绪珂同志的复查结论

程绪珂，女，一九二二年生，四川云阳县人，家庭出身：高级职员，一九四八年参加中国共产党，历任市园林处付处长、党委委员等职，现任上海市园林管理局党委付书记、局长。

在无产阶级文化大革命运动中，由于林彪、“四人帮”及其余党为了达到篡党夺权目的，对程绪珂同志以种种莫须有罪名进行隔离，横加迫害。一九七一年十一月二十七日上海市工交五·七干校，关于对程绪珂同志销案解放的决定中”一九四八年两次去台湾，一九四九年去香港，以及地下党活动等问题进行审查。现经反复调查，上述问题已审查清楚”，给于“销案解放”。其中“关于程绪珂同志在园林处绿化工作中执行修正主义路线以及对党的政治运动发泄的错误言论”等等的诬蔑不实之词，应予彻底推倒。上海的园林绿化工作的十七年是在毛主席的革命路线指引下，取得了一定的成绩。程绪珂同志为党的事业勤勤恳恳，积极负责，能密切联系群众，为上海的园林建设作出了一定的贡献；程绪珂同志在党的历次政治运动中表现是好的。

一九七二年一月十日园林处党委擅自对程绪珂同志所作的“应挂起来长期考验，今后使用也应适当控制”的意见，是贯彻了“四人帮”篡党夺权，打倒一大批革命老干部的需要，结论是错误的，应予撤销，同时建议撤销上海市五·七干校的结论。

中共上海市园林管理局委员会

一九七八年十一月十五日

同意以上结论

程绪珂

一九七八年十一月十五日

中国上海市园林管理局委员会“关于程绪珂同志的复查结论”

12月1日

谱主给“全国城市园林工作会议”（济南）及建筑学会园林专业委员会发贺信。贺信表达了谱主对园林事业的眷恋并提出几点意见：（一）园林事业须从公园设计小圈子里解放出来，切实做到把树木和其他植被送到住户门前。回忆 1959 年夏曾幻想把传统苏州园林景色送到住宅区内部；（二）旅游事业是一种投资很少收效极大的“生产事业”，如经营得当外汇几乎唾手可得；（三）园林绿化的现代问题，如城市规划、环境保护、革命遗迹古代文物保护、森林植被的生态学，等等。

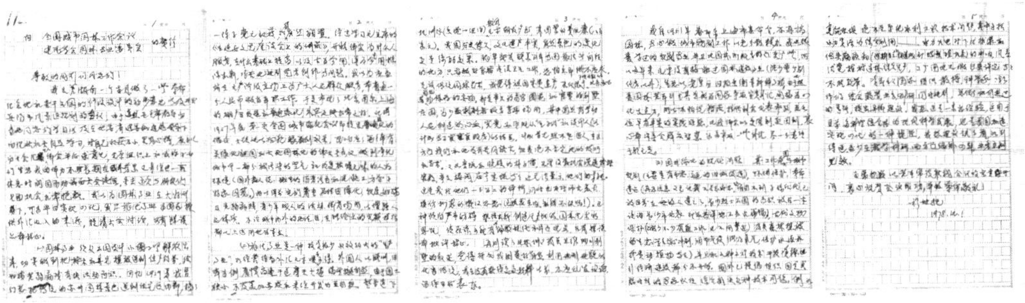

贺信手稿

12月1日

二女绪理、女婿朱季林夫妇离京回合肥。

12月9日

中国建筑学会园林绿化专业委员会在济南成立（1966年在中国建筑学会下筹备成立了“城市园林绿化学术委员会”。后因文化大革命而一度中断）。委员会名单（共69人），主任委员丁秀，谱主及汪菊渊、余森文、陈俊愉等为副主任委员，王侯、程绪珂等为委员。

1978年12月22日　中共十一届三中全会公报通过。

12月28日

绪珂给谱主写信，信中谈到全国绿化会议的情况、三中全会以及中农社。她说：“这次全国绿化会议的经过，想必您已经知道，不再啰嗦了。总之，我感到问题成堆，究竟怎样适应四个现代化的形势，实在值得深思。我总认为快卅年了，经验教训不少，该总结一番了，否则左右摇摆，一会儿肯定，一会儿否定，一会儿又肯定，真把人们的思想搞乱了，拨乱反正十分重要”“三中全会开得好，闷在人们心中的问题一一都解决了”“关于中农社的问题已经彻底平反，已有证明寄到您的组织上，有便问一问可收到，如没有，可再寄去。这是大快人心之事。”绪珂信中还提到了谱主以前的几位老熟人（在谱主日记中多次出现）的近况：“上星期召开了两次追悼会，钱圣秩和胡汇泉两同志，比较隆重，评价也高，对后代留下光彩。也给了您通知，我们俩都合送了花圈”“冯纪忠教授仍担任同济建筑系主任，他的独女自费去法国学钢琴，现在真正看到他心情舒畅”“田丽菊和陈丽芳去看过您，正巧您去湖南了”“在济南见到陈其恕，她陪我上了泰山，她精神尚好，儿子念了大学，女儿当了园林工人，她也被请回处，搞规划工作。”

1979年　72岁　调城市建设总局城市规划设计研究所顾问、总工程师

谱主1979年的证件照

1月20日

贺善文①来信，谱主曾提出去长沙开展工作，与长沙接洽。贺善文趁在长沙开省园艺学会年会的机会，找了市园林局有关人，回答说要问领导，等了些日子仍没有结果。贺善文非常惊讶，表示还要找市里。从贺善文信中知，谱主之前已经去过长沙和岳阳了。

2月16日

向建筑科学研究院党委书记兼院长袁镜身报告工作计划。摘要如下：为发展旅游事业，研究我国风景休疗养区风景城市规划设计；研究与旅游事业有关的旧城改建的若干问题；研究革命纪念地、地区和城市规划设计建设的指导原则；中国造园艺术古为今用的探讨；中国各地造园风格概述；探索环境规划设计等。袁镜身 2 月 24 日回复，与戴念慈都看了计划，表示同意，但考虑谱主身体情况，希望“有些题目缩小一点好，可以一个题一个题地搞”。

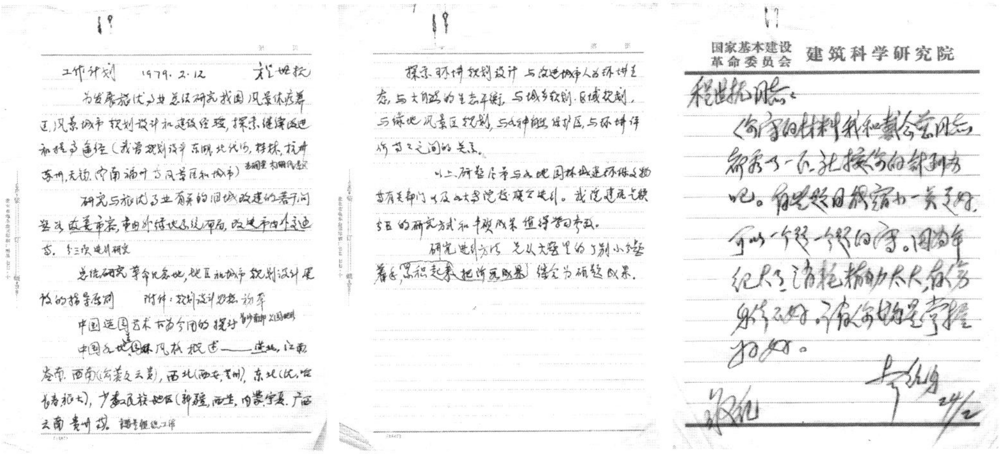
国家基本建设革命委员会 建筑科学研究院

谱主向建研院袁镜身院长报告的工作计划及袁的回复

3月16日

致信何康，希望通过他介绍旅游局局长卢绪章，表示要“迫切找归宿并能为国效劳的机会”，在旅游业上为国家作出贡献。（有原信的复印件，何康之子何迪提供）

---

① 贺善文，谱主在广西大学的学生之一，1947 年 4 月曾与谱主合著《苗圃经营》，当时在湖南省园艺研究所工作，后任湖南省农业科学院副院长和院长。

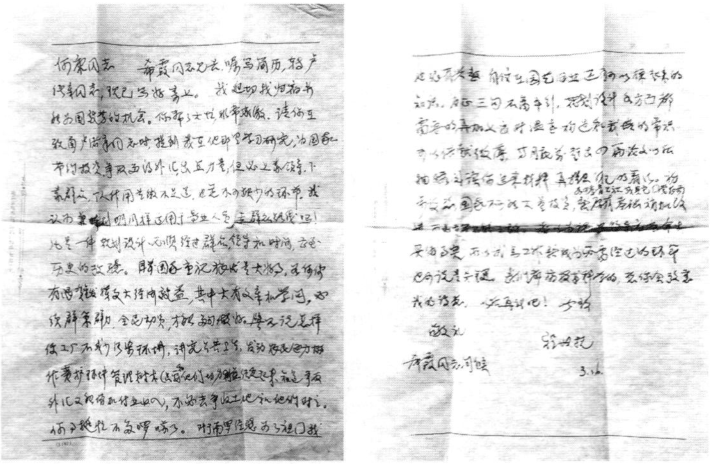

1979 年 3 月 16 日致信何康

7 月 14 日

向城建总局机关党委并人事处提交关于申请复查历史问题的请示报告，谱主保存了亲书的请示报告底稿：1970 年 12 月 31 日建工部政工组在葛庄干校宣布“以重大历史问题结论”，还说是宽大处理，1978 年 2 月 24 日建委政工组改为“以一般历史问题结论”。谱主误以为长期在旧社会工作的人都是这样结论，后来才知无此规定。两次结论都认为谱主“历史问题曾作过交待，文化大革命中又作了交待，经审查未发现新问题”。谱主质疑，为什么推翻文化大革命以前的结论？数月前上海园林局党委已将复查“中农社”及程绪珂的两文件寄给建研院，直至调至城规所仍未获答复。

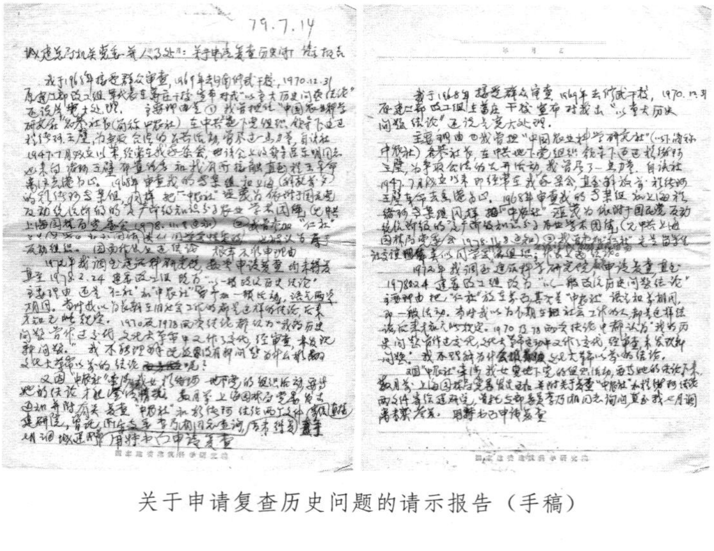

关于申请复查历史问题的请示报告（手稿）

7月

调城市建设总局城市规划设计研究所顾问、总工程师。

与万烈风（时任城市规划设计研究所党委书记）交流对城市规划（包括园林在内）专业目前情况的看法。

1. 现状不太明，家底不清，仅存20世纪50年代累积的资料被李某汉毁灭殆尽，只得从总结三十年建设经验做起；
2. 墨守成规，缺乏对新鲜事物敏感性，过去对苏联一边倒，现在是西方一切技术似都是先进的，结合我国实际停留在口头上，未见诸行动；
3. 缺乏学术性理论性探讨，资料情报工作做得很差，远不能满足研究需要。本应1956年科学规划就开始研究的课题至今踏步不前。

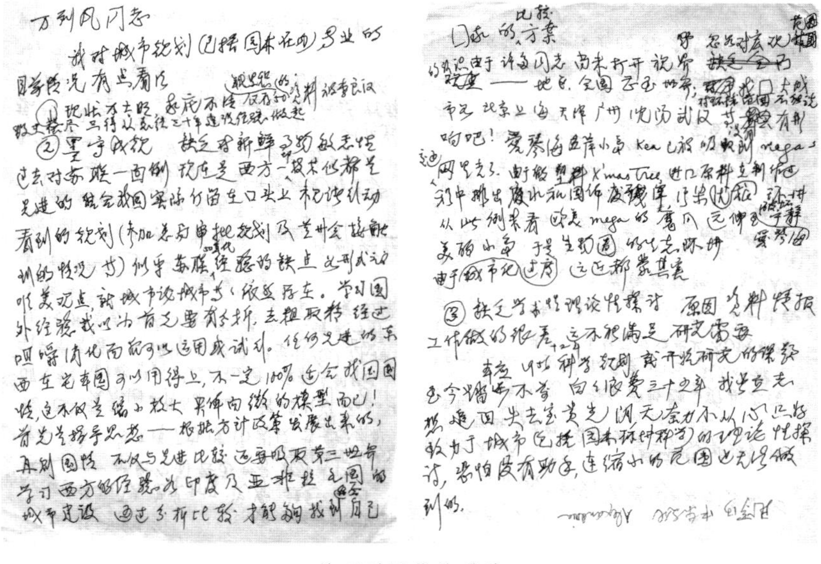

给万烈风信的手稿

7月4日

合肥园林管理处吴翼致信谱主云，已把邀请谱主及张祖刚来皖从事黄山规划事告省土建学会秘书长裴尚同，裴表示赞同，但说要和科协、建委洽商。后因科协经费较紧，难解决计划外接待，建议将黄山风景区规划放在明年。

8月1日

作《关于旅游事业挖潜的初步建议》，收入《程世抚、程绪珂论文集》。

8月14日

作《对当前园林事业的刍议》，收入《程世抚、程绪珂论文集》。

9月

获北京土木建筑学会会员证，单位仍填为中国建筑科学研究院。

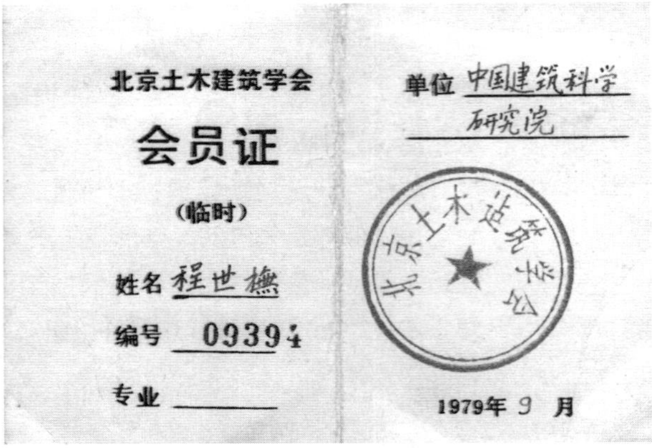
北京土木建筑学会
会员证
（临时）
姓名 程世抚
编号 09394
专业
单位 中国建筑科学研究院
北京土木建筑学会
1979年9月

北京土木建筑学会会员证

约1979年年中

写信给时任安徽省委书记的某首长，请求工作。有信的底稿，但是没写具体日期，看行文的内容，此信稿应写于全国科学大会（1978年3月18日至31日）之后、刘少奇平反（1980年2月中共中央为刘少奇冤案平反）之前。摘录如下：

为了对老首长的景仰，所以习惯用“老”称呼，不知是否恰当。

您派我参加十二年科学规划，当时我定的研题是旧城改建，非常遗憾的是，先后遭到林彪、“四人帮”反革命修正主义路线的干扰，经历多次挫折，始终未获进行。我没有抵制逆流和坚持研究工作，主要是我的觉悟和政治水平低，愧对党给我的荣誉和信任，这个挫折所造成的损失，我也是责无旁贷的。

由于城市规划属于意识形态范畴，理论性、政策性、计划性都为灵魂和统帅，业务技术只能处于从属地位，为上层建筑服务。我自己过去以为基本做到诚心诚意为无产阶级政权服务，但因没有处理好“红专”关系而做了不少虚功，动机与效果统一不起来。1970年在干校开始对此有所认识，于是努力钻研马列和毛主席著作，联系业务经验的实际，衡量得失，为以后工作找出正确途径。我摈弃了“朝闻道夕死可矣”的消极心情，遵照毛主席教导，学习马克思主义理论，为的是改造客观世界的同时改造主观世界。那时为杨水才“小车不倒只管推”和焦裕禄毕生为革命的伟大精神所感染，励志照样去做。

我自一九七四年六月廿七日突患脑血栓，左肢瘫痪，所幸神经中枢丝毫未受影响，经治疗和长期锻炼，现已基本恢复功能，日常生活完全自理，一次能步行五至十里不用休息。一九七五年五月开始阅读书刊学习政治和温习业务。一九七五年夏我恢复脑力活动，回顾过去业务，缺点错误不少，下定决心，誓以余生全部精力投入继续革命的战斗，以弥补我未尽到的责任。英明领袖华主席继承毛主席遗志，在粉碎“四人帮”阴谋后，号召“学大庆，学大寨”，抓纲治国，早日实现四个现代化，并把科学现代化的任务交给全国科技界。我在新的大好形势下更坐不住了，我的生命有限，要为党做的工作无限，这个矛盾的解决可以结合同行协力一齐干，而不走独自钻研的老路。

10 月 16 日

参加“北京国际环境管理研讨会（The Peking Workshop of International Environmental Management）”发表题为《A Brief Dissertation on Urban Planning in China》(《中国城市规划简论》）的论文。（注：有会议资料，含日程、参加人员名单、论文和照片）

与会者在天安门广场的合影，立者右四是谱主

1978—1979 年，湖南省建设厅领导邀请谱主赴长沙、岳阳协助规划工作。在岳阳期间由张祖刚陪同，去了岳阳楼、君山等处，完成了“岳阳及南湖风景区规划”，谱主自书“交付图纸”。作论文《有关岳阳风景城市规划的设想——为开放旅游做准备》和《我的造园设计思想形成过程——参加长沙革命圣地和公园绿带修改设计及岳阳风景游览区规划的体会》，收入《程世抚、程绪珂论文集》。

考察中的谱主

约于 1978—1979 年致信苏州的张百超，谈到以下几个工作设想：

（一）开放城市，外宾盘桓游览日程安排。

（二）总结 1959 年谱主规划方案、实施效果及正反经验。

（三）旧城改造的若干问题。

年末从阜外大街东一楼 102 室搬到阜外北四巷 11 门 1 号，分了两间房，仍是与人合住，同一单元住着北京市建筑设计院的张工程师一家五口人，他们也是两间房，两家人相处十分融洽。

注：谱主搬家，将原来分在两处的两个单间房变成了合在一起的两间，说是“落实党的知识分子政策”，其实如此落实的最大受益者是张家，谱主一离开，他们立刻占据了东一楼 102 室的全部三间房。

1980 年　73 岁　城市建设总局城市规划设计研究所顾问、总工程师

城市建设总局城市规划设计研究所工作证

1 月 5 日—11 日

在天津市召开了以探讨居住区规划为主题的中国建筑学会城市规划学术委员会 1979 年年会。参加的有学术委员、邀请代表共一百二十人。据《城市规划》1980 年第 3 期“中国建筑学会城市规划学术委员会 1979 年年会在天津举行”。（注：谱主是否参会没有找到确切根据）

3 月

《苏州古典园林艺术古为今用的探讨》发表于《建筑学报》。

注：有大量不同版本的手稿，可以看出谱主长时间进行研究并作修改的痕迹。

建筑学报

1980年第3期目录

扬州鉴真大和尚纪念堂设计方案 …… 梁思成（1）
苏州古典园林艺术古为今用的探讨 …… 程世抚（6）
网师园的布局、绿化与景观分析 …… 庞志冲 李文佐（13）
低造价能否做出高质量的设计？——谈广州友谊剧院设计 …… 佘畯南（16）
关于居住区合理密度的几点意见 …… 范耀邦（20）
缩小每户面宽 节约住宅用地 …… 刘益蓉（24）
民族形式再认识 …… 王世仁（27）
封建观念和旧的传统习惯在建筑中的反映 …… 吴永祯（34）
积极创造条件 繁荣建筑创作 …… 林 晨等（36）
周恩来同志纪念碑 …… 张荷顺（38）
高层旅馆的隔声设计——北京饭店新楼客房的噪声控制 …… 项端祈（39）
洁净厂房建筑设计中的几个问题 …… 周凤瑞（46）
感光化学研究所试验楼设计 …… 王佩珩 董旭光（51）
南京的两个学校建筑 …… 杨永龄等（54）
国外实验室建筑的灵活性 …… 周逸湖 陈乐迁（57）
封面：苏州网师园鸟瞰

Architectural Journal №.3, 1980

Contents

Design Project of the Memorial Hall for Buddhist Master Jian Zhen …… Liang Sicheng (1)
A Preliminary Study of Suzhou Traditional Garden Art in Adaption to Modern Design …… Cheng Shifu (6)
Analysis on Layout, Greenery and Scenery of the Wangshi Garden in Suzhou …… Pang Zhichong and Others (13)
Can High-Quality Design be Created Under Financial Restraints? …… She Junnan (16)
Some Opinions about Rational Density of Residential Quarters …… Fan Yaobang (20)
Diminishing Frontage Width to Save Land …… Liu Yirong (24)
Realizing the National Form Afresh …… Wang Shiren (27)
Reflection of Feudal Ideology and Traditional Habits in Architecture …… Wu Yongzhen (34)
Actively Creating Conditions to Flourish Architectural Creation …… Lin Chen and Others (36)
A Memorial to Comrade Zhou Enlai …… Zhang Heshun (38)
Design of Noise Conrol in High-rise Hotels …… Xiang Duanqi (39)
Some Problems of Dust-proof Workshop Design …… Zhou Fengrui (46)
Design of a Sensitive Chemical Research Institute …… Dong Xuguang and Others (51)
Two School Buildings in Nanking …… Yang Yongling and Others (54)
Flexibility of Laboratory Design Abroad …… Zhou Yihu and Others (57)
Front Cover, A View of the Wangshi Garden

建筑学报（双月刊） 1980年第3期（总第145期）

编辑者 中国建筑学会（北京百万庄） 国外总发行 中国国际书店（北京399信箱） 订购处 全国各地邮局
国内总发行 北京市邮局
出版者 中国建筑工业出版社（北京百万庄） 封面印刷 北京胶印厂 代销处 全国各地邮局
正文印刷 中国建筑工业出版社印刷厂

1980年5月出版 （本刊代号：2-192） 道林纸本

《建筑学报》1980 年 3 期

3 月 13 日

中共国家城建总局机关委员会撤销原国家建委政工组于 1978 年 2 月 24 日所作的“关于程世抚同志历史问题的审查结论”。

谱主于 3 月 19 日签名，“同意撤销‘按一般政治历史结论’的处理意见”，捕风捉影的“历史问题”压了谱主十余年！

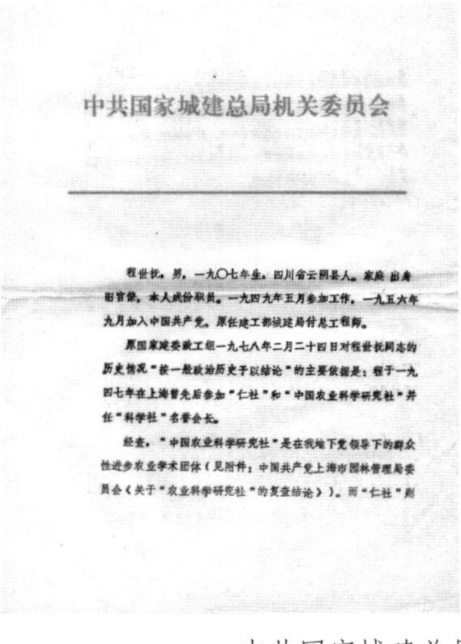

中共国家城建总局机关委员会

程世抚，男，一九〇七年生，四川省云阳县人。家庭出身旧官僚，本人成份职员。一九四九年五月参加工作，一九五六年九月加入中国共产党。原任建工部城建局付总工程师。

原国家建委政工组一九七八年二月二十四日对程世抚同志的历史情况“按一般政治历史予以结论”的主要依据是：程于一九四七年在上海曾先后参加“仁社”和“中国农业科学研究社”并任“科学社”名誉会长。

经查，“中国农业科学研究社”是在我地下党领导下的群众性进步农业学术团体（见附件：中国共产党上海市园林管理局委员会《关于“农业科学研究社”的复查结论》）。而“仁社”则

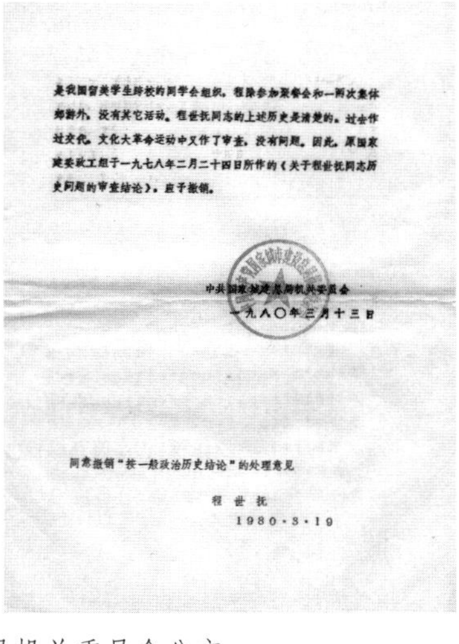

是我国留美学生母校的同学会组织。程除参加聚餐会和一两次集体郊游外，没有其它活动。程世抚同志的上述历史是清楚的，过去作过交代，文化大革命运动中又作了审查，没有问题。因此，原国家建委政工组于一九七八年二月二十四日所作的《关于程世抚同志历史问题的审查结论》，应予撤销。

中共国家城建总局机关委员会
一九八〇年三月十三日

同意撤销“按一般政治历史结论”的处理意见

程世抚
1980·3·19

中共国家城建总局机关委员会公文

谱主“历史问题”的演进

时间推移	重要事件
1954 年、1956 年	在上海、北京，两次入党的支部大会上领导同志都说，经过调查，谱主的历史清楚；审干后也口头告知没有发现新问题
1968 年 7 月 26 日	谱主日记中记道：有揭我的大字报，是外调中农社问题
1968 年 8 月 20 日	大联合小组公告谱主，根据群众揭发有重大历史问题，正告谱主交待
1970 年 12 月 31 日	建工部政工组在河南修武葛庄的干校宣布“以重大历史问题结论”，还说是宽大处理。理由是： ● 1930 年以后，继承其父房地产及股票，以出租和变卖房地产进行剥削。1946 年到 1953 年将房产出租和出卖，1948 年开设过事务所，有剥削行为 ● 1947 年先后参加“仁社”和中国农业科学研究社并任名誉社长 ● 1947 年任伪南京都市计划委员会技术处顾问 但建工部政工组在行文中又承认，上述问题，谱主在参加工作后都作过交待，在这次清队中态度较好，遵照毛主席关于“坦白从宽，抗拒从严”的伟大教导，以重大历史问题结论
1971 年 4 月 20 日	提出对历史问题的书面报告申诉意见（谱主有笔记）
1972 年	调至建筑科学研究院，对“重大历史问题”的结论，数次申请复查
1973 年 7 月 24 日	向建研院领导提出“关于申请复查 1970 年程世抚清队结论的报告”，申请复查历史问题结论
1977 年 8 月十一大后	根据华主席十一大政治报告中有关审查干部精神，对前述结论再向建委政工组提出复查申请，并附 1973 年 7 月 24 日报告抄件
1978 年 2 月 24 日	建委政工组召见，出示了“关于程世抚同志历史问题的审查结论”： ● 1947 年在上海先后参加“仁社”和“中国农业科学研究社”并任“中农社”名誉社长，经审查，程仅参加过一般活动 ● 1946 年至 1949 年曾任过伪上海市工务局园场管理处处长，伪工务局专门委员，伪南京都市计划委员会技术顾问等职务 程世抚同志的上述历史问题，过去作过交代，文化大革命运动中又作了交待，经审查未发现新的问题，“按一般政治历史问题予以结论”。 编者陪同谱主去建委的人事部门并抄录了上述结论
1978 年 11 月 8 日	中共上海市园林管理局委员会发文“关于‘中国农业科学研究社’的复查结论”，认定中国农业科学研究社（简称中农社）为我地下党领导下的群众性进步农业学术团体 中共上海市园林管理局委员会发文，“今特将‘中农社’复查结论寄给你们，希你们将过去摘抄去的材料集中后退还我局，以便处理。你单位同志如当时受‘中农社’问题牵连的，希请给以正确结论”
1978 年 11 月 15 日	中共上海市园林管理局委员会“关于程绪珂同志的复查结论”，认定程绪珂“在党的历次政治运动中表现是好的”
1979 年 7 月 14 日	谱主向城建总局机关党委并人事处提出“关于申请复查历史问题的请示报告”
1980 年 3 月 13 日	中共国家城建总局机关委员会认定： ● “中国农业科学研究社”是在我地下党领导下的群众性进步农业学术团体（见附件：中国共产党上海市园林管理局委员会“关于‘农业科学研究社’的复查结论”） ● “仁社”是我国留美学生跨校的同学会组织，程除参加聚餐会和一两次郊游外，没有其他活动 程世抚同志的上述历史是清楚的，过去作过交代，文化大革命运动中又作了审查，没有问题。撤销原国家建委政工组于 1978 年 2 月 24 日所作的“关于程世抚同志历史问题的审查结论”
1980 年 3 月 19 日	谱主签字，“同意撤销‘按一般政治历史问题予以结论’的处理意见”

4 月 14 日

被国家城市建设总局、中国科学院联名聘为北京植物园规划设计委员会委员。

聘书

程世抚

北京植物园规划设计委员会委员聘书

与陈俊愉等人在北京动物园的合影

4 月 15 日

作《读雅典、马丘比丘两宪章有感》，收入《程世抚、程绪珂论文集》。

1980 年担任北京林学院郦止若教授的硕士研究生王绍增的兼职指导教师，论文题目《上海租界园林》，见王绍增《忆先师程世抚》一文。文中写道："郦先生曾说过，程先生满腹经纶，特别是英语极好，现在没有事干，太可惜了，希望我好好向程先生学习，以求能够多继承一些。"王绍增这样描述第一次见面时的情景："郦先生第一次带我去见程先生时，程先生由于在文化大革命中受到迫害，还住在一套公寓的一个单间，其他两间住了另一家人，厕所厨房都是合用的，有一条走道把各个房间连接起来。后来程先生告诉我，生活条件对他来说是无所谓的，最令人痛心的是，他 1932 年毕业后在欧洲游历半年，买回来几百本专业书籍，加上后来在国内买的书，由于没有地方放，只好靠墙堆在走道里，堆满了走道的一面墙，有一人多高。邻居的小孩为了买糖吃，不时抽出一两本拿去卖，有时还把书堆抽垮。由于处于受迫害的地位，程先生只能敢怒不敢言，到'文革'结束时，只剩下不多的几本书了。重要的只有一本，就是法国出版的《圆明园铜版画图集》。"

6 月 1 日

林业部（部长罗玉川署名）聘为全国高等林业院校园林专业教材编审委员会委员。

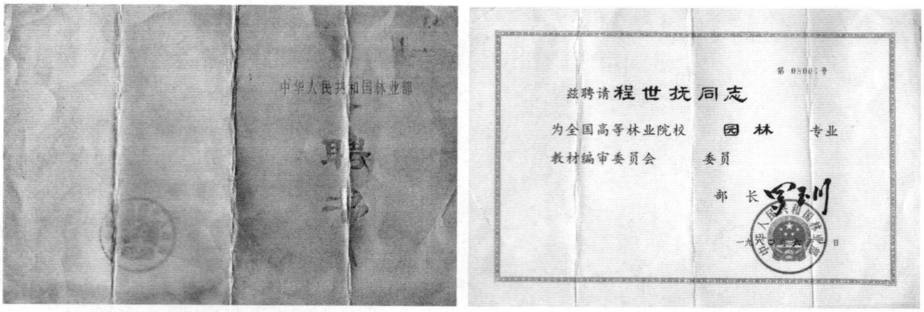

中华人民共和国林业部

聘书

第 [illegible]号

兹聘请程世抚同志

为全国高等林业院校 园林 专业

教材编审委员会 委员

部长

全国高等林业院校园林专业教材编审委员会委员聘书

6月18日

谱主的曾孙女程冉出生，四世同堂。

谱主与曾孙女的合影

7月25日—8月15日

参加林学院的井冈山自然保护区规划调查组，城市规划设计研究院缪淇陪同，后与林学院教授汪振儒联名提出调查报告。

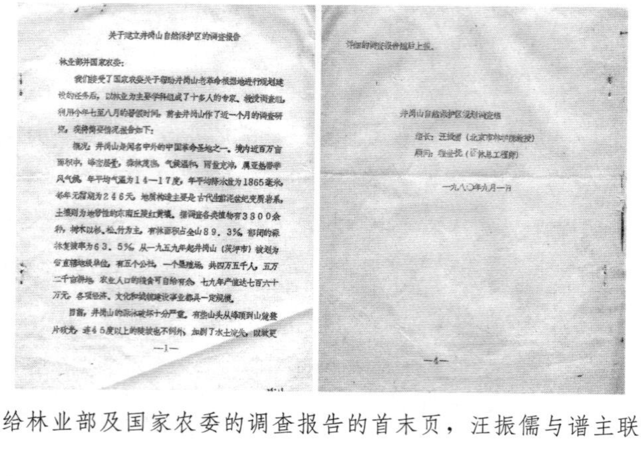

关于建立井冈山自然保护区的调查报告

林业部并国家农委：

我们接受了国家农委关于帮助井冈山老革命根据地进行规划建设的任务后，以林业为主要学科组成了十多人的专家、教授调查组，利用今年七至八月的暑假时间，前去井冈山作了近一个月的调查研究。现将简要情况报告如下：

概况：井冈山是闻名中外的中国革命圣地之一。境内近百万亩面积中，峰峦层叠，森林茂密，气候温和，雨量充沛，属亚热带季风气候。年平均气温为14—17度，年平均降水量为1865毫米，终年无霜期为246天。地质构造主要是古代生前泥盆纪变质岩系，土壤则为地带性的东南丘陵红黄壤。据调查各类植物有3800余种，树木以杉、松、竹为主，有林面积占全山89.3%，郁闭的森林复被率为63.5%。从一九五九年起井冈山（茨坪市）被划为省直辖地级单位，有五个公社，一个垦殖场，共四万五千人，五万二千亩耕地，农业人口的粮食可自给有余，七九年产值达七百六十万元，各项经济、文化和城镇建设事业都具一定规模。

目前，井冈山的森林破坏十分严重，有些山头从峰顶到山脚整片砍光，连45度以上的陡坡也不例外，加剧了水土流失，以致更

—1—

详细的调查报告随后上报。

井冈山自然保护区规划调查组

组长：汪振儒（北京市林学院教授）

顾问：程世抚（[illegible]林总工程师）

一九八〇年九月一日

—4—

发给林业部及国家农委的调查报告的首末页，汪振儒与谱主联名

谱主在井冈山大井

谱主与汪振儒等在黄洋界

6月、9月

参加国家建委规划组赴天津协助拟定城市总体规划大纲，两赴天津。1980 年 6 月 29 日《天津日报》以“国家建委规划专家工作组前来帮助我市拟定城市总体规划大纲”为题、9 月 19 日以“国家建委规划专家工作组辛勤工作，加快编制我市城市总体规划大纲”为题，均指名报道了谱主。

谱主自书：1980 年，参加天津市总体规划第三组（交付图纸）。

国家建委规划专家工作组前来帮助我市

拟订城市总体规划大纲

本报讯 在党中央、国务院关怀下，国家建委最近派规划专家工作组来津，帮助天津市制订城市建设总体规划，以加快建设新天津的步伐。

长期以来，天津市的城市建设欠账多、缺口大，一九七六年又遭受地震破坏，在城市建设上问题很多，住房紧张，交通拥挤，环境条件很差。党中央、国务院十分关怀天津市的建设，指出：为适应大规模的住宅和配套设施的建设，必须首先搞好总体规划，进行技术经济方案比较，做好分期实施规划，把当前的建设和长远的发展规划结合起来。党中央、国务院的关怀，规划专家工作组的指导和帮助，必将加速我市建设。

帮助天津市搞好城市总体规划的规划专家工作组成员有国家建委城建总局城市规划研究所负责人周干峙、安永瑜，园林绿化专家程世抚，给、排水专家殷人杰，城市总体规划专家陈占祥、俞庆康，以及来自中国科学院地理研究所、同济大学、中国人民大学、化工部设计院、四川省建筑勘查设计院等单位的专家共二十多人。

国家建委规划专家工作组到津后，在市委直接领导下，从我市规划部门及各有关委、办、区、局抽调二百多名专家、工程技术人员，组成八个专业组。这八个专业组是：城市规模与布局规划组；水源和给、排水规划组；能源动力建设规划组；交通和邮电规划组；市中心区改造和建设规划组；绿化、旅游和文物保护规划组；环境保护规划组；人防、抗震和防灾规划组。另外，还组织了建材组，对建筑材料数量、品种、质量及新型建筑材料的生产建设同时进行规划。各专业组在专家工作组的具体指导下，首先对我市一九七八年编制、完成的城市总体规划纲要（草稿）进行调整、修改和补充工作。全体技术人员紧密协作，全力以赴投入拟订城市总体规划大纲，主要是从城市的性质、规模、发展方向，以及一些主要问题提出纲领性的意见，以便使单项规划工作有所遵循，并全面展开。总体规划大纲完成后，再分别进行市中心改造、交通、给、排水等十六个单项规划的调整、修改和补充工作。

（本报通讯员）

本报讯 陈伟达同志在《政府工作报告》中指出，由于林彪、“四人帮”的长期破坏，我市科学、教育事业遭到严重摧残，与经济建设之间的比例关系严重失调，很不适应四化的要求。因此，加快发展科学教育，大力培养建设人才，是我

天津日报

国家建委规划专家工作组辛勤工作

加快编制我市总体规划大纲

本报讯 帮助天津市做总体规划的国家建委规划专家工作组的成员们，来我市工作已经三个月了。几个月来，他们辛勤劳动，加快了我市总体规划大纲编制工作。他们认真负责的工作作风，受到了许多同志赞扬。

从全国各地汇集来的规划专家组的同志们一到天津，就立即投入工作。他们中多数人对天津情况不很熟悉，工作开始时碰到不少困难。他们首先进行深入调查研究，无论是白发苍苍的老工程师，还是身体单薄的女同志，都深入到天津市的许多地方，亲自查访，实地踏勘。六、七月份的天津，骄阳似火，在办公室里人们也直淌汗。但专家们为了改变天津市的旧面貌，不怕出大力，流大汗。城市规模与布局和市中心改造与建设规划组的专家们，登上百货大楼、利华大楼、友谊宾馆，俯瞰天津市的布局。为了解决城市污染问题，专家们调查了市内工业区及郊区的官港、北大港、咸水沽、军粮城、塘沽等卫星城和工业城镇。交通和邮电规划组的同志为了亲身体验交通早晚拥挤“高峰”，夹在人群中，走过东南角、西北角、大沽路、解放路等拥挤的交叉路口，访问司机、民警和有关单位。水源和给、排水规划组的专家们为解决天津市“水”这个大问题，先后到凌庄、芥园、马庄等水厂，团泊洼等水库，各个排水口及北塘、大沽两大排污河；考察了海河的来龙去脉和引滦河水路线。园林绿化专家、七十三岁的程世抚总工程师，患有高血压后遗症——半身不遂，腿脚活动不方便。他还是去了南淀、杨家庄、西南洼、鸭淀水库等近郊风景点及市内所有文物、旅游、园林绿化点。专家们用自己辛勤的劳动取得了大量的第一手资料，取得了真正的发言权。

专家组的同志熟悉全国各大中小城市的规划和发展，也了解世界先进国家城市规划发展情况。他们在帮助我市搞规划时，站得高，看得远，独具匠心，提出了很多好见解。在做规划中，专家们特别注意综合经济分析。专家们认为，经济分析，是城市规划的依据。做好这个工作，才能在城市建设上扬长避短，更恰当地确定城市的性质、规模及规划发展方向。专家们对天津自然历史条件、地理位置、社会政治、经济地位、工业及人口分布、今后二十年发展方向等方面都做了技术经济分析。为了解决一些矛盾比较突出的问题，专家们还对一些专题做了经济分析比较。如引滦工程是渠道引水还是管道引水，海河通航不通航问题，都做了分析比较。关于如何认识天津市，充分发挥天津市的优势，专家们从大地区着眼考虑。他们画出京、津、唐区域草图，在规划工作一开始就把眼界放宽，从京、津、唐大区域、华北地区、全国的角度认识天津市，把天津作为我国北方的经济中心进行规划建设。这样，总体规划就将更符合天津市的实际。

（本报通讯员）

《天津日报》相关报道

从天津回来后作《对修订编制天津城市规划的几点建议》，收入《程世抚、程绪珂论文集》。

8月

尝试在天津设计高尔夫球场，苦于缺乏相关资料而作罢。李浩《城事人（第七辑）》鲍世行访谈："高龄专家有73岁的园林绿化专家程世抚老先生，那时他的夫人刚离世，他本人又患有半身不遂的后遗症，腿脚行动不便，仍坚持要亲自到市内各地区考察，还亲自设计高尔夫球场，想为天津建设国内第一个高尔夫球场。"

注1：谱主的研究生王绍增在《忆先师程世抚》中也提到此事："在天津，园林局长问程先生能不能指导他们建设一个高尔夫球场，程先生很痛快地说，虽然我略有所知，但那是一件很专业的事情，我不会。20世纪80年代初，在中国能对高尔夫有些知识的人，大概也只有程先生了，可是他并不装懂，直言不讳。绝不做那种以其昏昏，使人昭昭的事，可见程先生的为人和品格。"

注2：当时谱主托人从国外购买相关书籍，因为受托者不清楚要求，买来的大多是讲怎么打高尔夫球而非建设高尔夫球场的。谱主逝世后捐给城规院的还有这类书。

作《合理利用资源，保护自然环境》，收入《程世抚、程绪珂论文集》。

向城建总局局长提出去苏州，帮助城建总局办的城市建设学院培养师资。

据查：1980年原国家城市建设总局决定成立"苏州城市建设学院"筹建处；1982年经国务院批准在苏州地区筹建苏州城市建设环境保护学院；1985年9月25日，苏州城市建设环境保护学院正式成立，秋季开始招生。

8月28日

谱主写给其四妹世娴、五妹世英的信中提到去苏州协助培训师资的事，还说"网师园、寒山寺都有父亲笔迹，保存完好"。

1980—1981年带北京林学院城市园林系研究生王绍增前往上海、天津实习。王绍增在《忆先师程世抚》中说："最使我永生难忘的是，程先生以其70多岁的高龄和半身不遂的身躯（那时他已经需要人搀扶着才能站起来和行走）亲自带我到上海和天津实习，总共时间长达两个多月。"按王绍增在学期间推测，应该是在1980年、1981年。

9月

与陈从周等访圆明园。陈从周在西洋楼遗址前为谱主拍摄了照片，照片背后有题字"为世抚别造景 一九八〇、九　于圆明园　从周"。

谱主摄于圆明园

10 月 28 日

作《城市与环境》，收入《程世抚、程绪珂论文集》。

11 月 1 日—6 日

赴昆明参加“全国风景名胜区规划设计学术讨论会”。谱主存有与会者合影，陈俊愉、程绪珂等亦参会。

注：中国建筑学会园林绿化学术委员会召开的“风景名胜区及新型公园规划设计专题学术讨论会”，于 1980 年 11 月 1 日至 6 日在昆明举行。参加会议的学术委员、论文作者、邀请和列席代表共一百三十五人。《广东园林》1981 年第二期报道。

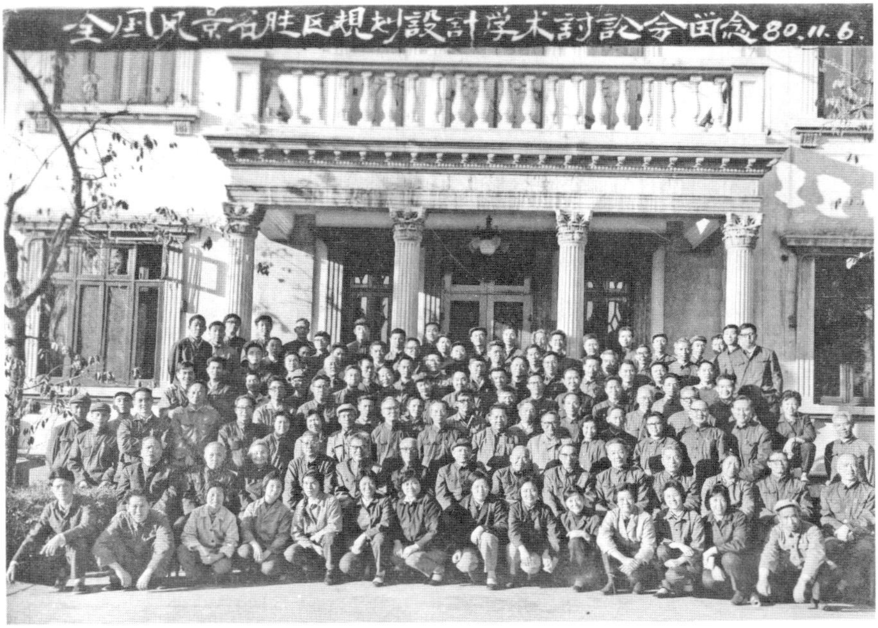

全国风景名胜区规划设计学术讨论会合影

12 月 16 日

作《有关沈阳城市规划的几个问题》，收入《程世抚、程绪珂论文集》。

谱主在一则笔记中批评当前的“规划思想”：不适当地讲究气魄、摆排场、道路一律强调三块板、观赏树木上大街。拓宽路面和沿街建筑，过分强调一气呵成，很少考虑分期实现和考虑安插拆迁户的具体困难，如何适当运用建设投资考虑非常不够。长官下令，几乎势在必行，民间疾苦、国家投资没有精打细算，尤其是不惜任何代价满足个人意图屡见不鲜。长官意志、封建思想残余，还不如唐太宗。兼听则明，偏听则暗。不走群众路线不相信群众，自命不凡高人一等，只知其一不知其二，教条搬用不顾条件。感想代替政策，个人代表党，集体领导变成一言堂。因神设庙，副职太多，机构重叠，人浮于事，行政机关必有堂皇阔气的大门才像个样子，和衙门排场无异。围墙泛滥，土地私有观念作祟，道路宽大平直不允许弯曲，沙皇愚蠢作风。

1981 年

74 岁　城市建设总局城市规划设计研究所顾问、总工程师

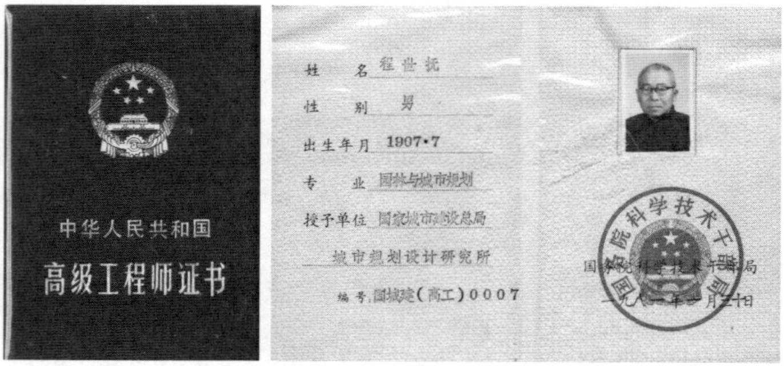

高级工程师证书

约在当年 6 月前后，谱主再次写信给某首长，希望获得工作的机会。有信的底稿，但是没注明具体日期。谱主写道：

我 1933 年年初在大学任教，1946 年年初从事城市规划和园林业务，1951 年 5 月奉上海市委之命专做城市规划工作。1954 年调京后，基本上没有间断（除“十年动乱”无法工作），对于本行业务有些看法供老领导参考。

城市规划（包括园林）除去摸索建设经验发生错误和“十年动乱”所造成的严重损失以外，作为技术人员也应承担自己的责任，不能全推诸客观。我已年迈虽健康状况良好（脑血栓后遗症除外），左肢行动不便丝毫不影响脑力劳动，然而并未透彻了解有什么隐患，一旦预料不到情况发生，名医也会措手不及。春蚕吐丝未尽，万一成为僵蚕，抱恨终天，徒唤奈何，

悔之无及。

1972 年自“五七干校”回京后，在建研院没有接受什么具体任务，岁月蹉跎，浪费光阴，深感不安。我千方百计谋求（注：这里谱主原来的措辞是“钻营”，后改为“谋求”）为人民服务的机会，却到处碰壁，大概“送货上门”不吃香。目前我在城建总局城市规划设计研究所担任顾问和总工程师，仍然是“摆在橱窗里的陈列品”，未能发挥作用，未能尽到党员的责任。我追随您三十几年了，过去因怕见首长免得逢迎之嫌，没有太多接触机会，现在行将就木，酷爱本专业，有些看法在城建总局及城建研究所提过若干次，但未获解决。我知识有限，但愿尽绵薄，做点理论研究和传帮带的工作引为己责。

6 月 2 日

到上海邮电医院就诊，有当天的就诊记录。

8 月 28 日

作《上海城市的发展与未来》，收入《程世抚、程绪珂论文集》。

8 月 30 日

在上海完成《城郊园林空地与周围环境的生态关系》一文，后发表在 1982 年 2 月的《建筑学报》。

11 月中旬

带王绍增去天津实习。

注：谱主长子绪西有信提起谱主去天津出差的事，从信推算出时间，这是能够考证到的谱主最后一次出差去外地。

11 月

当选为中国人民政治协商会议第五届全国委员会特邀委员。委员证第 8163 号。谱主说开会时曾和其他委员联名提案。

第五届全国政协特邀委员委员证

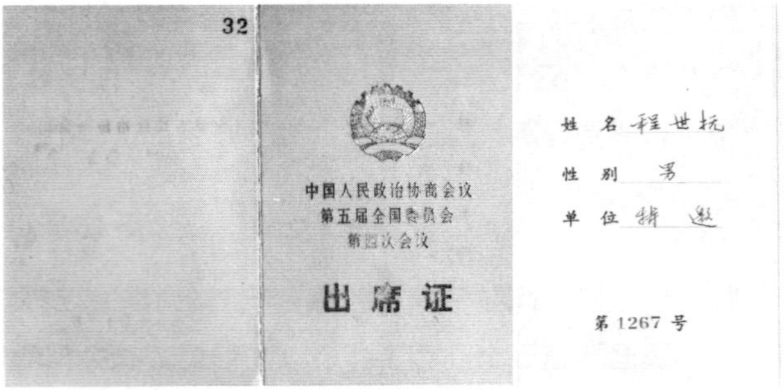

第五届全国政协特邀委员出席证

12月17日

中国建筑学会城市规划分会第三届委员会顾问。名誉委员及顾问：曹洪涛、曹言行、任震英、金经昌、侯仁之、宋家泰、程世抚；主任委员：郑孝燮；副主任委员：吴良镛、王凡、刘诗峋、周干峙、董鉴泓、胡序威、陈衡、周永源。（程绪珂也是委员）

1982—1988年 75—81岁 中国城市规划设计研究院

搬入甘家口北沙沟8号楼1门102室的谱主

1982年 75岁

搬到海淀区甘家口北沙沟8号楼1门102室。

注：此单元共有四间房间，分别为7 m²、8 m²、9 m²、15 m²，分别朝东、北、西，房间多却不实用。带编者看房的行政负责人说，“整座楼四室一厅仅有这一套，只有程总住大家才没有意见……”

2月

《城郊园林空地与周围环境的生态关系》发表于《建筑学报》。

注：此文收入了《程世抚、程绪珂论文集》。

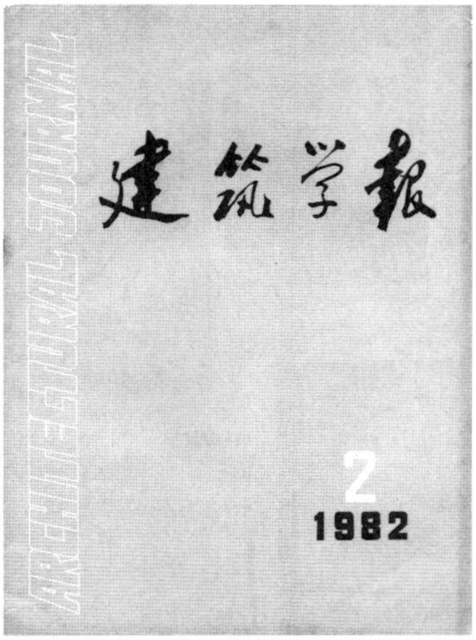

建筑学報 1982.2.

目录

城市规划

论北京城市规划……沈亚迪（1）
北京市的旧城改造及有关问题……吴良镛（8）
在北京市科协、市规划局召开的第三次北京规划讨论会上的发言……李嘉乐（18）
有关大城市布局结构的几点看法……张绍樑（20）
运用系统工程学探讨西安南大街规划方案……佟裕哲（27）
城郊园林空地与周围环境的生态关系……程世抚（32）

传统建筑研究

中国建筑学会建筑历史学术委员会1981年度年会纪要……（36）
如何保护与利用历史遗迹及古代建筑以促进景德镇风景建设及旅游事业的发展……汪之力（38）

公共建筑设计及研究

我国多功能剧场发展与设计问题的探讨……梁应添（45）
北京西单百货商场设计……朱宗彦等（56）

园林绿化

景洞小议——兼评上海某些公园的建筑小品……肖谷等（64）
清东陵的保护和发展……李晓东（67）
园林杂谈……黄周（71）

其他

高层民用建筑防火设计中的几个主要问题……阮志大（73）
装饰混凝土壁板成型新工艺——反打一次成型……秦少[illegible]（79）
封面设计……吴华强

ARCHITECTURAL JOURNAL

No. 2. 1982.

CONTENTS

City Planning

On City Planning of Beijing……Shen Yadi (1)
Reconstruction of the Old City of Beijing……Wu Liangyong (8)
A Talk Given on the 3rd Symposium on City Planning of Beijing……Li Jiale (18)
On Structure of Large Cities……Zhang Shaoliang (20)
Discussion on South Street Project of Xi'an……Tong Yuzhe (27)
Ecological Relations between Park Spaces and Environments……Chen Shifu (32)

Traditional Architecture

Annual Meeting of Arch. History Commiitee of CAS……(36)
Historical Sites in Jingde Zhen……Wang Zhili (38)

Public Buildings

Design of Multi-function Theatres……Liang Yintian (45)
Xitan Dept. Store Building, Beijing……Zhu Zongyan et al. (56)

Landscape Gardening

Architectural Features in Parks of Shanghai……Xiao Gu et al. (64)
Protection and Development of East Qing Tombs……Li Xiaodong (67)
On Landscape Gardening……Huang Zhou (71)

Miscellaneous

Problems in Fireproofing of High-rise Buildings……Ruan Zhida (73)
New Technique in Decorative Concrete Wall Panels……Qin Shaolang (79)
Cover Design……Wu Huaqiang

建筑学报（月刊） 1982年第2期（总第162期）

编辑者 中国建筑学会（北京百万庄）
出版者 中国建筑工业出版社
封面印刷 北京胶印厂
正文印刷 北京印刷一厂
国外总发行 中国国际书店（北京2820信箱）
国内总发行 北京市报刊发行局
订购处 全国各邮电局
本刊代号 国内2-182 国外 M62

1982年2月26日出版 北京市期刊登记证第500号 报纸本定价0.50元，道林纸本国内定价0.90元

《建筑学报》1982（2）

9月30日

北京林学院城市园林系王绍增研究生毕业论文《上海租界园林》完成。

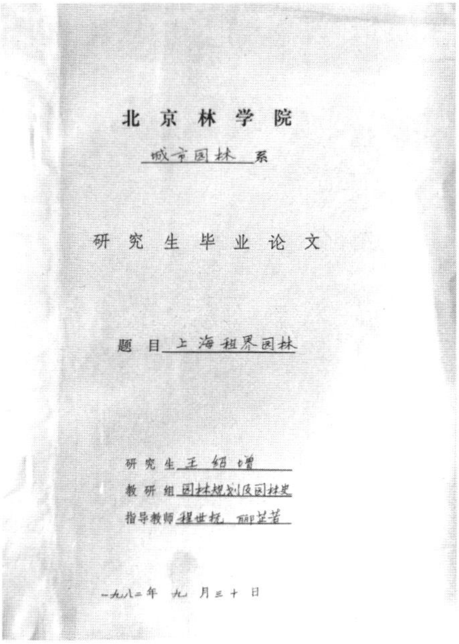

北京林学院

城市园林 系

研究生毕业论文

题目 上海租界园林

研究生 王绍增

教研组 园林规划及园林史

指导教师 程世抚 郦芷若

一九八二年 九 月三十日

王绍增研究生毕业论文

中国建筑学会聘书：3 月，城市规划学术委员会顾问；9 月，园林绿化学术委员会副主任委员。

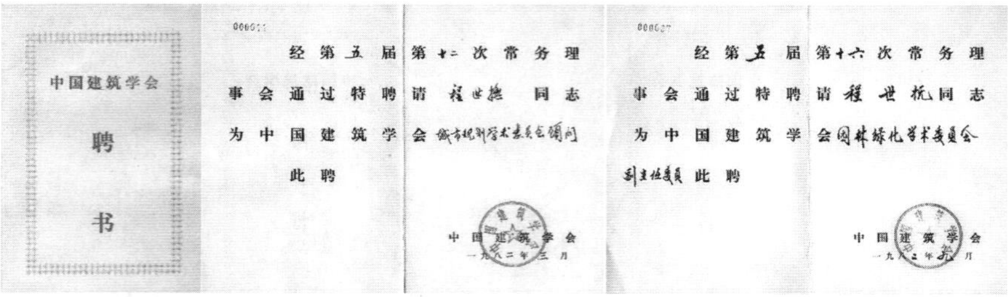

中国建筑学会聘书，城市规划学术委员会顾问、园林绿化学术委员会副主任委员

12 月

《园林科学发展趋向的初步探讨》发表于《建筑学报》。

建筑学報 1982.12.

ARCHITECTURAL JOURNAL
CONTENTS
No. 12, 1982

Urban Planning
Civic Center of Baoshan Residential District, Shanghai ········ Wang Dingzheng (1)
Problems of Principle in the Preservation of Old City of Beijing ········ Zhang Zugang (6)
Problems in Residential District Planning ········ Song Peikang (14)

Gardening and Landscaping
Trends of Gardening Development ········ Chen Shifu (18)
Planning of Taishan Scenic Spot ········ Yuan Jingshen (23)
Greenery at Tiananmen Square ········ Zhang Jingzhe et al. (28)

Public Buildings
Cinema Techniques ········ Chen Zijun (31)
Bank Building ········ Ma Zhenku (39)

Architectural Forum
Essence and Characteristics of Architecture ········ Li Hang (42)
Analysis on Chinese Traditional Architecture by American Students at Tianjin Univ. ········ Jing Qimin et al. (46)
Mural Painting and Architecture ········ Liu Yongliang (52)
Mural Painting "Beloved Motherland" ········ Wang Wenbing et al. (58)
Mural Painting "Musicians of State Chu" at East Lake Hotel, Wuhan ········ Tang Xiaohe et al. (61)

Architectural Record
East Building of Beijing Library ········ Xiao Chiyi (62)
Reconstructed Housing at Yueyangdao, Tianjin ········ Dong Weizheng (67)
New Housing at West Urumqi Road, Shanghai ········ Xing Tonghe et al. (70)

Architecture Abroad
Environment Planning of a Housing Estate, Osaka, Japan ········ Li Zhengshen (71)

Architectural Data
Light Steel Kitchen Utensils ········ Feng Ying (75)
Cover: New Housing at West Urumqi Road, Shanghai ········ Ma Jiazhong

建筑学报（月刊） 1982年第12期（总第172期）

《建筑学报》1982 年第 12 期（谱主在《建筑学报》发表的最后一篇论文）

1983 年　76 岁

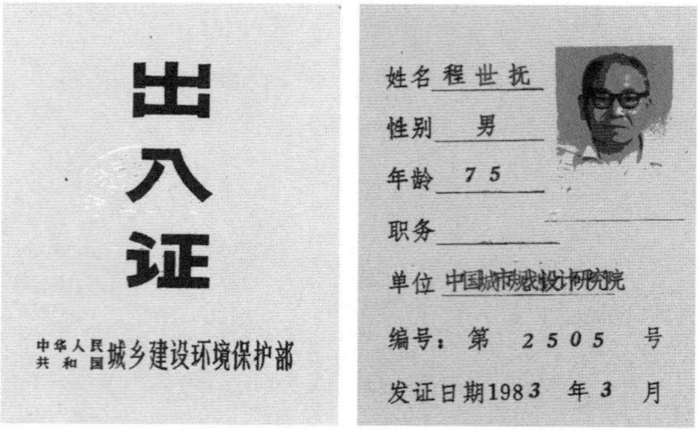

1983 年 3 月城乡建设环境保护部出入证

6月

当选为中国人民政治协商会议第六届全国委员会科技界委员，委员证第0964号。

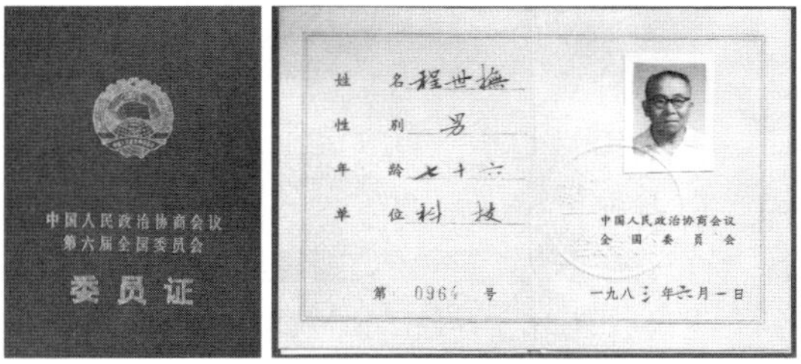

第六届全国政协委员会委员证

第六届全国政协委员会第一次会议出席证

6月4日—22日

中国人民政治协商会议第六届全国委员会第一次会议在北京召开，谱主出席。谱主在笔记本上记录了对各省市自治区报送的第一批国家风景名胜区名单的看法，认为除了风景名胜，还应该有革命圣地和自然保护区。谱主特别提到了1980年曾经去过的井冈山，认为应该着重保护在地表上的革命遗址遗迹。谱主写了发言提纲两则："关于风景城市问题""关于重点风景名胜区的几点看法"。

第六届全国政协委员会第一次会议会场

政协礼堂出入证

9月

谱主长孙可行受全国青年联合会派遣赴日本研修。谱主 9 月 17 日致信四妹世娴、五妹世英："小衡于 12 日去日本学习计算机软件设计，为期一年即回原单位。我祖孙三代都出国，机遇难得。"

9月30日

家搬到甘家口北沙沟 9 号楼 1 门 102 室。这个单元是南北通透三居室，是"文化大革命"之后谱主最好的住房。

谱主北京搬家记

时间	事件
1954 年 9 月 12 日	分配给谱主灯草胡同 24 号（老式外廊的二层楼上一间房），不久谱主妻李听秋偕长孙程可行从上海迁入
1956 年 3 月 15 日	阜外大街城市设计院宿舍东一楼 102 室（三居室），谱主三口人居住
1968 年 9 月 22 日	7 月 2 日，程可行下乡去了北大荒，谱主腾出阜外大街东一楼 102 号三室单元中的两间，住进来的是建委工人张某一家三代六口人
约 1974 年	为"照顾"谱主，在东三楼二层给了一间房，存放杂物，谱主有了两间分别在两个单元的两间房
1977 年	谱主给还在北大荒的程可行写信说"单位"来商议调房事
1978 年	建研院房管人员曾带程可行去看过建委大院一处筒子楼，有两间相邻的房间，程可行拒绝了
1979 年年末前后	搬到阜外北四巷 11 门 1 号，分了两间房，仍是合住，同一单元的另外两间房住着北京市建筑设计院的张工程师一家五口人，两家人相处十分融洽
1982 年	搬到海淀区甘家口北沙沟 8 号楼 1 门 102 室，四间房间，分别为 7 m^2、8 m^2、9 m^2、15 m^2，朝东、北、西，房间多却不实用。建研院行政负责人说，"整座楼仅有这一套四室户型的房，只有程总住大家才没有意见"
1983 年 9 月 30 日	搬到甘家口北沙沟 9 号楼 1 门 102 室，南北通透的三居室，是文化大革命之后最好的住房，谱主住在这里直至逝世； 原来住的 8 号楼 1 门 102 室成为城规院招待所的办公房，后来又被出租作各种用途，包括"成人用品"店、理发店等

10月3日

再次致信四妹世娴、五妹世英："小衡于9月12日去东京，上星期有信来报平安。他的生活条件比我好，究竟物质文明与精神文明是相辅相成。我们暂还是穷国，但精神焕发，奋发图强，前途无限。"

1984年　77岁

1月

"中国城市科学研究会"成立，谱主写去贺信。信中写道：由于无先例可援，"一五"以来学习苏联，照搬照抄甚至把他们的风俗习惯都搬来了，三十多年学习的道路很不平坦。有人认为谁做决定就是规划，才是政治第一，技术服从不犯错误，也曾有规划究竟是否为技术的争论。研究会成立以后，群众参加规划，有组织有领导地遵照党的方针政策进行，有机会学习知识，维护本身、社会、国家的利益，既考虑当前又照顾到子孙后代中。

"过去他（指谱主）很喜欢写信的，这几年来因为动作不便很少提笔"，见长子绪西写给谱主四妹世娴信。

2月

谱主与上海市园林管理局的田丽菊、凌友贤合作翻译了Ian Laurie的《城市广场》、Rob Tregay的《城市林地》和Erhard Müller-Perband的《西德现代化城市公园》，有油印本。

1984年6月30日中国城市规划设计研究院颁发的工作证

7月

二女绪理来京看望。

7月9日

给在日本的长孙可行写信，充满激励之语："你回国的日子越来越近了，目前你多用功，国内关于软件是热门，我不懂也想不清楚，时间由你自己掌握吧"，"你们的题目列为重点是意料中事，送你们去学习就是为的这个，希好自为之，勿辜负国家重托"。

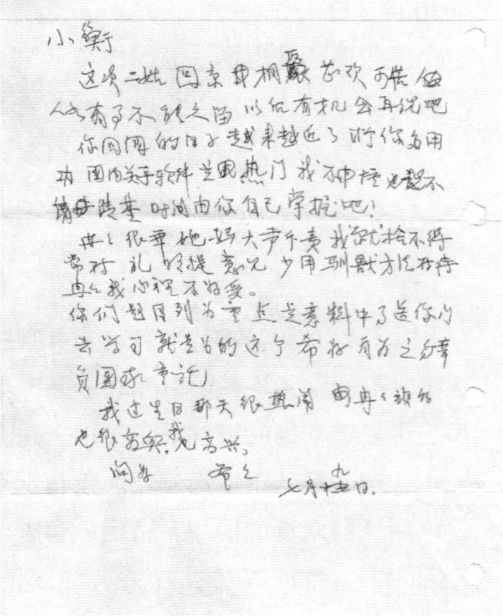

小行

这次二姑回京由[illegible]来 [illegible] 可惜 人太多了不能久留 以后有机会再说吧

你出国的日子越来越近了 [illegible]

[illegible] 时间由你自己掌握吧！

[illegible]

我这些日子天很热 [illegible]

[illegible]高兴。

问好 [illegible]

七月九日。

1984 年 7 月 9 日给程可行的信

12 月

被聘为中国建筑学会城市规划学术委员会第三届顾问。

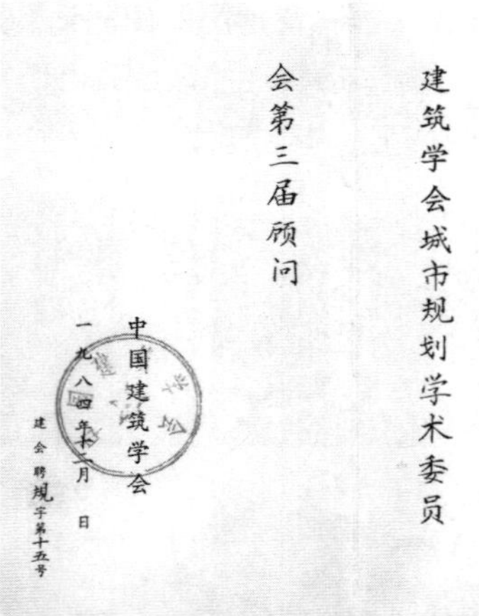

聘书

兹聘请程世抚同志为中国建筑学会城市规划学术委员会第三届顾问

中国建筑学会

一九八四年十二月 日

建会聘规字第十五号

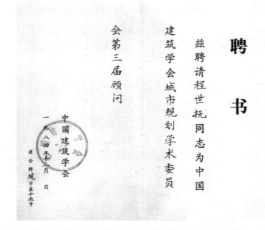

谱主被聘为中国建筑学会城市规划学术委员会第三届顾问

1985 年　78 岁

完成论文《浅谈风景城市规划与旧城改建》，此文被收入《程世抚、程绪珂论文集》。

注：论文的完成时间依照上海市地方志办公室网站上人物传略的“程世抚”条目所写，是列出的最后一篇。

《浅谈风景城市规划与旧城改建》的手稿（部分）

10 月 19 日

谱主写信给四妹世娴、五妹世英："半身不遂，听起来似乎无关重要，但我吃了不少苦头，归根结底还是医生不负责之故。发病时医生不让住院治疗，耽搁了宝贵时光只能抱恨终生。绪珂病况比我严重，因她是左侧中风昏迷，数日抢救后基本恢复正常。而我被舍置一旁坐失时机！这也是'四人帮'歧视知识分子之害波及医生头脑之恶果。我正好碰上，所以我痛恨'四人帮'，害人不浅，否则我还可以稍作贡献。"这可能是谱主所写的最后一封信。

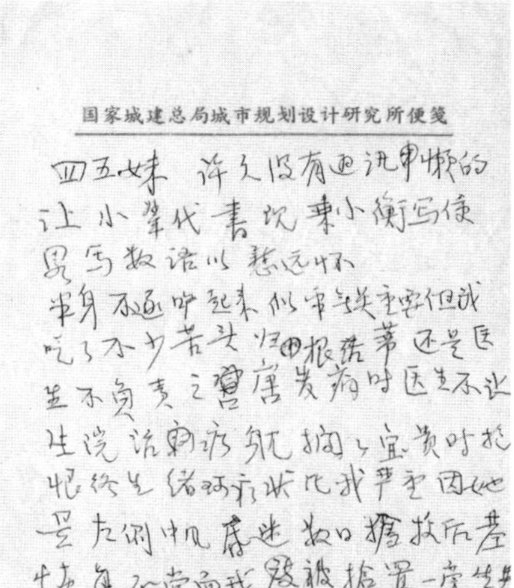

国家城建总局城市规划设计研究所便笺

四五妹 许久没有通讯 [illegible]
让小莘代书 [illegible] 小衡写信
只写数语以慰远怀
半身不遂听起来似乎无关重要但我
吃了不少苦头 归根结蒂还是医
生不负责之故 发病时医生不让
住院治疗耽搁了宝贵时光只能抱
恨终生 绪珂病况比我严重因她
是左侧中风昏迷数日抢救后基
本恢复正常而我被舍置一旁坐
失时机这也是四人帮歧视知识
分子之害波及医生头脑之恶果 我正
好碰上 所以我痛恨四人帮 害人不
浅 否则我还可以稍作贡献

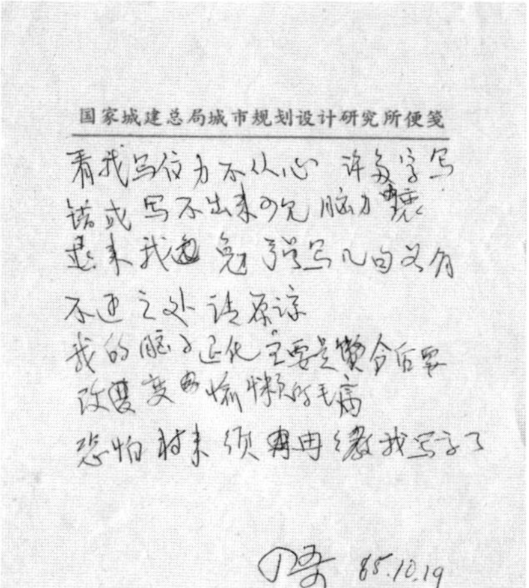

国家城建总局城市规划设计研究所便笺

看我写信力不从心 许多字写
错或写不出来了 脑力衰退
[illegible]
不通之处 请原谅
[illegible]
[illegible]
[illegible]

[illegible] 85.10.19

给四妹世娴、五妹世英的家信

12 月 23 日

谱主当选为中国建筑学会城市规划分会第四届委员会顾问。主任委员：吴良镛；副主任委员：周干峙（常务）、王凡；常务委员：王凡、方咸孚、白明华、刘诗峋、吴良镛、吴继武、张绍梁、张景沸、周干峙、胡序威、宣祥鎏、夏宗玕、董鉴泓（以姓氏笔划为序）；顾问：曹洪涛、任震英、金经昌、侯仁之、宋家泰、程世抚、郑孝燮、陈衡、周永源、王文克。（程绪珂是委员）

1986 年　79 岁

7 月

谱主虚岁八十寿辰，长女绪珂、次女绪理、四女绪珏及四女婿陈学诗、五女定（绪玥）、长子绪西及长媳葛文华、外甥女许怡曾及外甥女婿叶水夫、学生马骥、长孙可行及长孙媳姚礼明、外孙朱慕文、外孙陈泉及外孙媳张琳、曾孙女冉、曾外孙赵若愚等在京亲友悉数到齐。

谱主八十大寿

家人在谱主寿宴上的合影

城市规划设计研究院的陈占祥、贺雨、万烈风、安永瑜、周干峙及北京林学院的汪振儒、陈俊愉等来贺。面对昔日老领导、老同事，谱主还在要求工作，在场者无不唏嘘。

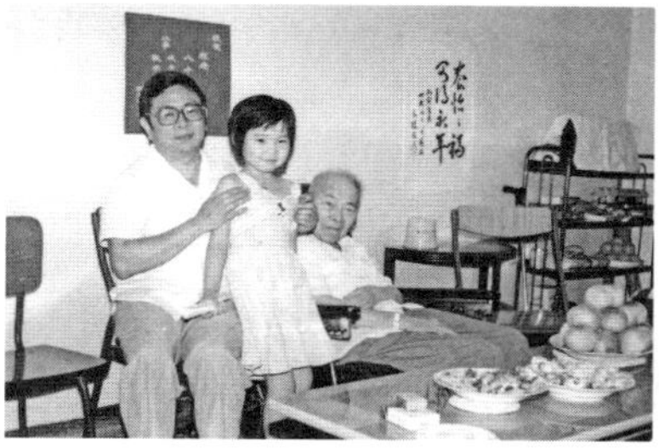
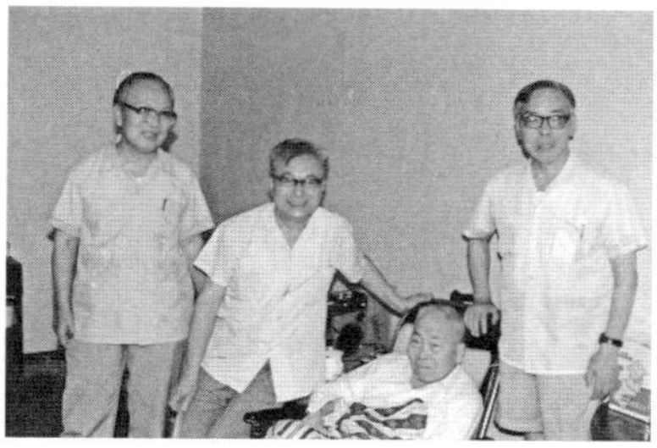

与同事们的合影

9月30日

中国大百科全书出版社建筑学编辑部来函请谱主审阅“西班牙庭园”条目。

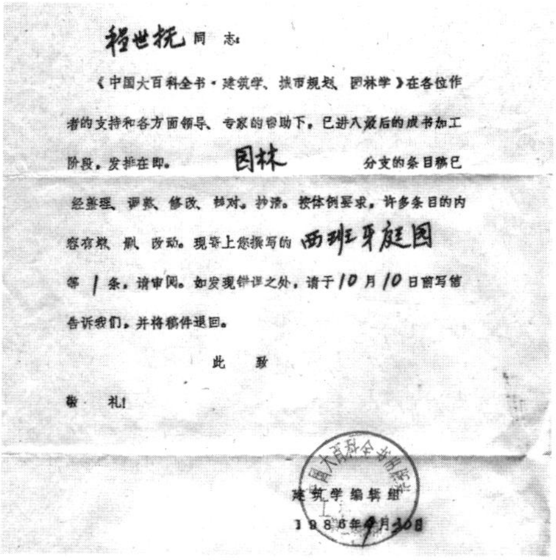

程世抚同志：

《中国大百科全书·建筑学、城市规划、园林学》在各位作者的支持和各方面领导、专家的帮助下，已进入最后的成书加工阶段，发排在即。园林分支的条目稿已经整理、评议、修改、核对、抄清。按体例要求，许多条目的内容有增、删、改动。现寄上您撰写的西班牙庭园等1条，请审阅。如发现错误之处，请于10月10日前写信告诉我们，并将稿件退回。

此致

敬礼！

建筑学编辑组

1986年9月30日

中国大百科全书出版社建筑学编辑部来函请谱主审阅“西班牙庭园”条目

1987年　80岁

1987年的谱主

1月—2月间

四妹世娴、五妹世英由沪来京，住在谱主家里，兄妹相聚甚欢。这是兄妹三人最后一次团聚。

2月13日

世娴、世英返沪。

12月

中国建筑学会为谱主颁发“从事建筑科技工作五十周年”荣誉证书、中国城市规划设计研究院为谱主颁发“从事风景园林规划科技工作五十年”荣誉证书。

谱主从事“建筑科技工作”“园林规划科技工作”五十年纪念证书

谱主争取工作机会之路

中国城市规划设计研究院

- 1986年7月，谱主虚岁八十寿辰，面对昔日老领导、老同事，谱主还在要求工作，在场者无不唏嘘。
- 1980年11月1日，赴昆明参加“全国风景名胜区规划设计学术讨论会”。
- 1980年，担任北京林学院郦芷若教授的硕士研究生王绍增的兼职指导教师。
- 1980年8月，向城建总局局长提出去苏州，帮助城市建设学院培养师资。
- 1980年8月，参加国家建委规划组赴天津协助拟订城市总体规划大纲。
- 1980年7月，与北京林学院一起参加林业部、国家农委主持的井冈山自然保护区规划调查组。
- 1979年10月，参加北京国际环境管理研讨会。
- 1979年7月，调城建总局城市规划设计研究所（中国城市规划设计研究院）任顾问、总工程师。

国家建委建筑科学研究院

- 1979年7月，合肥园林管理处吴翼邀请谱主及张祖刚来皖从事黄山规划事因科协经费较紧，建议放在明年。
- 1979年，建筑学会张祖刚通过湖南建设厅某熟人邀请谱主同往协助长沙、岳阳规划。
- 1979年3月16日，致信何康，希望通过他介绍旅游局局长卢绪章，在旅游业上为国家作出贡献。
- 1978年8月，赴兰州，参加“中国建筑学会城市规划学术委员会成立大会”。
- 1978年4月3日，致信何康，表示希望参加农业部关于农村建设的研究。
- 1978年3月，全国科学大会后，谱主向阎子祥毛遂自荐，希望赴安徽蹲点，研究旧城改建的居住和交通，无果。
- 1978年，谱主曾提出去长沙开展工作，通过学生贺善文与长沙市园林局有关人士协调，回答说要问领导，没有结果。
- 1977年9月，致信袁镜身院长、何广乾副院长请求工作，复信曰“可在家里根据身体情况，整理城市规划方面资料”。
- 1977年4月，致信上海城规办吕光祺，商研题并要求参与，被婉拒。
- 1975年，袁镜身同意谱主可应省市邀请接触实际。
- 1973年8月，摘译韩布林所著《污染:世界性危机》，题为《国外环境污染情况》，发表于《环境保护》1973年第1期（创刊号）。
- 1972年11月，“奉派”去北京市环境保护研究所参加编写《国外城市公害及其防治》有关城市规划部分。
- 1972年7月28日，撰写《总结城市规划城市建设经验教训的必要性》，提交给了建筑科学研究院领导袁镜身，袁批示“退程世抚同志存”。
- 1972年7月从“五七干校”回北京，调国家建委建筑科学研究院任顾问、总工程师。

1988年　81岁

5月

《中国大百科全书：建筑·园林·城市规划》出版，其中第460页有谱主作“西班牙庭园”条目。

8月6日12时11分　在北京安定医院逝世，享年81岁。

8月17日

十时在八宝山革命公墓第二告别室向遗体告别，随即火化，“中国城市规划设计研究院程世抚同志治丧委员会”在告别仪式上散发了谱主生平情况的材料。

谱主长子绪西、四女绪珏、四女婿陈学诗、五女定（绪玥）、长孙可行、孙媳姚礼明、外孙陈泉、外孙媳张琳、曾孙女冉等亲人送谱主最后一程。谱主过去的老领导、老同事及其他亲友数十人出席了遗体告别仪式。根据留下的签名簿，可以辨认的签名有：曹洪涛、丁秀、王文克、王峰、肖桐、郑孝燮、安永瑜、陶振铭、周干峙、赵光谦、张祖刚、夏宁初、赵士修、倪学成、鲍世行、李钰年、张玲珍等——都是在谱主日记中出现过的名字。

8月19日

四女绪珏写给谱主四妹世娴、五妹世英的信描述了有关情况，摘要如下：

四、五姑，向您们汇报一下爸爸的情况。爸爸是八月六日中午12点11分去世的，死时无痛苦，医生一直守在他身边，单位的领导也赶来了，所以还算是宽慰的。八月十七日举行向遗体告别仪式，去的人不少，他们单位出了三辆车，积水潭医院出辆面包车，安定医院出辆小汽车。遗体周围都是鲜花，单位给照了不少相片，所以还算庄重的。明天小衡（可行）去取骨灰，放在革命公墓。

8月20日

骨灰安放在八宝山革命公墓骨灰墙，后获许，妻子李听秋与谱主合葬于此。墓碑由长女绪珂题写。

9月28日

谱主长女绪珂写信给谱主四妹世娴、五妹世英，转交了谱主的生平材料，“四、五姑，今收到小衡寄来了爸爸的生平材料，现寄上”。

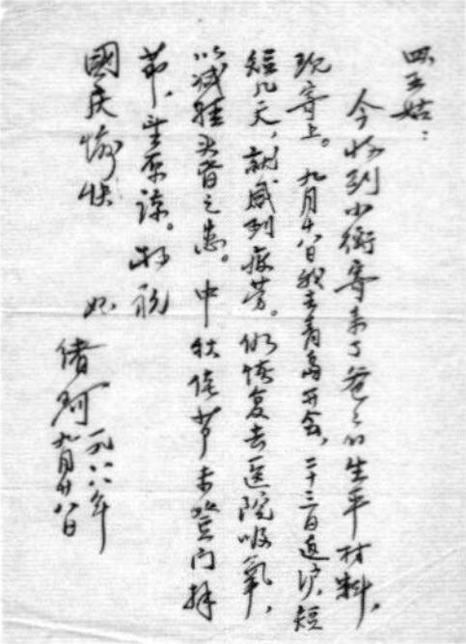
四五姑：
今收到小衡寄来了爸爸的生平材料，现寄上。九月廿日我去青岛开会，二十三日返沪，短短几天，就感到疲劳。仍须去医院吸氧，以减轻头昏之感。中秋佳节未能登门拜节，望原谅。敬祝
国庆愉快
绪珂 一九八八年九月廿八日

谱主长女程绪珂写给谱主四妹世娴、五妹世英的信

尾　声

1988 年 8 月 17 日在八宝山革命公墓举行谱主的遗体告别仪式

中国城市规划设计研究院程世抚同志治丧委员会发了讣告，在遗体告别仪式上分发了“著名园林规划设计学家程世抚同志生平”。

讣　　告

第三届全国人大代表、第五、六届全国政协委员、著名园林规划设计专家、中国城市规划设计研究院教授级高级工程师、中国共产党党员程世抚同志因病于一九八八年八月六日十二时十一分逝世，享年八十一岁。兹定于八月十七日上午十时在八宝山革命公墓第二告别室向遗体告别。

程世抚同志治丧委员会

一九八八年八月十日

著名园林规划设计学家程世抚同志生平

我国著名园林规划设计学家、中国城市规划设计研究院教授级高级工程师、中国共产党党员程世抚同志因病医治无效，不幸于 1988 年 8 月 6 日 12 时 11 分逝世，享年八十一岁。

程世抚同志，四川云阳人，1907 年 7 月出生。早年在上海求学，1929 年毕业于金陵大学园艺系，同年赴美国，先后就读于哈佛大学、康奈尔大学。 1933 年学成回国后曾任广西大学、浙江大学、福建省立农学院、金陵大学教授，广西省建设厅技正，上海市工务局园场管理处总技师兼上海市都市计划委员会技术委员等。建国后历任上海市政建设委员会委员兼规划处长、建筑工程部规划组主任、城市设计院研究室主任、建筑工程部城市建设局副总工程师、国家建委建筑科学研究院、国家城建总局城市规划设计所、城乡建设环境保护部中国城市规划设计研究院顾问、总工程师等职。程世抚同志是第三届全国人大代表，第五、六届全国政协委员。

程世抚同志是我国老一辈知识分子的优秀代表。近半个世纪以来，他走过了一条由民主主义知识分子成长为社会主义高级科技专家的道路。在旧中国，他爱国，具有进步思想，富于正义感，憎恶国民党的反动统治，痛恨黑暗腐败的社会现实。他同情和向往中国共产党及其领导下的人民革命和解放事业，在解放前夕白色恐怖下的上海，他参加了党领导的进步团体，曾以合法身份掩护并资助我党的地下工作。全国解放后，他衷心拥戴共产党的领导和社会主义制度，政治上积极要求进步。认真学习马列主义、毛泽东思想，忠诚地贯彻党的方针政策，逐步树立了共产主义的世界观和人生观，于 1956 年加入中国共产党。他积极投身新中国的建设，致力于我国的城市规划和风景园林规划设计的技术及管理工作，建国三十多年来，先后主持和参加了上海、武汉、天津、洛阳、无锡、苏州、杭州、桂林、济南、湛江、温州、徐州、庐山、韶山、北戴河等城市和地区的总体规划、详细规划和风景园林规划。他工作勤奋努力，兢兢业业，认真负责，为我国的城市规划和风景园林规划设计事业作出了重要贡献。

程世抚同志拥护党的十一届三中全会以来的路线和政策，拥护改革开放的方针和四项基本原则。近年来，他以年迈多病之身，仍热切关注着改革和“四化”建设的进程，关心我国的城市规划和建设事业，关怀中青年科技人才的培养。

程世抚同志是我国园林规划工作的老前辈，在我国风景园林建筑及规划界享有较高的声望。他于 1932 年获美国康奈尔大学硕士学位后，曾遍访英、法、德、意、比、荷等欧洲各国，考察和研究市政建设和造园技艺。他热爱自己的专业和事业，从事城市园林规划的教学与研究工作达五十多年，硕果累累，在园林规划方面有很高的造诣和极丰富的实践经验，为创建和发展我国的园林规划科学发挥了重大作用。他曾参与制订了全国科学技术十二年规划，曾任中国建筑学会理事、中国园林学会第一届顾问等。

程世抚同志襟怀坦白，坚持原则，为人正直，作风正派，待人诚恳，平易近人，生活朴素。在临终前，他还嘱咐家人丧事从简，表现出高尚的精神境界。

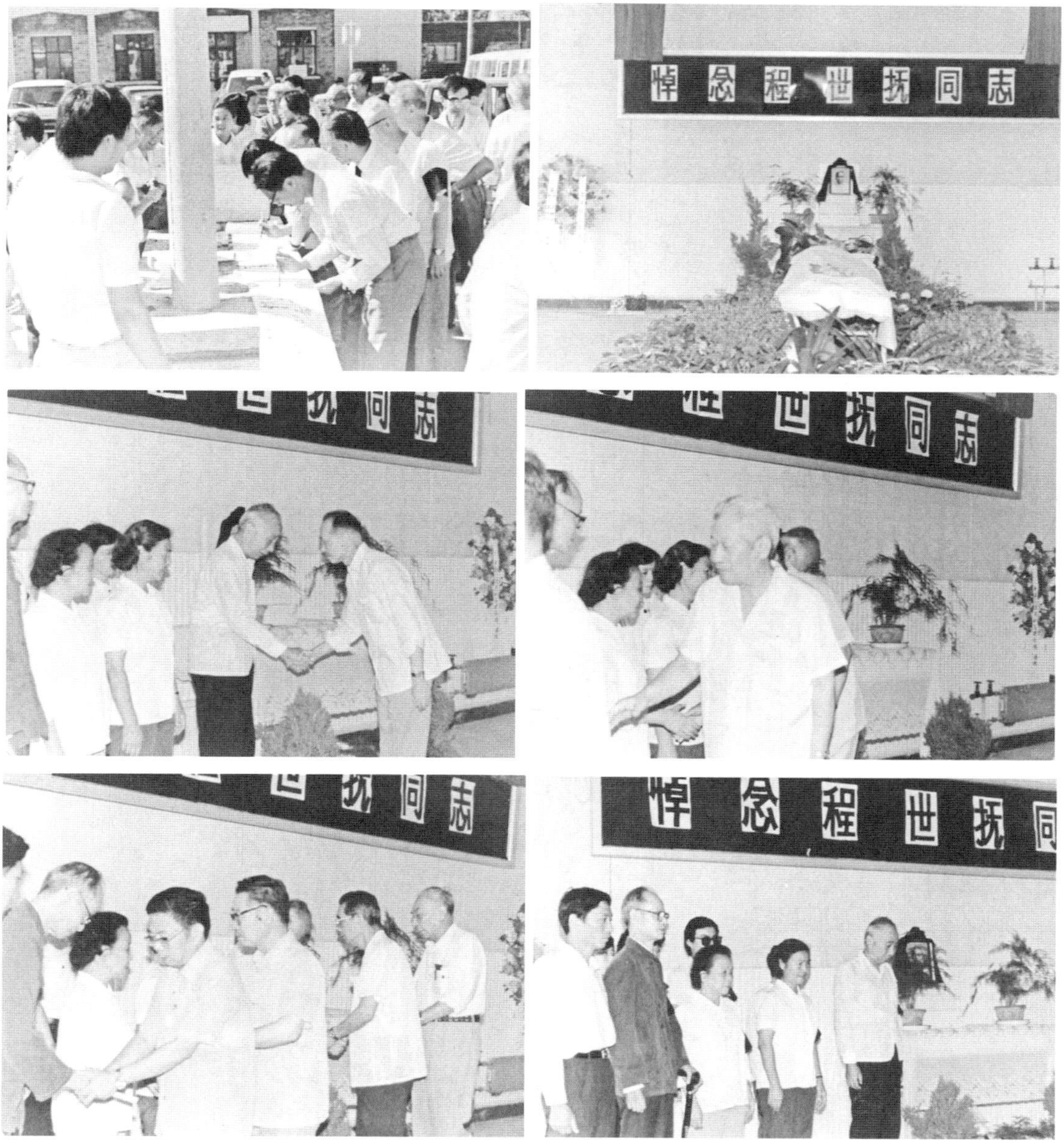

遗体告别仪式现场

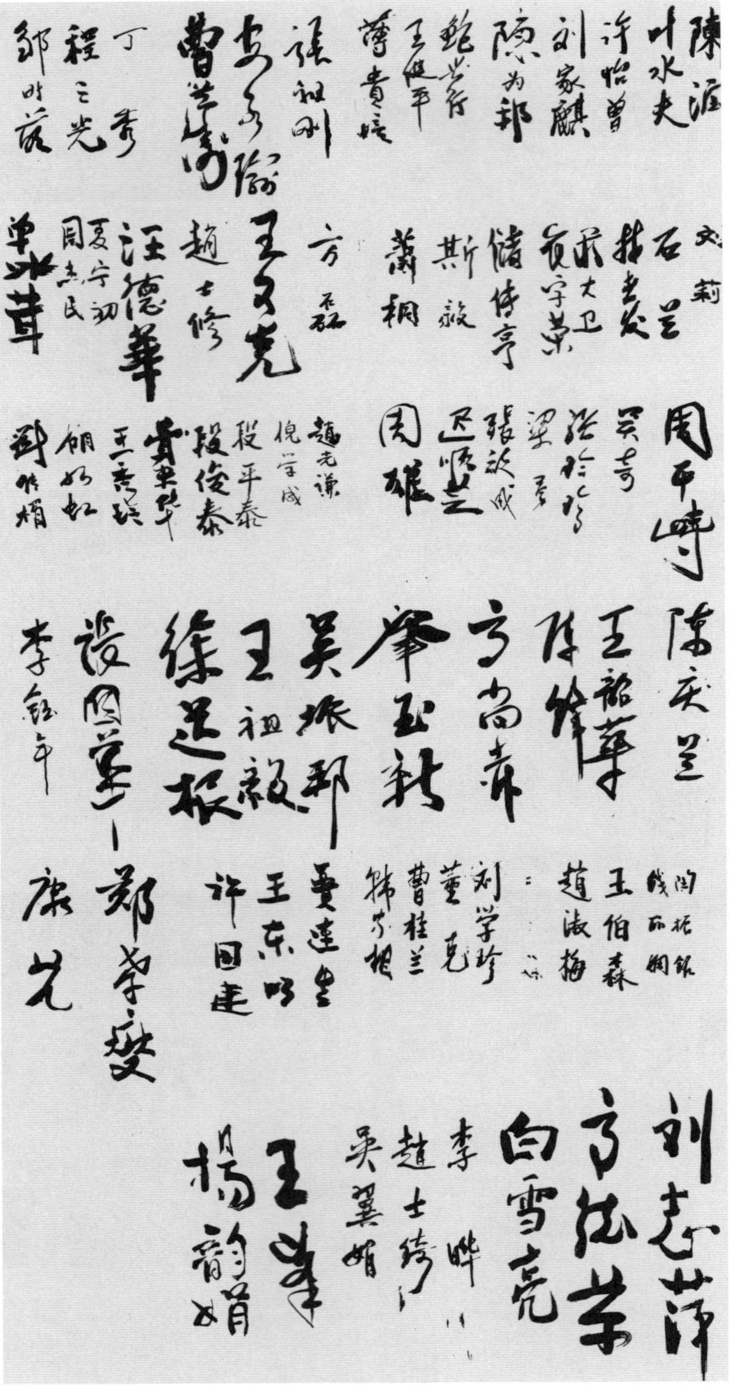

部分出席者的签名

1990 年 10 月 25 日向中国城市规划设计研究院图书馆捐书目录

谱主的藏书多为从美国运回，抗战时散失许多。 1954 年从上海调北京时先运到其二姐家， 1955 年 3 月 27 日运回自己家。文化大革命中住房被占无处可放只得堆在楼道里，又有散失，部分书曾暂存在建筑科学研究院的办公室里，调离时取回家。逝世后依长女绪珂嘱，将所遗藏书悉数捐给了中国城市规划研究院图书馆。

中国城市规划设计研究院

1 Regional Planning
2 Planning the Neighborhood
3 Housing standards
4 Street Traffic Flow
5 Room and Building Acoustics and Noise Abatement
6 Journal of the Urban Planning and Development Division nov. 1979
7 Journal of the Urban Planning and Development Division March 1974
8 Journal of the Urban Planning and Development Division March 1973
9 Consider the Lilies
10 Landscape - Gardening
11 Land Use and Mineral Deposits
13 The Book of Water Gardening

中国城市规划设计研究院

14 Cities of Canada
15 A Study and Recommendations for the Recreational Development of the Patapsco River Valley parkway
16 Manual of Cultivated Trees and Shrubs
17 Manual of Cultivated Plants
18 History and Human Survival
19 The Deadly Feast of Life
20 Science and Government
21 Family Psychiatry
22 Tom Ramsay's World of Golf
23 Getting started in Golf
24 Your Book of Golf
25 Arnold Palmer's Best 54 Golf Holes
26 The Concise Dictionary of Golf
27 495 Golf Lessons by Arnold Palmer
28 1962 National Conference on Air Pollution

2

中国城市规划设计研究院

29 Lists of Plant Types for Landscape Planting
30 Recent Advances in Town Planning
31 Hampton Court Palace
32 Planning and Development of the Tourist Industry in the Far Region
33 Natural character in urban spaces
34 Nature in cities
35 Natural history in cities
36 A History of Garden Design
37 Design & Layout of Roads
38 Chinese Garden Architecture
39 Ernst Boerschmann Chinesische Pagoden
40 The Imperial Palaces of Peking (一套3册)
41 Chinesische Architektur (一套2本)
42 Civic Art

城规院图书馆 [illegible]

1990.10.25

3

中国城市规划设计研究院

1. PEKING
2. JARDINS D'ESPAGNE (一套2册)
3. the art of GARDEN DESIGN in ITALY
4. the New Roget's library of words & Ideas (3册)

城规院图书馆 王群而

1990.10.25

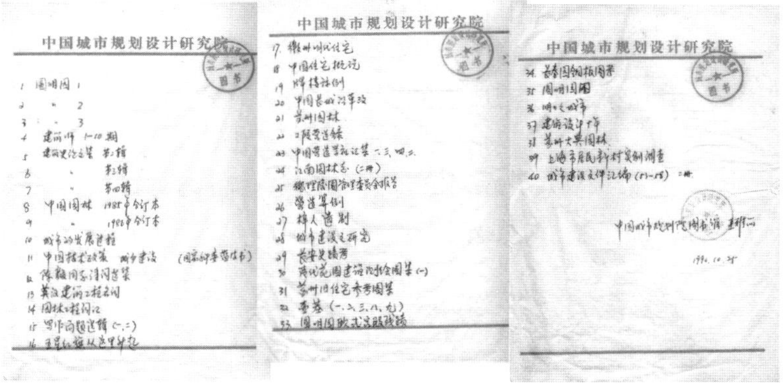

中国城市规划设计研究院

1 圆明园 1
2 〃 2
3 〃 3
4 建筑师 1-10期
5 建筑史论文集 第2辑
6 〃 第3辑
7 〃 第四辑
8 中国园林 1985年合订本
9 〃 1986年合订本
10 城市的发展过程
11 中国技术政策 城乡建设 （国家科委蓝皮书）
12 [illegible]
13 英汉建筑工程名词
14 园林工程词汇
15 [illegible] (一、二)
16 [illegible]

中国城市规划设计研究院

17 徽州明代住宅
18 中国住宅概说
19 [illegible]
20 中国长城沿革考
21 苏州园林
22 [illegible]
23 中国营造学社汇刊 一、三、四、六
24 江南园林志 （二册）
25 [illegible]
26 营造算例
27 梓人遗制
28 城市建设之研究
29 长安史迹考
30 [illegible]
31 苏州旧住宅参考图录
32 [illegible] （一、二、三、八、九）
33 圆明园 [illegible]

中国城市规划设计研究院

34 [illegible]
35 圆明园图
36 明代之城市
37 建筑设计资料
38 苏州古典园林
39 上海市居民新村实例调查
40 城市建设文件汇编 (53-58) 二册

中国城市规划院图书馆 王群而

1990.10.25

捐书目录

附录

附录一　谱主自传、自我鉴定

1947 年 12 月　自传

余川籍云阳县人，民国纪元前五年生于东北黑龙江省之齐齐哈尔，后随家迁苏又寄寓上海，修毕中学课程，赴南京金陵大学习农科之园艺系。民国十八年夏卒业，赴美哈佛大学庭园建筑研究院肄业。十九年春得家报，父母于两星期内相继去世，因受此打击转入康奈尔大学研究院习庭园建筑及观赏园艺，历年在绘图室昼夜不停研习，于民国二十一年获得硕士学位。应友人约，相偕赴欧，经英、荷、比、法、德、奥、瑞、捷、意诸国，考察市政、公园及私人园地为时半载，取道地中海印度洋返国，得睹马来风光。廿一年冬在梧州省立广西大学授课，因胃疾大作辞职，于廿二年夏应国立浙江大学聘主持园艺系及植物园，负责迁移农学院并设计校园温室（占地一亩以上）及顾问建筑事宜。直至廿六年抗战开始，随校迁浙江建德，后因廿七年初内移时与学校失散，径赴广西，在省政府服务两年。因不惯公务员生活，仍去国立广西大学任教，其中廿九年至卅一年夏两年在福建省永安省立农学院负责教务，曾参与设计永安市及该省立农院校园、温室，又赴沿海诸县考察，步行八百余里为时三个月。卅一年夏仍返广西大学授课直至衡阳失守，始挈眷赴川，在成都金陵大学任教，并参加成都市计划设计事宜，代为规划公园系统。抗战胜利后于卅五年一月应上海市工务局约由金陵大学借调来沪，接收全市公园，组织园场管理处。因鉴于行政与技术不遑兼顾，乃请求辞去行政职务，于同年九月获准专心担任造园设计技术及参加都市计划委员会工作直至现在。

主要著作有：

1. 花卉学——大学用书
2. 造园学——大学用书
3. 花卉实习指导
4. 造园学实习指导
5. 温室建筑与管理——大学用书
6. 苗圃经营学——大学用书
7. 花卉经营学——大学用书
8. 尚有研究报告、短篇著述甚多

主要设计：

1. 省立广西大学校址设计——梧州
2. 国立浙江大学华家池新校园设计
3. 浙江大学温室设计
4. 浙江大学植物园设计
5. 四明山风景区（包含奉化、鄞县、嵊县、新昌四县）计划——汉口武岭学校委托
6. 广西大学马故校长墓园——桂林
7. 福建省立农学院校园及温室三座及住宅六座
8. 成都市公园系统及少城公园改进设计
9. 汉口公园改进设计
10. 上海市十余公园之设计及改进计划
11. 上海市公园系统（目前计划）

幼年早婚，李氏听秋生子女七人存其五共四女一男。长女习农于国立广西大学后借读金陵大学毕业，现服务园场管理；次女适朱季林君，四女肄业金大心理系，五女在沪习音乐，幼男肄业金陵中学。余自服务社会以来遍尝公教人员苦况，所幸学生中颇多知己聊慰贫困教师之心。目前负责之技术工作固系个人兴趣所在，唯希能维持生活俾安心为社会服务，于愿已足。多年来内子共尝甘苦，曾效牛衣对应，仍能罗变售存物以渡战时难关，苦中恒得内子鼓励，固守岗位。而子女亦曾经磨炼，如卅年，时四女十六岁，幼子于十二岁时步行三十余里返家渡周末，星期日后步行赴校，为节省一两元车资耳！余全家民主化，子女可提供意见讨论自身问题，恒为友人学生羡慕此无他。余以达观处世知足常乐，余无任何嗜好，唯研究学问及旅行观光，自知不擅交际，希同仁不时赐教以开茅塞。

摘自《仁社通讯录》第四卷
第六期九八—一〇〇页
程世抚同仁自传
民国三十六年十二月出版

1951年4月　上海市工务局干部登记表

根据谱主存留的1951年4月上海市工务局干部登记表中的设问及回答的底稿整理。

问：从你记忆开始，有哪些事件留给你印象最深，最受影响及说明思想演变情形？

谱主回答：

① 我出身旧官僚家庭，自懂事起，即看不惯前呼后拥的气派。我早有人皆平等的信念，我自幼不习惯被人伺候而喜欢自己动手，这是一个良好的开端，可惜没能够更进一步地发展下去。

② “五 · 四”“五 · 九”对我影响很大，刺激我的爱国心及革命思想，在旧家庭里，我有革命性，反对妹妹的包办婚姻获得成功，所惜在学校里的表现较差，常用冷眼观察群众性运动而本人没有在每次积极地去参加，以至徒有正义感而缺乏斗争心。

③ 1924 年有人拉我加入国民党，我因对政治无兴趣而拒绝。 1927—1929 年之间国民党在南京以段锡朋策动利用爪牙控制全市学生会，我在金大曾参与斗争，其后出国去美留学，始终对蒋匪的利己，残杀进步人士如廖仲恺的举动痛恨，那时想找出如何真正为人民谋幸福的方法而不获结果。有时幻想如得相当经费，不论是资本家拿出或者由我本人筹措，要从改善乡村着手，这样未免类似平教会方式。但是我早不赞同平教会，因其过分洋化不切实际，我以为由我来办可以找出更好的办法，现在看起来这是犯了不流血革命的梦想。 1946 年我曾去吴兴的菱湖参加过章荣初所办的乡村事业，虽此事的出发点纯系利己为目的，仍因陈匪立夫阻挠而停顿。这是我对共产主义不了解，在反动社会中蒙在鼓里，徒有为群众服务的心愿，找不到出路。最初只好独善其身，眼看到东北解放时的趋势，渐渐存着待机而动的希望。

④ 抗日战争后希望国民党诚心与共产党合作，共御外侮。我携全家在大后方服务，看到反动派迫害进步人士的事实，愈增我对反动政府的愤恨，但仍不了解共产党的理论。因反动派封锁消息，没有看到进步书籍，我在那时期等于睁着眼睛的瞎子，最后在成都金陵大学教书为特务学生数名所监视，大概我的罪名是为什么讲书受学生欢迎，使我厌倦了十几年的教书生活，同时因教书不能联系实际徒然纸上谈兵没有贡献，因此应约来上海工务局工作。

⑤ 解放后的学习由被动变为主动，渐渐明了如何为人民服务，顿开茅塞，批判了过去的懵懂混沌思想——不知如何与环境奋斗并且不知不觉地受人利用——现在明白要站稳无产阶级立场，为劳动人民服务的意义。再则缅怀烈士牺牲流血的精神，更增强了我自己的服务忘我意志，更要急起直追学习理论，贯彻到行动中去，实事求是地解决具体问题，以期在建设新中国高潮中尽我的一份微薄力量。

问：你对世界及人生的观感和愿做什么样的事业。

谱主回答：

① 我在幼年时代就想为什么我要生存在世界上，倘没有我岂不免去许多麻烦。我虽不是悲观厌世者，但对人生的乐趣并不十分有兴致，也不过随着生老病死的过程去走而已。向来淡于名利，自命清高。解放后方才知道怎样为人民服务，正是我从前所追求而无所获的，使我体会到生活的乐趣，以服务为快乐，对人民贡献愈多愈觉快乐。

② 我对人类平等是一贯的信念，但不知如何使被压迫的殖民地与半殖民地的人们获得解放。我坚决反对白种及日本民族的优越感，我相信世界大同的理论，但不知何时及经过何种革命方式能以实现。这些问题，经过学习都获得答案。

③ 我愿在毛主席和共产党的领导下，尽我一份能力，为人民服务，绝对不考虑名义，只求有机会多贡献我的技术。因为一个人的生命是有限的，我希望趁我精力充沛时多发挥我的能力，免得将来年高力衰时力不从心。

④ 我愿在城市计划和造园建筑方面（如全国各城市行政区的设计与全国各地风景区、工人休养区的设计）参加实际工作，同时需要大量训练人才，同为建设新中国而努力。

主要优缺点（自我鉴定）

优点：

① 我向来肯认错改正错误，自从学习了批评与自我批评，更有进一步的认识，加以运用和实践。

② 我以服务人民为素志，现在了解了如何去做，努力争取提早完成各项任务，增加工作效率。

③ 我向来以理智克服情感去论事做事，在旧社会中被批评为不懂得世故人情或者毫不圆滑等，经学习后更坚定地以无产阶级立场去做工作。

④ 遵守纪律服从组织。

⑤ 诚恳待人从不玩弄手腕。

⑥ 不骄傲，不存名利心。

⑦ 肯负责。

缺点：

① 领导力不强。

② 工作的计划不够周密。

③ 因顾虑他人能接受程度未能尽量发挥批评武器。

④ 纵然在思想意识上理智地站在无产阶级立场，因受旧社会的环境影响，还未能彻底清除那不知不觉而发生的小资产阶级意识，如自私观点。

1952年7月31日　思想批判与自我鉴定（手迹）

程世撫
一九五二·七·卅一

思想批判與自我鑒定

思想批判

主導思想

一、自高自大　对我所熟悉的業務，常以為人家懂得什么而没有耐心和毅力去说服别人。解放以来自以為思想進步，驕傲自滿，瞧不起他人。同时犯了急燥病，恨不得很迅速的搞好業務，但不善於走群众路綫，又因工作计划不夠周密，有时發生不必要的延搁。有时在口頭与人爭论，言语过分尖銳，影響幹部團结。有时也犯自以為是包办代替的错误。对人常有成見，根据初見面的印象，輕率的以个人好惡来判断，很容易發生脫離群众的錯误。這些思想由于个人英雄主义和……的表现和舊官僚家庭习氣的影響。

二、自由散漫　由于长期受資本主义教育的影響，往往偏重業務，对政治学习少下功夫，对"技術要与政治相结合"体會不夠深刻。我对興趣不高的業务如做报告，草拟规章等往往拖拉延搁，不能及时完成任务，嚴格的講就是对人民不負責。

三、自私觀点　我自己的生活水準雖逐步降低，仍比產業工人高。一九五〇二六轟炸时怕减薪不夠維持生活，與工人自動減薪維持生產的大公無私精神对比，自觉慚愧。我以参加革命工作的幹部受到政府照顾，雖覺慚愧，隨即忘却，在不知不覺中以为當然。三反中檢查出超越制度的地方，证实了个人享樂思想的為害性。

四、名利思想　在解放前自命清高，过着脫離群众的教授生活，曾参加仁社，為了朋友作開業的準備。（解放後曾去京津武漢長沙南京等地協助工作，雖不為名，实际上人家已知道我，嚴格说来我以接受任務為榮的。一九五〇曾想去北京推動全國性的都市计划，雖未成事实，仍與"名"有関）

五、輕視勞動　我个人平常做家務勞動，因受了「勞心者治人，勞力者治於人」的潛在影響，不知不覺中对纯粹体力勞動存有輕视意念。但在1950冬看見長沙修築江堤道路时已体会到有组织有領導的勞動可與機器比擬，以克服目前缺乏机械的困難。

業務與工作作風

由於急躁與自滿，沒有主動的去聯系群眾發揮集体力量，另有本
在幹部中祇保持一團和氣的批評、我與毛錢兩处長三人未經常
交換意見 研究工作制度與合理分工 又未深入聯系群眾 以致發生
工作不安心的現象。對於計划处業務沒有發揮全处人力，佈置工作
不夠具体，工作計划不夠週密，工作推動後未及时檢查 整天忙在事務
堆裡 未不及与幹部談工作，形成自由散漫的拖拉作風，往往事到臨
頭突擊趕工，粗枝大葉草率從事，這是对人民不負責的任務觀点。
对於政策性的業務常存在着依賴上級指示的心理。漸々知道
必須自己掌握政策 則根據陳市長指示的方針——為工人階級服
務——办事，自以為站穩立場堅持原則，祇顧要計划的推行
常受到 執行單位強調困難與公私企業近期打算的阻碍
自己政治水平太低不能深入反復的說服他人而期待上級指
示 如工務局对日制規章的意見 在解放前嫌英美標準高 最近
擬定簡單建築規則 嫌蘇聯標準太高，結果趙付主任所裁決的房
屋密度 在安全与消防方面至今仍低於英美的不合理的標準，使
我在处理業務上發生若干困難。再有对於处理基本建設任务有时見到
有些單位不合基建程序 如文化局的文化廣场与有總工会的建築計划
計划 以工人文化宮改建兩次与其他礼堂會场 有无計划与工的浪费
現象。工务局的計划 如曹楊新邨造橋有否 楊浦与虹口都要画統的
必要，西藏北路的放綫与拆屋問題 本要改需少拆 照顧將來發
展而工务局徐付局長也不同意、我对人民財產負責的努力 在這方面是不
夠的。我个人对業務宣傳工作從未切实去做 也影響業務的推進

今後努力方向

決心經常的学习毛泽东思想 提高認識、嚴格订定工作計划，具体
執行。決心走群众路綫去研究工作制度，及时檢查工作，做好思想
領導，以冷靜頭腦，沉着態度，对不同意見以說服宣傳方法解
決問題 克服自私的享樂思想 向大公無私的工人階級看齊
克服实驗觀点 懶散拖拉习惯 向保尔柯察金與高玉宝同志学习

三反運動中深刻認識自己未經糖衣砲彈的攻擊 不能肯
定說自己不會被腐蝕，但接受了三反教育不斷警惕和提高認識
可以把握得定 並且不怕負責的資產階級打退[illegible]。

自我鉴定

優点

一、有果断力和斗争心

二、肯负责，肯刻苦耐劳

三、肯检讨，肯接受批评

四、处理業務时顧到(?)群众路線，鼓勵和幫助群众發揮創造力

缺点

一、自高自大，驕傲自满，不善運用走群众路線(?)方法

二、处理事務缺乏耐心，影響团结

三、自由散漫與拖拉作風影響任務

四、粗枝大葉，容易造成工作上的錯误

五、工作计划性不够，佈置工作放任自流，没有(?)有步驟的去领導檢查工作，存在着官僚主义

1955年自我鉴定（根据谱主底稿整理）

根据谱主于1955年写的自我鉴定的草稿及记录的小组评价意见整理

一、 工作

规划方面，思想性、艺术性不够，由于政治水平低，对于社会主义城市面貌没有明确的体会，也没有贯彻为人民关怀的原则。

对于执行专家建议，欠认真严肃，没有充分传达贯彻到群众中去，研究讨论而后执行，以至有重犯错误现象，嗣后纠正，已对工作带来损失。

订立计划不够周密，在洛阳组工作中陷入事务堆里，以至工作忙乱，效率不高。缺乏充分的全面观点，去联系其他单位推动工作，尚局限于本位完成任务的观点。

二、 学习

政治学习在有领导的状况下进行，但刻苦钻研不够，应当还可以提高一步。

业务学习，钻研得不够系统，想到什么有用就翻阅什么书籍，对于规划理论文件有啃不动的感觉。

三、 思想作风

对于使用干部，起初受了经验主义束缚，不敢大胆信任，在工作进行中突破了保守思想，认识了群众力量，放手使用青年干部，发挥群众智慧，去完成规划任务。

更进一步地体会规划工作的高度政治性，要尊重各方面的意见，尤其是市与建设单位，比较虚心地去研究问题。

对于政治学习比较容易理解，求知心切，按时学习也逐渐养成习惯，在理论学习中联系工作去思考问题。

在上级正确领导和专家热诚指导下，使我对于业务获得一些进展。

阶级觉悟方面，对于建立无产阶级思想比去年稍有提高，如体会到社会主义建设的多方面，工农业并重，和工农联盟政策，并且贯彻到规划工作中去。

四、 优点

① 按上级指示完成规划任务。

② 愿团结群众搞好工作。

③ 基本上不计较个人得失，只要对人民事业有利，肯积极地去做。

④ 肯承认错误，接受批评和别人意见。

⑤ 肯开诚布公，逐步地纠正偏见与主观。

五、 缺点

① 对新事物的敏感性不够灵敏。

② 完成任务，存在着粗枝大叶和若干主观片面观点。

③ 思想不够系统，没有抓住主要关键。

④ 对干部关怀做得不够，使用干部还不够大胆。

⑤ 计划性不强，交代任务不够明确，没有及时检查督促，总结经验与吸取群众意见。

⑥ 处理问题上急躁欠冷静，不够周密，决断力差，措辞欠考虑。

⑦ 在工作中有兴趣观点，少注意经济问题和书面报告。

六、 今后努力方向

由于理论水平低，未能提高到原则性去分析问题。家庭出身与社会经历（教授与主管）使我在不知不觉中产生主观和片面的观点。我的主观愿望想提高自己， 1954 年来也有若干进步，但因钻研理论不够艰苦，以至没有达到我预期的水平。今后努力方向，拟定了下列几条：

① 订立工作与学习计划，加强计划性，及时地检查进度，总结经验，吸取群众意见。

② 把学习的理论联系到工作上思考问题。

③ 经常检查思想作风。

④ 帮助全组提高业务，关心业务学习。

七、 小组意见

本人检查比较深刻全面，小组再提出以下几点意见。

优点：

① 能和同志打成一片，没有架子，容易接近。

② 对人虚心诚恳。

③ 政治理论学习抓得紧，要求进步迫切。

缺点：

① 使用干部不放手，发挥大家的积极性不够，没有很好地注意培养青年同志。

② 工作具体计划不够，也未及时检查，坚持贯彻不够。

③ 自己具体掌握工作不够，分析综合能力差，不能及时地抓住问题关键。

④ 看问题较片面，说话考虑欠周密。

一个老年技术干部的心情（谱主写于 1980 年）

我出身于封建官僚家庭，在旧社会生活了三十多年，有机会出国求学，游历欧洲，回国后教书直至日本投降，才开始做具体业务，完全是人民血汗哺育了我。建国以来，得到党的信任和培养，做了一点工作。现虽年迈，感觉适合人民需要，我所能做的事不少，如何在有生之年能有机会为人民多作贡献，不枉为一个普通共产党员。我壮年的大好时光被国民党腐败统治、八年抗战损失掉了。中华人民共和国成立后我被解放了，正是出力的时候又被林彪、“四人帮”所干扰破坏，又白白浪费十几年宝贵时间。回顾过去，由于觉悟程度太低，没有早点参加革命，而是被解放的。这段经历正如家庭出身不能改变，但是来者可追，尽我最大努力把损失的时间夺回一些。我虽生命有限，但我非常珍惜残烛余晖，尽量延长燃烧时间，踏踏实实地为人民做点有益工作，这是我殷切希望。

我素无雄心壮志，受祖国人民哺育和党的培养，积累了点滴经验，更重要的是取得了教训。我虽已进入老年，切盼能有更多机会为祖国贡献余生。日前参加罗邦杰[①]同志追悼会遗体告别式，回忆起约是 1974 年，他曾劝告我，珍惜光阴，趁身心健康多作贡献。良师益友，诤言铭刻我心，我也是身体力行的。我没有多大才华，不过在美国专攻风景园林建筑和城市规划，并又去过十几个国家作专业访问，迄今未遇到先后经受了同样训练的人，可说是蜀中无大将，廖化作先锋耳。但以廖化地位，在领导和群众的支持下，力争做好参谋兼助手，可望运筹帷幄能力胜过姜维。目前暂不可能派遣出国人员长期学习和专业考察，我愿培训在职技术干部走捷径，通过实践、科研、学习和“传帮带”三结合，预期在较短时间内为国家培育所需人才，逐步超过我现有知识水平。只要领导支持和他们努力学习，并不是办不到的。

我初步的计划是总结经验教训，供同行参考，但不能关起门阅读老黄历，必须联系实际解决具体问题，否则就是空谈理论原则，我也无法原谅自己。

世界科技发展日新月异，必须不断看书刊文献，否则落后于发展形势，外文知识是不可缺少的工具，我正充分利用我的外语，钻研技术，传帮带培养接班人，主要对象是中年技术骨干，他们具有丰富实践经验，我打算在解决业务问题或在科学研究中和他们商讨互相学习共同提高。希望他们在自己努力情况下逐渐超过我的知识，以便带领更年轻的下一代，这样可体现老中青三结合，避免我这行（城市规划、风景建筑即园林、旅游设计、环境设计等）脱节。

城市行政管理机构好像人体那样精密，而复杂性则远远超过之。古人说能收指臂之效，这句话没有包括高度自动化，不以人的意志所控制的植物神经系统，例如血液淋巴液循环、内分泌系统，呼吸消化泌尿系统仍可说是不完全的自动化；自主呼吸，也可按人意做深呼吸，咀嚼下咽后不受控制了，大小便先有感觉而后下令排泄……不管怎样在体内，功能多半是自动运转的，一旦生病，医生用药物排除故障恢复机能，但主要依靠本身恢复健康的能力，药物只起辅助作用。

党对整个行政系统的一元化领导和人体类似，经济（生产、财政、基建等）、政治、社会（包括人民生活、习惯、风尚等）各方面的协调一致地向前发展，是新的非常复杂的规划。新事物稍有差错，就会发生重大问题造成损失，如农轻重关系，没有按经济规律办事，不顾国内外市场需要和产品质量，盲目追求产量产值，粗制滥造，积压浪费资金，有些部门吃偏饭，有的缺乏急需的投资，甚至在一个行业内也在争投资。我国目前很穷是事实，同时各方面的浪费也很惊人，如此种种很不完全的事例，只反映社会机能失调的部分，问题在于所有部门缺乏协调一致的全局观点，本位思想严重，例如外贸压低收购价格以图提高上缴利润，挫伤生产者的积极性，生产下降，捞不到油水，无异杀鸡取蛋；又如旅游部门垄断一切外汇收入来源，向开放城市只提要求却很少帮助开发和适当投资。岳阳亟待开发，住宿交通修缮名胜古迹非常缺乏

① 罗邦杰（1892—1980），广东大埔人。1911 年毕业于清华学堂，1918 年获美国麻省理工学院矿冶工程硕士学位，1928 年毕业于美国明尼苏达大学建筑工程系。回国后，曾任清华大学教授。中华人民共和国成立后，历任华东工业建筑设计院、建筑工程部建筑科学研究院总工程师、高级工程师，中国建筑学会第四届常务理事。

投资，眼睁睁看到可以争取的外汇，坐失机会，而不应发生的破坏风景资源，如开山取土，建设污染却屡见不鲜。关键在领导要提切合实际方案，责任在技术人员，两者配合解决具体问题。我不想扯得太远，对于实现“四化”，究竟是真想而不是假想甚至不想。我们不能依仗社会主义制度而不顾经济规律，只设立几个大工厂和农业现代化还是远远不够的。我的见闻和读书都很有限，具体建议供领导参考。

世界趋势把城市规划、环境设计、园林和各种基本建设归纳在一起协作进行，可以提高效率，节约人、物、财力。成立环境保护设计建设管理委员会，市委第一书记、市长兼正副主任委员，把全市各局领导都统一到委员会中去，任务是协调实现“四化”的实施步骤，把有限的投资用到刀刃上，讲究实效和各单位之间的协调，通过摆事实讲道理从全局出发，提倡礼让，避免单纯从本单位出发争投资的倾向。

旅游既然号称是无烟工业，就要按企业管理章程办事，国家与地方投资各多少，收益如何分成必须有明文规定，免得争吵不休。

大城市继续发展，不加控制，只有走向毁灭，国内外具体情况尽管不同，过分庞大则是一样。上海不可能静止不动暂停发展，一是国家需要；二是趋势必然，先有所舍而后才能有所取。我常想城市不论大小须从区域规划角度看问题，不能就城市论城市——这里“城市”不仅指建成区，还包括市郊各县的管辖范围。是否可从原华东区范围着想，把市内徒占用地面又没有什么发展前途的普通工厂，如过剩的日用品轻纺工业等逐步迁出一部分支援他省的工业底子薄弱的县市，从规划建设和投资一起包下来，按企业贷款办法逐步回收投资和利息，可以利国利民，迁一厂带动一大片，使落后地区从无到有，发展工业的同时也发展农业，使其现代化。在此同时可以压缩上海总人口，腾出用地为高精尖工业准备条件，但是最好不要再放大型的，这对城市发展和国防都不利。

上海将来的发展，我建议先考虑浦东，因为离市区最近。目前只要改进轮渡，可以便利交通，将来增加隧道我想也不是不可能的事。浦西当然也要发展的，究竟如何发展须集合各行各业专家共同考虑，化条为块，提出综合方案，不宜先条后块，譬如球队，在训练阶段就建立默契，如一整体，不是单独联系而后组织队伍。

我不能空谈理论也不能脱离实际总结经验。我出生于 1907 年，自忖余生无多，应充分利用光阴，多为人民服务。我主张实践（完成任务）、研究与培养骨干三结合，才能够追回“四人帮”造成的部分损失，倘有更多的老人同心协力，则成效可能更大些。我交班是交给中年以上技术骨干，让他们带青年，这样连锁反应可能把断线接起来。

我在城市规划设计研究所，如有需要，可以应约参加地方的规划设计研究工作。

我个人能力有限，余生有限，又缺助手，为了人民需要，愿尽绵薄。按我比较熟悉的城市先研究两题。

（一）城市生态。暂以津沪为研究对象结合当地力量配合进行，希望能收事半功倍之效。

（二）中小城市发展趋向。拟以江苏沿铁路和长江两条交通线为基础，选择若干个点，如苏州、无锡、常州、南通；小城市如扬州、镇江、丹阳、昆山等，需先征求江苏省人民政府同意。结合省市力量，调查研究，在省市领导下进行工作，归纳各个点的材料，以课题为中心不定期地轮流召开座谈会，交流经验，逐步摸索，探讨理论原则，供国务院参考。

工作范围由小到大，逐步发展，暂需助手二至三人， 1981 年内差旅费约需五千元，以此为开端。我在城市建设总局、城市规划研究所工作，拟请将上述两课题列入国家计划，人员经费由该所代管。

设计中有无“灵机一动”或灵感（Inspiration），我想是有的，但是要有先决条件，积累的工作经验加上刻苦思考，随时虚心向群众学习，为人民服务的决心，以这些为基础而后能发挥。

我要永远飞翔在祖国各地，为“四化”争取外汇而尽最大努力，从具体业务中锻炼干部，总结经验和科学研究是加快“四化”的一种方法。

1980 年　业务自传

这是谱主于 1980 年填“科学技术干部考绩档案”时在“业务自传”一栏中所写的内容。表对此栏的要求为“内容包括基础理论、专业知识和业务能力的成长过程、目前达到的水平，业务工作、组织管理工作的经验和体会，以及今后努力方向、措施等”。

我在 1933—1945 年的教书阶段，很少接触实际。 1946 年去上海参加园林建设、城市规划，忙于完成任务，很少读书机会。 1954 年调京，支援 156 项建设，负责洛阳涧西工业区规划，随后在城市设计院工作，任务紧迫更少读书。

我 1946—1951 年做上海公园建设， 1951 年奉市委调动专职做城市规划，放弃园林业务，因前者为人民服务的面更广，很愉快服从组织决定。 1954 年调京以来，仍然全力以赴做城市规划工作，除 1969—1972 年在干校学习以外基本上没有间断。回京后深感理论（包括政策）联系实际的重要和必要。 1972 年起加紧阅读文献资料，弥补损失的时间。我的体会是： 理论来自方针政策，与业务实践相结合才得以指导具体工作，为人民服务。倘偏重书本知识空谈理论原则，所提意见往往不容易切合实际，解决不好具体问题。仅此还很不够，要切实做到理论联系实际，钻研古今中外文献，在业务中运用和检验，经总结消化提高，得到自己的、符合人民需要的原则，如此反复进行，才能够丰富自己的理论知识，变成自己规划思想，而不是模仿他人，亦步亦趋。再则理论来自方针政策与业务实践的紧密结合，才能够指导工作、造福人民。否则脱离甚至不理解业务实践，是空头政治，反之，业务技术的理论性探讨，离开方针政策指导，势必成为失去“灵魂”的物质躯壳，即以行为科学观点也不符合人民需要。

规划思想以全心全意为人民服务放在首位，马列主义毛泽东思想以同样原则的论点指导我们的业务，我认为是放之四海而皆准的，用以探索我国规划的独创道路。

规划是多学科综合性科学，每一任务必须起到综合作用，组织各种专业人员共同协商，使本来分散的技术紧密结合，“编织”为一整体，如军队的各兵种协同作战才能取得胜利。

现代科学技术突飞猛进日新月异，我们实现“四化”当然要学习先进，首先摸清家底，比较分析国外技术的发展过程，自力更生不是闭关自守，引进科技成果不是亦步亦趋，应循序渐进，先易后难，切勿片面强调迎头赶上，过早办不切实际的事。如西德、波兰都在利用有轨电车，而我们五十年代中即在各大城市拆除了，浪费国家资源，莫过于是。再则铁路穿城而过，容易造成伤亡事故，铁路公路交叉点在市区应有立交而不是道路之间的立交，首先汽车数量是否有此必要，等到增加到必要程度再造不迟，何况将来还会出现更先进技术，过早赶时髦，徒然劳民伤财得不偿失。再则规划设计的适用、经济，在可能条件下注意美观的原则并未过时。例如为旅游服务的旅馆，因使用功能和旅人经济条件各异，千万不要一刀切，只考虑高级的，忽视中等的、简易的乡土建筑，可以分级收费，国内外人士所需的条件均具备。旅游事业不但考虑薄利多销，更重要的是提倡徒步或自行车旅行的简易食宿和露营设备，既锻炼青少年体魄又转移社会风气，旅游不仅限于外汇收入而已。

我个人的规划设计原则是千方百计节约投资，施工快、经济效益高则是希望达到的目标，当然还须和专业人才协商，相互学习、了解，共同完成任务和提高业务水平，我需要学习的知识多着呢！学和做而后知不足，绝对不敢自满。

在我的余生光阴，竭力钻研城规、园林、环境等学科的理论性探讨，引起同行兴趣，分项研究，在方针政策指引下寻找我国独创道路。

附录二　担任过的主要技术工作（按时间排序）

一、 说明

1. 谱主以发表论文或专著的形式完成的技术工作另文列出。

2. 表参照谱主使用过的 1980 年版“科技干部业务考绩档案”的格式。

二、 编辑的依据

1. 谱主于 1942 年自书的“历年著作及研究问题（民国卅一年为止）”。

2. 谱主约在 1959 年自书的学历和主要成果底稿、约在 1962 年自书的工作成果底稿。

3. 谱主 1980 年自书的“科技干部业务考绩档案”中“担任过的主要技术工作”。

4. 谱主日记，用于核对谱主具体从事此项工作时的日期。

5. 大学的正式出版物。

起止时间	项目名称	担任工作内容及职务	结果	备注
1933 年上半年	授造园、花卉	省立广西大学教授		
	校园设计	梧州省立广西大学，总体布局及环境设计，农科教授	基本完成	谱主自书，“广西大学档案馆”
		梧州省立广西大学，提议女生宿舍前面装喷水池暨种植花草	第三次校景委员会议通过	《广西大学周刊》
1933 年下半年	园艺花卉	浙江大学农学院副教授、教授兼园艺系主任； 花卉蔬菜促成之最简便方法（与章文才合作）； 菊花遮光试验之初步研究（与曾开午合作）		《国立浙江大学农学院报告》一五七（二十二年度）
1934 年	园艺花卉	菊花遮光试验之初步研究； 石楠科植物对于试用酸性化学药品之反应； 草地育苗收种试验		《国立浙江大学农学院报告》一五八（二十三年度）
1934 年	野生植物考察	西天目山野生观赏植物分布及生长状况之初步调查及采集（由副教授程世抚、讲师沙凤护及技术员张东旭同往）		《国立浙江大学农学院报告》一六二（二十三年秋季）
1934—1935 年	校园设计	浙江大学华家池新校址总体规划；主持农学院教学大楼及占地 700 m^2 有恒温设备的温室，由笕桥迁来植物园约七十亩	一年内交付使用，1937 年毁于战火	

（续表）

起止时间	项目名称	担任工作内容及职务	结果	备注
1935 年	园艺花卉	菊花遮光试验； 花卉加工促成试验； 草种育苗试验		《国立浙江大学农学院报告》一五九页（二十四年度）
	校园布置	中小学校校园布置之研究； 大学校校园布置之研究		
	私人庭院	西班牙式私人庭院应用之研究； 中式私人庭院之研究		
1935 年	公园及风景区	奉化溪口公园设计	完成图纸，交当地施工	
		四明山风景规划	交付图纸	
1940 年	授造园、花卉	国立广西大学教授		
	校园设计	“农学院近闻，布置院内园景”，本学期聘请园艺专家程世抚先生莅校于任教之余率领园艺组学生布置一切		《国立广西大学周刊》第二卷第八期
	墓园及植物园设计	桂林良丰马君武墓地及纪念植物园全部规划设计	三个月完成图纸，部分施工，因战事停止	
1940 年 8 月—1942 年 6 月	授造园、花卉	福建省立农学院，教授		
	校园设计	福建省立农学院校园规划（永安）总体布局，宿舍；教学及教授宿舍（平房）；简易温室	1941 年完工	
1942 年 8 月—1944 年 8 月	授温室、造园、花卉	国立广西大学教授		
1945 年	授造园、花卉学	私立金陵大学教授、园艺研究部主任，指导印度研究生		
	城市规划	参加成都市规划方案及少城公园设计，成都市政府设计委员	交附图纸	
1946—1949 年	公园设计	全上海公园广场设计建设	全部竣工	
	城市规划	上海市都市计划三次稿； 上海市绿地系统规划	上海市都市计划委员会出版	
		南京市公园绿地系统规划		
1948 年	居住区规划	徐州贾汪煤矿居住区规划		
1950 年	风景区规划	武昌东湖风景区规划		
	绿地规划	长沙公园绿地规划 天津公园绿地规划		

（续表）

起止时间	项目名称	担任工作内容及职务	结果	备注
1951 年	公园设计	上海市人民公园、人民广场设计	约一个半月完成设计施工向市民开放	
	城市规划	修改原上海市都市计划三稿； 上海工人居住区、规划定点十二处（包括浦东）	分布市区外围，避免在杨浦、普陀两工业区内“见缝插针”的华东财委决定	
1952—1953 年	居住区规划	两万户工房，曹杨新村、控江新村规划建设	陆续竣工交付使用	
1954 年 5 月—10 月	城市规划	洛阳涧西工业区规划，上海工作组组长、洛阳规划组组长	10 月前已由部建工局开始建设施工	
1954—1958 年	风景区规划	北戴河规划组组长	向秦皇岛市交付图纸	
	城市规划	参加无锡市规划	提出方案意见	
		巡回指导杭州、温州规划	提出方案意见	
	植物园	广州龙眼洞华南植物园规划	已施工	
	城市规划	徐州、连云港规划		
1959 年	城市规划	苏州市风景区规划组长	按图进行建设	
		福州市改建计划		
	绿地规划	上海市绿地系统规划（参加中央工作组）	交图纸	
1960 年	革命纪念地规划	韶山革命纪念地规划	交付图纸	
	风景区	庐山风景区规划组长 花径公园设计 桂林规划		
	高级宾馆	贵阳花溪高干招待所规划	交付图纸	
	城市规划	九江市规划	交付图纸	
1961—1963 年	高级宾馆	杭州刘庄修改环境设计	交付图纸	
		福州福建省宾馆环境设计		
	高级宾馆	济南南郊宾馆环境设计	已建成	
	植物园	海南岛万宁植物园规划	交付图纸	
	城市规划	湛江市规划修改意见	交付图纸	
	高级宾馆	旅大市棒棰岛环境规划	交付图纸	

谱主自书：自 1962 年以来，在中央机构的业务已经奄奄一息，到 1967 年完全陷于停顿

（续表）

起止时间	项目名称	担任工作内容及职务	结果	备注
1967 年 6 月—8 月	革命纪念地绿化	“绿化毛主席家乡”，到韶山实地踏勘并设计	由于武斗，工作无法进行	
1978 年	革命纪念地及绿地系统	长沙市革命纪念点及绿地系统修改意见	交付图纸	
1978—1979 年	风景区规划	岳阳及南湖风景区规划	交付图纸	
1980 年	城市规划	天津市总体规划第三组	交付图纸	
	革命纪念地与自然保护区	井冈山革命纪念地自然保护区及风景区规划	提出建议和报告	有报告留存
1980—1982 年	园林	担任北京林学院郦芷若教授的硕士研究生王绍增的兼职指导教师	1982 年 9 月毕业论文《上海租界园林》完成	

附录三　主要论著目录

资料取自：

1. 谱主于1942年自书的“历年著作及研究问题（民国卅一年为止）”，原件见下，谱主1980年自书的“科技干部业务考绩档案”中“著作与论文登记”，其中有部分文章为“未发表”或“未刊印”。
2. 房宸的硕士论文《程世抚先生学术思想及职业实践研究》中列出的参考文献。
3. 编者在国家图书馆等处查阅的结果。

- 蔷薇之剪定法 Rose Pruning（附图），金陵大学《农林汇刊》（创刊号），1929年（民国十八年）。
- 中国造园术对世界各国之影响，金陵大学论文，未发表，1929年（民国十八年）。
- 程世抚. 蔷薇科铺地蜈蚣属之研究，Study of Cotoneaster Group as to their Taxonomic Characteristics and Ornamental Effects — Cornell Thesis，1931年；谱主自书。
  注：谱主注明此文为 Cornell Thesis，在康奈尔大学应有存档。
- 程世抚. 中国庭园之几何式与天然式设计之比较，Study of Formal and Natural Type of Chinese Landscape Design 1932年，未发表；谱主自书。
- Shifu Chigao Chen（程世抚）. A study of Cotoneasters hardy in New England and New York State（关于新英格兰和纽约州的栒子属耐寒植物的研究），1932年，康奈尔大学风景建筑及观赏园艺硕士论文，论文系华中科技大学赵纪军教授、房宸硕士在康奈尔大学查得，有全文复印件。
- 程世抚. 兰科及石楠科培养土调制试验，1934年（民国廿三年），未发表。
- 程世抚. 菊花遮光促成试验，浙大农报，第一期，1934年（民国廿三年），谱主自书，没有找到原文。
- 程世抚. 球茎及木本花卉用药品促成试验，1935年（民国廿四年），未发表。
- 程世抚. 菊花遮光实验之简单报告［J］. 蜀农，1936，(02)： 19-35.
- 程世抚. 军事伪装概论. 1941（民国三十年），未发表。
- 程世抚. 研究园艺学之途径与充实大学园艺教育之商榷［J］. 新农季刊，1941，1(02)：101-105.
- 程世抚，裘维蕃. 柑橘运输及贮藏实验初步报告［J］. 新农季刊，1941，1(03)： 200-211.

- 周永林. 书刊介绍：中国柑橘论文摘引续志（四）[J]. 农报，1942，7（10-15）摘要上述论文.
- 程世抚，包敦朴. 蔷薇属育种之沿革 [J]. 新农季刊，1941，1(03)：192-199.
- 程世抚. 城市防空与防空城市 [J]. 新农季刊，1942，2(02)：374-385.
- 程世抚. 错觉在造园学上之应用 [J]. 广西农业，1942，3(06)：385-390.
- 程世抚. 中国式庭园及“浪漫式运动”对于现代公园设计之影响 [J]. 西大农讯，1943,(14，15)：2-5.
- 程世抚（编著）. 温室建筑与管理 广西大学油印 1943. （民国三十二年）
- 程世抚（编著）. 普通花卉学. 1943. （民国三十二年）
- 程世抚（著）. 庭园建筑实习指南（上下辑）金陵大学油印本 1944 年（民国三十三年）

  注：以上三项均为 1947 年、1948 年谱主在上海填写“公务员履历表”的“著作与发明”“重要著述”栏中所记。“教材曾用于浙江大学、广西大学、金陵大学、岭南大学、圣约翰大学”——谱主 1980 年注。
- 程世抚. 艺菊丛谭 [M]. 上海：上海市工务局园场管理处印行，1946.
- 程世抚，贺善文. 苗圃经营 [M]. 上海：上海园艺事业改进协会，1947.
- 程世抚，王璧. 瓶花艺术 [M]. 上海：上海园艺事业改进协会，1947.
- 程世抚. 错觉在造园学上之应用 [J]. 工程报导，1947（24）：2-3，1947（25）：4-5（第廿四期、第廿五期连载）.（此文房宸目录中没有）
- 程世抚. 战前上海市公园设施之我见 [J]. 工程报导，1947(27)：4-5.
- 程世抚. 释公园绿地旷地与公园系统 [J]. 工程报导，1947(28)：5-7.
- 程世抚. 中国式庭园及“浪漫式运动”对于现代公园设计之影响 [J]. 工程报导，1948(33)：8-9.（注：与西大农讯，1943 年(14，15)发表的文章完全相同）
- 程世抚. 介绍造园技艺 [J]. 农业展览会特刊，1948：13.
- 程世抚. 菊之新种 [J]. 京沪周刊，1948，2(45)：15-16.
- 程世抚. 谈谈城乡计划——面向农村的都市计划 [J]. 工程界，1949，4(9-10)：26-27.
- 程世抚，冯纪忠，钟耀华. 绿地研究报告. 上海市人民政府工务局都市计划研究委员会出版，1951；程世抚，冯纪忠，钟耀华，吴振千. 绿地研究报告 [J]. 华中建筑，2015，33(06)：1-5.
- 程世抚（参加编制）. 十二年科学规划有关城市规划部分（1962 年修改）. 国家科委 1956 年。
- 程世抚. 关于绿地系统的三个问题 [J]. 建筑学报，1957，(7)：11-13.（最后一页转 38）
- 城市设计院主编（参加编写）.《城乡规划》大学教材，中国建筑工业出版社，1961。
- 程世抚. 城市规划管理的几个问题 [J]. 城市建设，1959，(12).（此文房宸目录中没有）
- 程世抚. 城市建筑艺术布局与园林化问题 [J]. 建筑学报，1960，(6)：26-28.
- 程世抚，郑孝燮，安永瑜，周干峙. 关于居住区规划设计几个问题的探讨 [J]. 建筑学报，

1962,(3): 1-3.(最后一页转7)

- 程世抚(译). 国外环境污染情况. 环境保护[J],1973(1): 34-40.
- 北京市环境保护科学研究所. 《国外城市公害及其防治》[M]. 石油化学工业出版社,1977年1月.(谱主编写有关城市规划的前四章)
- 程世抚. A Brief Dissertation on Urban Planning in China(中国城市规划简论),“北京国际环境管理研讨会—The Peking Workshop of International Environmental Management(Oct. 16—19, 1979)论文.
- 程世抚. 苏州古典园林艺术古为今用的探讨[J]. 建筑学报,1980,(3): 6-12.
- 程世抚. 城郊园林空地与周围环境的生态关系[J]. 建筑学报,1982(2): 32-35.
- 程世抚. 园林科学发展趋向的初步探讨[J]. 建筑学报,1982(12): 18-22.
- 程世抚、田丽菊、凌友贤合作翻译了Ian Laurie的“城市广场”、Rob Tregay的“城市林地”和Erhard Müller-Perband的“西德现代化城市公园”,有油印本。
- 程世抚. “西班牙庭园”条目,中国大百科全书:建筑,园林,城市规划,1988: 460.
- 程世抚、程绪珂. 程世抚 程绪珂论文集[M]. 上海文化出版社1997年4月。

《程世抚、程绪珂论文集》封面

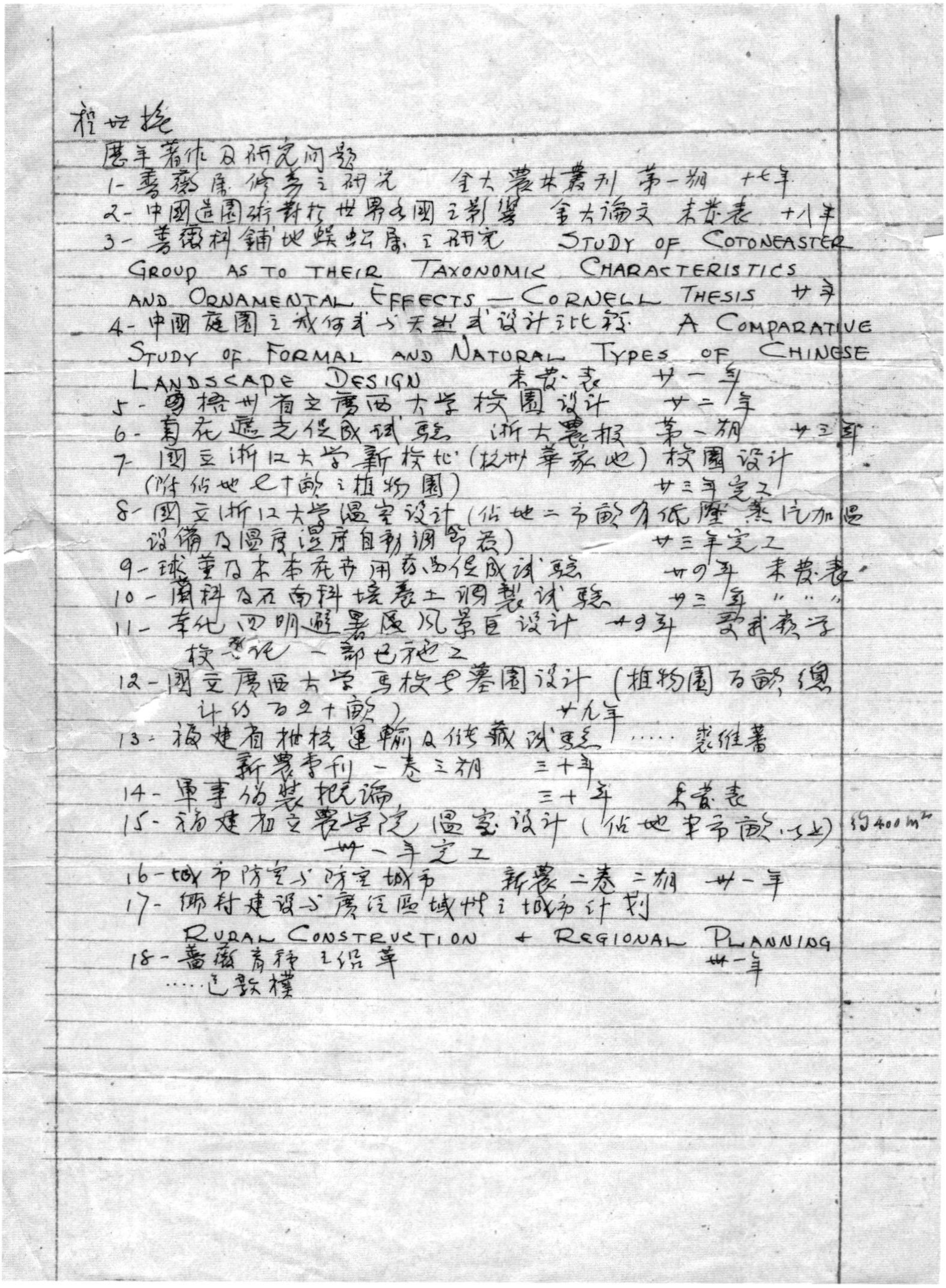

程世抚
历年著作及研究问题
1- 蔷薇属修剪之研究 金大农林丛刊 第一期 十七年
2- 中国造园术对于世界各国之影响 金大论文 未发表 十八年
3- 蔷薇科铺地蜈蚣属之研究 STUDY OF COTONEASTER GROUP AS TO THEIR TAXONOMIC CHARACTERISTICS AND ORNAMENTAL EFFECTS — CORNELL THESIS 廿年
4- 中国庭园之规则式与天然式设计比较 A COMPARATIVE STUDY OF FORMAL AND NATURAL TYPES OF CHINESE LANDSCAPE DESIGN 未发表 廿一年
5- 梧州省立广西大学校园设计 廿二年
6- 菊花遮光促成试验 浙大农报 第一期 廿三年
7- 国立浙江大学新校址（杭州华家池）校园设计（附约地七十亩之植物园） 廿三年完工
8- 国立浙江大学温室设计（约地二方亩 有低压蒸汽加温设备及温度湿度自动调节器） 廿三年完工
9- 球茎及木本花卉用药品促成试验 廿四年 未发表
10- 肥料及石南科培养土调制试验 廿三年 〃 〃
11- 奉化四明避暑区风景区设计 廿九年 受武岭学校委托 一部已施工
12- 国立广西大学马校长墓园设计（植物园百亩 总计约百五十亩） 廿九年
13- 福建省柑桔运输及储藏试验……裘维蕃 新农季刊一卷三期 三十年
14- 军事伪装概论 三十年 未发表
15- 福建省立农学院温室设计（约地半市亩以上）约400 m² 卅一年完工
16- 城市防空与防空城市 新农二卷二期 卅一年
17- 乡村建设与广泛区域性之城市计划 RURAL CONSTRUCTION & REGIONAL PLANNING
18- 蔷薇育种之经过 卅一年
……已散佚

谱主自书“历年著作及研究成果”（手稿）

附录四　谱主夫妇印章

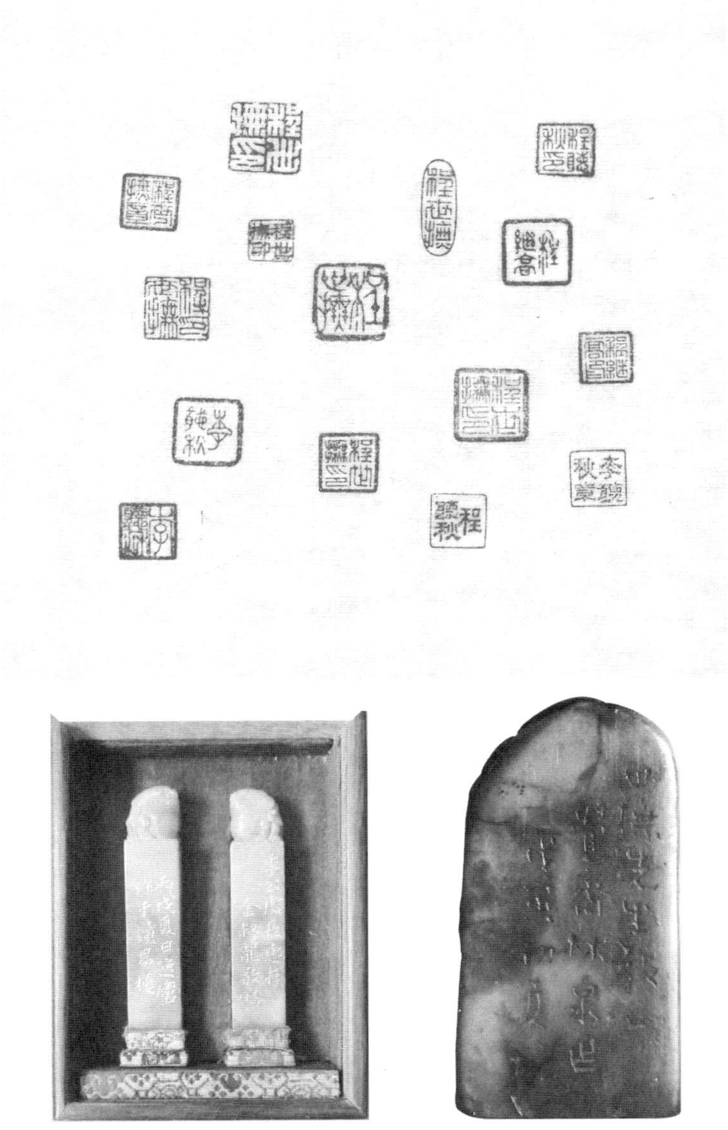

谱主夫妇印章

谢 辞

爷爷程世抚的年谱终于付梓。

本书还在编辑中时，有幸联系上了爷爷生前的同事、原中国建筑学会秘书长、副理事长张祖刚伯伯。张伯伯已年近九十，多年不见他还记得我，思绪依然敏锐，欣然为年谱题写了书名。回想起当年张伯伯在我家和爷爷隔着写字台对面切磋技术问题时，我还是小学生。遗憾的是张伯伯在题字后不久竟溘然长逝，我面呈本书向他汇报的愿望永远无法实现了。

感谢已故陈俊愉教授、何济钦主编、王绍增教授在《中国园林》上撰文回忆爷爷。

感谢赵纪军教授为自己的硕士生房宸选择了《程世抚先生学术思想及职业实践研究》这个题目，感谢房宸硕士卓有成效的研究工作。

感谢李浩教授编著了《八大重点城市规划》《城事人》《张友良日记选编》，又撰写了其他论文，挖掘并记录了爷爷曾经的工作。

感谢爷爷的前同事们以各种方式回忆爷爷。

感谢顾锡培先生、吴志刚先生对年谱出版的鼎力支持。

感谢我的各位亲人和朋友们。

逝去的先人泉下有知，也会感谢大家。

程可行

2024 年秋